임동석중국사상100

사기열전

史記列傳

司馬遷 著 / 林東錫 譯註

"상아, 물소 뿔, 진주, 옥. 진괴한 이런 물건들은 사람의 이목은 즐겁게 하지만 쓰임에는 적절하지 않다. 그런가 하면 금석이나 초목, 실, 삼베, 오곡, 육재는 쓰임에는 적절하나 이를 사용하면 닳아지고 취하면 고갈된다. 그렇다면 사람의 이목을 즐겁게 하면서 이를 사용하기에도 적절하며, 써도 닳지 아니하고 취하여도 고갈되지 않고, 똑똑한 자나 불초한 자라도 그를 통해 얻는 바가 각기 그 자신의 재능에 따라주고, 어진 사람이나 지혜로운 사람이나 그를 통해 보는 바가 각기 그 자신의 분수에 따라주되 무엇이든지 구하여 얻지 못할 것이 없는 것은 오직 책뿐이로다!"

《소동파전집》(34) 〈이씨산방장서기〉에서 구당(丘堂) 여원구(呂元九) 선생의 글씨

책 머리에

한창 젊을 때 서당에서 우전雨田 선생에게 《사기》를 배웠다. 그 때는 너무 재미있고 너무 가슴 벅차 큰 희열감을 느낀 적이 한두 번이 아니었다. 그러나 당시 중국 원전을 구하기도 어려웠고 마음껏 다른 관련 자료를 구해 본다는 것도 쉬운 일이 아니었다. 그리하여 겨우 일본 판 〈한문대계〉《사기열전》을 보며 있는 대로 관련 부분을 찾고 내용을 정리하여 내 나름대로 노트를 만들었던 기억이 지금도 새롭다.

그리고 천행으로 복을 받아 대만臺灣 유학 길에 나서서 그곳에 닿았을 때 그 많고 흔한 고전 원전과 전적에 흥분을 감출 수 없었다. 마음껏 중국 고전을 접할 수 있다는 것은 나로서는 세상에 태어난 기쁨이었으며 공부한다는 그 이상의 행복감을 안겨다 주었다. 그리하여 없는 돈을 털어 우선 〈25사〉 전질을 사서 전체 목록을 보며 "아, 이런 이야기의 원전이 여기에 들어 있구나!"라고 밤새는 줄 몰랐었다.

당장 《사기》를 처음부터 끝까지 읽으리라. 그리하여 노트를 마련 내용을 적어가며 전체를 파악하고 다시 《중국통사》를 곁에 놓고 대조하여 나의 사전 하나를 마련하였다.

그것이 지금 내가 고전 역주에 매달리도록 한 원동력이었다.

그리고 시간이 흘러 벌써 이렇게 훌쩍 망륙望六을 넘어 곧 기축己丑의 한 바퀴를 맞으면서 다시 그 젊은 날 고민도 걱정도 없이, 아니 앞으로 어떻게 살리라는 다짐도 없이 편하고 근심 없던 시절, 흥분에 차 읽던 《사기》를 다시 접하게 됨에 여러 상념이 나를 사로잡는다. 물론 일일이 각주를 달고 관련 자료를 제시하는 나의 역주 방식과 달리, 이 《사기》는 우선 양도 많고 내용도 복잡하여 급한 대로 원문 해석만을 위주로 책이 이루어지고 말았지만 그래도 그나마 조그만 결실은 맺었다고 위로하고 있다. 시중에 이미 《사기》

전체 번역도 나와 있고, 중국 본토에는 많은 역주서와 백화어 해석서가 있어 이에 관심이 있고 정밀하게 연구할 학자라면 그러한 자료를 활용하면 된다고 여기기 때문에 책임을 미루고자 한다. 그리하여 지금도 그 옛날 젊은 시절처럼 부담 없이 다시 책을 펼치며 읽고 싶은 생각에 전체 〈임동석중국사상100〉에 끼워 넣어 구색을 맞추어 보려는 것이다.

《사기》의 가치나 내용, 그리고 사마천의 그 울분에 찬 일생, 사학으로서의 《사기》와 중국 사학의 위대한 학술적 내용은 일일이 설명하지 않는다. 다만 이미 널리 알려진 일화와 숱한 고사, 전고典故, 이야기를 통해 우리는 사마천과 《사기》에 대하여 충분히 넘치도록 알고 있다고 믿는다.

따라서 이 《사기열전》은 일반 독자들도 그저 눈길 가는 대로, 혹 아무 페이지나 넘기면서 익히 들어온 이야기의 그 내용과 깊은 맛을 느끼면 되도록 만들었다.

이해하기 위하여 읽는 것은 그리 감동을 주지 못한다. 느끼면서 그저 내 이야기를 하고 있다고 여기는 것이 항상 사람 가슴에 오래 남는 법이다.

苗浦 임동석 취벽헌醉碧軒에서 적음.

일러두기

1. 이 책은 사마천司馬遷《사기史記》130권 중에 열전列傳 부분인 제61권 〈백이열전伯夷列傳〉부터 제130권 〈태사공자서太史公自序〉까지 모두 70권 전체를 완역한 것이다.

2. 제목의 001(61)은 앞은 전체 일련번호이며, 괄호 안의 숫자는 사기 원전의 차례에 따른 권 번호이다.

3. 각 열전은 한 사람의 전기만 실려 있는 경우도 있으나 복수로 실려 있을 경우 각 열전 아래 함께 실려 있는 인명(자, 호, 시호) 등을 부기하여 쉽게 그 인명을 찾아볼 수 있도록 하였다. 이에 따라 그 인물의 이름을 따로 제목으로 삼아 〈 〉안에 순서를 정하여 표시하였다.

4. 전체 문장은 각 열전 안에서의 내용도 주제나 단락의 구분에 따라 쉽게 이해할 수 있도록 한글로 제목을 풀어 실었다.

5. 앞에 한글 풀이를 싣고 뒤이어 원문을 현대 표점 방식에 따라 정리하여 실었다.

6. 주석註釋은 싣지 않았으며, 어쩔 수 없는 경우 간단하게 해당하는 곳에 괄호 안에 설명하였다.

7. 직역을 위주로 하였으나 일부 전체 뜻에 맞추어 의역한 부분도 있다.

8. 가능한 한 그림자료나 관련 삽화를 넣어, 읽고 느끼며 이해하는 데 편하도록 하였다.

해 제

Ⅰ. 역사 기록과 사서史書의 분류

중국의 역사 기록은 아주 먼 《상서》나 《춘추》 등까지 올라가며 실제 모든 기록은 역사였다고 말할 수 있다. 그 뒤 문서 기록의 구분으로 역사라는 분류가 있어 드디어 청대에는 '경사자집經史子集'의 4대 분류 중에 아주 중요한 자리를 차지하게 되었다.

그렇다면 역사 기록이란 무엇인가? '史'자는 《설문해자說文解字》에 "史, 記事者也, 從又(手)持中, 中正也"라 하였다. 또 《옥편玉篇》에는 "史, 掌書之官也"라 하였고, 《周禮》에는 "史, 掌官書以贊治"로 설명하였다.

이로 보면 '史'는 본래 고대에 문서를 관장하고 사건의 기록을 맡은 관리를 지칭하는 말이었다. 그가 맡은 일은 사실을 기록하는 것으로 사실을 그대로 기록하되 '중정공평中正公平'해야 하였다.

한편 중국에서 사관史官의 설치와 임명은 고대 황제黃帝 때부터 시작되었다고 한다. 즉, 창힐倉頡이라는 자를 좌사(左史: 왕의 언어를 기록함)로 삼고, 저송沮誦이라는 자를 우사(右史: 나라의 사건을 기록함)로 삼았다는 기록이 전하고 있다. 그에 대한 정확한 의미는 《예기禮記》 옥조편玉藻篇에 "임금의 행동이 있으면 좌사가 이를 기록하고, 임금의 명령에 대해서는 우사가 이를 기록한다"(動則左史書之, 言則右史書之)라 하여 각각 두 명씩 두어 그 기록의 범위와 임무를 나누었던 것이다.

그리고 주대周代에는 이미 태사太史와 소사小史, 그리고 내사內史, 외사外史, 좌사左史, 우사右史 등으로 세분하여 관리를 두었다고 하였다. 춘추시대의 제후들도 노魯, 위衛, 진晉은 태사를 두었고, 제齊는 남사南史, 초楚는 좌사左史 등의 관직을 둔 것으로 되어 있다. 그 뒤 한漢나라 때는 태사공(太史公, 武帝 때), 태사령(太史令, 宣帝 때), 난대령(蘭臺令, 明帝 때) 등을 두었고, 위진魏晉 때에는 저작랑著作郎, 수당隋唐 때에는 감수국사監修國史 명청明淸 때에는 한림원翰林院 등의 관직과 부서를 두어 역사 기록을 관장하였다.

또 '史'를 다르게 분(墳: 三墳, 즉 三皇의 역사 기록), 전(典: 五典, 즉 五帝의 역사
기록), 서(書: 尙書), 색(索, 좋은 것만 추린 것), 춘추春秋, 기紀, 지志, 략略 등으로
부르기도 하였으며 '史'라 칭한 것은 사마천司馬遷의 《사기》 이후로 보고 있다.
　이러한 역사 기록의 저서가 고대에는 달리 구분되지 않았다. 즉 《한서》 예문지
유흠劉歆의 《칠략七略》에도 '史'를 분류한 것은 없다. 다만 〈육예략(六藝略 즉, 經學)의
《춘추春秋》 다음에 《전국책戰國策》, 《사기》 등을 넣어 경經의 부속으로 여겼던
것으로 볼 수 있다.
　그 뒤 남조 양梁의 완효서阮孝緖가 12가지로 나누었으며, 《수서隋書》 경적지經籍志
에 13가지로, 다시 《구당서舊唐書》 경적지經籍志와 《신당서新唐書》 예문지, 《송사
宋史》 예문지 등도 이를 따랐다. 한편 《명사明史》 예문지에서는 10가지로 나누어
정사正史, 잡사雜史, 사초史抄, 고사故事, 직관職官, 의주儀注, 형법刑法, 전기傳記,
지리地理, 보첩譜牒으로 하였고 청대淸代 《사고전서총목제요四庫全書總目提要》
에서는 15가지로 나누었다.
　① 正史類 : 紀傳體의 史書로 《史記》, 《漢書》, 《後漢書》 등.
　② 編年類 : 年代에 의한 記錄體로 《竹書紀年》, 《漢紀》, 《資治通鑑》 등.
　③ 紀事本末類 : 事件의 始末을 기록한 것으로 《通鑑紀事本末》 등.
　④ 別史類 : 《逸周書》, 《通志》, 《路史》 등.
　⑤ 雜史類 : 《國語》, 《戰國策》 등.
　⑥ 詔令奏議類 : 《兩漢詔令》, 《唐代詔令集》 등.
　⑦ 傳記類 : 《晏子春秋》, 《高土傳》, 《列女傳》 등.
　⑧ 史抄類 : 《漢書抄》, 《晋書抄》, 《正史削繁》 등.
　⑨ 載記類 : 《吳越春秋》, 《越絶書》, 《十六國春秋》 등 僭僞書 종류.
　⑩ 時令類 : 《歲時廣記》, 《月令通考》 등.
　⑪ 地理類 : 《元和郡縣志》, 《太平寰宇記》 등.
　⑫ 職官類 : 《唐六典》, 《玉堂雜記》 등.
　⑬ 政書類 : 《通典》, 《通志》, 《文獻通考》 등.
　⑭ 目錄類 : 《崇文總目》, 《集古錄》, 《金石錄》 등.
　⑮ 史評類 : 《史通》, 《唐鑑》 등.

그 외에 近代 梁啓超는《中國歷史研究法》에서 네 가지로 나누었다.

① 紀傳體: 사람 위주로 사건을 설명.《史記》,《漢書》,《後漢書》등.

② 編年體: 시간 위주로 기록.《春秋》,《左傳》,《資治通鑑》,《竹書紀年》등.

③ 紀事本末體: 사건 위주로 기록.《通鑑紀事本末》등.

④ 政書體: 제도 위주로 기록.《通典》,《通志》,《文獻通考》등.

이에 따라 현대는 주로 중국 역사 기록 방법으로 '기전체', '편년체', '기사본말체' 등 세 가지 체재를 가장 중요한 3대 기술 방법으로 여기고 있다.

司馬遷

劉向楊雄博極群書皆稱太史公有良史之才

〈사마천(司馬遷)〉 淸 上官周(畫) 〈晚笑堂畵傳〉

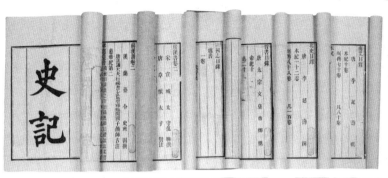

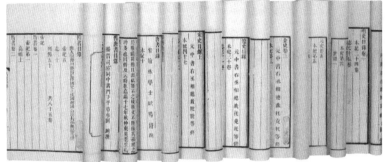

〈二十四史〉 淸 乾隆《明史》완간 후 24사를 正史로 정함.(史記, 漢書, 後漢書, 三國志, 晉書, 宋書, 南齊書, 梁書, 陳書, 魏書, 北齊書, 周書, 隋書, 南史, 北史, 舊唐書, 新唐書, 舊五代史, 新五代史, 宋史, 遼史, 金史, 元史, 明史) 뒤에《新元史》를 넣어 현재 25사가 됨.

II. 紀傳體와 《사기》

1. 기전체와 〈이십오사二十五史〉

기전체는 흔히 '정사正史'로 불리며 현재의 '이십오사'가 그것이다.

이 기전체는 《사기》를 효시로 삼고 있다. 《사기》의 체제, 즉 본기本紀, 표表, 서書, 세가世家, 열전列傳 중에서 '본기'와 '열전'의 '紀'와 '傳'을 따서 붙인 명칭이다. 그러나 이십오사의 전체 체제가 비슷하기는 하나 상황에 따라 명칭과 분류가 다르다. 이를테면 '세가'를 '載記'《진서》로, '표'를 '年'으로, '서'를 '志'로 하는 등 다양하다.

기전체는 '인물'을 중심으로 한 역사 기술 방법이다. 기전체의 효시가 되고 있는 《사기》를 중심으로 살펴보면 '기(본기)'는 역사를 움직인 제왕(천자)에 대한 기록이다. 그러나 실제에 있어서는 '오제'를 하나로 묶고 하夏, 은殷, 주周, 진秦은 조대로 하나씩 기를 삼았고, 그 뒤는 인물(진시황, 한 고조 등)을 하나의 '紀'로 서술하였다. 그리고 제왕 아래의 여러 제후와 상국相國, 왕자 등은 '세가'라는 분류명칭을 써서 서술하였으며, 제후 아래의 서민과 개인적 역사인물은 '전'이라 하여 기술하되 성격이 같은 인물을 묶어 '열전'으로 넣기도 하였으며, 이민족도 이곳 열전에 넣어 기술하였다.

이상 세 가지는 바로 인물 위주의 역사 서술 방법이다. 그러나 역사 서술에서 인물만으로는 모든 역사 사실을 기록하기에는 부족하다. 그 때문에 표(역사연대표)를 만들어, 길게는 세대별로, 세밀하게는 월별로까지 구분하여 기록하였으며, 인물 이외의 제도, 즉 예악禮樂, 율력律曆, 천관天官, 봉선封禪, 하거河渠, 평준平準 등도 설명하는 등 총체적 기술 방법을 전개하여 독특한 체례를 형성하고 있다.

南宋 黃善夫 출간의 《史記》. 〈三家注〉를 合刻한 것임.

淸代 武英殿 〈二十四史〉本 《史記》. 〈三家注〉 합본.

한편 지금의 이십오사가 확정되기까지는 '三史', '四史' 등 수의 증가가 있었다. 이를 대강 살펴보면 다음과 같다.

① 三史 : 당대 '九經三史'에서 《사기》, 《한서》, 《후한서》를 지정하여 이를 과거과목科擧科目으로 삼았다.

② 四史 : 三史에 진수陳壽의 《삼국지三國志》를 더한 것이다.

③ 十史 : 《삼국지》, 《진서晉書》, 《송서宋書》, 《남제서南齊書》, 《양서梁書》, 《진서陳書》, 《후위서後魏書》, 《북제서北齊書》, 《주서周書》, 《수서隋書》 등의 십대사를 '十史'라 하였으며 《사기》, 《한서》, 《후한서》는 포함하지 않았다.

④ 十三史 : '十史'에 《사기》, 《한서》, 《후한서》를 넣어 '十三史'라 하였다.

⑤ 十七史 : '四史'는 晉初에 완비되었으나, 그 후 《진서晉書》와 남북조에 대한 여러 사서는 당唐 태종太宗과 고종高宗 때에 이르도록 일반에게 공개되지 않았다. 그 뒤 송宋 인종仁宗 천성天聖 2년(1024)에 이르러 《수서隋書》를 숭문원崇文院에서 판각해 내기 시작하여, 그 후 13史와 《남사南史》, 《북사北史》, 《신당서新唐書》, 《신오대사新五代史》를 합하여 '十七史'라 부르게 된 것이다.

⑥ 十八史 : 앞의 十七史에 《송사宋史》를 더하여 원대元代에 증선지曾先之가 《십팔사략十八史略》을 지었다. 그러나 《송사》는 원 지정至正 5년(1345)에 이루어졌고, 《요사遼史》와 《금사金史》는 지정 4년에 이루어져 이 세 사서는 원 말에야 유포되었다. 따라서 증선지의 《십팔사략》은 실제 《송사》를 근거로 한 것이 아니고 다른 자료(《宋鑑論編》)를 이용한 것이다.

⑦ 十九史 : '十八史'에 《원사元史》를 넣은 것이다. 명초明初 양맹인梁孟寅의 《十九史略》은 《십팔사략》에 이 《원사》를 더하여 이루어진 약사略史이다.

⑧ 二十一史 : 명明 가정嘉靖 초에 남경의 국자감좨주國子監祭酒인 장방기張邦奇 등이 사서의 교각을 청하여 《요사》, 《금사》를 합하여 이십일사를 만들었고, 신종神宗 때 북경 국자감에서도 이십일사를 판각하였다(萬曆 24~34년).

⑨ 二十二史 : 청淸 건륭乾隆 4년(1739)에 《명사明史》가 완성되자 간행을 서둘렀다. 전대흔錢大昕의 《이십이사고이二十二史考異》와 조익趙翼의 《이십이사차기二十二史箚記》는 이를 고증한 것이다.

⑩ 二十三史 : 건륭 초에 《구당서舊唐書》를 더하여 '이십삼사'로 하였다.

⑪ 二十四史 : '二十三史'에 《영락대전永樂大典》에 실려 있던 설거정薛居正의 《구오대사舊五代史》와 구양수歐陽修의 《오대사기五代史記》를 뽑아 분리시킨 후 각각 하나의 사서로 삼았다.

⑫ 二十五史 : 민국 10년(1921년)에 산동山東의 가소민柯劭忞이 《신원사新元史》를 짓자, 당시 대총통 서세창徐世昌이 이를 정사에 넣을 것을 주장하여 《이십오사》로 확정되었다.

이상의 이십오사를 역사 순서에 맞추어 내용, 권수, 수찬자, 찬술 시기, 편찬 동기 등으로 나누어 분류하면 다음과 같다.

이름	1	2	3	4	5	6	7	8	9	10	11	12	13	14	15	16	17	18	19	20	21	22	23	24	25
	史記	漢書	後漢書	三國志	晉書	宋書	南齊書	梁書	陳書	後魏書	北齊書	周書	南史	北史	隋書	舊唐書	新唐書	舊五代史	新五代史	宋史	遼史	金史	元史	新元史	明史
本紀	12																							26	
世家	30																		10						
表	10	8															15			32	8	4	6	7	13
書	8																								
列傳	70																								
紀(본기)		12	10	4	10	10	8	6	6	12	8	8	10	12	5	20	10	61	12	47	30	19	47		24
傳(열전)		70	80	61	70	60	40	50	30	92	42	42	70	88	50	150	150	77	45	249	46	73	97	151	220
載記(세가)					30																				
年(보표)																			1						
志(서)		10			20	30	11			10					30	30	50	12		162	31	39	53	70	75
考(서)																			3						
錄																			3						
권수	130	100	90	65	130	100	59	56	36	114	50	50	80	100	85	200	225	150	74	496	115	135	203	227	332
편찬자	司馬遷	班固	范曄	陳壽	房玄齡(등)	沈約	蕭子顯	姚思廉	姚思廉	魏收	李百藥	令狐德棻	李延壽	李延壽	魏徵(등)	劉昫(등)	歐陽修(등)	薛居正(등)	歐陽修(등)	托克托(등)	托克托(등)	托克托(등)	宋濂(등)	柯劭忞	張廷玉
편찬시기	漢	後漢	南朝宋	晉	唐	梁	梁	唐	唐	北齊	唐	唐	唐	唐	唐	後晉	宋	宋	宋	元	元	元	明	民國	清
경위	私撰	私撰	私撰	私撰	官撰	勅撰	私撰	勅撰	勅撰	勅撰	勅撰	勅撰	私撰	私撰	官撰	官撰	官私撰	官撰	私撰	官撰	官撰	官撰	官撰	私撰	官撰
비고																									

한편 二十五史가 다루고 있는 시대와 조대를 연결하면 다음과 같다.

各 正史가 다루고 있는 시대(숫자는 기간을 뜻함)

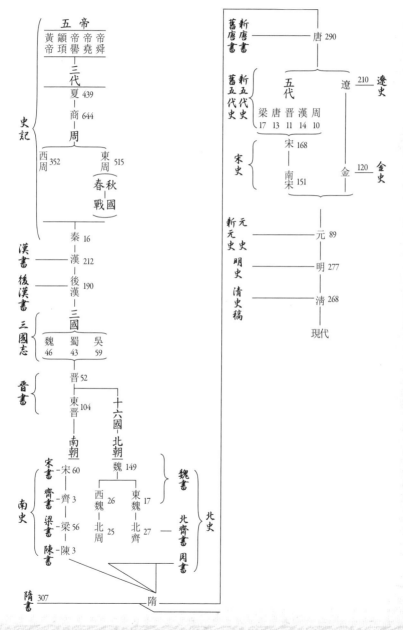

《史記》가 다루고 있는 시대와 조대

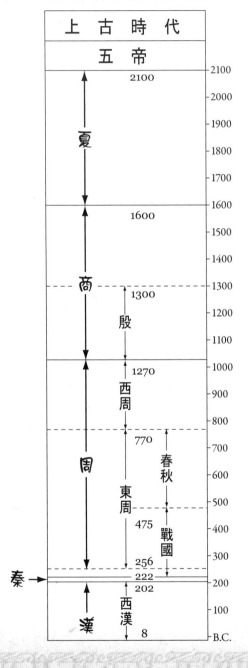

2. 《史記》(130권)

작자 사마천(司馬遷: B.C. 145?~B.C. 86?)은 사마담司馬談의 아들로 자는 子長이며 용문龍門에서 태어났다. 10세에 고문에 통달하였고, 20세에 강회江淮지역을 돌아 회계산會稽山의 우혈禹穴을 살펴보고 원상沅湘을 거쳐 북으로 문汶과 사泗 지방을 유람하였다. 제로(齊魯: 산동)를 돌아 양초梁楚를 다시 유람한 후, 낭중郎中이 되었으며, 뒤에 아버지를 이어 태사령太史令의 직책에 올랐다. 마침 이릉李陵을 변호하다가

明代 毛氏 汲古閣에서 北宋 刊本을
覆刻한 《史記索隱》

무제武帝의 노여움을 사서 궁형宮刑을 자청하고, 그 울분을 사서史書 저술에 쏟아 황제黃帝 때부터 자신이 살았던 한漢 무제 때까지의 일을 기록한 불후의 명작《태사공서太史公書》130권을 지었다. 이것이 바로 지금의 《사기》이다. 이는 정사인 기전체의 효시가 되었으며, 역사서로서뿐만 아니라 문학서로서도 높은 가치를 인정받고 있다. 그리고 자신의 일생과 가계, 책을 저술하게 된 동기, 아울러 《사기》 전체 각 편의 요약 등을 맨 끝 〈태사공자서〉에 실어 설명하였다.

清 乾隆 12년(1747) 御製重刻本
〈二十一史〉의 《사기》

이 책에 대해 배인(裴駰: 438년경, 南朝 宋의 聞喜 사람으로 裴松之의 아들)은 구경九經과 여러 사서를 근거로 《사기집해史記集解》를 남겼으며, 당唐 사마정(司馬貞: 河內 사람, 字는 子正)이 《사기색은史記索隱》을, 그리고 당 현종玄宗 때 장수절張守節이 《사기정의史記正義》를 써서 지금까지의 《사기》 연구에 좋은 참고가 되고 있다.

이 《사기》는 12본기, 10표, 8서, 30세가, 70열전 등 총 130권으로 이루어져 있다. 이를 살펴보면 다음과 같다.

① 12본기 : 五帝, 夏, 殷, 周, 秦, 始皇, 項羽, 高帝, 呂太后, 孝文, 孝景, 今上(武帝).

② 10표 : 三代世表, 十二諸侯年表, 六國年表, 秦楚之際月表, 漢興以來諸侯年表, 高祖功臣侯者年表, 惠景間侯者年表, 建元以來侯者年表, 王子侯者年表, 漢興以來將相名臣年表.

③ 8서 : 禮, 樂, 律, 曆, 天官, 封禪, 河渠, 平準.

④ 30세가 : 吳泰伯, 齊太公, 周公, 燕, 管蔡, 陳杞, 衛, 宋, 晋, 楚, 越王句踐, 鄭, 趙, 魏, 韓, 田敬仲完, 孔子, 陳涉, 外戚, 楚元王, 荊燕, 齊悼惠王, 蕭相國, 曹相國, 留侯, 陳丞相, 絳侯, 梁孝王, 五宗, 三王.

⑤ 70열전: 이 부분은 대개 네 가지로 분류해 볼 수 있다.

   (가) 自序類(1편)------太史公自序

   (나) 事類別(9편)------循吏, 儒林, 酷吏, 游俠, 佞幸, 滑稽, 日者, 龜策, 貨殖.

   (다) 異民族(6편)------匈奴, 南越, 東越, 朝鮮, 西南夷, 大宛.

   (라) 人動物(54편)——이외에 伯夷列傳 등 오로지 人物 한 사람, 혹은 비슷한 성격의 인물을 몇 사람씩 묶어 기록한 것.

앞서 밝혔듯이 이 책은 최초의 통대사通代史이며, 동시에 최초의 정사正史, 최초의 기전체紀傳體, 최초의 사찬(私撰, 私纂)이다. 이에 이 책이 다루고 있는 시기는 고대부터 기록하되 상고시대 전설에 대하여는 사마천 자신이 본기本紀로써 쓸 수 없다고 여겨 오제五帝를 묶어 〈오제본기五帝本紀〉로써 첫 본기로 삼았다. 그 뒤를 이어 중국 최초 왕조인 하夏나라를 시작으로, 은殷, 주周를 거쳐 진秦나라까지는 나라 이름, 혹 조대 이름을 본기로 하였으며, 첫 개인 제왕의 본기는 특이하게 진시황秦始皇을 시작으로 하고 있다. 그 다음부터는 자연스럽게 한나라 첫 고조로부터 천자(제왕)를 본기로 하여 자신이 살았던 시대의 무제武帝는 시호가 없이 살아 있던 제왕이므로 이를 〈금상본기今上本紀〉라 하여 모두 12본기가 된 것이다. 이를 조대와 제왕의 계보로 표시하면 다음과 같다.

夏朝世系圖
(B.C.2100?~B.C.1600?)

(一)禹 ─── (二)啟 ─┬─ (三)太康

                       └─ (四)仲康 ─── (五)相 ─── (六)少康 ─── (七)予 ─

─ (八)槐 ─── (九)芒 ─── (十)泄 ─┬─ (十一)不降 ─── (十四)孔甲

                                     └─ (十二)扃 ─── (十三)厪

─ (十五)皋 ─── (十六)發 ─── (十七)履癸(桀)

商朝世系圖
(B.C.1600?~B.C.1028)

(一)湯(太乙) ─┬─ 太丁 ─── (四)太甲 ─┬─ (五)沃丁

           ├─ (二)外丙   └─ (六)太庚 ─┬─ (七)小甲

           └─ (三)中壬   ├─ (八)雍己

                                   └─ (九)太戊 ─

─┬─ (十)仲丁 ─── (十三)祖乙 ─┬─ (十四)祖辛 ─── (十六)祖丁 ─┬─ (十八)陽甲

 ├─ (十一)外壬   └─ (十五)沃甲 ─── (十七)南庚   ├─ (十九)盤庚

 └─ (十二)河亶甲   ├─ (二十)小辛

                                                   └─ (二十一)小乙 ─

─┬─ (二十二)武丁 ─┬─ (二十三)祖庚

                  └─ (二十四)祖甲 ─┬─ (二十五)廩辛

                                  └─ (二十六)庚丁 ─── (二十七)武乙 ─

─ (二十八)太丁 ─── (二十九)帝乙 ─── (三十)帝辛(紂)

西周世系圖
(B.C.1027~B.C.771)

┬─ (一)武王發 ─────── (二)成王誦 ─────── (三)康王釗 ─────── (四)昭王瑕

  (B.C.1027~1025年)   (B.C.1024~1005年)   (B.C.1004~967年)   (B.C.966~948年)

─ (五)穆王滿 ─┬─ (六)共王繄扈 ─────── (七)懿王囏

  (B.C.947~928年)   (B.C.927~908年)   (B.C.907~898年)

               └─ (八)孝王辟方

                 (B.C.897~888年)

─ (九)夷王燮 ─────── (十)厲王胡 ─────── (十一)宣王靜[*] ─────── (十二)幽王宮湦

  (B.C.887~858年)   (B.C.857~842年)   (B.C.827~782年)   (B.C.781~771年)

[*]선왕(姬靜) 즉위 전 B.C.841~828년은 '共和' 시기(총14년)임.

東周世系圖
(B.C. 770~B.C. 256)

(一) 平王宜臼 (幽王子) ── 太子洩父 ──── (二) 桓王林 ──── (三) 莊王佗
(B.C.770~720年)   (B.C.719~697年)   (B.C.696~682年)

(四) 僖王胡齊 ──── (五) 惠王閬 ──── (六) 襄王鄭 ──── (七) 頃王壬臣
(B.C.681~677年)   (B.C.676~652年)   (B.C.651~619年)   (B.C.618~613年)

(八) 匡王斑
(B.C.612~607年)

(九) 定王瑜 ──── (十) 簡王夷 ──── (十一) 靈王泄心 ──── (十二) 景王貴
(B.C.606~586年)   (B.C.585~572年)   (B.C.571~545年)   (B.C.544~520年)

(十三) 悼王猛
(B.C.520年, 不滿一年)

(十四) 敬王匄 ──── (十五) 元王仁 ──── (十六) 定王介 (貞定王)
(B.C.519~477年)   (B.C.476~469年)   (B.C.468~441年)

(十七) 哀王去疾
(B.C.441年, 不滿一年)

(十八) 思王叔
(B.C.441年, 不滿一年)

(十九) 考王嵬 ──── (二十) 威烈王午 ──── (二十一) 安王驕 ┬── (二十二) 烈王喜
(B.C.440~426年)   (B.C.425~402年)   (B.C.401~376年)   │   (B.C.375~369年)
                                                              │
                                                              └── (二十三) 顯王扁
                                                                  (B.C.368~321年)

(二十四) 慎靚王定 ──── (二十五) 赧王延
(B.C.320~315年)   (B.C.314~256年)

秦朝世系圖
(B.C. 221~B.C. 207)

(一) 秦始皇嬴政 ┬── 太子扶蘇 ──── (三) 秦王子嬰
(B.C.246~210年) │   (B.C.207年 在位46日)
                 │
                 └── (二) 二世胡亥
                     (B.C.209~207年)

西漢世系圖
(B.C. 202~A.D. 8)

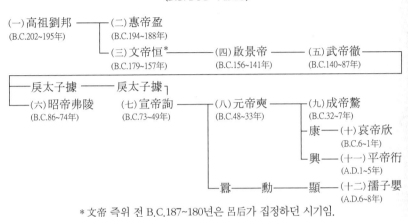

(一)高祖劉邦 — (二)惠帝盈
(B.C.202~195年)　　(B.C.194~188年)

(三)文帝恒* — (四)啟景帝 — (五)武帝徹
(B.C.179~157年)　　(B.C.156~141年)　　(B.C.140~87年)

戾太子據 — 戾太子據

(六)昭帝弗陵 — (七)宣帝詢 — (八)元帝奭 — (九)成帝驁
(B.C.86~74年)　　(B.C.73~49年)　　(B.C.48~33年)　　(B.C.32~7年)

康 — (十)哀帝欣
(B.C.6~1年)

興 — (十一)平帝衎
(A.D.1~5年)

囂 — 勳 — 顯 — (十二)孺子嬰
(A.D.6~8年)

* 文帝 즉위 전 B.C.187~180년은 呂后가 집정하던 시기임.

明代 凌稚隆 輯校의 《史記評林》　　　清 乾隆 12년(1747) 御製重刻本 〈二十一史〉
　　　　　　　　　　　　　　　　　　서문과 《史記集解》

3. 《사기》 열전

다음으로 70열전에 대한 문제이다. 이는 제왕과 제후를 제외한 일반인에 대한 전기를 모은 것이다. 모두 70편으로 구성하였으나 그에 열거된 인물은 당연히 그보다 훨씬 많다. 각 편에 한 사람씩을 넣은 것도 있지만 같은 성격을 하나로 묶어 제목을 삼기도 하였고 또는 외국 이민족에 대한 기록도 이 열전에 넣었기 때문이다. 이에 〈어제중각본御製重刻本〉(淸 乾隆 12년. 1747)《사기》 목록에 실린 표제 인물을 보면 다음과 같다.

61. 백이 열전(伯夷) → 伯夷
62. 관안 열전(管晏) → 管子(管仲), 晏子(晏嬰)
63. 노장신한 열전(老莊申韓) → 老子, 莊子, 申不害, 韓非子
64. 사마양저 열전(司馬穰苴) → 司馬穰苴
65. 손자오기 열전(孫子吳起) → 孫武, 吳起
66. 오자서 열전(伍子胥) → 伍子胥
67. 중니제자 열전(仲尼弟子) → 70제자 및 그 외 인물들
68. 상군 열전(商君) → 商鞅
69. 소진 열전(蘇秦) → 蘇秦
70. 장의 열전(張儀) → 張儀, 陳軫, 犀首
71. 저리자감무 열전(樗里子甘茂) → 樗里子, 甘茂, 甘羅
72. 양후 열전(穰侯) → 穰侯
73. 백기왕전 열전(白起王翦) → 白起, 王翦
74. 맹자순경 열전(孟子荀卿) → 孟子, 淳于髡, 愼到, 騶奭, 荀卿
75. 맹상군 열전(孟嘗君) → 孟嘗君
76. 평원군우경 열전(平原君虞卿) → 平原君, 虞卿
77. 위공자 열전(魏公子) → 信陵君
78. 춘신군 열전(春申君) → 春申君
79. 범저채택 열전(范雎蔡澤) → 范雎, 蔡澤
80. 악의 열전(樂毅) → 樂毅

81. 염파인상여 열전(廉頗藺相如) → 廉頗, 藺相如, 趙奢, 李牧

82. 전단 열전(田單) → 田單

83. 노중련추양 열전(魯仲連鄒陽) → 魯仲連, 鄒陽

84. 굴원가생 열전(屈原賈生) → 屈原, 賈誼

85. 여불위 열전(呂不韋) → 呂不韋

86. 자객 열전(刺客) → 曹沫, 專諸, 豫讓, 聶政, 荊軻

87. 이사 열전(李斯) → 李斯

88. 몽염 열전(蒙恬) → 蒙恬

89. 장이진여 열전(張耳陳餘) → 張耳, 陳餘

90. 위표팽월 열전(魏豹彭越) → 魏豹, 彭越

91. 경포 열전(黥布) → 黥布

92. 회음후 열전(淮陰侯) → 淮陰侯(韓信)

93. 한신노관 열전(韓信盧綰) → 韓王信, 盧綰

94. 전담 열전(田儋) → 田儋, 田橫

95. 번역등관 열전(樊酈滕灌) → 樊噲, 酈商, 夏侯嬰, 灌嬰

96. 장승상 열전(張丞相) → 張蒼, 周昌, 任敖, 申屠嘉, (附)韋賢, 魏相, 邴吉, 黃霸, 韋玄成, 匡衡

97. 역생육가 열전(酈生陸賈) → 酈食其, 陸賈, 朱建

98. 부근괴성 열전(傅靳蒯成) → 傅寬, 靳歙, 周緤

99. 유경숙손통 열전(劉敬叔孫通) → 劉敬, 叔孫通

100. 계포난포 열전(季布欒布) → 季布, 欒布

101. 원앙조착 열전(袁盎鼂錯) → 袁盎, 鼂錯

102. 장석지풍당 열전(張釋之馮唐) → 張釋之, 馮唐

103. 만석장숙 열전(萬石張叔) → 石奮, 衛綰, 直不疑, 周文, 張叔

104. 전숙 열전(田叔) → 田叔, 田仁 (附)任安

105. 편작창공 열전(扁鵲倉公) → 扁鵲, 倉公

106. 오왕비 열전(吳王濞) → 吳王(劉濞)

107. 위기무안후 열전(魏其武安侯) → 竇嬰, 田蚡, 灌夫

108. 한장유 열전(韓長孺) → 韓安國

이상 순수 인명만 〈중니제자열전〉의 많은 인물을 제외하고도 정식으로 178명이나 되며, 지역(이민족 국가)은 10곳, 기타龜策 1곳 등 다양하며 숫자도 상당량이 된다. 따라서 《사기》 내에 실려 있는 인물은 제목만으로는 알 수 없으며 함께 포함된 자들도 일일이 찾아보아야 그 진정한 내용을 알 수 있다.

태사공 사마천 출생지 陝西省 韓城市의 '태사공 祠堂 정문'

한편 문장 중간에 〈보유補遺〉로 저선생褚先生으로 표기된 부분이 있다. 이는 한나라 원제元帝와 성제成帝 연간의 박사博士였던 저소손褚少孫을 가리킨다. 그는 사마천 사후 《사기》의 몇몇 부분을 보충하였으며, 지금 전하는 《사기》에는 이 〈보유〉 역시 그대로 싣고 있어, 본 〈열전〉 번역에도 이를 그대로 따랐음을 밝힌다.

태사공 사마천 출생지 陝西省 韓城市의 '태사공 祠堂과 司馬坡'

태사공 사마천의 무덤(陝西 韓城市)

차 례

࿘ 역자 서문
࿘ 일러두기
࿘ 해제

史記列傳 속

史記列傳 上

史記列傳 下

史記列傳 下

史記列傳

057(117) 사마상여 열전司馬相如列傳

◉ 양나라에서 자허부子虛賦를 짓다

사마상여司馬相如는 촉군蜀郡 성도成都 사람으로 자는 장경長卿이다. 어려서부터 책읽기를 좋아하며 격검擊劍을 배워 그 어버이는 그를 견자犬子라 불렀다. 학업을 마친 다음에는 인상여藺相如의 인품을 경모한 나머지 그 이름을 상여로 고쳤다.

재물을 바쳐 낭郎이 되었고, 경제 때에는 무기상시武騎常侍가 되었지만 그 직책을 달가워하지 않았다. 하지만 경제가 사부辭賦를 좋아하지 않아 어쩔 수가 없었다.

그 무렵 양나라 효왕孝王이 입조하면서, 유세객으로 제나라의 추양鄒陽, 회음淮陰의 매승枚乘, 오현吳縣의 장기莊忌 등을 데리고 왔다. 사마상여는 그들과 만나 이야기해 보고 즐거워하며 곧 병을 핑계로 직책을 버리고 양나라로 가서 그들과 함께 빈객이 되었다. 효왕은 그를 여러 학자들과 같은 숙소에 머물게 하였다. 그곳에서 상여는 여러 학자 및 유세객들과 교분을 맺고, 그들과 지내기 몇 년 만에 〈자허부子虛賦〉를 지었다.

司馬相如者, 蜀郡成都人也, 字長卿, 少時好讀書, 學擊劍, 故其親名之曰犬子. 相如旣學, 慕藺相如之爲人, 更名相如. 以貲爲郎, 事孝景帝, 爲武騎常侍, 非其好也. 會景帝不好辭賦, 是時梁孝王來朝, 從游說之士齊人鄒陽·淮陰相如得與諸生游士居數歲, 乃著〈子虛之賦〉. 枚乘·吳莊忌夫子之徒, 相如見而說之, 因病免, 客游梁. 梁孝王令與諸生同舍,

◉ 탁문군을 꾀어 도망치다

마침 효왕이 죽어 집으로 돌아왔으나, 집안 형편이 너무 빈궁하여 무엇으로도 생계를 이어갈 수 없었다.

그는 평소 임공臨邛 현령 왕길王吉과 사이가 좋아 왕길이 이렇게 말을 전해 왔다.

"장경은 오래도록 벼슬을 구해도 뜻을 이루지 못하니 내게 와 머물지 않겠소?"

그리하여 상여는 그를 찾아가 도정都亭에 머물게 되었고, 임공 현령은 공손한 태도를 취하면서 매일 아침 사마상여를 찾아가 문안을 하였다. 사마상여는 처음 한 동안만 만나 주었을 뿐, 뒤에는 병을 핑계로 종자를 시켜 왕길을 만나지 않겠다고 하였다. 그래도 왕길은 더욱 삼가 공경히 대해 주었다.

당시의 임공현에는 부호들이 많았다. 그 중에도 탁왕손卓王孫은 800명의 노복을 거느렸고, 정정程鄭이라는 자도 또한 수백 명을 거느렸다. 이 두 사람이 하루는 서로 이렇게 의논하였다.

"현령에게 귀빈이 와 있으니, 연회를 열어 그분과 현령을 초대합시다."

그 날, 현령이 탁씨의 집에 이르렀더니, 이미 수백 명의 손님이 모여 있었다. 이윽고 정오가 되어 사마장경을 초대하였으나, 장경은 병을 핑계로 사양하였다. 그러자 현령은 차린 음식에 손도 대지 않은 채 앞장서서 사마상여를 모시러 갔다. 사마상여는 그제야 못이기는 척 초대에 응하였다. 그가 자리에 앉자, 그의 풍채는 단연 좌중을 압도하였다. 주연이 무르익자, 임공 현령은 거문고를 들고 앞으로 나서며 이렇게 청하였다.

"듣건대 장경께서는 거문고를 잘 타신다니 한번 듣고 싶습니다."

사마상여는 사양하다가 못내 한두 곡을 탔다.

그런데 당시 탁왕손에게는 과부가 된 지 얼마 안 된 문군文君이라는 딸이 있었다. 문군은 음악을 좋아하였다. 상여가 현령과 이렇듯 계책을 꾸며 온 것도 모두 문군 때문이었다. 상여가 거기車騎를 따르게 하며 임공에 왔을 때, 이미 그의 비범한 풍채는 성내의 화젯거리가 되었다. 그런데 이제 다시 탁씨의 술자리에서 거문고를 연주하자, 이를 문틈으로 엿보던 문군은 한눈에 그에게 이끌린 나머지 오히려 자신이 그에게 걸맞지 않을까 하고 걱정하였다. 이윽고 주연이 끝나자, 곧 상여의 심부름꾼이 문군의 시종을 찾아와 예물을 올리면서 사모의 정을 전하였다. 문군은 그에 응하여 그날 밤으로 상여와 함께 도망쳐버렸다. 하지만 상여의 집은 네 귀퉁이에 벽만 서 있을 정도로 곤궁하였다. 그런데다가 탁왕손 또한 노여움이 컸다.

"못난 딸자식은 아무 소용이 없다. 차마 죽이지는 않겠지만 재산을 1전도 나눠 주지 않겠다."

그리고는 두 사람을 거들떠보지도 않았다. 누군가 왕손의 마음을 돌리려고 해 보았지만 탁왕손은 끝내 들은 척도 않았다.

얼마 지나지 않아 문군은 시무룩한 어조로 상여를 부추겼다.

"장경께서는 저와 함께 임공으로 가시지요. 형제들에게서 돈을 빌려서라도 어떻게 생계를 마련할 수 있을 것이며, 그렇게 되면 이토록 고생은 하지 않을 것입니다."

상여는 함께 임공으로 가서 우선 수레와 말 등을 판 돈으로 술집을 사들여 술장사를 벌였다. 문군에게는 가게를 맡기고 그 자신은 잠방이 차림으로 머슴들과 함께 허드렛일을 하였다. 이렇듯 그가 시장에서 술잔을 씻고 있다는 소문을 들은 탁왕손은 부끄러운 나머지 두문불출하게 되었다. 문군의 집안 형제들과 어른들은 번갈아 왕손에게 권하였다.

"1남 2녀뿐이며 재산도 적지 않습니다. 지금 문군이 사마장경에게 몸을 맡겼고, 장경은 오래도록 각지를 유력한 인물입니다. 비록 가난하긴 하지만 그 사람됨과 재능은 의지하기에 충분합니다. 게다가 현령의 손님이 아닙니까? 그런 그를 어찌하여 그같이 부끄러운 지경에 버려두십니까?"

이에 탁왕손도 하는 수 없이 노복 100명과 돈 100만 전 및 시집갈 때 장만하였던 재물을 문군에게 내주었다.

문군과 상여는 다시 성도成都로 돌아가 저택을 사들여 부유하게 살 수 있었다.

會梁孝王卒, 相如歸, 而家貧, 無以自業. 素與臨邛令王吉相善, 吉曰: 「長卿久宦遊不遂, 而來過我.」於是相如往, 舍都亭. 臨邛令繆爲恭敬, 日往朝相如. 相如初尚見之, 後稱病, 使從者謝吉, 吉愈益謹肅. 臨邛中多富人, 而卓王孫家僮八百人, 程鄭亦數百人, 二人乃相謂曰: 「令有貴客, 爲具召之.」并召令. 令既至, 卓氏客以百數. 至日中, 謁司馬長卿, 長卿謝病不能往, 臨邛令不敢嘗食, 自往迎相如. 相如不得已, 彊往, 一坐盡傾. 酒酣, 臨邛令前奏琴曰:「竊聞長卿好之, 願以自娛.」相如辭謝, 爲鼓一再行. 是時卓王孫有女文君新寡, 好音, 故相如繆與令相重, 而以琴心挑之. 相如之臨邛, 從車騎, 雍容閒雅甚都; 及飲卓氏, 弄琴, 文君竊從戶窺之, 心悅而好之, 恐不得當也. 既罷, 相如乃使人重賜文君侍者通殷勤. 文君夜亡奔相如, 相如乃與馳歸成都. 家居徒士壁立. 卓王孫大怒曰:「女至不材, 我不忍殺, 不分一錢也.」人或謂王孫, 王孫終不聽. 文君久之不樂, 曰:「長卿第俱如臨邛, 從昆弟假貸猶足爲生, 何至自苦如此!」相如與俱之臨邛, 盡賣其車騎, 買一酒舍酤酒, 而令文君當鑪. 相如身自著犢鼻褌, 與保庸雜作, 滌器於市中. 卓王孫聞而恥之, 爲杜門不出. 昆弟諸公更謂王孫曰:「有一男兩女, 所不足者非財也. 今文君已失身於司馬長卿, 長卿故倦游, 雖貧, 其人材足依也. 且又令客, 獨奈何相辱如此!」卓王孫不得已, 分予文君僮百人, 錢百萬, 及其嫁時衣被財物. 文君乃與相如歸成都, 買田宅, 爲富人.

⊛ 자허子虛, 오유선생烏有先生, 무시공無是公

그로부터 얼마 뒤, 촉蜀나라 사람 양득의楊得意가 구감狗監이 되어 천자武帝를 모시게 되었을 때였다. 황제는 〈자허부〉를 읽고 마음에 들어 이렇게 탄식하였다.

"짐은 어찌하여 이 글의 작자와 같은 시대에 살지 못하였던가?"

그러자 양득의가 아뢰었다.

"신이 살고 있는 마을 사람 사마상여라는 자가 이 글을 지었다고 합니다."

천자는 놀라 곧 사마상여를 불러들였다. 그리고 그에게 묻자 상여는 이렇게 대답하였다.

"제가 지은 것이기는 하지만, 그것은 제후에 대한 일을 서술한 것이므로 천자께서 보실 만한 것이 못됩니다. 바라건대 신에게 〈천자의 유렵부游獵賦〉를 짓게 해 주시면, 글이 되는 대로 곧 올리겠습니다."

천자는 허락하고 상서尙書에게 서찰筆札을 주도록 명하였다.

상여는 '자허子虛'라는 '허구의 인물'을 내세워 초나라를 칭송하도록 하고 '오유선생烏有先生'이라는 '어찌 이런 일이 있을 수 있겠는가?'의 뜻을 가진 인물을 내세워 제나라를 반박하도록 '무시공無是公'이라는 '옳다는 것은 없다'는 뜻의 인물을 내세워 천자의 대의를 분명히 하려 하였다.

그리하여 이 가공의 세 인물을 빌려 사辭를 짓되 그 글 중에 천자와 제후의 원유苑囿를 논한 뒤, 그 마지막 장에서는 절약과 검소함에 귀결시켜 천자를 풍간諷諫하고자 하였다. 글을 천자에게 올리자 천자는 흡족해하였다.

그 글의 내용은 다음과 같다.

居久之, 蜀人楊得意爲狗監, 侍上. 上讀〈子虛賦〉而善之, 曰:「朕獨不得與此人同時哉!」得意曰:「臣邑人司馬相如自言爲此賦.」上驚, 乃召問相如. 相如曰:「有是. 然此乃諸侯之事, 未足觀也. 請爲天子游獵賦, 賦成奏之.」上許, 令尙書給筆札. 相如以「子虛」, 虛言也, 爲楚稱;「烏有先生」者, 烏有此事也, 爲齊難;「無是公」者, 無是人也, 明天子之義. 故空藉此三人爲辭, 以推天子諸侯之苑囿. 其卒章歸之於節儉, 因以風諫. 奏之天子, 天子大說. 其辭曰:

◉ 오늘의 사냥은 즐거웠소

초나라가 자허를 사신으로 삼아 제나라에 보냈다. 제나라 왕은 이에 나라 안의 선비를 불러 거마를 갖춘 다음 사자와 더불어 사냥을 나갔다. 사냥이 끝난 다음, 자허는 오유선생에게 들러 자랑하였다. 마침 무시공도 함께 있어 모두 자리를 정하여 앉았다. 오유선생이 물었다.

"오늘의 사냥은 즐거웠소?"

자허가 말하였다.

"즐거웠소."

"잡은 것은 많았소?"

"조금 잡았소."

"그런데 무엇이 즐거웠소?"

자허가 대답하였다.

"제나라 왕이 내게 거마車馬의 많음을 보여주시기에, 나는 운몽雲夢의 일을 들어 대답하였기에 즐거웠다오."

"그 이야기를 들려 줄 수 있겠소?"

楚使子虛使於齊, 齊王悉發境內之士, 備車騎之衆, 與使者出田. 田罷, 子虛過詫烏有先生, 而無是公在焉. 坐定, 烏有先生問曰:「今日田樂乎?」子虛曰:「樂.」「獲多乎?」曰:「少.」「然則何樂?」曰:「僕樂齊王之欲夸僕以車騎之衆, 而僕對以雲夢之事也.」曰:「可得聞乎?」

● 초나라 왕의 사냥 모습

자허가 말하였다.

"좋소. 제나라 왕의 행차는 천 승의 수레였고, 가려 뽑은 기병이 1만 명으로 바닷가에서 사냥을 하였소. 줄을 지은 사졸들은 계곡마다 가득 찼고 그물은 산을 둘러싸서 펼쳐졌소. 토끼를 그물로 덮쳐 잡고, 사슴을 수레바퀴로 치어 죽였으며, 고라니를 쏘아 맞히고, 기린은 다리를 잡아 쓰러뜨리니 갯벌을 달리는 수레바퀴는 찢긴 짐승의 피로 물들여지고, 쏘아 날린 화살마다 거둬들이는 것이 많았소. 이에 왕은 자기의 풍성함을 자랑하면서 나를 돌아보더니 이렇게 말하였소.

'초나라에도 이렇듯 평탄한 들, 넓은 계곡의 사냥터가 있어 사냥을 즐길 수 있소? 또 초나라 왕의 사냥은 과인에 비해 어떻소?'

나는 수레에서 내려 이렇게 대답하였소.

'신은 초나라 출신의 보잘것없는 몸이나 다행히 숙위宿衛하기를 10여 년, 때때로 왕을 따라 후원後園에서 사냥하였으나, 두루 돌아볼 수는 없습니다. 어찌 궁궐 밖의 사냥터를 말할 수 있겠습니까!'

그러자 제왕이 말하였지요.

'그대가 듣고 본 것만을 얘기하시오.'

子虛曰:「可. 王駕車千乘, 選徒萬騎, 田於海濱. 列卒滿澤, 罘罔彌山, 揜兔轔鹿, 射麋脚麟. 騖於鹽浦, 割鮮染輪. 射中獲多, 矜而自功. 顧謂僕曰:

『楚亦有平原廣澤游獵之地饒樂若此者乎? 楚王之獵何與寡人?』僕下車對曰:
『臣, 楚國之鄙人也, 幸得宿衛十有餘年, 時從出游, 游於後園, 覽於有無,
然猶未能徧觀也, 又惡足以言其外澤者乎!』齊王曰:『雖然, 略以子之所聞
見而言之.』

✿ 운몽의 화려함

그리하여 나는 이렇게 대답하였답니다.

'알겠습니다. 신이 듣기에 초나라에는 호수가 일곱 개가 있습니다.
일찍이 그 하나를 보았을 뿐, 그 밖의 것은 아직 보지 못하였습니다.
신이 본 것은 그 중 제일 작은 것으로, 이름은 운몽雲夢이라 합니다. 운몽은
사방 900리로 그 가운데는 산이 있습니다. 그 산은 굽이져 서려 있는가
하면 높이 솟아 험준하며, 봉우리는 높고 낮아 해와 달이 가려져 숨는가
하면, 이지러지고 불쑥 솟았다간 들어가서 위로는 푸른 구름이 솟구치고,
산비탈은 느슨하게 경사져 그 끝이 강과 시내로 들어가게 됩니다.

그 흙은 단청丹青·자악赭堊·자황雌黃·백부白坿·석벽錫碧·금은金銀 따위
로서 갖가지 색깔이 빛나기를 마치 용의 비늘에 어려 비치는 듯합니다.
그곳의 돌들로는 적옥赤玉·매괴玫瑰·임민琳瑉·곤오琨珸·감륵瑊玏·현려
玄厲·연석瑌石에서 土대신 玉石·무부武夫 따위가 있습니다.

그 동쪽에는 향기나는 풀이 자생하는 동산이 있어, 형란衡蘭·지약芷若·
사간射干·궁궁芎藭·창포昌蒲·강리江離·미무蘪蕪·감자甘蔗·박저猼且 따위가
있습니다. 그 남쪽에는 평탄한 들, 너른 계곡이 있어 혹은 오르내리고,
혹은 구부러지고 길게 뻗어 있으며, 점점 낮아져 웅덩이와 평지를 만들면서
넓어지는데 장강에 잇닿아 무산巫山에서 끝이 납니다. 높고 건조한 곳에는
짐장葴·사斯·포苞·여荔·설薛·사莎·청번青薠이 무성하며, 낮고 습한 곳에는
장랑藏莨·겸가蒹葭·동장東薔·조호雕胡·연우蓮藕·고로菰蘆·암려菴藺·
헌우軒芋 등등 온갖 것이 모두 모여 그 모양을 이루 다 그려낼 수가 없습니다.
그 서쪽에는 솟아오르는 샘과 맑은 못이 있습니다. 그 물결이 일렁이며
흘러가는 위로는 연꽃과 마름꽃이 보이고, 안으로는 커다란 바위와 흰모래를

숨깁니다. 또 그 속에서는 신령스런 거북과 교룡·악어와 대모玳瑁·별원鱉黿 따위가 살고 있습니다. 그 북쪽에는 그늘질 정도로 울창한 숲과 거목들이 있습니다. 그곳에서는 편남楩柟·예장豫章·계초桂椒·목란木蘭·벽리蘗離·주양朱楊·사리楂梨·영률梬栗·굴유橘柚 등이 향기를 풍겨 냅니다. 그 나무들 위에는 적원赤猨·구유蠷蝚·원추鵷雛·공작孔雀·난조鸞鳥·등원騰遠·사간射干이 살고 있으며, 나무 밑에서는 백호白虎·현표玄豹·만연蟃蜒·추貙·한豻·시상兕象·야서野犀·궁기窮奇·만연獌狿 등이 살고 있습니다.

「僕對曰:『唯唯. 臣聞楚有七澤, 嘗見其一, 未覩其餘也. 臣之所見, 蓋特其小小者耳, 名曰雲夢. 雲夢者, 方九百里, 其中有山焉. 其山則盤紆弗鬱, 隆崇嵂崒; 岑巖參差, 日月蔽虧; 交錯糾紛, 上干青雲; 罷池陂陀, 下屬江河. 其土則丹青赭堊, 雌黃白坿, 錫碧金銀, 衆色炫耀, 照爛龍鱗. 其石則亦玉玫瑰, 琳瑉琨珸, 瑊玏玄厲, 瑌石武夫. 其東則有蕙圃衡蘭, 芷若射干, 穹窮昌蒲, 江離麋蕪, 諸蔗猼且. 其南則有平原廣澤, 登降陀靡, 案衍壇曼, 緣以大江, 限以巫山. 其高燥則生葳薪苞荔, 薛莎青薠. 其卑濕則生藏莨蒹葭, 東薔雕胡, 蓮藕菰蘆, 菴䕡軒芋, 衆物居之, 不可勝圖. 其西則有湧泉清池, 激水推移; 外發芙蓉蔆華, 內隱鉅石白沙. 其中則有神龜蛟鼉, 瑇瑁鼈黿. 其北則有陰林巨樹, 楩柟豫章, 桂椒木蘭, 蘗離朱楊, 樝梨梬栗, 橘柚芬芳. 其上則有赤猨蠷蝚, 鵷雛孔鸞, 騰遠射干. 其下則有白虎玄豹, 蟃蜒貙豻, 兕象野犀, 窮奇獌狿.

❀ 운몽에서의 사냥 모습

이에 전저專諸와 같은 용사로 하여금 맨손으로 짐승들을 잡도록 합니다. 초나라 왕은 길들인 박駁 네 마리가 끄는 구슬을 박은 수레에 타고 물고기 수염으로 만든 깃대의 명월주明月珠 깃발을 길게 바람에 날립니다.

간장干將의 예리한 창을 세우고, 조각을 한 오호烏嗥에 조각한 활을 왼쪽에, 하나라 풍의 의복에 각이 진 화살이 담겨진 화살 통을 오른쪽에 두었으며, 양자陽子, 孫陽가 수레를 같이 타고 섬아纖阿가 말을 몰아 달립니다.

서서히 달리던 수레가 전력을 다해 달리기도 전에 짐승을 뒤쫓아 공공邛邛을 깔아 죽이고, 거허距虛를 짓밟아 잡고, 야생마를 들이받고,

도도駒騹를 수레의 축으로 죽이고, 유풍遺風을 타고선 질주하는 기騏를 쏘아 죽입니다.

수레와 말이 날래기는 우레와 같이 움직이며 질풍처럼 빨라서, 유성같이 흐르고 번개같이 치니, 활은 하늘을 날고 명중시키되 반드시 짐승의 눈꼬리를 찢거나 가슴을 꿰뚫어 옆구리에까지 미치고, 심장의 힘줄을 끊습니다. 사냥한 짐승은 비가 쏟아지듯 풀을 덮고 땅을 가립니다.

그때 초나라 왕은 말고삐를 잡아 천천히 배회하되, 새가 날개를 펴고 나는 듯이 유연하게 소요하며 무성한 숲을 바라보기도 하고, 장수들의 분노하는 모습과 맹수들의 두려워하는 모양을 둘러봅니다. 지친 짐승의 앞을 가로막아 힘이 다한 짐승을 잡기도 하는 등 온갖 변화하는 모습들을 모두 볼 수 있습니다.

於是乃使專諸之倫, 手格此獸. 楚王乃駕馴駁之駒, 乘雕玉之輿, 靡魚須之橈旃, 曳明月之珠旗, 建干將之雄戟, 左烏嗥之雕弓, 右夏服之勁箭; 陽子驂乘, 纖阿爲御; 案節未舒, 卽陵狡獸, 轔邛邛, 蹴距虛, 軼野馬而轊駒騹, 乘遺風而射游騏; 僄眇凄浰, 雷動熛至, 星流霆擊, 弓不虛發, 中必決眥, 洞胸達腋, 絶乎心繫, 獲若雨獸, 揜草蔽地. 於是楚王乃弭節裴回, 翺翔容與, 覽乎陰林, 觀壯士之暴怒, 與猛獸之恐懼, 徼㕙受詘, 殫睹衆物之變態.

❀ 곁에 있는 정나라 미녀의 꾸밈

이에 정나라의 아름다운 미녀·미희가 아석阿錫을 걸치고 고운 삼베며 비단자락을 끌며, 머리에는 안개 같은 엷은 비단을 길게 늘어뜨립니다. 옷 주름은 구겨져 골짜기처럼 접쳐졌으나, 긴소매 자락은 정연하며 가지런 하고, 섬纖은 날리고, 술이 드리워져, 공손히 수레를 따라갈 때 수레에 스치는 소리가 사록사록 하고, 옷자락 아래는 난초·혜초를 스쳐 지나가고, 위는 수레의 비단 우산을 쓸고, 비취새의 털로 만든 목걸이에 구슬로 장식한 수레의 끈이 걸리고 가볍게 솟아올라 다시 내려지니, 마치 선녀의 모습을 방불하게 합니다.

於是鄭女曼姬, 被阿錫, 揄紵縞, 襍纖羅, 垂霧縠; 襞積褰縐, 紆徐委曲,
鬱橈谿谷; 衯衯裶裶, 揚袘卹削, 蜚纖垂髾; 扶與猗靡, 噏呷萃蔡, 下摩蘭蕙,
上拂羽蓋, 錯翡翠之威蕤, 繆繞玉綏; 縹乎忽忽, 若神仙之仿佛.

☸ 새를 잡으며 놀다가 지쳐

그리하여 모두가 함께 향내나는 풀이 자라고 있는 동산으로 가서 사냥하고,
무성한 풀 속을 서서히 들어가 견고한 둑으로 올라갑니다. 거기서 비취새를
잡고 준의駿鸃라는 새를 쏘며, 짧은 활에 가는 실을 매어 하늘 높이 나는
흰 고니를 쏘고, 가아駕鵝를 연달아 잡고, 화살 맞은 두 마리의 학이 검은
학의 위에 포개져 떨어지지요.

사냥에 지치면 맑은 연못에서 노닙니다. 물새의 모양을 뱃머리에 그린
배를 띄우고 계수나무 삿대를 올리고, 새털로 장식한 포장을 치고, 새털로
장식한 배 덮개를 세우고, 대모玳瑁를 그물질하여 잡고, 자패紫貝를 낚고,
황금 북을 울리고 퉁소를 붑니다. 사공이 부르는 노랫소리는 부드러웠다
갑자기 강해지니 물 속의 고기들을 놀라게 하고, 끓어오르는 물결은 분수가
내뿜는 것과 같아 높이 솟아오릅니다.

얼마 아니하여 한곳에 모인 물 속의 돌은 서로 부딪쳐 낭랑하게 울리니,
그 소리는 우레 같아 수백 리 밖에서도 들릴 정도입니다.

於是乃相與獠於蕙圃, 媻珊勃窣上金隄, 揜翡翠, 射駿鸃, 微矰出, 纖繳施,
弋白鵠, 連駕鵝, 雙鶬下, 玄鶴加. 怠而後發, 游於清池; 浮文鷁, 揚桂枻,
張翠帷, 建羽蓋, 罔瑇瑁, 釣紫貝; 摐金鼓, 吹鳴籟, 榜人歌, 聲流喝, 水蟲駭,
波鴻沸, 涌泉起, 奔揚會, 瑠石相擊, 硠硠礚礚, 若雷霆之聲, 聞乎數百里之外.

☸ 제나라는 초나라의 화려함에 미치지 못한다

사냥꾼들을 쉬게 한 다음, 다시 북을 울려 신호의 깃발을 들면, 수레는
행렬을 정돈하고 기병들은 대오를 짜서 서로 줄을 잇고 서로 무리를
이루며 앞으로 나아가는데 마치 흐르는 물과 같이 질서가 있습니다.

초나라 왕은 양운대陽雲臺로 올라 편안히 좌정하고 오미五味를 조화시켜 요리한 음식을 먹습니다. 이것은 대왕께서 종일을 달려 수레에서 내리지 않고 수레바퀴에다 피를 물들이고, 생고기를 찢어 소금을 찍어 입에 넣고 스스로 즐겁다고 하는 이런 정도가 아닙니다. 신이 가만히 살펴보건대, 제나라는 거의 초나라에는 미치지 못합니다.'라고 하였습니다. 그러자 제나라 왕은 잠자코 아무 대답이 없었습니다."

將息獠者, 擊靈鼓, 起逢燧, 車案行, 騎就隊, 纚乎淫淫, 班乎裔裔. 於是楚王乃登陽雲之臺, 泊乎無爲, 澹乎自持, 勺藥之和具而後御之. 不若大王終日馳騁而不下輿, 胊割輪淬, 自以爲娛. 臣竊觀之, 齊殆不如.』於是王默然無以應僕也.」

❀ 그대의 과장은 너무 지나칩니다

오유선생이 말하였다.

"어찌 그리 지나친 말씀을 하십니까! 그대는 천 리 길도 멀다 아니하고 제나라에 와서 은혜를 주셨습니다. 제나라 왕이 나라 안의 선비를 모두 불러서 수레와 말의 무리를 정돈하여 사냥을 나간 것은 힘을 합해 짐승을 잡고 그대를 즐겁게 하려는 생각에서였습니다. 어째서 자랑을 한다고 말하십니까? 초나라에 그러한 곳이 있는가의 여부를 물은 것은, 초나라와 같은 큰 나라의 아름다운 풍속과 그대의 감상을 들으려고 한 것인데, 이제 그대가 초나라 왕의 후한 덕을 칭송하지 않고 다만 운몽의 광대함만을 칭찬하여 크게 음락淫樂을 떠벌리고 지나치게 사치스럽다는 것을 드러냈습니다. 생각해 보니 그대를 위해 애석한 일입니다.

틀림없이 말한 그대로라 할지라도 본래 그것은 초나라의 아름다움이 아닙니다. 만약 그것이 사실이라면 초나라 왕의 악덕을 나타내는 것이고, 사실이 아니라면 그대의 신의를 손상하는 일이 됩니다. 군주의 악덕을 나타내고 사신의 신의를 손상시키는 것은 어느 편도 좋은 일이라고 할 수 없습니다. 그대가 굳이 그런 일을 하였으니 반드시 제나라에서는 당신을 경멸하고 허물을 초나라에 미치게 할 것입니다.

제나라는 동쪽으로 큰 바다가 있고, 남쪽에는 낭야산琅邪山이 있으며, 성산成山에 유람하고, 지부산之罘山에서 사냥하고, 발해渤海에 배를 띄우고, 맹저택孟諸澤에서 놀고, 곁으로 숙신국肅愼國과 이웃하고, 오른쪽은 탕곡湯谷으로써 경계를 삼고 있습니다. 가을에는 청구산靑丘山에서 사냥하고 바다 밖에서 노닐면 운몽 같은 것을 여덟 개나 아홉 개 삼켜도 가슴 속에서는 개자芥子만큼도 걸리는 것이 없을 것입니다. 진귀하고 특이한 물건과 여러 종의 기괴한 조수鳥獸며, 물고기의 비늘처럼 아울러 모여 그 가운데 충만한 것은 다 들어 기록할 수가 없습니다. 우임금일지라도 그 하나하나를 이름 붙일 수 없고, 설契이라 해도 그 수를 셀 수가 없을 것입니다. 그러나 제나라 왕은 제후의 지위에 있기 때문에 감히 유렵의 즐거움이라든가 원유苑囿의 크기를 말하지 않을 것입니다. 그대를 빈객으로 삼고 있었기에 왕을 어떤 말로도 반박하지 않은 것일 뿐 어찌 대답할 말이 없었겠소!"

烏有先生曰:「是何言之過也! 足下不遠千里, 來况齊國, 王悉發境內之士, 而備車騎之衆, 以出田, 乃欲勠力致獲, 以娛左右也, 何名爲夸哉! 問楚地之有無者, 願聞大國之風烈, 先生之餘論也. 今足下不稱楚王之德厚, 而盛推雲夢以爲高, 奢言淫樂而顯侈靡, 竊爲足下不取也. 必若所言, 固非楚國之美也. 有而言之, 是章君之惡; 無而言之, 是害足下之信. 章君之惡而傷私義, 二者無一可, 而先生行之, 必且輕於齊而累於楚矣. 且齊東陼巨海, 南有琅邪, 觀乎成山, 射乎之罘, 浮勃澥, 游孟諸, 邪與肅愼爲鄰, 右以湯谷爲界, 秋田乎靑丘, 傍偟乎海外, 呑若雲夢者八九, 其於胸中曾不蔕芥. 若乃俶儻瑰偉, 異方殊類, 珍怪鳥獸, 萬端鱗萃, 充仞其中者, 不可勝記, 禹不能名, 契不能計. 然在諸侯之位, 不敢言游戲之樂, 苑囿之大; 先生又見客, 是以王辭而不復, 何爲無用應哉!」

❀ 둘 모두 잘못된 것입니다

이번에는 무시공이 흔연히 웃으면서 이렇게 말하였다.

"초나라의 이야기가 사리에 맞지는 않지만, 제나라의 이야기도 옳다고는 말할 수 없습니다. 대체로 천자가 제후에게서 조공을 받는 것은 재보를 위해서가 아니라 그 직책의 도리를 행하도록 하는 데 있으며, 또 흙을 쌓아 올려 경계를 만드는 것은 방위를 위해서가 아니라 사악함을 경계하기 위해서입니다. 이제 제나라는 동번東藩이면서 밖으로는 은근히 숙신과 통하고 제후국을 떠나 국경을 넘어 바다를 건너서까지 사냥하는 것은 도리로 보아서 좋지 못한 일입니다.

두 분의 논쟁은 군신의 도리를 밝히는 것에도 제후의 예의를 바르게 세우는 것에도 힘쓰지 않고 다만 함부로 사냥의 즐거움과 원유의 큼을 다투는 것 뿐으로 서로 사치를 자랑하는 황음한 행동을 가지고 서로 뛰어나다고 자랑하고 있습니다. 그렇게 해서는 명예를 세울 수 없을 뿐만 아니라 도리어 군주를 깎아 내리고 자신을 상처내는 것이 될 뿐입니다.

그리고 제나라와 초나라의 그러한 일이 어찌 말할 만한 것입니까? 그대들은 저 거대하고 화려한 것을 보지 못하였습니까? 천자의 상림원 上林苑에 대해 들은 적이 없습니까?

無是公听然而笑曰:「楚則失矣, 齊亦未爲得也. 夫使諸侯納貢者, 非爲財幣, 所以述職也; 封彊畫界者, 非爲守禦, 所以禁淫也. 今齊列爲東藩, 而外私肅愼, 捐國踰限, 越海而田, 其於義故未可也. 且二君之論, 不務明君臣之義而正諸侯之禮, 徒事爭游獵之樂, 苑囿之大, 欲以奢侈相勝, 荒淫相越, 此不可以揚名發譽, 而適足以貶君自損也. 且夫齊楚之事又焉足道邪! 君未睹夫巨麗也, 獨不聞天子之上林乎?

☻ 태호太湖로 흘러드는 물길의 화려함

창오蒼梧를 동쪽으로, 서극西極을 서쪽으로, 단수丹水가 그 남쪽을 흐르고 자연紫淵이 그 북쪽에 가로질러 흐릅니다. 패수霸水와 산수滻水는 상림원 내에서 시작되어 끝나고, 경수涇水와 위수渭水는 흘러들어와 풍鄷·호鄗·요潦·휼潏의 네 지류가 굽이굽이 뒤틀려 상림원 안을 돌아 여덟 하천으로 갈라져 출출 흐르고 서로 등지며, 각기 그 모양을 달리하고 동서남북으로 뒤섞여 흐르다가 다시 산초나무가 자라고 있는 언덕 사이로 나오고, 섬의 물 기슭에 이르러 계수나무의 숲 속을 가로지르고, 넓은 들을 지나고 서로 합류하여 큰 구릉을 끼고 내려가 양 기슭 좁은 데로 달립니다.

큰 돌에 부딪히고 쌓인 모래와 바위머리를 치고 끓어올라서 노한 것 같고, 물이 뛰어오르는가 하면 되돌아오고, 뭉치어 솟아오르는가 하면 금방 또 달아나고 서로 부딪혀 소리를 냅니다. 옆으로 퍼지고 거꾸로 꺾이고 겹치고 겹쳐 가볍게 달리고 소리가 요란하고 세력이 숨었다 드러났다 하며, 별안간 높았다가 별안간 낮았다가 뒹굴어 한쪽으로 꼬부라지고, 뒷 물결은 앞 물결을 넘어서 푹 꺼진 데로 달려가고 물은 소리를 내며 쏟아져 여울로 내려갑니다. 바위를 쳐서 귀퉁이로 부딪고 소리쳐 오르고 주르르 흩어집니다. 높은 곳까지 올랐다가 낮은 데로 떨어지고, 흘러 떨어지는 물소리는 쿵쿵 울려서 은은히 깊고, 노호하는 물소리는 쾅쾅 퀄퀄 솥에서 끓어오르는 듯 물결을 달리게 하고 거품을 튀기고 급히 내쏘아 달려서 저 아득한 쪽에서 아득한 쪽으로 흘러가고, 고요히 소리 없이 영원 속으로 흘러갑니다.

그런 다음에는 끝없이 고요히 천천히 돌아서 호호하게 흰 빛으로 빛나고 동쪽으로 흘러서 태호太湖에 들어가고 작은 못에 넘쳐흐릅니다.

이에 교룡蛟龍·적리赤螭·긍몽魱鯥·점리蝛離·옹용鰅鰫·건탁鯼魠·우우禺禺·허납鱸魶은 지느러미를 흔들고 꼬리를 움직이고 비늘과 날개를 떨쳐 깊은 바위 속으로 잠깁니다.

물고기·자라의 소리가 은은하고 만물이 흐드러지게 많고, 명월의 구슬은 강기슭에 반짝이고, 촉석蜀石·황연黃碝·수정은 도처에 흩어져 있고, 반짝 반짝 번쩍번쩍 색채가 서로 비치어 빛나고 물 가운데 더미를 이루고 있습니다. 홍곡鴻鵠·숙보鷫鴇·가아駕鵞·촉옥鸀鳿·교청鵁鶄·환목鸍目·번목煩鶩·용거鸕鷜·침자鯵雌·교로鵁鸕는 물 위에 떼지어 떠서 바람 따라 떠가고 물결 따라 떠가며, 파도와 함께 흔들리면서 무성한 풀에 떼지어 모여 가서 물풀을 쪼고 연과 마름을 씹고 있습니다.

在蒼梧, 右西極, 丹水更其南, 紫淵徑其北; 終始霸滻, 出入涇渭; 酆鄗潦潏, 紆餘委蛇, 經營乎其內. 蕩蕩兮八川分流, 相背而異態. 東西南北, 馳騖往來, 出乎椒丘之闕, 行乎洲淤之浦, 徑乎桂林之中, 過乎泱莽之野. 汨乎渾流,順阿而下, 赴隘陜之口. 觸穹石, 激堆埼, 沸乎暴怒, 洶涌滂沸, 滭浡滵汩, 湢測泌瀄, 橫流逆折, 轉騰潎洌, 澎濞沆瀣, 穹隆雲橈, 蜿灗膠戾, 踰波趨浥, 莅莅下瀨, 批巖衝壅, 犇揚滯沛, 臨坻注壑, 瀺灂霣墜, 湛湛隱隱, 砰磅訇磕, 潏潏淈淈, 湁潗鼎沸, 馳波跳沫, 汩急漂疾, 悠遠長懷, 寂漻無聲, 肆乎永歸. 然後灝溔潢漾, 安翔徐徊, 翯乎滈滈, 東注大湖, 衍溢陂池. 於是乎蛟龍赤螭, 䱭䲛螹離, 鰅鰫鰬魠, 禺禺鱋魶, 揵鰭擢尾, 振鱗奮翼, 潛處于深巖; 魚鼈讙聲, 萬物衆夥, 明月珠子, 玓瓅江靡, 蜀石黃碝, 水玉磊砢, 磷磷爛爛, 采色澔汗, 叢積乎其中. 鴻鷫鵠鴇, 駕鵝鸀鳿, 鵁鶄䴉目, 煩鶩鷛鷝, 䴋䳟鵁鸕, 羣浮乎其上. 汎淫泛濫, 隨風澹淡, 與波搖蕩, 掩薄草渚, 唼喋菁藻, 咀嚼菱藕.

온갖 풀과 아름다운 풍경

이에 다시 산은 높이 솟아 우아하고 수목은 울창해서 짙어 있고 높낮이를 달리하여 층이 진 바위들이 있습니다. 구종산九嵕山은 험준하고, 종남산終南山은 깎아지른 듯하며 그 험준한 바위와 벼랑은 기이한 형상으로 가파릅니다. 꼬부라진 시내가 흘러드는 골짜기는 툭 트여 열려져서 공허하고 언덕과 섬은 높고 험하며, 구렁텅이와 흙구덩이가 있어 평탄치 않고, 높고 낮은 것이 서로 잇대고, 벌레 모양같이 꾸불꾸불하였다가 편편해집니다. 물은 이러한 계곡을 흘러 평지에 이르러서는 넓게 퍼집니다.

못가의 천 리의 땅은 쌓아서 다듬지 않은 곳이 없고, 향내나는 푸른색의 혜초蕙草나 강리江離로 덮여 있고, 미무蘪蕪와 유이流夷도 섞여 있으며, 결루結縷도 심어져 있고, 여사戾莎도 모여 있으며, 게거揭車·형란衡蘭·고본稿本·사간射干·자강茈薑·양하蘘荷·침등葴橙·약손若蓀·선지鮮枝·황력黃礫·장모蔣茅·청번靑薠이 큰 못에 두루 자라거나 넓은 들에 널려 있습니다. 서로 연달아 끊임없이 퍼져 있으면서 바람이 부는 대로 몸짓해 흔들리며 온갖 향기를 풍기고 바람에 실려 사방으로 퍼지며 아련히 사람의 눈앞에 펼쳐집니다.

於是乎崇山矗矗, 崔巍嵯峨, 深林鉅木, 嶄巖㟥嵳, 九嵕·嶻嶭, 南山峨峨, 巖陁甗錡, 摧崣崛崎, 振谿通谷, 蹇產溝瀆, 谽呀豁閜, 阜陵別島, 崴磈嵔瘣,丘虛崛崹, 隱轔鬱嵒, 登降施靡, 陂池貏豸, 沇溶淫鬻, 散渙夷陸, 亭皋千里, 靡不被築. 掩以綠蕙, 被以江離, 糅以蘪蕪, 雜以流夷. 尃結樓, 欑戾莎, 揭車衡蘭, 稿本射干, 茈薑蘘荷, 葴橙若蓀, 鮮枝黃礫, 蔣芋青薠, 布濩閎澤, 延曼太原, 麗靡廣衍, 應風披靡, 吐芳揚烈, 郁郁斐斐, 衆香發越, 肸蠁布寫, 晻曖苾勃.

❀ 이상한 짐승들

이에 다시 사방을 두루 살펴보면, 경물景物의 풍부하고 치밀하기는 사람을 망망하고 황홀하게 하며 끝도 없고 한정도 없습니다. 해는 동산의 동쪽 못에서 나와 서쪽 언덕으로 사라지나 동산의 남쪽은 엄동에도 초목이 무성하고 물이 생동하고 물결이 어는 일이 없습니다. 짐승은 용犡·모우旄牛· 맥리獏犛·침우沈牛·주미麈麋·적수赤首·환제圜題·궁기窮奇·상서象犀 등이 있습니다. 동산의 북쪽은 한여름에도 얼음을 머금어 땅이 갈라지고, 옷자락을 추켜들고 빙판 위를 걸어서 하수河水를 건넙니다. 짐승으로는 기린麒麟·각단角觸·도도駒駼·낙타駱駝·공공蛩蛩·탄혜驒騱·결제駃騠·여마 驢馬·나마騾馬 등이 있습니다.

於是乎周覽泛觀, 瞋盼軋沕, 芒芒恍忽, 視之無端, 察之無崖. 日出東沼, 入於西陂. 其南則隆冬生長, 踊水躍波; 獸則犡旄獏犛, 沈牛麈麋, 赤首圜題, 窮奇象犀. 其北則盛夏含凍裂地, 涉冰揭河; 獸則麒麟角觸, 駒駼橐駝, 蛩蛩 驒騱, 駃騠驢騾.

❀ 신선이 머물러 쉬는 곳

이에 다시 이궁離宮·별관은 산에 가득하고, 골짜기에 양다리 걸치듯 걸쳐 있고 높은 회랑은 사방으로 처마를 드리우고, 중첩한 처마와 꼬부라진 주랑, 화려하게 단청한 대들보, 구슬로 장식한 서까래의 머리, 임금의 수레가 오가는 2층 주랑이 서로 연달아 있고, 보랑步廊은 길게 둘러져 있어 도중에서 하룻밤을 자야 할 만큼 깁니다. 종산嵕山을 편편하게 닦아 집을 짓고, 누대를 쌓아올려서 바위틈의 깊숙한 곳을 동방洞房으로 하고 있습니다.

그곳에서 아래쪽을 굽어보면 깊고 멀어서 아무것도 보이지 않는 것 같고, 쳐다보면 대들보가 높기란 하늘을 만지는 듯합니다. 유성은 궁중의 작은 문을 거쳐 지나가고, 무지개는 난간에 길게 걸려 있고, 청룡은 동상東箱으로 구불거려 가고, 상여象輿는 서청西淸에 곱게 섭립니다. 영어선인靈圉仙人은 고요한 집에 휴식하고, 악전선인偓佺仙人은 남쪽 지붕 끝에 앉아 볕을 쬐고, 감천甘泉은 청실淸室에서 솟아나고 흘러서 내가 되어 안뜰을 지납니다.

반석은 물가로 정리되어 있고 작은 산은 닦고, 험준한 산봉우리를 정리하여 조각한 듯한 기이한 천연석은 보존시킵니다. 매괴玫瑰·벽옥碧玉·산호珊瑚는 떨기를 이루어 자라고 있고, 민옥瑉玉·문석文石에는 무늬와 줄이 있고, 적옥赤玉에는 아름다운 무늬가 있습니다. 또 여기에서 그것들의 사이에 섞여 수수垂綏·완염琬琰·화씨벽和氏璧 들이 이곳에서 산출됩니다.

於是乎離宮別館, 彌山跨谷, 高廊四注, 重坐曲閣, 華榱璧璫, 輦道纚屬, 步櫚周流, 長途中宿. 夷峻築堂, 累臺增成, 巖突洞房, 俛杳眇而無見, 仰攀橑而捫天, 奔星更於閨闥, 宛虹拖於楯軒. 青虯蚴蟉於東箱, 象輿婉蟬於西淸, 靈圉燕於閒觀, 偓佺之倫暴於南榮, 醴泉涌於淸室, 通川過乎中庭. 槃石裖崖, 嶔巖倚傾, 嵯峨磔碟, 刻削崢嶸, 玫瑰碧琳, 珊瑚叢生, 瑉玉旁唐, 璸斒文鱗, 赤瑕駁犖, 雜臿其閒, 垂綏琬琰, 和氏出焉.

❀ 온갖 과일과 기이한 나무들

이에 다시 노귤盧橘은 여름에 익고, 황감黃柑·유자柚子·비파枇杷·소조小棗·산리山梨·후박厚朴·영조樗棗·양매楊梅·앵도櫻桃·포도蒲陶·은부隱夫·울체鬱棣·답답榙樑·여지荔枝 등의 온갖 과일들이 후궁에 수두룩하고, 북쪽 동산에까지 이어 있고 언덕에 뻗치어 넓은 들로 내려갑니다. 푸른 잎새를 드날리고 자줏빛 줄기는 흔들거려 붉은 꽃을 피우고, 송이송이 맺히고 황황히 넓은 들판에 불을 켠 듯 비춥니다.

사당沙棠·역저櫟櫧·화범華氾·벽로檗櫨·유락留落·서여胥餘·인빈仁頻과 종려棕櫚·참단欃檀·목란木蘭·예장豫章·여정女貞 등의 진기한 나무들의 높이가 천 길, 굵기는 몇 아름이나 되어, 가지도 쑥쑥 자라나고 열매도

잎도 무성합니다. 나무들은 모여 있거나 서로 어우러져 의지하고, 서로 감기고 뒤섞여 헝클어져 있습니다. 가지가 혹은 꼿꼿하게 혹은 비스듬하게 사방으로 드리워지고, 낙화는 펄펄 휘날립니다. 곁가지는 쑥 뽑아 놓은 듯 무성하고, 산들산들 바람에 흔들립니다.

바람은 나무를 울리고 종鍾·경磬·피리 소리를 듣는 듯합니다. 여러 나무들은 높고 혹은 낮아 후궁을 빙 둘렀고 떼지어 모여 있거나, 서로 의지하고 서로 중첩하고, 산을 덮고 골짜기를 메우고, 언덕을 따라 습지로 이어져 있습니다. 이것을 보는 데 끝이 없고 이것을 모두 구경하려면 끝이 없습니다.

於是乎盧橘夏孰, 黃甘橙楱, 枇杷橪柿, 樗柰厚朴, 樗棗楊梅, 櫻桃蒲陶, 隱夫鬱棣, 榙㯶荔枝, 羅乎後宮, 列乎北園. 貤丘陵, 下平原, 揚翠葉, 杌紫莖, 發紅華, 秀朱榮, 煌煌扈扈, 照曜鉅野. 沙棠櫟櫧, 華氾檗櫨, 留落胥餘, 仁頻并閭, 欃檀木蘭, 豫章女貞, 長千仞, 大連抱, 夸條直暢, 實葉葰茂, 攢立叢倚, 連卷累佹, 崔錯癹骫, 阬衡閜砢, 垂條扶於, 落英幡纚, 紛容蕭蔘, 旖旎從風, 瀏莅芔吸, 蓋象金石之聲, 管籥之音. 柴池茈虒, 旋環後宮, 雜遝累輯, 被山緣谷, 循阪下隰, 視之無端, 究之無窮.

◉ 온갖 원숭이들

이에 다시 현원玄猨·소자素雌·유획蜼玃·비류飛鸓·질조蛭蜩·탁유蟉蟉·점호蟳胡·혹궤㺩蜼 들이 그 사이에 살고, 길게 울부짖고 슬픈 소리로 울고, 펄펄 나는 듯 뒤섞이고, 나뭇가지에서 놀거나 거꾸로 매달리거나 합니다. 다리 없는 내를 뛰어 건너고, 다른 관목 수풀로 올라가 드리워진 가지를 붙든 채 가지 없는 데로 훌쩍 건너뛰고, 어지럽게 흩어지고 먼 곳으로 이동합니다.

이러한 곳이 수천 수백 군데가 있어 즐거이 유람하여 오가며 궁궐에서 자고 관館에서 쉬는데, 곳곳마다 모두 요리장 설비가 있고 궁녀가 모시며 그밖에 없는 것이 없이 갖추어져 있습니다.

於是玄猨素雌, 蜼玃飛鸓, 蛭蜩蠗蝚, 蟃胡瑴蛫, 棲息乎其間; 長嘯哀鳴, 翩幡互經, 夭蟜枝格, 偃蹇杪顚. 於是乎隃絕梁, 騰殊榛, 捷垂條, 踔稀間, 牢落陸離, 爛曼遠遷.

若此輩者, 數千百處. 嬉游往來, 宮宿館舍, 庖廚不徙, 後宮不移, 百官備具.

◉ 겨울 사냥

이에 다시 가을이 지나고 겨울에 접어들면, 천자는 목책을 만들어 놓고 사냥을 합니다. 상아로 장식한 수레를 타고 마구를 구슬로 장식한 날랜 말 여섯 마리를 세워서, 무지개 같은 오색의 깃발을 날리며 용과 호랑이를 그린 깃발을 나부낍니다. 혁거革車를 앞쪽에 세우고, 도거道車·유거游車를 뒤따르게 하여 손숙孫叔이 고삐를 잡고 위공衛公은 옆에 타고, 좌우 종횡으로 호종하고 사면의 목책을 나아갑니다. 북을 울려 행차를 엄중히 하고 사냥꾼을 놓아 강하江河를 막아서 짐승을 가두고, 태산泰山을 망루로 하고, 수레와 말은 우레같이 일어나 하늘을 떨치고 땅을 움직이며, 분산하여 쫓아가고 떼지어 가는 모양이 언덕을 타고 못을 따라 흘러내려 가는 것이, 구름 같고 비가 쏟아지는 것과 같습니다.

於是乎背秋涉冬, 天子校獵. 乘鏤象, 六玉虯, 拖蜺旌, 靡雲旗, 前皮軒, 後道游; 孫叔奉轡, 衛公驂乘, 扈從橫行, 出乎四校之中. 鼓嚴簿, 縱獠者; 江河爲阹, 泰山爲櫓, 車騎雷起, 隱天動地, 先後陸離, 離散別追, 淫淫裔裔, 緣陵流澤, 雲布雨施.

◉ 사냥의 격렬함

산 채로 비표貔豹를 잡고, 시랑豺狼을 두들겨 잡고, 웅비熊羆를 맨손으로 잡고 산양을 발로 차서 잡습니다. 할鶡새의 꼬리로 장식한 모자를 쓰고, 백호의 가죽을 바지로 입으며 점 무늬 있는 옷을 입고, 야생마를 타고 세 봉우리가 모여 있는 가파른 언덕을 오르고 잔돌무더기 있는 경사진 언덕 아래로 내려서고 험준한 지름길을 달려, 골짜기를 넘어서 물을 건넙니다.

비렴蜚廉을 치고 해치解豸를 희롱하고, 하합瑕蛤을 몽둥이로 두들기며 맹씨猛氏를 창으로 찌르고, 요뇨騕裏를 줄로 매어 붙들고, 봉시封豕를 쏘고, 화살은 헛되이 쏘지 않아 목을 찌르고 골통을 맞추며, 쏘면 쏘는 대로 맞고 활시위는 소리에 따라 짐승은 나둥그러집니다. 그러면 천자의 수레는 깃대를 멈추어 배회하며, 유연히 둘러보아 부대의 진퇴를 바라보고 장수의 호령하는 모양을 본 다음에 다시 또 차례로 깃대를 재촉하여 홀연히 먼 곳까지 내달립니다. 나는 새는 놀라 날아오르고 짐승을 짓밟고 흰 사슴을 깔아 죽이고 토끼를 잡는데, 그 솜씨의 빠르기란 붉은 섬광 번쩍하는 한 순간과 같습니다. 신비한 것을 쫓아 우주의 밖으로 나가고, 번약繁弱에 흰 깃이 달린 화살을 먹여 움직이는 유효游梟를 쏘고 비거蜚虡를 치며, 살이 찐 것을 겨누어 쏘는데 맞히기 전에 명중할 위치를 정하여 화살을 쏩니다. 화살이 시위를 떠나자마자 짐승은 쓰러집니다.

生貔豹, 搏豺狼, 手熊羆, 足野羊, 蒙鶡蘇, 絝白虎, 被豳文, 跨野馬. 陵三峻之危, 下磧歷之坻; 俓陖赴險, 越壑厲水. 推蜚廉, 弄解豸, 格瑕蛤, 鋋猛氏, 胃騕裏, 射封豕. 箭不苟害, 解脰陷腦; 弓不虛發, 應聲而倒. 於是乎乘輿彌節裴回, 翱翔往來, 睨部曲之進退, 覽將率之變態. 然後浸潭促節, 儵敻遠去, 流離輕禽, 蹴履狡獸, 轊白鹿, 捷狡兔, 軼赤電, 遺光燿, 追怪物, 出宇宙, 彎繁弱, 滿白羽, 射游梟, 櫟蜚虡, 擇肉後發, 先中命處, 弦矢分, 藝殪仆.

⊛ 천상에서 봉황을

이렇게 한 연후에 깃발을 들어 공중에 나부끼게 하고, 강풍을 맞으며 허무虛無를 타고, 천상에 올라서 천신天神과 함께 놀고, 현학玄鶴을 짓밟고 곤계昆鷄의 행렬을 혼란시키며, 공작孔雀·난조鸞鳥를 쫓고, 준의駿鸃에 다가 들고 예조鷖鳥를 덮치고, 봉황을 잡으며 원추鴛雛를 낚아채고, 초명蕉明을 덮칩니다.

然後揚節而上浮, 陵驚風, 歷駭飆, 乘虛無, 與神俱, 轔玄鶴, 亂昆鷄, 遒孔鸞, 促駿鸃, 拂鷖鳥, 捎鳳皇, 捷鴛雛, 掩焦明.

🌑 사냥의 마무리

길이 끝나고 더 나아갈 길이 없는 곳에 이르러, 수레를 돌려 마음가는 대로 돌아다니다가 북쪽 끝에 내려와 모입니다. 똑바로 가기도 하고 달려서 돌아와 석궐관石闕觀을 밟고, 봉만관封巒觀을 거쳐 지작관鳷鵲觀을 지나 노한관露寒觀을 바라보고, 당리궁棠梨宮으로 내려옵니다. 의춘궁宜春宮에서 쉬고 서쪽 선곡궁宣曲宮으로 달려가 익수鷁首의 어좌선御座船을 우수지牛首池에서 노를 저어 용대관龍臺觀에 올라 세류관細柳觀에서 쉽니다.

사대부의 근로와 지략을 관찰하고, 사냥꾼의 포획물을 살펴봅니다. 말 수레에 깔리거나 기마 또는 보병에게 밟힌 새·짐승과 기진맥진한 끝에 엎드려 칼을 받지 않고 죽은 새·짐승이 흐트러져 쓰러지고 구렁에 넘쳐 골짜기에 차고 평지를 덮고 못을 메운 것을 볼 수 있습니다.

道盡塗殫, 迴車而還. 招搖乎襄羊, 降集乎北紘, 率乎直指, 闇乎反鄉. 蹴石(闕)[關], 歷封巒, 過鳷鵲, 望露寒, 下棠梨, 息宜春, 西馳宣曲, 濯鷁牛首, 登龍臺, 掩細柳, 觀士大夫之勤略, 鈞獠者之所得獲. 徒車之所轔轢, 乘騎之所蹂若, 人民之所蹈躙, 與其窮極倦䚡, 驚憚慴伏, 不被創刃而死者, 佗佗籍籍, 塡阬滿谷, 掩平彌澤.

🌑 사냥 뒤의 연회

이에 다시 사냥놀이에 싫증이 나면, 천공天空에 솟은 고대高臺에 술을 차려놓고, 넓고 고요한 당우堂宇에 악기를 늘어놓습니다. 천 섬 무게의 종을 치고, 만 섬의 기둥을 세우고 비취翡翠의 날개 털을 장식한 기를 세우고, 악어 가죽의 북을 설치하고, 도당씨陶唐氏의 무악舞樂을 연주하고 갈천씨葛天氏의 노래를 듣습니다. 천 사람이 노래하면 만 사람이 화답하니, 그 때문에 산과 언덕이 진동하고 내와 골짜기에는 물결이 칩니다.

파유巴楡의 춤, 송宋과 채蔡나라의 음악, 회남淮南의 음악, 우차于遮의 곡曲, 문성현文成縣과 전현顛縣의 노래 등 솟아오르는 듯이 연주하고, 교대로 울리는 금석金石의 소리와 태고太鼓의 소리가 가슴을 꿰뚫고 귀를 놀라게 합니다. 형荊·오吳·정鄭·위衛의 노랫소리, 〈소韶·호濩·무武·상象〉의 악곡樂曲, 주색 탐닉의 음악인 속악俗樂과 언鄢·영郢 등의 초가楚歌가 뒤섞이고, 〈격초激楚〉·결풍結風을 연주합니다. 배우·난쟁이와 적제狄鞮의 명창이 있어 귀와 눈을 즐겁게 하고 마음을 기쁘게 하는 것은, 앞에 아름다운 음악이 있고 화려한 미인이 있기 때문입니다.

於是乎游戲懈怠, 置酒乎昊天之臺, 張樂乎轇輵之宇; 撞千石之鐘, 立萬石之鉅; 建翠華之旗, 樹靈鼉之鼓. 秦陶唐氏之舞, 聽葛天氏之歌, 千人唱, 萬人和, 山陵爲之震動, 川谷爲之蕩波. 巴兪宋蔡, 淮南于遮, 文成顚歌, 族擧遞奏, 金鼓迭起, 鏗鎗鏜䶂, 洞心駭耳. 荊吳鄭衛之聲, 《韶濩武象》之樂, 陰淫案衍之音, 鄢郢繽紛, 《激楚》結風, 俳優侏儒, 狄鞮之倡, 所以娛耳目而樂心意者, 麗靡爛漫於前, 靡曼美色於後.

⚫ 미녀의 아름다운 모습

마치 청금靑琴·복비宓妃와 같은 세상에 둘도 없는 미인들은, 세속을 초월하여 아름답고 우아하고 정숙합니다. 짙은 화장과 곱게 꾸민 모습은, 경쾌하고 곱고 부드럽고 연하고 나긋나긋합니다. 비단 치맛자락을 끌고 서 있는 간드러진 모습은 마치 그림을 그려놓은 듯하고, 걸을 때마다 물결치는 옷은 세상의 보통 의복과 달라 향내를 풍기고, 흰 이는 아름답게 빛나고, 웃으면 하얀 이가 가지런히 드러나고, 눈썹은 길어서 그린 것 같고, 흘기듯이 보는 듯, 먼 데를 보는 듯한 눈은 곁눈질하는 것 같습니다.

이같이 어여쁜 미색을 앞에 두니 내 혼백이 가서 서로 만나니 내 마음은 그 곁에서 즐깁니다.

若夫靑琴宓妃之徒, 絶殊離俗, 姣冶嫺都, 靚莊刻飾, 便嬛綽約, 柔橈嬛嬛, 嫵媚姌嫋; 抴獨繭之褕袘, 眇閻易以戌削, 媥姺徶循, 與世殊服; 芬香漚鬱, 酷烈淑郁; 皓齒粲爛, 宜笑旳皪; 長眉連娟, 微睇綿藐; 色授魂與, 心愉於側.

❂ 너무 사치롭다고 여긴 황제

이에 다시 술자리가 무르익고 음악이 흥을 돋울 때, 천자께서는 망연히 무엇을 생각하는 듯, 그 모습은 마치 마음을 잃어버린 것 같습니다.

천자는 이렇게 말씀하시지요.

'아아, 이는 너무 사치스러운 것이 아니랴! 짐은 정사를 돌보는 외에는 한가로이 허송하는 날이 없이, 가을과 겨울철에는 사냥을 즐기면서 때로 여기서 휴식을 취할 뿐이다. 그렇지만 후세의 내 자손들이 사치·화려한 데 빠져 마침내 처음의 근검·순박한 데로 되돌아갈 수 없게 될까 두렵다. 이는 선조가 후손을 위해 업을 일으키고 전통으로 남긴 본의가 아니다.'

그리하여 술을 멀리하고 사냥을 그치면서 유사에게 이렇게 명령하십니다.

'개간할 수 있는 땅은 모두 갈아 밭으로 만들어 백성들에게 주라. 흙담을 부수고 도랑을 메워서 산골의 백성들이 이곳에 와 살게 하고, 저수지에도 물고기를 길러 백성들이 그것을 잡도록 하라. 이궁과 별관을 비워 백성들을 궁궐의 하인으로 삼지 말라. 창고를 열어 가난한 자를 구하고 모자라는 것은 보충하여 주고, 홀아비·과부를 돌보아 주고, 고아와 의탁할 데 없는 늙은이를 위로해 주고, 황제의 은덕이 되는 명령을 내리고, 형벌을 덜고, 제도를 고치고, 복색을 바꾸고, 달력을 개량하여 천하 백성들과 함께 다시금 일신토록 하라.'

於是酒中樂酣, 天子芒然而思, 似若有亡. 曰:『嗟乎, 此泰奢侈! 朕以覽聽餘閒, 無事弃日, 順天道以殺伐, 時休息於此, 恐後世靡麗, 遂往而不反, 非所以爲繼嗣創業垂統也.』於是乃解酒罷獵, 而命有司曰:『地可以墾辟, 悉爲農郊, 以贍萌隷; 隤牆填塹, 使山澤之民得至焉. 實陂池而勿禁, 虛宮觀而勿仞. 發倉廩以振貧窮, 補不足, 恤鰥寡, 存孤獨. 出德號, 省刑罰, 改制度, 易服色, 更正朔, 與天下爲始.』

🏵 문치에 열심인 황제

이에 길일을 택하여 재계하고 예복을 입고, 육두 마차를 타고 비취 깃발을 세우고 방울을 울리면서 육예六藝의 동산에서 놀고 인의의 길로 달리고, 《춘추春秋》의 수풀을 보고, 〈이수 貍首〉를 쏘고, 〈추우騶虞〉를 아우른 현학玄鶴은 실활로 잡고, 간척干戚을 세워 운한雲罕을 장식하고, 〈대아大雅〉·〈소아小雅〉의 현인준수賢人俊秀를 망라하며 〈벌단伐檀〉의 시의 詩意를 슬퍼하고, 〈악서樂胥〉의 시를 즐기며, 위엄 있는 태도를 《예禮》의 동산에서 닦고, 《서書》의 밭에 날개를 펴서 춤추어 날고, 《역易》의 도를 서술하십니다.

동산 안의 괴이한 짐승을 들로 놓아주고, 명당明堂에 올라 태묘에 앉아서 군신들에게 마음껏 정사의 득실을 말할 수 있도록 하십니다. 이렇게 하니 사해 안에 천자의 은혜를 받지 않은 자가 없게 되었습니다. 이때 천하의 백성들은 매우 기뻐하여 바람에 귀 기울이고 물의 흐름에 따라 교화되었습니다. 도에 부합하면 의로서 나아가니 형벌은 내버려 두어 쓰지 않습니다. 덕은 삼황三皇보다도 높고 공은 오제五帝보다도 많습니다. 이 같았기 때문에 사냥도 즐길 수 있는 일입니다.

於是歷吉日以齊戒, 襲朝衣, 乘法駕, 建華旗, 鳴玉鸞, 游乎《六藝》之囿, 騖乎仁義之塗, 覽觀《春秋》之林, 射《貍首》, 兼《騶虞》, 弋玄鶴, 建干戚, 載雲罕, 揜羣《雅》, 悲《伐檀》, 樂《樂胥》, 修容乎《禮》園, 翺翔乎《書》圃, 述《易》道, 放怪獸, 登明堂, 坐清廟, 恣羣臣, 奏得失, 四海之內, 靡不受獲. 於斯之時, 天下大說, 嚮風而聽, 隨流而化, 喟然興道而遷義, 刑錯而不用, 德隆乎三皇, 功羡於五帝. 若此, 故獵乃可喜也.

🏵 초나라 사냥터를 농지로 바꾸라

만약 종일 풍우를 쐬며 돌아다니고, 말을 달려서 몸과 마음을 피곤하게 하고, 거마를 혹사하고, 사졸들의 사기를 손상시키고, 창고의 재물을 말리고, 후한 은덕을 없애고, 일신의 향락만 힘써 민초를 돌아보지 않고,

국가의 정사를 잊어버리고, 사냥한 꿩·토끼를 탐하기나 하는 것은 인자의 취할 바가 아닙니다.

이로써 보건대 제나라나 초나라의 일이 어찌 슬프지 않겠습니까? 땅은 사방 천 리에 불과한데, 원유苑囿가 900리나 됩니다. 이곳을 개간하여 오곡을 심을 수도 없고, 백성들은 농사를 지을 곳이 없습니다. 한낱 작은 나라의 제후 몸으로 만승의 천자도 사치로 아는 것을 즐긴다면, 나는 백성들이 그 피해를 입지 않을까 두렵습니다.”

若夫終日暴露馳騁, 勞神苦形, 罷車馬之用, 抏士卒之精, 費府庫之財, 而無德厚之恩, 務在獨樂, 不顧衆庶, 忘國家之政, 而貪雉兎之獲, 則仁者不由也. 從此觀之, 齊楚之事, 豈不哀哉! 地方不過千里, 而囿居九百, 是草木不得墾辟, 而民無所食也. 夫以諸侯之細, 而樂萬乘之所侈, 僕恐百姓之被其尤也.」

❀ 가르침을 따르리라

그러자 두 사람은 추연히 안색을 바꾸고 망연자실하여 뒤로 물러앉으며 말하였다.
“비루한 사람으로 고루하여 사양과 겸손이 무엇인지 알지 못하였습니다. 오늘에 처음으로 가르침을 얻었으니 삼가 따르겠습니다.”

於是二子愀然改容, 超若自失, 逡巡避席曰:「鄙人固陋, 不知忌諱, 乃今日見敎, 謹聞命矣.」

❀ 정도로 돌아가라

이 부賦가 천자에게로 올라가자, 천자는 사마상여를 낭郎으로 임명되었다. 무시공이 말한 천자의 상림원의 광대함이나 그 산곡山谷·수천水泉·만물萬物, 또 자허가 말한 초나라 운몽택의 풍부함은, 어느 것이나 사실을 넘어선 과장된 사치와 화려함이며, 도리로 말하더라도 숭상할 것이 못된다. 그런 까닭에 여기서는 정도正道로 돌아가는 요점만을 추려 논술한 것이다.

賦奏, 天子以爲郎. 無是公言天子上林廣大, 山谷水泉萬物, 及子虛言楚
雲夢所有甚衆, 侈靡過其實, 且非義理所尚, 故刪取其要, 歸正道而論之.

◉ 파촉을 위무하다

사마상여가 낭으로 임명된 몇 년 후에, 당몽은 사자로서 야랑·서북西僰을
점령하고 이곳과 교통을 하려고 파巴·촉蜀 2군의 관리와 사졸 1천 명을
선발하였다. 군郡에서도 그 때문에 많은 백성들을 징발하였고, 식량을
운반하는 자만도 1만여 명에 이르렀다. 그때 당몽은 징발법을 발동하여
수령을 죽였기 때문에 파·촉의 백성들은 매우 놀라고 겁을 내었다. 황제는
이를 듣고 상여로 하여금 당몽을 책함과 아울러 파·촉의 백성들에 대하여
그것이 천자의 뜻이 아님을 격문으로써 알려주도록 하였다. 그 격문은
다음과 같다.

相如爲郎數歲, 會唐蒙使略通夜郎西僰中, 發巴蜀吏卒千人, 郡又多爲發
轉漕萬餘人, 用興法誅其渠帥, 巴蜀民大驚恐. 上聞之, 乃使相如責唐蒙,
因喩告巴蜀民以非上意. 檄曰:

◉ 파촉에 내린 격문

"파군과 촉군의 태수에게 고한다. 오랑캐들은 제멋대로 날뛰어 왔으나,
오래 토벌하지 않고 놓아둔 때문에 때로 변경을 침범하여 사대부士大夫를
괴롭히고 있다. 폐하께서 즉위한 이래, 천하의 백들을 위로하고 중국의
백성을 안정되게 하였으며, 그런 연후에 출병하여 북쪽 흉노를 정벌하였다.
선우單于는 놀라고 두려워 양손을 마주 잡고 신하라 일컬으며 무릎을
꿇어 화친을 청하였다. 강거康居·서역西域의 나라들은 통역을 거듭하여
멀리서 입조하고, 머리를 조아리면서 공물을 바쳤다.
다시 한나라가 군대를 동쪽으로 진군하여, 남월南越을 공격하는 민월閩越을
깨뜨리자, 민월은 그 왕을 죽이고 항복하였다. 이에 오른쪽으로 반우番禺를
진무하니, 남월은 그 은혜에 감동하여 태자를 입조하도록 하였다. 남이南夷의

군주들, 서북의 추장들은 항시 게을리함이 없이 공물을 바치고, 목을 늘이고 뒤꿈치를 들어서 모두 다투어 정의의 편에 서고 신하가 되기를 원하고 있으나, 길은 멀고 산천이 가로막혀 있어 스스로의 힘으로 이룰 수가 없다. 순응하지 않는 자는 이미 토벌하였으나, 선행한 자는 아직 상을 주지 못하였다.

이 까닭에 중랑장中郞將 당몽唐蒙을 보내어 나아가서 저들을 빈객으로 대우하기 위해 파·촉의 사졸과 백성 각각 500명을 징발하여 폐백을 받들고 가도록 하는 한편, 불의의 사건에 대비하여 사자를 호위하도록 하였으며, 이는 변란의 걱정을 끊으려고 한 것이었다. 그런데 당몽은 징발법을 발동하여 자제들을 놀라고 두려워하게 하고, 장로들을 근심하고 번민케 하였으며, 두 군에서도 또 멋대로 식량을 운송하였다고 들었다. 그러나 이러한 일들은 모두 폐하의 명령한 바는 아니다. 징발된 자가 도망하고 혹은 자살한 자도 있다 하였는데, 이는 신하된 자의 도리가 아니다.

변방의 무사는 봉화불이 올랐다고 들으면, 모두 활을 들고 무기를 짊어지고 달려들어, 흐르는 땀을 씻을 새도 없이 다른 사람보다 늦어지는 것을 두려워한다. 그들은 칼날과 화살을 두려워하지 않고, 의를 지켜 뒤돌아보지 않고, 발꿈치를 돌리지 않는다. 그들의 노여움은 마치 사사로운 원한을 갚는 것 같다. 이 사람들이라고 어찌 죽음을 즐기고, 사는 것을 싫어할 것인가? 또 어찌 호적을 가진 백성들이 아니며, 파·촉의 백성과 임금을 달리하고 있겠는가? 다만 그들은 깊이 생각하고 멀리 내다보아 국가의 위급을 급선무로 생각하고, 신하로서의 도리를 다하는 것을 즐거움으로 생각하기 때문이다.

이 까닭으로 부절을 쪼개어 봉읍을 주고, 규옥珪玉을 갈라 작위를 주어, 지위는 통후通侯에 오르고, 집은 동제東第에 줄짓게 되며, 끝으로 빛나는 이름을 후세에 남기고, 토지를 자손에게 전하게 된다.

또 일을 행함에 충경忠敬하고 지위는 안정되며 명성은 끝없이 전해지고, 공업은 드러나 없어지지 않는다. 이로써 현인·군자는 설령 간과 뇌를 중원의 땅에 바르고 기름과 피로 들풀을 물들일지라도 물러나지 않는 것이다.

이제 폐백을 받들고 가는 사신의 경호 임무를 맡고 남이에 나아가면서,

곧 스스로 목숨을 끊고 혹은 도망하려다가 목이라도 베인다면 몸은 죽어 이름을 남길 수 없을 것이다. 이를 일러 '지극히 어리석다'고 할 것이며, 그 어리석음은 후세에까지 알려져 치욕은 부모에게 미치고 천하 사람들의 웃음거리가 될 것이다.

사람의 도량이 서로 어찌 이리도 다른가? 그러나 이것은 다만 본인들의 죄만이 아니다. 부형이 당초에 가르치지 않고, 자제들의 행위가 신중하지 않았고, 염치를 아는 마음이 적고, 풍속이 돈독하지 않은 때문이다. 그들이 형벌을 받는 것도 마땅하지 않은가!

폐하께서는 사자인 관리가 저 당몽 같을까 염려하고 불초한 백성들이 이와 같이 행동함을 마음 아프게 생각하신다. 그런 까닭에 사자를 보내어 백성들에게는 병사를 동원하는 까닭을 알려주고, 아울러 불충하게 죽거나 도망하는 것을 책망하고, 또 삼로三老·효제孝弟에게는 백성들을 가르치지 못한 허물을 문책하는 것이다.

때마침 농번기로서 백성들을 번거롭게 할까 걱정이 된다. 가까운 고을의 사람들에게는 직접 알릴 수 있겠으나, 먼 골짜기 두메 사람들은 두루 듣지 못할까 두렵다. 그러므로 격문이 도착하거든 곧 현 안의 오랑캐 부락에 게시하여 빠짐없이 폐하의 뜻을 알게 하라. 결코 소홀함이 없도록 하라."

「告巴蜀太守: 蠻夷自擅不討之日久矣, 時侵犯邊境, 勞士大夫. 陛下卽位, 存撫天下, 輯安中國. 然後興師出兵, 北征匈奴, 單于怖駭, 交臂受事, 詘膝請和. 康居西域, 重譯請朝, 稽首來享. 移師東指, 閩越相誅. 右弔番禺, 太子入朝. 南夷之君, 西僰之長, 常效貢職, 不敢怠墮, 延頸擧踵, 喁喁然皆爭歸義, 欲爲臣妾, 道里遼遠, 山川阻深, 不能自致. 夫不順者已誅, 而爲善者未賞, 故遣中郞將往賓之, 發巴蜀士民各五百人, 以奉幣帛, 衛使者不然, 靡有兵革之事, 戰鬪之患. 今聞其乃發軍興制, 驚懼子弟, 憂患長老, 郡又擅爲轉粟運輸, 皆非陛下之意也. 當行者或亡逃自賊殺, 亦非人臣之節也.

夫邊郡之士, 聞烽擧燧燔, 皆攝弓而馳, 荷兵而走, 流汗相屬, 唯恐居後, 觸白刃, 冒流矢, 義不反顧, 計不旋踵, 人懷怒心, 如報私讎. 彼豈樂死惡生, 非編列之民, 而與巴蜀異主哉? 計深慮遠, 急國家之難, 而樂盡人臣之道也.

故有剖符之封, 析珪而爵, 位爲通侯, 居列東第, 終則遺顯號於後世, 傳土地於子孫, 行事甚忠敬, 居位甚安佚, 名聲施於無窮, 功烈著而不滅. 是以賢人君子, 肝腦塗中原, 膏液潤野草而不辭也. 今奉幣役至南夷, 卽自賊殺, 或亡逃抵誅, 身死無名, 諡爲至愚, 恥及父母, 爲天下笑. 人之度量相越, 豈不遠哉! 然此非獨行者之罪也, 父兄之敎不先, 子弟之率不謹也; 寡廉鮮恥, 而俗不長厚也. 其被刑戮, 不亦宜乎!

陛下患使者有司之若彼, 悼不肖愚民之如此, 故遣信使曉諭百姓以發卒之事, 因數之以不忠死亡之罪, 讓三老孝弟以不敎誨之過. 方今田時, 重煩百姓, 已親見近縣, 恐遠所谿谷山澤之民不偏聞, 檄到, 亟下縣道, 使咸知陛下之意, 唯毋忽也.」

◉ 서남이를 개척한 사마상여

사마상여가 돌아가서 천자에게 복명하였다. 당몽은 이미 계략을 써서 야랑을 점령한 후에, 그 길을 개통하여 이를 기회로 다시 서남이의 길을 열고자 파·촉·광한廣漢 3군의 사졸, 노역자 수만 명을 징발하였다. 노역자 수만 명의 무리가 도로 공사에 투입되었으나, 2년이 걸렸어도 완성되지 않았다. 오히려 죽은 사람이 많으며 막대한 경비가 들었다. 이에 촉나라 백성들과 한나라 요직에 있는 자들 중에 사업의 타당성이 없음을 말하는 자가 많았다.

이 무렵, 공邛·작筰의 군장들은 남이가 한나라와 교통하여 많은 상을 얻은 사실을 듣고, 한나라 신하가 되기를 원하였다. 한나라 관리를 받아들여 남이와 동등한 대우를 해 줄 것을 요구하였다. 천자가 상여에게 이에 대하여 묻자 상여는 이렇게 대답하였다.

"공·작·염冄·방駹은 촉군에 가까우므로 길을 열기 쉽습니다. 일찍이 진秦나라는 이들과 교통하여 군현을 삼았는데, 한나라가 일어나면서 중지하였습니다. 다시 이들과 교통하여 군현을 둔다면 남이보다 이익이 있을 것입니다."

천자는 그렇다고 여겨, 상여를 중랑장으로 임명하고 사자의 부절을 세워 서이로 보냈다. 부사副使는 왕연우王然宇·호충국壺充國·여월인呂越人 세 사람으로써 네 마리의 급행 전마傳馬를 달려 파·촉 관리를 통하여 서이에 폐물을 뇌물로 주었다.

촉에 도착하자, 촉군의 태수 이하 관리들이 교외로 나와 영접하고, 현령은 활과 화살을 등에 지고 앞에서 길을 인도하였다.

촉군 사람들은 상여를 영접하는 것을 영광으로 생각하였다. 탁왕손을 비롯하여 임공현의 부호들은 모두 상여의 문하를 통해 소와 술을 바치고 환심을 사려하였다.

탁왕손은 크게 탄식하며 좀더 일찍 딸을 사마장경에게 줄 것을 그랬다고 생각하고 딸에게도 아들에게나 마찬가지로 공평하게 충분히 재산을 갈라 주었다.

사마장경은 얼마 지나지 않아 서이를 평정하였다. 공·작·염·방·사유斯楡의 군장들은 모두 청원하여 신하가 되었다. 그리하여 변경의 관소關所를 개방하고, 다시 신관新關의 땅을 설치하여 관소의 범위는 점점 넓혀졌다.

서쪽은 말수沫水·약수若水에, 남쪽은 장가강牂柯江을 변방의 경계로 만들고, 영관零關의 길을 개통하게 하고, 손수孫水에 다리를 가설하여 공·작으로 통하게 하였다. 돌아와 천자에게 보고하자 천자는 매우 기뻐하였다.

相如還報. 唐蒙已略通夜郎, 因通西南夷道, 發巴·蜀·廣漢卒, 作者數萬人. 治道二歲, 道不成, 士卒多物故, 費以巨萬計. 蜀民及漢用事者多言其不便. 是時邛·筰之君長聞南夷與漢通, 得賞賜多, 多欲願爲內臣妾, 請吏, 比南夷. 天子問相如, 相如曰:「邛·筰·冄·駹者近蜀, 道亦易通, 秦時嘗通爲郡縣, 至漢興而罷. 今誠復通, 爲置郡縣, 愈於南夷.」天子以爲然, 乃拜相如爲中郎將, 建節往使. 副使王然于·壺充國·呂越人馳四乘之傳, 因巴蜀吏幣物以賂西夷. 至蜀, 蜀太守以下郊迎, 縣令負弩矢先驅, 蜀人以爲寵. 於是卓王孫·臨邛諸公皆因門下獻牛酒以交驩. 卓王孫喟然而歎, 自以得使女尚司馬長卿晚, 而厚分與其女財, 與男等同. 司馬長卿便略定西夷, 邛·筰·冄·駹·斯楡之君皆請爲內臣. 除邊關, 關益斥, 西至沫·若水, 南至牂柯爲徼, 通零關道, 橋孫水以通邛都. 還報天子, 天子大說.

❀ 서남이를 위무하는 문장

상여가 사신으로 갔을 때는 촉의 장로들 대부분이 '서남이와 교통하는 것은 무익한 일이다'라 말하고 대신들마저 그러한 의견에 찬성하였었다. 이에 상여는 이를 천자께 간하려고 생각하였으나, 이미 일이 착수되어 간하지 않았던 것이다. 그리하여 촉군 부로父老들의 말을 빌려 문장을 엮어 자기가 상대편을 힐난하는 것으로서 천자를 풍간하였다. 이로써 사자로서의 뜻을 펴고, 백성들에게 천자의 뜻을 알도록 하였다. 그 글은 다음과 같다.

"한나라가 일어난 지 78년, 천자의 은덕은 6대에 걸쳐서 흥성하였고, 무위武威는 높고 은혜는 깊고 은택德澤을 힘입기는 한 왕조 이외의 지역에까지 차서 넘쳤다. 그리하여 폐하는 사자인 나에게 서정西征을 명령하였는데, 흐름에 따르는 물과 같이 적은 물러서고 복종치 않는 자는 물리치니, 바람이 부는 곳에 따라 쓰러지지 않는 나무가 없는 것 같이 되었다.

그리하여 염冉나라를 조정에 들어오게 하고, 방駹을 복종케 하였으며 작笮을 평정하고 공邛을 어루만지며, 사유斯楡를 공략하고, 포만苞滿을 점령하였다. 수레를 돌려 동쪽으로 향하여 장차 복명하려고 촉도蜀都까지 왔을 때, 기로耆老・대부大夫 및 그 지방의 유력자들 27인이 위엄을 갖추어 찾아왔다. 인사 말이 끝나자, 그들은 앞으로 나와 이렇게 말하였다.

'천자의 이적夷狄에 대한 관계는, 저들을 의義로써 맺어 두어 국교를 유지하고 있는 것이 첩경이라고 듣고 있습니다. 이제 파・촉・광한 3군의 사졸들을 수고롭게 하여 야랑의 길을 열기로 한 지 3년이 되는데도 사업은 완성되지 않아, 사졸은 피곤하고 만민은 빈곤에 빠졌는데, 지금 또 서이로 통할 계획을 세우고 있습니다. 그러니 백성의 힘이 다하여도 사업을 끝낼 수는 없을 것입니다. 이것은 사자의 걱정거리이며 우리들도 은근히 당신을 위해 걱정하는 바입니다. 저 공・작・서북이 중국과 나란히 서 있는지는 매우 오래되어 역사를 기록할 수 없을 정도입니다. 옛날의 성왕도 덕으로써 따르게 하지 못하였고, 강한 자도 힘으로써 아우르지를 못하였던 곳입니다. 생각건대 너무도 험하고 너무도 멀기 때문에 거의 불가능한 일입니다. 이제 백성들의 재물을 쪼개어 이적에게 주고, 믿을 수 있는 촉의 백성들을 피폐케 하여 무용한 일에 전심하니 우리들 시골 사람은 고루하여 대체 무슨 이유로 그렇게 하는지 이해가 되지 않습니다.'

사자가 말하였다.

'어찌하여 그와 같은 말을 할 수 있습니까? 반드시 당신들의 말과 같다면, 촉이나 파도 그 의복이나 풍속을 바꾸지 않고 중국에 동화하지 않았을 것이며, 나같이 생각이 다른 사람도 그러한 주장에는 찬성할 수 없습니다. 더욱이 이는 일이 중대한 것으로 근본부터 범상한 자에게 이해될 바가 아닌 것입니다. 나는 급히 돌아가 보고해야 되므로 상세하게 말씀드릴 수 없으나 이제 대부들을 위해 그 대략을 말씀드리겠습니다.

생각건대 세상에는 반드시 비범한 인물이 있으며, 그런 뒤에 비범한 사업이 있고, 비범한 사업이 있은 뒤에 비범한 공과 업적이 있는 것입니다. 비범하다는 것은 평범한 것과는 다릅니다. 따라서 비범한 사업은 보통 사람에게는 성공할 가망이 보이지 않으므로 누구나 처음에는 두려워하나, 성공하고 보면 천하가 비로소 편안해집니다.

옛날에 홍수로 범람하였을 때, 사람들은 올라갔다 내려갔다 거처를 옮기고, 마음이 편안할 수가 없었습니다. 하후씨가 이것을 걱정하여 홍수를 다스리게 되었습니다. 강을 트고 물길을 소통시켜 물을 분산시킴으로써 재해를 줄이고, 물의 흐름을 동쪽의 바다로 흐르게 하니 그 결과 천하를 편안케 하였습니다. 그 당시 수고로움이 어찌 백성뿐이겠습니까? 하후씨는 마음에 번민하고 스스로 노동을 하여, 몸에는 못이 박히고 털이 닳아 없어져, 피부에는 털이 나지 않았습니다. 그런 까닭에 그 훌륭한 공과 업적은 무궁하게 드러나고 그 명성은 오늘에까지 두루 전해지고 있는 것입니다.

대체로 현군이 즉위하면, 다만 작은 일에 구애받아 규칙에 매이고 습속에 이끌려 구습을 따르고 전통에 익어서, 세상에 즐거움을 얻는 데만 마음을 쓸 것입니까? 반드시 원대한 생각 아래 큰 사업을 일으켜 전통을 세우고, 만세의 모범이 되려고 할 것입니다. 그러므로 모든 나라를 포용하고 사방의 이적을 포용하는 일에 힘써 덕을 천지에 나란히 하려고 하는 것입니다.

《시》에 말하지 않았습니까? '넓은 하늘 아래 왕의 땅 아닌 곳 없고, 온 땅 위에 신하 아닌 자 없다'라고 하지 않았습니까? 그런 까닭에 천자의 감화는 육합六合의 안, 팔방의 밖에 이르기까지 물이 스며드는 것과 같아, 두루 생명을 가진 생물 중에 군자의 은택으로 윤택해지지 않는 자가 있다면 현군이 부끄럽게 여길 것입니다.

이제 나라 안에서 의관속대衣冠束帶한 한족漢族은 모두 복을 얻어서 빠진 자가 없으나, 풍속이 다른 이적의 나라와 종족이 다른 구석지고 먼 땅은 배와 수레도 통하지 않고 인적도 드물어, 정치와 교화는 아직 미치지 않고 천자의 덕화도 미미합니다. 저들은 한나라에 대해 변경에서 의를 범하고 예를 침범하고, 밖으로 나가서는 요사한 행동을 마음대로 하여, 군주를 내쫓고 죽였습니다. 군신은 지위를 바꾸고 존비는 서열을 잃고, 부형은 죄 없이 형벌을 받고 어린이와 고아는 노예가 되어 매어서 울게 하였습니다.

모두 중국을 원망하여 듣건대 '중국에는 성스러운 천자天子가 있어 덕을 넓히고 은혜를 두루 펴고 만물이 그 자리를 얻지 않는 것이 없다고 들었는데, 어째 우리들만 버려두는가?'라고 말하고, 뒤꿈치를 들어서 사모하기를 가뭄에 비를 바라듯 한다고 합니다. 포악한 자도 이 때문에 눈물을 흘리고 있으니, 하물며 성스러운 천자로서야 더 말할 것도 없을 것입니다. 어찌 이를 그대로 버려둘 수 있겠습니까? 그런 까닭에 북쪽으로 군대를 출동시켜 강한 오랑캐를 치고, 남쪽으로 사자를 보내 월越을 꾸짖게 한 것입니다. 그러자 사방이 모두 덕풍에 교화되고, 서이·남이 두 방면의 군장은 고기가 떼지어 흐름을 향하듯 하며 천자의 작호를 받고자 원하는 군주는 헤아릴 수 없을 정도입니다.

그러므로 말수沫水·약수若水로써 관소를 삼고 장가강을 경계로 삼으며, 영산靈山을 뚫어 길을 열고 손수孫水의 본줄기에 다리를 놓았습니다. 도덕의 대도를 열고 인의의 전통을 드리우고, 은혜를 널리 베풀고 먼 곳의 백성들을 어루만져 소원한 자로 하여금 막히지 않게 하며, 아직 막혀 미개한 곳은 문화의 광명으로 비추어 주고, 무기를 버리고 토벌을 그쳐서 먼 곳과 가까운 곳이 하나 되어 안팎이 함께 안락하고 행복하게 하려는 것도 또한 즐거운 일이 아니겠습니까?

백성들을 어려운 가운데서 구하고 고상한 미덕을 만들어, 말세의 쇠미한 형세를 되돌려 놓고 주나라의 끊어진 맥락을 잇는 것은 천자로서 서둘러

해야 할 일입니다. 설령 그 때문에 백성들을 수고롭게 한다고 하여 어찌 그칠 수가 있겠습니까?

대체로 제왕의 사업은 근심하고 부지런한 데서 시작될 뿐, 편안함과 즐거워하는 데서 끝나지 않는 것이 없습니다. 그러니 천자의 명령을 받은 이 사신의 사명은 이 서남이와 교통하는 데 있어야 할 것입니다. 천자는 이제 태산에서 봉제封祭를 올리고, 양보산梁父山의 제의祭儀를 올리며, 수레의 방울을 울리고 주악奏樂의 송가를 높이 연주하여, 위로는 오제五帝와 덕을 같이하고, 아래로는 삼왕三王의 덕을 뛰어넘으려 합니다.

옆에서 보는 자는 가르치는 것을 보지 못하며, 듣는 자는 지휘하는 소리를 듣지 못하는 것처럼 보통 사람들은 아직 천자의 마음을 모르고 그 말씀을 이해하지 못합니다. 그것은 마치 초명鷦明은 하늘로 날아갔는데 새그물을 치는 자가 덤불을 들여다보는 것과 같은 일이니 진실로 슬픈 일입니다!"

相如使時, 蜀長老多言通西南夷不爲用, 唯大臣亦以爲然. 相如欲諫, 業已建之, 不敢, 乃著書, 籍以蜀父老爲辭, 而己詰難之, 以風天子, 且因宣其使指, 令百姓知天子之意. 其辭曰:

「漢興七十有八載, 德茂存乎六世, 威武紛紜, 湛恩汪濊, 羣生澍濡, 洋溢乎方外. 於是乃命使西征, 隨流而攘, 風之所被, 罔不披靡. 因朝冉從駹, 定筰存邛, 略斯楡, 擧苞滿, 結軼還轅, 東鄉將報, 至于蜀都.

耆老大夫薦紳先生之徒二十有七人, 儼然造焉. 辭畢, 因進曰: 『蓋聞天子之於夷狄也, 其義羈縻勿絶而已. 今罷三郡之士, 通夜郞之塗, 三年於玆, 而功不竟, 士卒勞倦, 萬民不贍, 今又接以西夷, 百姓力屈, 恐不能卒業, 此亦使者之累也, 竊爲左右患之. 且夫邛·筰·西僰之與中國並也, 歷年玆多, 不可記已. 仁者不以德來, 彊者不以力幷, 意者其殆不可乎! 今割齊民以附夷狄, 弊所恃以事無用, 鄙人固陋, 不識所謂.』

使者曰: 『烏謂此邪? 必若所云, 則是蜀不變服而巴不化俗也. 余尚惡聞若說! 然斯事體大, 固非觀者之所覯也. 余之行急, 其詳不可得聞已, 請爲大夫粗陳其略.

蓋世必有非常之人, 然後有非常之事; 有非常之事, 然後有非常之功.

非常者, 固常[人]之所異也. 故曰非常之原, 黎民懼焉; 及臻厥成, 天下晏如也.

昔者鴻水浡出, 氾濫衍溢, 民人登降移徙, 陭隒而不安. 夏后氏戚之, 乃堙鴻水, 決江疏河, 灑沈瞻菑, 東歸之於海, 而天下永寧. 當斯之勤, 豈唯民哉. 心煩於慮而身親其勞, 躬胝無胈, 膚不生毛. 故休烈顯乎無窮, 聲稱浹乎于茲.

且夫賢君之踐位也. 豈特委瑣握齪, 拘文牽俗, 循誦習傳, 當世取說云爾哉! 必將崇論閎議, 創業垂統, 爲萬世規. 故馳騖乎兼容幷包, 而勤思乎參天貳地. 且《詩》不云乎? '普天之下, 莫非王土; 率土之濱, 莫非王臣.' 是以六合之內, 八方之外, 浸潯衍溢, 懷生之物有不浸潤於澤者, 賢君恥之. 今封彊之內, 冠帶之倫, 咸獲嘉祉, 靡有闕遺矣. 而夷狄殊俗之國, 遼絶異黨之地, 舟輿不通, 人迹罕至, 政教未加, 流風猶微. 內之則犯義侵禮於邊境, 外之則邪行橫作, 放弑其上. 君臣易位, 尊卑失序, 父兄不辜, 幼孤爲奴, 係累號泣, 內嚮而怨, 曰'蓋聞中國有至仁焉, 德洋而恩普, 物靡不得其所, 今獨曷爲遺己'. 舉踵思慕, 若枯旱之望雨. 鷙夫爲之垂涕, 況乎上聖, 又惡能已? 故北出師以討彊胡, 南馳使以誚勁越. 四面風德, 二方之君鱗集仰流, 願得受號者以億計. 故乃關沫・若, 徼牂柯, 鏤零山, 梁孫原. 創道德之塗, 垂仁義之統. 將博恩廣施, 遠撫長駕, 使疏逖不閉, 阻深闇昧得耀乎光明, 以偃甲兵於此, 而息誅伐於彼. 遐邇一體, 中外提福, 不亦康乎? 夫拯民於沈溺, 奉至尊之休德, 反衰世之陵遲, 繼周氏之絶業, 斯乃天子之急務也. 百姓雖勞, 又惡可以已哉?

且夫王事固未有不始於憂勤, 而終於佚樂者也. 然則受命之符, 合在於此矣. 方將增泰山之封, 加梁父之事, 鳴和鸞, 揚樂頌, 上咸五, 下登三. 觀者未睹指, 聽者未聞音, 猶鷦鴨已翔乎寥廓, 而羅者猶視乎藪澤. 悲夫!」

❀ 감화를 받은 촉의 대부들

이에 촉나라의 대부들은 망연자실하여 처음에 생각하고 왔던 복안을 잊었고 말하고자 하는 의기도 상실하였다. 그들은 모두 탄식하여 말하였다.

"한나라의 은덕이야말로 위대합니다. 우리들이 듣고 싶어하였던 것은 바로 그것이었습니다. 모든 백성들이 게을리해도 우리들만은 앞장서서 실천하겠습니다."

이렇게 말하고 부로들은 낙담한 채 슬금슬금 자리를 피하였다.

그 뒤에 어떤 자가 상여는 사신으로 갔을 때 뇌물을 받았다고 하였다. 그 때문에 상여는 벼슬을 내놓게 되었는데 1년 남짓 뒤에 다시 불려서 낭이 되었다.

於是諸大夫芒然喪其所懷來而失厥所以進, 喟然並稱曰:「允哉漢德, 此鄙人之所願聞也. 百姓雖怠, 請以身先之.」敝罔靡徙, 因遷延而辭避.

其後人有上書言相如使時受金, 失官. 居歲餘, 復召爲郎.

◉ 임금의 사냥을 말리다

상여는 말을 더듬었으나 저술을 잘하였고, 소갈병消渴病을 지병으로 가지고 있었다. 탁문군과 결혼하여 재력이 풍부하였다. 그리하여 자진하여 벼슬살이에 나갔으나 일찍이 공경이나 나라일에 관여하지 않으려 하였고, 병든 몸이라고 일컬어 한가하게 살면서 관직과 작위를 바라지 않았다.

일찍이 천자를 따라 장양궁長楊宮으로 가서 사냥을 할 때 천자는 스스로 즐겨서 곰과 멧돼지를 쏘고 말을 달려 야수를 추격하였다. 이에 상여가 글을 올려 이렇게 간하였다.

"신이 듣건대 '만물에는 종류가 서로 같으면서도 능력을 달리하는 자가 있다고 합니다. 그런 까닭에 힘은 오획烏獲이 되려 하고, 빠르기는 경기慶忌를 말하고, 용감한 것은 맹분孟賁과 하육夏育과 같기를 바란다'라고 합니다. 신은 어리석으나 사람에게는 실로 그런 점이 있고, 짐승도 또한 그러리라 생각합니다. 폐하께서는 험한 것을 무릅쓰고 맹수를 쫓아 쏘는 것을 즐기십니다. 이제 갑자기 맹수를 만나 놀란 짐승이 생각지 않았던 곳에서 튀어나와 수레가 달리며 일으킨 먼지 속으로 달려들어 범한다면, 수레는 바퀴로 되돌릴 여유도 없고, 사람은 재치 있게 판단할 겨를도 없을 것입니다. 설령 오획·봉몽逢蒙의 기량이 있어도 그것을 피할 수가 없습니다. 마른 나무와 썩은 그루터기도 다 해를 끼칠 수가 있습니다. 이것은 호나라와 월나라가 불의에 수레바퀴 아래에서 일어나고, 강羌과 이夷가 수레 뒤로 달려드는 것과 같아 어찌 위험한 일이 아니겠습니까? 만전을 기하여 염려할 것이 없다고 하나 천자께서 가까이할 것이 못됩니다.

또 길을 쓸어 깨끗이 한 다음에 가고 길의 가운데를 달린다고 하여도 때로는 말의 재갈이 벗겨져 날뛰는 변고도 있을 수 있는 일인데, 잡초가 무성한 곳을 지나 구릉을 달리고, 짐승을 쫓는 즐거움에 팔려서 변고에 대비할 만한 생각의 여유가 없는 경우도 있으니 그것이 화가 되리라는 것도 어려운 일은 아닙니다.

만승의 천자인 중한 몸을 가벼이 하고 그 지위를 편안히 하지 않고, 만의 하나라도 위험한 길에 나가기를 즐거움으로 삼으신다면 신하로서 은근히 찬동할 수는 없는 일입니다.

생각하건대 앞을 내다보는 자는 싹이 돋기 전에 일을 미리 알고, 지혜가 있는 자는 위험이 나타나기 전에 피하는 것입니다. 본디부터 재앙은 잘 보이지 않는 곳에 숨어 있고 방심하는 데서 일어나는 것입니다. 그런 까닭에 속담에 '집에 천금을 쌓은 자는 마루 끝에 앉지 않는다'라고 합니다. 하찮은 일이지만 그것을 그대로 큰 일에 비유할 수도 있습니다. 원컨대 폐하께서는 이런 일에 유의하시어 신의 마음을 살펴 주시기 바랍니다."

천자는 상여의 말을 받아들였다. 그리하여 돌아오는 길에 의춘궁宜春宮을 지나게 되었는데, 그 근처에는 바로 진秦나라 2세 황제의 능이 있어 상여는 부賦를 지어 진 2세의 과실을 슬퍼하였다. 그 글은 다음과 같다.

相如口吃而善著書. 常有消渴疾. 與卓氏婚, 饒於財. 其進仕宦, 未嘗肯與公卿國家之事, 稱病閒居, 不慕官爵. 常從上至長楊獵, 是時天子方好自擊熊彘, 馳逐野獸, 相如上疏諫之. 其辭曰:

「臣聞物有同類而殊能者, 故力稱烏獲, 捷言慶忌, 勇期賁‧育. 臣之愚, 竊以爲人誠有之, 獸亦宜然. 今陛下好陵阻險, 射猛獸, 卒然遇軼材之獸, 駭不存之地, 犯屬車之淸塵, 輿不及還轅, 人不暇施巧, 雖有烏獲‧逢蒙之伎, 力不得用, 枯木朽株盡爲害矣. 是胡越起於轂下, 而羌夷接軫也, 豈不殆哉! 雖萬全無患, 然本非天子之所宜近也.

且夫淸道而後行, 中路而後馳, 猶時有銜橛之變, 而况涉乎蓬蒿, 馳乎丘墳, 前有利獸之樂而內無存變之意, 其爲禍也不亦難矣! 夫輕萬乘之重不以爲安,而樂出於萬有一危之塗以爲娛, 臣竊爲陛下不取也.

蓋明者遠見於未萌而智者避危於無形, 禍固多藏於隱微而發於人之所忽者也. 故鄙諺曰『家累千金, 坐不垂堂』. 此言雖小, 可以喻大. 臣願陛下之留意幸察.」

上善之. 還過宜春宮, 相如奏賦以哀二世行失也. 其辭曰:

◉ 이세 황제를 불쌍히 여김

"험한 긴 비탈을 올라 층이 높게 지어진 궁전으로 들어가도다. 굽이진 강물을 바위 위에서 굽어보며 높낮이가 고르지 못한 남산을 바라보도다. 높은 산은 장대하고 환히 트인 골짜기는 넓네. 물의 흐름은 빠르고 때로는 느리게 흘러가 평원의 넓고 평탄한 연못으로 들어가네. 무성하게 자란 수목들과 대나무 숲을 보며 동쪽 축산築山으로 달려가고, 북쪽으로 옷을 걷어올리고 여울을 건너도다.

잠시 조용히 걸으며 진 2세의 유적을 살펴 조문하며 슬퍼하도다. 진 2세는 몸가짐을 삼가지 않아, 나라를 망치고 세력을 잃었으나 무고하는 말을 믿고 깨닫지 못하여 마침내 종묘 사직은 끊어지고 멸망하였도다.

아, 슬프다! 품행이 좋지 못하였기에 무덤이 거칠어져도 돌보는 이 없고, 혼백은 돌아갈 곳이 없어 제사를 받지도 못하네. 아득히 세월이 흘러갈수록 더욱 황폐하고, 더욱 쓸쓸해지고 말 것이로다. 정령精靈은 의지할 곳 없는 귀신이 되어 날아오르고 구천에 올라서 영원히 이 땅을 떠났도다. 아, 슬프도다!"

「登陂陀之長阪兮, 坌入曾宮之嵯峨. 臨曲江之隑州兮, 望南山之參差. 巖巖深山之谾谾兮, 通谷谿兮谽谺. 汨淢噏習以永逝兮, 注平皋之廣衍. 觀衆樹之蓊蘙兮, 覽竹林之榛榛. 東馳土山兮, 北揭石瀨. 彌節容與兮, 歷弔二世. 持身不謹兮, 亡國失埶. 信讒不寤兮, 宗廟滅絕. 鳴呼哀哉! 操行之不得兮, 墳墓蕪穢而不脩兮, 魂無歸而不食. 夐邈絕而不齊兮, 彌久遠而愈休. 精罔閬而飛揚兮, 拾九天而永逝. 鳴呼哀哉!」

◉ 능원령이 되다

상여는 문제文帝의 능원령陵園令으로 임명되었다. 〈자허부〉는 앞서 천자에게 칭찬을 받은 바 있어서 천자가 선인의 도를 즐긴다는 것을 알고 상여는 아뢰었다.

"상림원의 일은 아직 아름답다 할 것이 못됩니다. 더 화려한 것이 있습니다. 신은 일찍이 〈대인부大人賦〉를 짓다가 완성하지 못하였는데 완성하는 대로 올리도록 하겠습니다."

《열선전列仙傳》에 의하면, 선인들은 모두 산과 못 사이에 살고 있고 그 모습이 매우 여위었다고 한다. 이것은 천자가 염원하는 선인이 아닐 것이라 생각하고, 상여는 마침내 〈대인부〉를 완성하였다. 그 글은 다음과 같다.

相如拜爲孝文園令. 天子旣美子虛之事, 相如見上好僊道, 因曰:「上林之事未足美也, 尙有靡者. 臣嘗爲〈大人賦〉, 未就, 請具而奏之.」相如以爲列僊之傳居山澤間, 形容甚癯, 此非帝王之僊意也, 乃遂就《大人賦》. 其辭曰:

◉ 대인부大人賦

"세상에 대인大人, 天子이 있도다. 중주中州에 살면서 만 리 넓은 땅의 주거는 있으나 일찍이 잠시도 머무르지 않도다. 세상의 군색함을 슬퍼하고 떠나서 천공에 올라 멀리 노닐도다. 붉은 깃발에 흰 무지개를 걸어 구름을 타고 위로 떠올라가서 황백黃白의 긴 장대를 세워 그 끝에 빛나는 오색의 긴 깃발을 늘어뜨리고, 아래에 순시旬始를 본뜬 기각旗脚을 드리우고 혜성을 본뜬 수술을 달아 깃발은 바람 따라 높이 드날리고, 또 펄렁펄렁 나부끼도다.

참창欃槍을 따다가 깃발로 하고, 둥그런 무지개를 나부끼게 하여 비단으로 하고, 그 붉은 색깔의 짙음은 눈이 부실 지경으로 바람처럼 솟고 구름처럼 떠오르도다. 응룡應龍이 이끄는 수레를 타고, 구불구불한 적룡·청룡을 부마副馬로 하니, 오르내리는 것이 기운차다.

목을 세우고 혹은 굽혔다가 우뚝 일어서 뛰어 똬리를 틀어 앉곤 한다. 머리를 흔들고 목을 늘여서 길게 빼고 앞으로 나아가기도 하고, 때로는 우뚝하니 머리를 들어 나아가지 않기도 한다. 때로는 마음껏 고개를 우러러 입을 열고, 별안간 나아가고 갑자기 물러서고, 눈을 움직이고 혀를 내밀도다. 위로 날아올라 좌우로 서로 따르고, 여러 번 머리를 흔들고 달려서 서로 의지하고, 서로 이끌고 서로 부르도다. 땅을 밟아 내려섰는가 하면 훌쩍 날아오르고, 날아올라서 달려 도망치고 나란히 날아 쫓아가곤 한다. 번개처럼 지나가고, 안개처럼 사라지고 구름처럼 흩어지도다.

비스듬히 극동極東을 건너서 극북極北에 오르니 신선들과 서로 교유한다. 진인眞人이 서로 만나 깊숙이 오른쪽으로 구르고, 비천飛泉을 횡단하여 바로 동쪽으로 가도다. 영어靈圉를 모두 불러 뽑아 정하고, 요광瑤光에서 부서를 정해 신선들을 배치한다. 오제五帝의 신神들을 길잡이로 하고, 태일太一을 제자리에 돌아가게 하며, 선인 능양陵陽을 시종으로 하고, 현명玄冥을 왼쪽으로, 함뢰含雷를 오른쪽으로, 육리陸離를 앞으로, 휼황潏湟을 뒤따르게 한다. 선인 정백교征伯僑·선문羨門을 부리고 기백岐伯에게 의방醫方을 맡기며, 축융祝融에게 경호를 부탁하여 행인을 멈추게 하고 분기雰氣를 맑게 한 뒤 나아가도다.

그는 수레 만 승을 모아 오색 구름을 일산日傘으로 하고 화려한 깃발을 세우고, 구망句芒에게 시종들을 인솔하도록 하여 남쪽에 가서 즐기고자 한다.

숭산崇山을 지나 당요唐堯의 무덤을 방문하고, 구의산九疑山으로 순舜임금을 찾아가도다. 수레 행렬은 뒤섞이어 겹치고 서로 교차하여 서로 이어져 나란히 달리고자 하는데, 서로 부딪쳐 시끄러운 소리로 가득 차 앞으로 전진할 수가 없도다. 이제야 물이 흐르는 것같이 나부끼어 움직이고, 잇달아 모여드는 것이 마치 모아놓은 듯하고, 넓게 흩어지는 것은 광막하게 섞여 있는 듯하도다. 우르르 콱 하는 우레 소리는 뇌실雷室에 곧바로 들어가고, 오뚝한 귀곡鬼谷을 꿰뚫고 나오도다. 두루 팔굉八紘을 관람하고, 사황四荒을 돌아보며 구강九江과 오하五河의 내를 건너도다.

염화산炎火山을 돌아 약수弱水에 배를 저어 작은 주州를 건너 유사流沙 사막을 넘어 총령산叢嶺山에서 휴식하고, 범람하는 물 위에 유락하고, 여와女媧에게 비파를 타게 하고, 풍이馮夷에게 춤추게 하도다. 때로 어둡고 그늘이 지면 병예屛翳를 불러 풍백風伯에게 벌을 주고 우사雨師에게 형벌을 내리도다.

서쪽으로 곤륜산崑崙山의 드러나지 않은 모습을 바라보고, 바로 엎질러 삼위산三危山으로 달려간다. 창합閶闔을 밀치고 열어, 천제의 궁전에 들어 옥녀玉女를 태워 함께 돌아오도다. 낭풍산閬風山에 올라 먼 곳에서 멈추니, 마치 까마귀가 홀연히 높이 날아오른 뒤 한 번 멈춰 서는 것과 같도다. 음산陰山을 낮게 돌아 둘러가서 날아오르고 눈앞에서 서왕모西王母를 만나 도다. 흰 머리에 화승華勝을 쓰고 동굴 속에서 살고 있는데, 다행히 삼족오 三足烏가 있어 그녀를 도와준다. 오래 살아 반드시 이같이 된다면 만세를 살아도 즐길 것이 부족하리라.

수레를 돌려 돌아오는 길에 부주산不周山을 옆으로 넘어서 북쪽의 유도산 幽都山에 모여 식사를 즐기도다. 북방의 밤 기운을 마시고 조하朝霞를 먹고, 지영芝英의 꽃잎을 씹고, 경수瓊樹의 꽃잎을 먹도다. 우러러 점점 높이 올라 하늘 높이 날아오른다. 천문天門의 거꾸로 달린 그림자를 꿰뚫고, 뭉게뭉게 피어나는 구름을 건너 유거遊車, 도거道車를 달려 길게 내려갈 때, 안개를 배후로 하고 멀리 달려가도다.

인간 세상을 비좁다 여기고 천천히 깃발을 날리면서 극북極北으로 나간다. 주둔시킨 기병은 현궐玄闕에 남겨두고 선구先驅로 하여금 한문寒門을 빠져 나가게 한다. 아래는 깊고 멀어 땅이 보이지 않고 위는 넓고 멀어 하늘이 없다. 보려고 하여도 눈이 아물거려 볼 수 없고, 들으려 해도 귀가 멍멍하여 들리지 않고, 허무를 타고 올라 앞으로 나아가니 벗도 없으니 홀로 그 경지에 빠져 있도다."

상여가 〈대인부〉를 바치자, 천자는 크게 기뻐하며 구름 위로 올라가는 듯한 마음이 되어 천지 사이에 자유롭게 노니는 듯하다고 하였다.

「世有大人兮, 在于中州. 宅彌萬里兮, 曾不足以少留. 悲世俗之迫隘兮, 朅輕擧而遠遊. 垂絳幡之素蜺兮, 載雲氣而上浮. 建格澤之長竿兮, 總光耀之采旄. 垂旬始以爲幓兮, 抴彗星而爲髾. 掉指橋以偃蹇兮, 又猗旎以招搖. 攬欃槍以爲旌兮, 靡屈虹而爲綢. 紅杳渺以眩湣兮, 猋風涌而雲浮. 駕應龍象輿之蠖略逶麗兮, 驂赤螭靑虯之蚴蟉蜿蜒. 低卬夭蟜据以驕驁兮, 詘折隆窮蠼以連卷. 沛艾赳螑仡以佁儗兮, 放散畔岸驤以孱顔. 跮踱輵轄容以委麗兮,綢繆偃寒怵奐以梁倚. 糾蓼叫奡蹋以艐路兮, 蔑蒙踊躍騰而狂趡. 莅颯卉翕煇至電過兮, 煥然霧除, 霍然雲消.

邪絕少陽而登太陰兮, 與眞人乎相求. 互折窈窕以右轉兮, 橫屬飛泉以正東. 悉徵靈圉而選之兮, 部乘衆神於瑤光. 使五帝先導兮, 反太一而從陵陽. 左玄冥而右含雷兮, 前陸離而後潏湟. 廝征伯僑而役羨門兮, 屬岐伯使尚方. 祝融驚而蹕御兮, 清雾氣而後行. 屯余車其萬乘兮, 綷雲蓋而樹華旗. 使句芒其將行兮, 吾欲往乎南嬉.

歷唐堯於崇山兮, 過虞舜於九疑. 紛湛湛其差錯兮, 雜遝膠葛以方馳. 騷擾衝莈其相紛挐兮, 滂濞泱軋灑以林離. 鑽羅列聚叢以蘢茸兮, 衍曼流爛壇以陸離. 徑入雷室之砰磷鬱律兮, 洞出鬼谷之崛礨嵬礧. 徧覽八紘而觀四荒兮, 朅渡九江而越五河. 經營炎火而浮弱水兮, 杭絕浮渚而涉流沙. 奄息總極氾濫水嬉兮, 使靈媧鼓瑟而舞馮夷. 時若薆薆將混濁兮, 召屏翳誅風伯而刑雨師. 西望崑崙之軋沕洸忽兮, 直徑馳乎三危. 排閶闔而入帝宮兮, 載玉女而與之歸. 舒閬風而搖集兮, 亢烏騰而一止. 低回陰山翔以紆曲兮, 吾乃今目睹西王母曤然白首. 載勝而穴處兮, 亦幸有三足烏為之使. 必長生若此而不死兮, 雖濟萬世不足以喜.

回車朅來兮, 絕道不周, 會食幽都. 呼吸沆瀣[兮]餐朝霞(兮), 噍咀芝英兮嘰瓊華. 嬐侵潯而高縱兮, 紛鴻涌而上屬. 貫列缺之倒景兮, 涉豐隆之滂沛. 馳游道而脩降兮, 騖遺霧而遠逝. 迫區中之隘陝兮, 舒節出乎北垠. 遺屯騎於玄闕兮, 軼先驅於寒門. 下崢嶸而無地兮, 上寥廓而無天. 視眩眠而無見兮, 聽惝恍而無聞. 乘虛無而上假兮, 超無友而獨存.」

相如旣奏《大人之頌》, 天子大說, 飄飄有凌雲之氣, 似游天地之閒意.

◉ 봉선封禪에 관한 글 뿐 남긴 것 없어

상여는 병들어 관직을 그만두고 무릉茂陵에서 살았다. 하루는 천자가 이렇게 말하였다.

"사마상여의 병이 중하다니 곧 가서 청하여 저작한 것을 모두 가져오는 것이 좋을 것이다. 그렇지 않으면 잃어버릴 염려가 있으리라."

그리고는 소충所忠을 보냈지만, 상여는 이미 죽었고 그 집에는 남긴 저작이 아무 것도 없었다. 이에 상여의 아내에게 물었더니 이렇게 대답하는 것이었다.

"저의 남편 장경은 본디 저작을 지니고 있지 않았습니다. 때때로 글을 지어도 누군가 가져가 집에는 아무것도 없습니다. 다만 죽기 전에 한 권의 책을 써서 남기고, 만약에 '천자의 사자가 저작을 구하거든 이것을 올리시오'라고 말하였을 뿐입니다. 그밖에 저작이라고는 아무것도 없습니다."

그 유고는 봉선封禪에 대한 일을 쓴 것으로서 소충의 손을 거쳐 천자에게로 올라갔다. 천자는 이를 중히 여겼다. 그 글은 다음과 같다.

相如既病免, 家居茂陵. 天子曰:「司馬相如病甚, 可往從悉取其書; 若不然, 後失之矣.」使所忠往, 而相如已死, 家無書. 問其妻, 對曰:「長卿固未嘗有書也. 時時著書, 人又取去, 卽空居. 長卿未死時, 爲一卷書, 曰有使者來求書, 奏之. 無他書.」

其遺札書言封禪事, 奏所忠. 忠奏其書, 天子異之. 其書曰:

⚫ 봉선서封禪書

"대체로 상고의 시초에 하늘이 백성을 낸 이래 역조歷朝의 모든 군주를 거쳐 진秦나라에 이르렀습니다. 근대의 일을 찾는 자는 차례로 사적을 쫓을 것이요, 먼 옛날의 일을 알고자 하는 자는 유풍 명성을 통해 살필 수 있을 것입니다. 예로부터 군주가 된 자는 많으나 이름이 묻혀 없어진 예는 다 헤아릴 수가 없습니다. 순임금이나 우임금의 뒤를 이어 그 이름을 추앙하고, 더욱 일컫기에 족한 자는 72군君이 있습니다. 도리를 따르고 행동이 착하되 흥성하게 되지 않은 예가 없고, 또 도리를 거스르고 행동을 잃어서 멸망하지 않은 예도 없습니다.

헌원軒轅의 이전의 일은 멀고 아득하여 상세한 것을 알 수는 없으나, 오제五帝 삼왕三王의 사적을 비롯하여 《육경六經》 등의 서적에 전하는 바는 오늘날에도 볼 수 있습니다. 《서書》에 '원수元首는 현명하고 신하는 선량하다'라 하였는데, 이에 의하면, 군주로서는 당요唐堯보다 성대한 이가 없고, 신하로서는 후직后稷보다 어진 이가 없었습니다.

후직은 당唐 때에 백곡을 심어 처음으로 백성에게 농사를 가르쳤고 그 손자 공류公劉는 서융西戎의 땅에서 사적을 올렸습니다. 문왕文王은 역법·복색 등의 제도를 고치고 이렇게 하여 주周나라는 매우 성대하여 대도大道가 여기서부터 이루어졌습니다. 그 뒤에 점차 쇠미하였으나, 천하에 왕이 되어 있는 천 년 동안은 악한 소리를 듣지 않았습니다. 처음도 잘하고 끝도 잘한 것이 아니겠습니까! 그것은 달리 까닭이 있는 것이 아니고 주나라의 먼저 임금이 왕업의 규모를 삼가서 하고, 뒤의 임금이 그 가르침을 삼가 지켰기 때문입니다.

그러므로 주나라의 사적은 평범하여 받들기가 쉽고 은덕은 깊고 넓어 풍성하며, 법도는 명백하여 본받기 쉽고, 법통에 따라 자손에 이어준 천하 통치의 사업은 순조로워 계승하기에 쉬웠던 것입니다. 왕업은 성왕成王 시대에 이루어졌고, 공적은 문왕·무왕武王 때가 으뜸이었습니다.

그러나 그 처음과 마지막을 상고해 보건대, 오늘에 각별히 훌륭한 사적이라고 생각될 만한 것은 없으니 지금의 한나라와 비교가 됩니다. 그래도 주나라 사람들은 양보산梁父山과 태산에 올라 봉선封禪의 제사를 받들고 영광스러운 봉호를 세워 명성을 세상에 베풀었습니다.

위대한 한나라의 덕은 원천이 솟아오르는 것과 같고 넘쳐서 널리 사방으로 통하고 구름과 같이 퍼지고 안개와 같이 흩어져, 위로는 구천九天까지 뻗치고, 아래로는 팔방의 극지에 흘러가는 것과 같습니다. 살아 있는 모든 것은 천자의 은택에 젖고, 화창한 기운은 사방으로 고루 이르고 무위武威는 질풍처럼 먼 데까지 갑니다. 가까운 것은 원천에 놀고, 먼 것은 하류에 헤엄치는 것 같습니다. 엄청난 악을 저지른 자는 몰락하고, 몽매한 자는 지혜를 얻었습니다. 곤충까지도 화락하여 모든 것이 머리를 천자에게로 돌리고 있습니다.

그리하여 추우騶虞 같은 상서로운 짐승의 무리를 원유苑囿에 기르고, 미록麋鹿과 같은 기이한 짐승을 잡습니다. 한 줄기에서 여섯 이삭의 쌀을 부엌에서 가려서 종묘에 바치고, 뿔이 한 쪽에 쌍으로 돋은 백린白麟을 희생으로 종묘에 제사지내며, 주대에 묻혔던 구정을 얻고, 놓았던 거북을 기수岐水에서 거두고, 취황색의 용을 소沼에서 부르고, 신마神馬를 시켜 영어선인靈圄仙人을 빈객으로 하여 한가롭고 고요한 관사에 머물게 합니다. 기이하고 웅장한 물건의 괴이하고 다양한 변화는 이보다 더할 수 없으니 위대합니다!

상서로운 조짐이 이같이 몰려서 나타남은, 천자께서는 오히려 덕이 엷다 하고 겸손하여 감히 봉선의 일을 말하지 않습니다. 생각건대 주나라에서는 물고기가 무왕의 배 안으로 뛰어 올라온 것을 상서로운 좋은 조짐이라 하여 이를 구워서 하늘에 제사지냈습니다. 이러한 작은 일을 징험이라 하여 태산에 올라 봉선하였으니 또한 부끄러운 일이 아니겠습니까? 주나라의 지나침과 한나라의 겸손이 이 어찌 이리도 다릅니까?"

「伊上古之初肇, 自昊穹兮生民, 歷撰列辟, 以迄于秦. 率邇者踵武, 逖聽者風聲. 紛綸葳蕤, 堙滅而不稱者, 不可勝數也. 續《昭夏》, 崇號諡, 略可道者七十有二君. 罔若淑而不昌, 疇逆失而能存?

軒轅之前, 遐哉邈乎, 其詳不可得聞也. 五三《六經》載籍之傳, 維見可觀也.《書》曰『元首明哉, 股肱良哉』. 因斯以談, 君莫盛於唐堯, 臣莫賢於后稷. 后稷創業於唐, 公劉發迹於西戎, 文王改制, 爰周郅隆, 大行越成, 而後陵夷衰微, 千載無聲, 豈不善始善終哉! 然無異端, 愼所由於前, 謹遺教於後耳. 故軌迹夷易, 易遵也; 湛恩濛涌, 易豐也; 憲度著明, 易則也; 垂統理順, 易繼也. 是以業隆於繈褓而崇冠于二后. 揆厥所元, 終都攸卒, 未有殊尤絶迹可考于今者也. 然猶躡梁父, 登泰山, 建顯號, 施尊名. 大漢之德, 逢涌原泉, 沕潏漫衍, 旁魄四塞, 雲專霧散, 上暢九垓, 下泝八埏. 懷生之類霑濡浸潤, 協氣橫流, 武節飄逝, 邇陝游原, 迥闊泳沫, 首惡湮沒, 闇昧昭晳, 昆蟲凱澤, 回首面內. 然後囿騶虞之珍羣, 徼麋鹿之怪獸, 導一莖六穗於庖, 犧雙觡共抵之獸, 獲周餘珍收龜于岐, 招翠黃乘龍於沼. 鬼神接靈圉, 賓於閒館. 奇物譎詭, 俶儻窮變. 欽哉! 符瑞臻玆, 猶以爲薄, 不敢道封禪. 蓋周躍魚隕杭, 休之以燎, 微夫斯之爲符也, 以登介丘, 不亦恧乎! 進讓之道, 其何爽與?」

◎ 대사마가 봉선을 주청하다

이에 대사마大司馬가 아뢰었다.

"폐하께서는 인덕으로 천하의 백성들을 기르시고, 도의로써 불순하는 무리들을 정벌하셨습니다. 중국 안에 사는 제후들은 기꺼이 공물을 바쳐오며 모든 만이들은 폐백을 올려 입조하였습니다. 제덕帝德은 상고와 같고 공과 업적은 같이 할 자가 없으며 착하고 아름다운 치적은 두루 이르지 않는 데가 없고, 상서로운 조짐은 갖은 모양으로 변화해 나타나고, 시기는 응하여 서로 이어지니, 다만 이제 처음으로 나타난 것이 아닙니다.

생각건대 태산과 양보산은 봉선의 제단을 설치하여 폐하께서 지난날의 영광을 더하라는 것입니다. 이것은 이름을 더하고 상고에 필적할 만한 영광을 드러내게 하려는 것입니다. 즉 하늘이 은혜를 내려 복을 쌓고 제사를 지내 왕업의 성공이 아뢰어지기를 바라고 있습니다. 그런데도 폐하께서 겸손하여 거동하실 뜻을 나타내지 않으시니 그것은 천신天神과 지지地祇와 산악의 신의 소망을 끊고, 제왕의 행할 바 도리를 잃는 것이 되며, 뭇 신하들은 이를 부끄러워하고 있습니다.

혹자는 사람은 '하늘의 본체는 어두워서 말을 하지 않고 다만 상서로운 징조로써 뜻을 나타낸다. 상서로운 징조가 있으면, 사양할 수 없다'라고 말합니다. 만약 옛날의 제왕이 사양하였다면 태산의 산정에 제왕의 공업을 기록한 일이 없을 것이며, 양보산도 봉선을 원할 수는 없었을 것입니다. 또 각기 한때의 영화를 다하고 그 세상을 지나는 데 그쳤다면, 후세의 논자가 청송하기에 족한 군주를 72군이라 하니 어떻게 말할 수가 있었겠습니까?

대체로 천자가 덕을 닦고 하늘로부터 표적을 받아 이것을 받들어 봉선을 행하는 것은 예를 벗어난 행위가 아닙니다. 그러므로 성왕聖王께서 봉선을 피하지 않았고, 지기를 공경하고 천신에게 지성을 다하여 중악中嶽에 공을 기록하여 이로써 천하에 지존의 신분을 나타내고, 성덕을 서술하여 영광스러운 이름을 분명히 하여, 복을 받고서 만민을 은혜에 젖게 하였습니다. 이 일이 얼마나 크고 성대한 일입니까!

이것은 천하의 장관이며 왕자王者의 대업이니 결코 가벼이 할 것이 아닙니다. 원컨대 폐하께서는 이 일을 완성하십시오. 그렇게 한 뒤에 유학자들의 학술을 드러내어 채용하고 일월의 빛을 우러름과 같이 그것으로써 관직을 지키고 일을 처리하게 하며, 또 겸하여 봉선의 의의를 바르게 열기列記하여 그 글을 교감하여 《춘추》와 같은 경서를 짓게 하십시오. 그리하여 종래의 육경에 하나를 더하여 7경으로 하고, 이를 영구히 전하여 만세에 걸쳐 맑은 흐름을 흐르게 하여, 여파를 높여 아름다운 명성과 풍성한 재능을 진동시킬 수 있도록 하시기를 원합니다.

옛날의 성왕이, 길이 큰 명성을 보전하고 항상 으뜸으로 칭송되는 까닭은 봉선을 행하였기 때문이니, 마땅히 장고掌故에게 명하여 봉선의 의미를 남김없이 아뢰게 하여 살펴보셔야 할 것입니다."

於是大司馬進曰:「陛下仁育羣生, 義征不憓, 諸夏樂貢, 百蠻執贄, 德侔往初, 功無與二, 休烈浹洽, 符瑞衆變, 期應紹至, 不特創見. 意者泰山·梁父設壇場望幸, 蓋號以況榮, 上帝垂恩儲祉, 將以薦成, 陛下謙讓而弗發也. 挈三神之驩, 缺王道之儀, 羣臣恧焉. 或謂『且天爲質闇, 珍符固不可辭』; 若然辭之, 是泰山靡記而梁父靡幾也. 亦各並時而榮, 咸濟世而屈, 說者尚何稱於後, 而云七十二君乎? 夫修德以錫符, 奉符以行事, 不爲進越. 故聖王弗替, 而修禮地祇, 謁款天神, 勒功中嶽, 以彰至尊, 舒盛德, 發號榮, 受厚福, 以浸黎民也. 皇皇哉斯事! 天下之壯觀, 王者之丕業, 不可貶也. 願陛下全之. 而後因雜薦紳先生之略術, 使獲燿日月之末光絶炎, 以展采錯事, 猶兼正列其義, 校飭厥文, 作《春秋》一藝, 將襲舊六爲七, 攄之無窮, 俾萬世得激清流, 揚微波, 蜚英聲, 騰茂實. 前聖之所以永保鴻名而常爲稱首者用此, 宜命掌故悉奏其義而覽焉.」

❀ 봉선에 대한 송頌

이에 천자는 곧 감동하여 모습을 고치며 이렇게 말하였다.

"그렇다면 짐은 시험해 보리라!"

천자는 깊이 생각한 끝에 공경들의 논의에 붙여 봉선에 관한 일을 물었다. 이에 천자의 광대한 은혜와 수없이 많은 것을 시로 썼다. 그리고 부서의 풍부함을 넓혀서 송頌으로 짓게 하였다.

그 내용은 다음과 같다.

"천자의 은혜는 하늘이 만물을 덮음과 같으니 구름같이 일고 단 이슬과 단비가 대지를 충분히 적셔 주도다. 영양가 있는 유액은 땅에 스미고, 생육하지 않는 식물은 없으며, 아름다운 곡식은 한 줄기에 여섯 이삭이 달리니, 농사의 수확은 쌓이지 않는 것이 없네. 다만 비를 내리게 할 뿐이 아니라 땅을 적시고, 다만 땅을 적실뿐이 아니라 두루 열매를 열게 하네. 만물은 화락하여 정답고, 명산은 봉선의 장소를 분명히 나타내어 임금 오시기를 바라네. 임금이여! 임금이여! 어찌하여 봉선을 행하지 않으십니까?

무늬 있는 아름다운 짐승이 우리 임금의 원유에 있기를 즐거워하고, 그 흰 바탕에 검은 무늬 있는 모습이 아름답다. 화목하고 공경하는 모습은 군자의 태도로구나. 일찍이 그 짐승이 있다고 들었으나 이제 나타난 것을 보네. 그것은 어디서 왔는지 아무 종적이 없는 것은 하늘의 상서로운 조짐이네. 이 짐승이 옛날 순임금 시대에도 나타나 그로 해서 우순虞舜이 흥성하였네.

살찐 기린은 저 제단의 뜰에서 노닐고, 초겨울 10월에 우리 임금이 교사郊祀를 지낼 적에, 임금의 수레 앞에 달려 오니 이를 잡아서 하늘에 제사지냈네. 천제는 임금의 마음을 감응하시고, 그 제사를 받아 복으로써 대답해 주셨네.

삼대 이전에는 일찍이 없었던 일이네. 꾸불꾸불한 황룡이 지극한 덕기에 감화하여 날아오르니, 그 채색은 빛나고, 그 용 모습을 보여서 백성들에게 깨우쳐 주셨네. 고서에도 육룡六龍을 타고 하늘에 오른다고 하였네. 용은 천명을 받은 성스러운 천자가 타는 것이고, 하늘이 천자의 덕을 분명히 드러내는 데는 반드시 말을 쓰지 않고 사물에 기탁하여 태산에 봉선할 것을 임금에게 깨우쳐 주심이네.

육경을 보면, 하늘의 뜻과 인간 세계의 사상事象이 한데 어울려 합치되고, 상하가 더불어 상서로움을 나타내어 성왕의 덕을 찬양하더라도, 성왕은 항상 스스로의 부덕함을 두려워하고 삼가네.

그러므로 '흥한 때는 반드시 쇠함이 있음을 생각하고, 평안할 때는 반드시 위험할 때가 있음을 생각하라'고 말하였네.

은나라 탕왕, 주나라 무왕은 지극히 존엄한 지위에 있으면서도 존경하고 삼감을 잃지 않았으며 순임금은 교사·봉선의 대법칙을 분명히 하여, 항상 자성하며 예절을 잃지 않았으나 두려워하였다고 하는데 이런 일들을 두고 말하는 것이네."

於是天子沛然改容, 曰:「愉乎, 朕其試哉!」乃遷思回慮, 總公卿之議, 詢封禪之事, 詩大澤之博, 廣符瑞之富. 乃作頌曰:

自我天覆, 雲之油油. 甘露時雨, 厥壤可游. 滋液滲漉, 何生不育; 嘉穀六穗, 我穡曷蓄.

非唯雨之, 又潤澤之; 非唯濡之, 氾尃濩之. 萬物熙熙, 懷而慕思. 名山顯位, 望君之來. 君乎君乎, 侯不邁哉!

般般之獸, 樂我君圃; 白質黑章, 其儀可(嘉)[喜]; 旼旼睦睦, 君子之能. 蓋聞其聲, 今觀其來. 厥塗靡蹤. 天瑞之徵. 茲亦於舜, 虞氏以興.

濯濯之麟, 游彼靈畤. 孟冬事十月, 君徂郊祀. 馳我君輿, 帝以享祉. 三代之前, 蓋未嘗有.

宛宛黃龍, 興德而升; 采色炫燿, 橫炳輝煌. 正陽顯見, 覺寤黎烝. 於傳載之, 云受命所乘.

厥之有章, 不必諄諄. 依類託寓, 諭以封巒.

披藝觀之, 天人之際已交, 上下相發允答. 聖王之德, 兢兢翼翼也. 故曰 『興必慮衰, 安必思危』. 是以湯武至尊嚴, 不失肅祇; 舜在假典, 顧省厥遺: 此之謂也.」

◉ 무제가 봉선을 행하다

사마상여가 죽은 지 5년 뒤에 천자는 비로소 토지신 후토后土에 제사지냈다. 8년 뒤에 마침내 먼저 중악中嶽 숭산嵩山에 제례하고 동악 태산太山의 정상에 단을 설치하여 하늘에 제사지냈으며, 양보산의 숙연산肅然山에서 땅을 정결히 하여 산천에 제사지냈다.

사마상여의 다른 저서로서는 〈유평릉후서遺平陵侯書〉, 〈여오공자상난 與五公子相難〉, 〈초목서草木書〉 등 여러 편이 있으나, 여기에는 채록하지 않았고 특히 공경들 사이에 널리 알려진 것만을 수록하였다.

司馬相如既卒五歲, 天子始祭后土. 八年而遂先禮中嶽, 封于太山, 至梁父禪肅然.

相如他所著, 若《遺平陵侯書》·《與五公子相難》·《草木書》篇不采, 采其尤著公卿者云.

◉ 사마천의 평어

나 태사공은 이렇게 생각한다.

《춘추》는 명백한 사실史實에서 추론하여 은밀한 의의를 말한 것임을 알 수 있으며, 《역》은 은밀한 의의를 바탕으로 하여 사람의 명백한 사실을 나타내었고, 《시》의 〈대아大雅〉는 왕공王公·대인大人의 덕을 칭송하여 이를 만민에게 미치게 하였으며, 〈소아小雅〉는 비천한 사람들의 행위의 득실을 풍자하여 그 영향이 왕공 대인에게까지 미쳤다. 이에 《춘추》, 《역》, 《시》의 〈대아〉와 〈소아〉에서 말한 바는 각각 다르나 덕에 귀착하는 점에서는 모두가 같다. 사마상여에게는 공허한 말과 분방한 말이 많으나, 그 주되는 뜻은 절약과 검소함을 주창하는 것에 귀일하여 《시》에서 말하는 풍간과 조금도 다를 것이 없다. 양웅揚雄은 "사마상여의 사치스럽고 화려한 부는 백 가지를 칭찬하고 한 가지를 풍유하였다. 마치 정鄭·위衛의 음란한 음악으로 치닫다가 끝에 아악을 연주하는 것과 같으니 본래의 취지를 훼손시킨 것이 아닌가?'라고 말하였다. 이에 나는 그의 언사 중에서 말할 만한 가치가 있는 것을 취하여 여기에 수록하였다.

太史公曰:《春秋》推見至隱,《易》本隱之以顯,《大雅》言王公大人而德逮黎庶,《小雅》譏小己之得失, 其流及上. 所以言雖外殊, 其合德一也. 相如雖多虛辭濫說, 然其要歸引之節儉, 此與《詩》之風諫何異. 楊雄以爲「靡麗之賦, 勸百風一, 猶馳騁鄭衛之聲, 曲終而奏雅, 不已虧乎?」余采其語可論者著于篇.

058(118) 회남형산 열전淮南衡山列傳

① 회남여왕淮南厲王, 劉長 ② 회남왕淮南王, 劉安

③ 형산왕衡山王, 劉賜

〈1〉회남여왕淮南厲王, 劉長

❀ 뱃속에 고조의 아이가 들어 있소

회남淮南의 여왕厲王 유장劉長은 고조劉邦의 막내아들이다. 그의 어머니는 본래 조나라 왕 장오張敖의 미인美人이었다.

고조 8년, 고조가 동원東垣에서 돌아오는 길에 조나라를 지나게 되었을 때 조나라 왕은 그의 미인을 고조에게 바쳤다. 미인은 고조의 사랑을 받아 아이를 갖게 되었다. 이에 조나라 왕 장오는 미인을 감히 왕궁에 들여놓지 못하고 따로 궁전을 지어 살게 하였다.

관고貫高 등이 박인柏人에서 고조를 죽이려 하였던 일이 사전에 발각되자 한나라는 조왕도 함께 체포하여 심문하게 하는 한편 왕의 어머니·형제·미인들 역시 모조리 붙잡아 하내河內에 가두었다. 여왕의 어머니도 함께 갇히게 되었는데 그때 여왕의 어머니는 옥리에게 이렇게 청원하였다.

"황제의 총애를 받아 홀몸이 아닙니다."

옥리는 곧 고조에게 그 사실을 보고하였으나, 조왕의 일로 격분해 있었던 고조는 여왕의 모친 일을 미처 처리하지 않았다.

이에 이번에는 여왕 모친의 남동생 조겸趙兼이 벽양후辟陽侯 심이기審食其를 통해 여후呂后에게 이말을 올렸지만, 여후는 질투심 때문에 그 이야기를 고조에게 일러주려 하지 않았다. 벽양후 역시 힘써 말하지 않았다.

그런 가운데 여왕의 모친은, 여왕을 낳은 뒤 원한과 울분에 못이겨 목숨을 끊고 말았다.

옥리가 어린 여왕을 받들고 고조에게 바치자, 고조는 비로소 자기의 잘못을 뉘우치고 여후에게 어머니로서 기르게 하고 여왕의 어머니를 진정眞定에 장례지내어 주도록 하였다. 진정에는 여왕의 외가가 있었고, 그들 일가가 조상 대대로 살아온 고을이었기 때문이었다.

淮南厲王長者, 高祖少子也, 其母故趙王張敖美人. 高祖八年, 從東垣過趙, 趙王獻之美人. 厲王母得幸焉, 有身. 趙王敖弗敢內宮, 爲築外宮而舍之. 及貫高等謀反柏人事發覺, 幷逮治王, 盡收捕王母兄弟美人, 繫之河內. 厲王母亦繫, 告吏曰:「得幸上, 有身.」吏以聞上, 上方怒趙王, 未理厲王母. 厲王母弟趙兼因辟陽侯言呂后, 呂后妒, 弗肯白, 辟陽侯不彊爭. 及厲王母已生厲王, 恚, 卽自殺. 吏奉厲王詣上, 上悔, 令呂后母之, 而葬厲王母眞定. 眞定, 厲王母之家在焉, 父世縣也.

☯ 어머니 원수를 갚았습니다

고조 11년 7월, 회남왕 경포黥布가 반란을 일으켰다. 고조는 그의 아들 유장을 회남왕으로 세워 경포의 옛 영토를 다스리게 하였는데 모두 4개 군郡이었다. 고조가 직접 군사를 거느리고 가서 경포를 쳐서 무찌른 다음, 여왕을 왕으로 세웠다. 일찍 어머니를 잃은 여왕은 늘 여후를 잘 따랐으며, 이 때문에 혜제孝惠帝·여후의 시대에는 사랑을 받았을 뿐 다른 해를 입지 않았다. 그러면서 마음 속으로는 늘 벽양후를 원망하고 있었으나 결코 그것을 드러내 보이지는 않았다.

문제孝文帝가 즉위하자, 당초에 회남왕은 자신이 황제와 가장 가깝다는 생각에서 거드름을 피우며 자주 법을 어겼으나, 황제는 형제라 하여 항상 관대하게 용서해 주곤 하였다.

문제 3년, 조회에 들어온 여왕은 대단히 거칠게 굴었다. 문제를 따라 어원御苑에 들어가 사냥을 할 때는 황제와 수레를 함께 탔으며, 또 늘 황제를 '큰형님'이라 불렀다.

여왕은 능히 솥鼎을 들어올릴 정도로 힘이 세었다. 어느 날 여왕은 벽양후를 찾아가 면회를 청한 다음 벽양후가 나와 맞이하자, 소매 속에 감춰 둔 철퇴를 꺼내어 후려친 다음, 따라온 위경魏敬을 시켜 그의 목을 베게 하였다. 그리고 대궐로 달려가 엎드려 웃옷을 벗고 이렇게 사죄하였다.

"신의 어머니는 마땅히 조왕 사건에 연루시키지 않았어야 옳았습니다. 그 당시 벽양후는 여후께 사랑을 받고 있었으므로, 충분히 여후를 설득시킬 힘이 있었는데도 힘을 쓰지 않았습니다. 이것이 첫째의 죄입니다. 조왕 여의如意의 모자는 아무런 죄도 없었는데 여후께서는 그들을 죽였습니다. 그때도 벽양후는 말리지 않았습니다. 이것이 두 번째 죄입니다. 여후께서 여씨 일족을 왕으로 세워 유씨劉氏를 위태롭게 하려 하였으나 벽양후는 말리지 않았습니다. 이것이 세 번째 죄입니다. 신은 삼가 천하를 위해 적신賊臣 벽양후를 죽이고 어미의 원수를 갚았습니다. 이에 삼가 대궐 아래 엎드려 죄를 청합니다."

문제는 여왕의 행동이 부모를 위하는 마음에서 나온 것이라 가엾게 여긴 나머지 죄를 다스리지 않고 그대로 용서하였다. 그러나 당시의 박태후薄太后 및 태자 그리고 여러 대신들은 모두 여왕을 두려워하고 꺼려 하였다.

이리하여 여왕은 본국으로 돌아간 뒤에 더욱 교만하고 방자해져 한나라 법을 따르지 않았다. 드나들 때엔 천자만이 할 수 있는 경필警蹕을 시키고, 스스로의 명령을 제制라 부르는 등 법령을 만들어 천자와 같이 하였다.

高祖十一年(十)[七]月, 淮南王黥布反, 立子長爲淮南王, 王黥布故地, 凡四郡. 上自將兵擊滅布, 厲王遂卽位. 厲王蚤失母, 常附呂后, 孝惠·呂后 時以故得幸無患害, 而常心怨辟陽侯, 弗敢發. 及孝文帝初卽位, 淮南王自 以爲最親, 驕蹇, 數不奉法. 上以親故, 常寬赦之. 三年, 入朝. 甚橫. 從上入苑 囿獵, 與上同車, 常謂上「大兄」. 厲王有材力, 力能扛鼎, 乃往請辟陽侯. 辟陽 侯出見之, 卽自袖鐵椎椎辟陽侯, 令從者魏敬剄之. 厲王乃馳走闕下, 肉袒 謝曰:「臣母不當坐趙事, 其時辟陽侯力能得之呂后, 弗爭, 罪一也. 趙王如 意子母無罪, 呂后殺之, 辟陽侯弗爭, 罪二也. 呂后王諸呂, 欲以危劉氏, 辟陽 侯弗爭, 罪三也. 臣謹爲天下誅賊臣辟陽侯, 報母之仇, 謹伏闕下請罪.」孝文 傷其志, 爲親故, 弗治, 赦厲王. 當是時, 薄太后及太子諸大臣皆憚厲王, 厲王 以此歸國益驕恣, 不用漢法, 出入稱警蹕, 稱制, 自爲法令, 擬於天子.

◉ 회남왕 유장의 죄목들

문제 6년, 남자男子 단但 등 70여 명과 극포후棘蒲侯 시무柴武의 태자 기奇가 공모하여 연거輦車 40승을 이끌고 곡구谷口에서 반란을 일으키도록 하였으며, 사자를 민월閩越·흉노 등에 보냈음이 발각되었다. 문제는 이 일을 처리하기 위하여 사자를 회남왕에게 보내어 불러들였다. 회남왕이 장안長安에 도착하였을 때 이러한 상소문이 올라왔다.

"신 승상 장창張蒼·전객典客 풍경馮敬, 종정宗正 겸 어사대부 일逸, 정위 하賀, 비도적중위備盜賊中尉 복福이 죽음을 무릅쓰고 말씀드립니다. 회남왕 유장은 선제의 법을 폐지하고, 천자의 조칙을 듣지 않으며, 그의 일상 생활에는 법도가 없습니다. 황옥黃屋의 수레를 타고 다니며 천자의 행차를 모방하고, 마음대로 법령을 만들어 한나라 법을 따르지 않습니다. 또 관리를 둘 때에도 자신의 낭중郎中인 춘春을 승상으로 하고, 한나라 제후들의 신하나 죄를 범하고 망명한 자들을 모아 숨겨두고, 그들을 위해 집을 마련해 주는가 하면 재물과 작록과 전택을 주었습니다. 어떤 이는 작위가 관내후關內侯에 이르고 2천 석의 봉록을 받았습니다. 이런 것들은 후왕侯王이 할 수 없는 일인데도 감히 그와 같이 한 것은 반역을 꾀하고자 하기 때문입니다.

대부 단但과 사오士五의 개장開章 등 70명은 극포후의 태자 기와 반란을 함께 꾀하여 한나라 종묘와 사직을 위태롭게 하려 했습니다. 그들은 개장을 보내어 반란 계획을 몰래 유장에게 알려 주었고, 함께 꾀하여 민월과 흉노로 사람을 보내 군대를 동원시키려 하였습니다. 개장이 회남에 가서 유장을 만났을 때, 유장은 개장과 자주 자리를 같이하여 음식을 나누며 이야기하였고, 또 그에게 집을 마련해 주며 부인을 맞게 하는 한편 2천 석의 봉록을 주었습니다. 개장은 사람을 단에게로 보내 이미 반역에 대해 회남왕과 통하였다고 이르게 하였습니다. 또 승상 춘도 사자를 보내 그런 사실을 단 등에게 알렸습니다.

관리가 이 일을 알고, 장안위長安尉 기奇 등을 보내어 개장을 잡아오도록 하였으나, 유장은 그를 숨겨 두고 내놓지 않았을 뿐 아니라, 옛날 중위中尉였던 간기簡忌와 짜고 개장을 죽여 그의 입을 막았습니다. 그리고 그를 비릉읍肥陵邑에 묻고 관리를 속여 개장은 어디에 있는지 알지 못한다고 하였습니다. 또 거짓으로 흙을 무덤처럼 모아놓고 나무를 세워 그 위에다 '개장이 죽어 이 밑에 묻혀 있다'고 써 놓았습니다. 유장은 제 스스로 죄 없는 한 사람을 죽이고 다시 관리로 하여금 죄 없는 여섯 사람을 사형에 처하게 하였습니다.

그리고 마땅히 기시棄市의 형에 처해야 할 망명자의 죄를 덮어 주기 위해 죄 없는 사람을 잡아 망명자라고 주장하고 진짜 망명자는 죄를 면하게 하였습니다. 또 함부로 사람에게 죄를 씌워, 죄인들은 억울해도 호소할 곳 없습니다. 죄를 물어 묶어둔 사람으로 성단용城旦舂 이상이 14명이었고, 멋대로 사면한 죄인은 죽을 죄에 해당하는 자가 18명, 성단용 이하가 58명이었습니다. 또 멋대로 작을 준 것이 관내후 이하가 94명이었습니다. 또 일찍이 유장이 병으로 누워 있을 때, 폐하께서는 이를 걱정하시어 친서와 함께 대추와 육포를 하사하셨습니다만, 그때도 유장은 하사품 받기를 꺼려하면서 사자를 만나 절하는 것을 승낙하지 않았습니다.

또 남해南海의 여강군廬江郡 경계에 있는 백성들이 반란을 일으키자, 회남의 군사들이 이를 쳐서 무찔렀습니다. 폐하께서는 그로 인해 회남 백성들이 가난에 시달린다고 생각하시고, 유장에게 사자를 보내어 비단 5천 필을 하사하여 그것으로 군사들의 노고를 위로하게 하셨습니다. 그 때 유장은 하사품 받기를 꺼리며 거짓으로 '애쓰고 수고한 자가 없다'고 말하였습니다. 또 남해의 백성 왕직王織이란 자가 글을 올려 폐하께 벽옥을 올리고자 한 일이 있었습니다. 이때는 간기가 제 마음대로 그 글을 불태우고 올리지 않았습니다. 이에 관리가 간기를 불러 심문할 것을 청하였으나, 유장은 그를 보내주지 않고 거짓으로 '간기는 병을 앓고 있다'고 하였습니다. 또 승상 춘春이 유장에게 한나라 조정에 입조를 청하자, 유장은 노하여 '그대는 나를 떠나 한나라에 붙고 싶은가' 라고 위협하였습니다. 회남왕 유장의 죄상은 마땅히 기시를 해야 하며, 신들은 법에 따라 죄를 다스려 줄 것을 청합니다."

六年, 令男子但等七十人與棘蒲侯柴武太子奇謀, 以輂車四十乘反谷口, 令人使閩越·匈奴. 事覺, 治之, 使使召淮南王. 淮南王至長安.

「丞相臣張倉·典客臣馮敬·行御史大夫事宗正臣逸·廷尉臣賀·備盜賊中尉臣福眛死言: 淮南王長廢先帝法, 不聽天子詔, 居處無度, 爲黃屋蓋乘輿, 出入擬於天子, 擅爲法令, 不用漢法. 及所置吏, 以其郎中春爲丞相, 聚收漢諸侯人及有罪亡者, 匿與居, 爲治家室, 賜其財物爵祿田宅, 爵或至關內侯,

奉以二千石, 所不當得, 欲以有爲. 大夫但·士五開章等七十人與棘蒲侯太
子奇謀反, 欲以危宗廟社稷. 使開章陰告長, 與謀使閩越及匈奴發其兵.
開章之淮南見長, 長數與坐語飲食, 爲家室娶婦, 以二千石俸奉之. 開章使
人告但, 已言之王. 春使使報但等. 吏覺知, 使吏安尉奇等往捕開章. 長匿不予,
與故中尉蕑忌謀, 殺以閉口. 爲棺槨衣衾, 葬之肥陵邑, 謾吏曰『不知安在』.
又詳聚土, 樹表其上, 曰『開章死, 埋此下』. 及長身自賊殺無罪者一人; 令吏
論殺無罪者六人; 爲亡命弃市罪詐捕命者以除罪; 擅罪人, 罪人無告劾,
繫治城旦舂以上十四人; 赦免罪人, 死罪十八人, 城旦舂以下五十八人;
賜人爵關內侯以下九十四人. 前日長病, 陛下憂苦之, 使使者賜書·棗脯.
長不欲受賜, 不肯見拜使者. 南海民處廬江界中者反, 淮南吏卒擊之. 陛下
以淮南民貧苦, 遣使者賜長帛五千匹, 以賜吏卒勞苦者. 長不欲受賜, 謾言曰
『無勞苦者』. 南海民王織上書獻璧皇帝, 忌擅燔其書, 不以聞. 吏請召治忌,
長不遣, 謾言曰『忌病』. 春又請長, 願入見, 長怒曰『女欲離我自附漢』. 長當
弃市, 臣請論如法.」

◉ 귀양 도중에 죽은 회남왕

문제는 이렇게 조칙을 내렸다.

"짐은 회남왕에게 차마 법을 적용할 수가 없다. 열후들 중에 2천 석을
받는 자들과 의논하라."

그러자 다음과 같은 글이 올라왔다.

"신臣 창·경·일·복·하는 삼가 죽음을 무릅쓰고 말씀드리옵니다. 신 등은
삼가 2천 석을 받는 열후와, 하후영夏侯嬰 등 43명과 함께 논의하였습니다.
모두 '유장은 법도를 따르지 않고, 천자의 조칙을 듣지 않으며, 몰래
도당과 모반자를 불러모으고 망명자들을 후대하여 반란을 일으키려 하였다'
라고 하였습니다. 신 등을 법대로 다스려야 한다고 의논했습니다."

그러자 다시 이러한 조칙이 내렸다.

"짐은 회남왕에게 차마 법을 적용할 수 없다. 유장의 죽을 죄를 용서하고,
그의 왕위를 폐하라."

그러자 창 등은 다시 글을 올렸다.

"신臣 창 등은 죽음을 무릅쓰고 말씀드립니다. 유장에게는 죽을 죄가 있는데도 폐하께서는 법을 차마 적용하지 않으시고 황공하게도 그의 죽을 죄를 용서하시고 왕위만을 폐하라 하셨습니다. 신들은 유장을 촉군蜀郡의 엄도현嚴道縣 공대邛郵로 귀양보내고, 그의 아들을 낳은 희첩들을 딸려 보내 함께 살게 하였으면 합니다. 또 현에서는 유장을 위해 집을 새로 짓고, 양식 등 일체를 관에서 공급하여, 땔나무·채소·소금·된장·취사 도구·자리를 주게 하십시오. 신 등은 죽음을 무릅쓰고 이 일을 천하에 포고할 것을 청원합니다."

문제는 명령하였다.

"유장의 먹을 것으로는 매일 고기 다섯 근, 술 두 말을 지급하고, 전의 미인美人·재인才人으로써 사랑을 받고 있는 사람 10명이 유장을 따라 가서 살 수 있도록 해 주어라. 그 밖의 것은 올린 글에 말한 대로 해도 좋다."

이리하여 함께 반역을 꾀한 자는 모두 베어 죽였다.

이에 회남왕이 귀양을 가게 되어 치거輜車에 실어 현에서 현으로 차례로 호송하여 보내도록 하였다.

이때 원앙袁盎이 황제에게 간언하였다.

"폐하께서는 처음부터 교만한 회남왕을 내버려두시고 엄격한 태부와 승상을 붙여 두셔야 함에도 그렇게 하지 않았습니다. 이에 이런 결과로 된 것입니다. 또 회남왕은 사람됨이 강직한 분인데, 지금 갑자기 꺾이게 되었습니다. 신은 회남왕이 안개와 이슬을 만나 병으로 죽지나 않을까 걱정이 됩니다. 만일 그렇게 된다면 폐하께서 아우를 죽였다는 말을 듣게 될 텐데 그러면 어찌 하시겠습니까?"

황제가 말하였다.

"다만 짐은 그를 벌하려는 것뿐이오. 뉘우치기만 하면 곧 돌려보내 줄 생각이오."

회남왕이 지나는 각 고을에서는 누구 하나 치거의 봉한 문을 열려고 하지 않았다. 이에 회남왕은 시종에게 이렇게 말하였다.

"누가 나를 용감한 자라고 하는가? 내가 어떻게 용기 있는 사람이 될 수 있겠는가? 나는 교만한 것 때문에 내 허물을 듣지 않으려 하다가 이 지경이 되었다. 사람이 태어나서 일생 동안 어떻게 이다지도 걱정하고 번민하며 지낼 수 있겠는가?"

그리고는 드디어 먹는 것을 끊고 굶어 죽었다.

일행은 옹雍에 도착하자, 옹의 현령이 봉한 문을 열고 비로소 왕의 죽음을 알고 나라에 보고하였다.

문제는 크게 소리내 울며 원앙에게 이렇게 말하였다.

"짐은 공의 말을 듣지 않아 결국 회남왕을 잃고 말았소!"

원앙이 말하였다.

"이제 어찌할 수 없는 일입니다. 바라건대 폐하께서는 마음을 너그럽게 가지시기 바랍니다."

문제가 물었다.

"어떻게 하면 좋겠소?"

원앙이 말하였다.

"승상과 어사에게 명해 담당관들을 사형에 처하여 천하에 사과하는 것이 좋을 줄로 아옵니다."

황제는 곧 승상과 어사에게 명을 내렸다. 회남왕을 호송한 각 고을 관리들로서 수레의 봉한 문을 열지 않고 식사를 제공하지 않은 자들을 모조리 잡아 심문하게 하고 그들을 모두 기시형에 처하게 하였다. 그리고 열후의 예로써 회남왕을 옹현에 장사지내는 한편, 30호를 두어 무덤을 지키게 하였다.

制曰:「朕不忍致法於王, 其與列侯二千石議.」

「臣倉·臣敬·臣逸·臣福·臣賀昧死言:　臣謹與列侯吏二千石臣嬰等四十三人議, 皆曰『長不奉法度, 不聽天子詔, 乃陰聚徒黨及謀反者, 厚養亡命, 欲以有爲』. 臣等議論如法.」

制曰:「朕不忍致法於王, 其赦長死罪, 廢勿王.」

「臣倉等昧死言:長有大死罪, 陛下不忍致法, 幸赦, 廢勿王. 臣請處蜀郡嚴道邛郵, 遣其子母從居, 縣爲築蓋家室, 皆廩食給薪菜鹽豉炊食器席蓐.

臣等昧死請, 請布告天下.」

制曰:「計食長給肉日五斤, 酒二斗. 令故美人才人得幸者十人從居. 他可.」

盡誅所與謀者. 於是乃遣淮南王, 載以輜車, 令縣以次傳. 是時袁盎諫上曰:「上素驕淮南王, 弗爲置嚴傅相, 以故至此. 且淮南王爲人剛, 今暴摧折之, 臣恐卒逢霧露病死, 陛下爲有殺弟之名, 柰何!」上曰:「吾特苦之耳, 今復之.」縣傳淮南王者皆不敢發車封. 淮南王乃謂侍者曰:「誰謂乃公勇者? 吾安能勇! 吾以驕故不聞吾過至此. 人生一世閒, 安能邑邑如此!」乃不食死. 至雍, 雍令發封, 以死聞. 上哭甚悲, 謂袁盎曰:「吾不聽公言, 卒亡淮南王.」盎曰:「不可柰何, 願陛下自寬.」上曰:「爲之柰何?」盎曰:「獨斬丞相・御史以謝天下乃可.」上卽令丞相・御史逮考諸縣傳送淮南王不發封餽侍者, 皆弃市. 乃以列侯葬淮南王於雍, 守冢三十戶.

◉ 회남왕의 아들들을 봉하다

문제 8년, 황제는 회남왕을 불쌍히 여겼다. 회남왕에게는 아들 넷이 있었는데 모두 7, 8세의 어린 나이들이었다. 이에 아들 안劉安을 부릉후 阜陵侯로, 발劉勃을 안양후安陽侯로, 사劉賜를 양주후陽周侯로, 양劉良을 동성후 東成侯로 각각 봉하였다.

孝文八年, 上憐淮南王, 淮南王有子四人, 皆七八歲, 乃封子安爲阜陵侯, 子勃爲安陽侯, 子賜爲陽周侯, 子良爲東成侯.

◉ 한 자 베도 꿰메어 입을 수 있거늘

문제 12년, 백성들 가운데 회남의 여왕에 대하여 이렇게 노래하는 이가 있었다.

"한 자 베도 꿰매어 함께 입을 수 있고,
  한 말 조도 찧어 나눌 수 있거늘,
  형과 아우 두 사람은 서로 용납지 못하누나."

황제는 이 노래를 듣고 이렇게 탄식하였다.

"요임금과 순임금은 골육을 내쫓고, 주공周公은 형제 관숙管叔과 채숙蔡叔을 죽였어도, 천하에서는 그들을 성인이라 부른다. 이는 사私로써 공公을 해치지 않았기 때문이다. 그런데 어찌하여 천하 인심은 짐이 회남왕의 땅이 탐이 나서 그랬다고 하는 것일까?"

이리하여 성양왕城陽王을 회남의 옛 땅으로 옮겨 왕으로 삼고, 전 회남왕 유장을 추존하여 여왕厲王이란 시호를 내렸다. 또 제후왕諸侯王으로서의 능원을 갖추도록 하였다.

孝文十二年, 民有作歌歌淮南厲王曰:「一尺布, 尚可縫; 一斗粟, 尚可舂. 兄弟二人不能相容.」上聞之, 乃歎曰:「堯舜放逐骨肉, 周公殺管蔡, 天下稱聖. 何者? 不以私害公. 天下豈以我爲貪淮南王地邪?」乃徙城陽王王淮南故地, 而追尊諡淮南王爲厲王, 置園復如諸侯儀.

❂ 세 아들이 각각 왕으로 봉해지다

문제 16년, 황제는 회남왕 희喜를 본래의 봉지인 성양으로 보낸 다음, 회남의 여왕이 한나라 국법을 폐지하고, 또 법도에 따르지 않음으로써 스스로 나라를 잃고 일찍 죽게 된 것을 불쌍히 여겨 그의 세 아들을 왕으로 봉하였다.

즉 부릉후 유안을 회남왕으로, 안양후 유발을 형산왕衡山王으로, 양주후 유사를 여강왕廬江王으로 각각 봉하였다. 세 사람은 여왕 당시의 봉지를 셋으로 나누어 가졌다. 동성후 유양은 이미 죽어 후사가 없었다.

孝文十六年, 徙淮南王喜復故城陽. 上憐淮南厲王廢法不軌, 自使失國蚤死, 乃立其三子: 阜陵侯安爲淮南王, 安陽侯勃爲衡山王, 陽周侯賜爲廬江王, 皆復得厲王時地, 參分之. 東城侯良前薨, 無後也.

❂ 오초 7국의 난에 휩쓸리지 않다

경제孝景帝 3년, 오·초 7국吳楚七國이 반란을 일으켰다. 오나라 사자가 회남에 이르자, 회남왕은 군사를 보내어 이에 합세하여 반란을 일으키려 하였다. 그때 승상이 이렇게 진언하였다.

"대왕께서 굳이 군사를 동원시켜 오나라와 호응하실 생각이시면 신을 장수로 삼아 주십시오."

이에 왕은 승상에게 군사를 맡겼다. 회남의 승상은 장군이 되어 군사를 손에 넣자, 성을 굳게 지킬 뿐 반란을 일으키라는 왕의 명령을 듣지 않고 한나라에 가담하였다. 한나라도 또 곡성후曲城侯를 장군으로 하여 회남을 구원하도록 하였다. 그로 인해 회남은 무사하였다.

오나라 사자는 여강에도 찾아왔다. 그러나 여강왕은 이에 응하지 않았고, 월나라로 사자를 보내어 연락을 취하였을 뿐이었다.

또 오나라 사자가 형산에도 찾아왔으나, 형산왕 역시 성을 굳게 지키면서 한나라에 대해 두 마음을 품지 않았다.

경제 4년, 오·초는 이미 패하여 달아나고, 형산왕이 한나라에 입조하였다. 황제는 형산왕을 곧고 믿음이 있다고 여겨 그를 위로하여 이렇게 말하였다.

"남쪽은 지대가 낮고 습기가 많은 곳이다."

그리고는 형산왕을 옮겨 제북濟北 땅의 왕으로 삼아주어 포상을 하였다. 형산왕이 죽자, 정왕貞王이란 시호를 내렸다.

여강왕은 월나라와 변경을 맞대고 있어서, 자주 사자를 보내어 서로 교제하고 있었다. 그런 까닭으로 형산왕을 옮겨 강북江北 땅의 왕으로 있게 하였다. 회남왕은 본래 그대로 하였다.

孝景三年, 吳楚七國反, 吳使者至淮南, 淮南王欲發兵應之. 其相曰: 「大王必欲發兵應吳, 臣願爲將.」 王乃屬相兵. 淮南相已將兵, 因城守, 不聽王而爲漢; 漢亦使曲城侯將兵救淮南: 淮南以故得完. 吳使者至廬江, 廬江王弗應, 而往來使越. 吳使者至衡山, 衡山王堅守無二心. 孝景四年, 吳楚已破, 衡山王朝, 上以爲貞信, 乃勞苦之曰: 「南方卑濕.」 徙衡山王王濟北, 所以襃之. 及薨, 遂賜謚爲貞王. 廬江王邊越, 數使使相交, 故徙爲衡山王, 王江北. 淮南王如故.

〈2〉회남왕淮南王, 劉安

❀ 반역을 꿈꾸다

회남왕 유안劉安은 책을 즐겨 읽고 거문고타기를 좋아하였으나, 활을 쏘며 사냥하기 또는 말달리는 것 따위는 좋아하지 않았다. 또 몰래 은혜를 베풀어 백관과 백성들을 두루 보살피며 자신의 이름이 천하에 전파되기를 바라고 있었다. 때로는 아버지 여왕厲王의 죽음을 원통하게 생각하고 가끔 반란을 일으키려고도 생각하였으나, 아직 그럴 기회가 없었다.

건원建元 2년에 이르러, 회남왕은 한나라에 입조하였다. 회남왕은 원래 무안후武安侯와 친밀한 사이였다. 당시 무안후는 태위였는데, 회남왕을 패상霸上에서 맞이하여 함께 이렇게 이야기를 나누었다.

"지금 주상께서는 태자가 없습니다. 대왕은 고조의 손자이시며 인의의 도를 행하고 있는 것은 온 천하가 다 알고 있습니다. 주상께서 하루아침에 돌아가시게 되면, 대왕 이외에 대위大位에 오를 분이 누가 있겠습니까?"

회남왕은 크게 기뻐하여 무안후에게 후한 금품을 보내주고, 몰래 빈객들과 결탁하여 백관과 백성들을 위무하며 반역을 획책하고 있었다.

건원 6년에 혜성이 나타났다. 회남왕이 이것을 괴상하게 여기자, 누군가가 왕에게 이렇게 말하였다.

"앞서 오나라 군사가 반란을 일으켰을 때에도 혜성이 나타났으나 그 길이는 몇 자에 불과하였습니다. 그런데도 유혈이 천 리에 이르렀습니다. 지금은 혜성의 길이가 하늘을 덮을 지경입니다. 천하에 틀림없이 큰 병란이 일어날 것입니다."

회남왕은 마음 속으로 황제에게는 태자가 없으니, 천하에 변란이 일어나게 되면 제후들은 함께 일어나 서로 다투게 될 것이라 생각하였다. 이에 더욱더 무기와 전쟁에 필요한 모든 병기들을 제작하고 돈을 저축하여 한나라 군국郡國과 제후들의 유사遊士·기재奇才들을 매수하였다. 또한 모략을 잘 꾸미는 변사辯士들은 되는 대로 지어낸 괴상한 말로써 회남왕에게 아첨하여 많은 돈을 타내었다. 이리하여 반역에 대한 음모는 더욱 심해져 갔다.

淮南王安爲人好讀書鼓琴, 不喜弋獵狗馬馳騁, 亦欲以行陰德拊循百姓,
流譽天下. 時時怨望厲王死, 時欲畔逆, 未有因也. 及建元二年, 淮南王入朝.
素善武安侯, 武安侯時爲太尉, 乃逆王霸上, 與王語曰:「方今上無太子,
大王親高皇帝孫, 行仁義, 天下莫不聞. 卽宮車一日晏駕, 非大王當誰立者!」
淮南王大喜, 厚遺武安侯金財物. 陰結賓客, 拊循百姓, 爲畔逆事. 建元六年,
彗星見, 淮南王心怪之. 或說王曰:「先吳軍起時, 彗星出長數尺, 然尚流血
千里. 今彗星長竟天, 天下兵當大起.」王心以爲上無太子, 天下有變, 諸侯
並爭, 愈益治器械攻戰具, 積金錢賂遺郡國諸侯游士奇材. 諸辨士爲方略者,
妄作妖言, 諂諛王, 王喜, 多賜金錢, 而謀反滋甚.

☸ 딸과 왕후의 횡포

회남왕에게는 능陵이라는 딸이 있었다. 능은 매우 슬기롭고 구변이
좋아 왕은 능을 몹시 귀여워하였다. 왕은 딸에게 늘 많은 돈을 주어 장안에
머물면서 모든 것을 정탐하게 하였다. 능은 교묘히 황제의 좌우에 있는
사람들과 결탁하였다.

원삭元朔 3년, 황제는 회남왕이 나이 많은 것을 생각하여 책상과 지팡이를
예물로 하사하고, 조회에 들어오지 않아도 좋다는 특권을 주었다.

또한 회남왕의 왕후는 도荼라는 여인이었는데, 도는 왕의 총애를 받았다.
왕후는 태자 천劉遷을 낳았고, 유천은 왕황태후王皇太后의 외손인 수성군
修成君의 딸을 비로 삼았다. 따라서 왕은 반역을 위한 무기들을 만들고자
하였으나, 태자비가 알고 비밀이 새어 나가게 될 것을 두려워하였다.
이에 태자와 계획을 짜서 마치 태자가 그녀를 사랑하지 않는 것처럼
보이도록 하기로 하였다. 왕은 태자를 노엽게 본 것처럼 속여 태자를
비와 함께 방에 석 달 동안 가둬 두었고, 태자는 끝내 비를 가까이하지
않았다. 그러자 태자비가 이혼할 것을 요구하자, 왕은 글을 올려 사과의
뜻을 표하고 이혼을 시켜 돌려보냈다.

한편 왕후 도와 태자 천, 그리고 딸 능은 왕의 사랑을 믿고 나라의
권세를 마음대로 휘둘러 백성들의 밭과 집을 빼앗고 죄 없는 사람을
함부로 옥에 가두곤 하였다.

淮南王有女陵, 慧, 有口辯. 王愛陵, 常多予金錢, 爲中詗長安, 約結上左右.
元朔三年, 上賜淮南王几杖, 不朝. 淮南王王后荼, 王愛幸之. 王后生太子遷,
遷取王皇太后外孫修成君女爲妃. 王謀爲反具, 畏太子妃知而內泄事, 乃與
太子謀, 令詐弗愛, 三月不同席. 王乃詳爲怒太子, 閉太子使與妃同內三月,
太子終不近妃. 妃求去, 王乃上書謝歸去之. 王后荼·太子遷及女陵得愛幸
王, 擅國權, 侵奪民田宅, 妄致繫人.

◉ 조정에 대한 반감과 용서

원삭 5년, 태자 유천은 검술에 있어서 아무도 자기를 따를 사람은 없다고
생각하였다. 그리고 낭중 뇌피雷被가 검술에 뛰어나다는 말을 듣고 그를
불러내어 시합을 하였다.

뇌피는 두 번까지는 짐짓 져 주었으나, 그 뒤 잘못하여 태자를 찔렀다.
태자가 노하자, 뇌피는 겁이 났다. 당시는 군대에 나가기를 원하는 사람이
있으면 곧 경사京師로 보내 주게 되어 있었다. 이에 뇌피는 흉노 토벌에
가담할 것을 지원하였다. 그러나 태자 유천이 수시로 왕에게 중상하였기
때문에, 왕은 낭중령郎中令에게 명하여 그를 파면시키도록 하였다. 이렇게
함으로써 뒷사람들이 감히 따라하지 못하도록 경계시키고자 한 것이었다.
뇌피는 끝내 장안으로 도망쳐서 글을 올려 자신의 입장을 밝혔다.

황제는 조서를 내려, 그 일에 관한 심리를 정위와 하남河南 관리에게
맡겼다. 하남 관리들이 사건을 심리하기 위해 회남 태자를 하남으로 불렀으나,
회남왕과 왕후는 한나라에 태자를 보내는 대신 군사를 동원시켜 반란을
일으킬 공작을 꾸몄다. 하지만 10여 일이 지나도록 결정을 보지 못하였는데,
그 사이에 조서가 도착하여 태자를 심문하게 되었다. 이때 회남의 재상은
수춘壽春의 승丞이 회남왕의 뜻에 따라 소환장을 손에 쥐고서도 태자를
넘겨주지 않는 것을 노여워하며 승의 불경함을 탄핵하였다. 회남왕은
재상에게 온건히 처리해 달라고 일렀으나 재상은 이를 받아들이지 않았다.
이에 회남왕은 사신을 보내어 글을 올리고 거꾸로 재상을 참소하였다.

황제는 정위로 하여금 사건을 밝히도록 하였다. 정위는 사건을 차례로

심리해 들어가 마침내 왕이 관련되어 있음을 밝혀 냈다. 이에 회남왕은 사람을 보내어 한나라 조정에 있는 공경들의 동향을 살펴보게 한 결과, 모두들 회남왕을 체포하여 사건을 처리할 것을 주장하고 있었으므로 왕은 일이 발각될까 겁이 났다. 그러자 태자 천이 꾀를 내어 이렇게 말하였다.

"한나라 사신이 와서 왕을 체포하려 하거든, 왕께서는 누군가 그럴 만한 사람을 위사衛士로 가장해 옆에 세워두었다가 형세가 불리해지면 사신을 찔러 죽여버리십시오. 신도 또 사람을 보내어 회남의 중위中尉를 찔러 죽이도록 하겠습니다. 그리고 나서 군사를 일으켜도 늦지 않을 것입니다."

이때 황제는 공경들의 요청을 받아들이지 않고, 한나라 중위 은굉殷宏을 보내어 회남왕을 심문하고 조사하도록 하였다. 회남왕은 한나라 사신이 온다는 소식을 듣자 태자의 계책에 따라 손을 써 두었다.

이윽고 한나라 중위가 도착하였다. 회남왕이 그의 얼굴빛을 바라보니 퍽 부드러웠고 왕을 심문하는 데도 뇌피를 파면한 내용만을 물을 뿐이었다. 왕은 아무런 죄도 묻지 않을 것으로 판단하고 숨겨 둔 자객을 출동시키지 않았다. 중위는 조정으로 돌아와 사실을 보고하였다. 이에 사건 조사에 임하였던 공경들이 이렇게 아뢰었다.

"회남왕은 흉노 토벌에 가담하겠다는 뇌피 등의 지원을 가로막아 황제의 조칙을 거역하였습니다. 그 죄는 기시에 해당합니다."

그러나 황제는 조서를 내려 이를 받아들이지 않았다. 그러자 공경들이 다시 회남왕의 왕위를 폐할 것을 청하였지만, 황제는 그것마저 받아들이지 않았다. 공경들은 이번에는 회남왕의 봉지 중 다섯 현縣을 삭감시키자고 청하였다. 이에 황제는 두 현만을 줄이도록 하고, 중위 은굉을 시켜 회남왕의 죄를 용서하고 땅을 깎는 벌만을 가하게 하였다. 중위는 회남 영내로 들어와 왕을 용서한다는 것을 선언하였다.

왕은 처음, 한나라 공경들이 자기에게 죄를 물어 죽일 것을 청하였다는 말은 들었으나, 봉토를 깎는 벌만 받게 된 것은 모르고 있었다. 이에 한나라 사신이 온다고 듣자, 체포될까 겁이 난 나머지 태자와 공모한 앞서의 계책을 실행에 옮기기로 하였다. 그런데 중위가 도착한 뒤에 보니, 왕에게 축하만을 할 뿐이었으므로 자객을 내보내지 않았다. 그 뒤 왕은 혼자 이렇게 한탄하였다.

"나는 인의의 정치를 행한다면서 봉토를 깎이게 되었으니 참으로 부끄러운 일이다."

회남왕은 봉토를 깎인 뒤로 더욱더 반란 준비를 서둘러 진행시켰다. 장안에서 온 사신 중에 터무니없는 소리를 지껄이는 자들이 있었다.

"황제에게는 아들이 없고, 한나라의 정치는 제대로 되고 있지 않습니다."

이렇게 말하면 왕은 기뻐하였다.

"한나라는 정치가 바로잡혀 있고 황제에게는 아들이 있습니다."

이렇게 말하면 성을 내면서 그것은 사실이 아니라고 생각하였다.

元朔五年, 太子學用劍, 自以爲人莫及, 聞郎中雷被巧, 乃召與戲. 被一再辭讓, 誤中太子. 太子怒, 被恐. 此時有欲從軍者輒詣京師, 被卽願奮擊匈奴. 太子遷數惡被於王, 王使郎中令斥免, 欲以禁後, 被遂亡至長安, 上書自明. 詔下其事廷尉·河南. 河南治, 逮淮南太子, 王·王后計欲無遣太子, 遂發兵反, 計猶豫, 十餘日未定. 會有詔, 卽訊太子. 當是時, 淮南相怒壽春丞留太子逮不遣, 劾不敬. 王以請相, 相弗聽. 王使人上書告相, 事下廷尉治. 蹤跡連王, 王使人候伺漢公卿, 公卿請逮捕治王. 王恐事發, 太子遷謀曰:「漢使卽逮王, 王令人衣衛士衣, 持戟居庭中, 王旁有非是, 則刺殺之, 臣亦使人刺殺淮南中尉, 乃擧兵, 未晚.」是時上不許公卿請, 而遣漢中尉宏卽訊驗王. 王聞漢使來, 卽如太子謀計. 漢中尉至, 王視其顏色和, 訊王以斥雷被事耳, 王自度無何, 不發. 中尉還, 以聞. 公卿治者曰:「淮南王安擁閼奮擊匈奴者雷被等, 廢格明詔, 當弃市.」詔弗許. 公卿請廢勿王, 詔弗許. 公卿請削五縣, 詔削二縣. 使中尉宏赦淮南王罪, 罰以削地. 中尉入淮南界, 宣言赦王. 王初聞漢公卿請誅之, 未知得削地, 聞漢使來, 恐其捕之, 乃與太子謀刺之如前計. 及中尉至, 卽賀王, 王以故不發. 其後自傷曰:「吾行仁義見削, 甚恥之.」然淮南王削地之後, 其爲反謀益甚. 諸使道從長安來, 爲妄妖言, 言上無男, 漢不治, 卽喜; 卽言漢廷治, 有男, 王怒, 以爲妄言, 非也.

❀ 마땅히 내가 황제가 되어야 한다

회남왕은 밤낮으로 오피伍被·좌오左吳 등과 지도를 들여다보면서 군대를 한나라로 침입시키는 부서를 정하였다. 이 무렵에 왕은 이렇게 말하였다.

"황제에게는 태자가 없다. 만일의 경우가 생기면, 한나라 조정 신하들은 틀림없이 교동왕膠東王 유기劉寄나 아니면 상산왕常山王 유순劉舜 둘 중 하나를 맞아 뒤를 세우게 할 것이다. 그렇게 되면 제후들은 서로가 맞서 싸우게 될 것이다. 난들 어찌 이에 대한 대비가 없을 수 있겠는가? 또 나는 고조의 손자로서 몸소 인의의 도를 행해 왔다. 나는 폐하에 대해 불만이 없는 것은 아니지만, 폐하가 나를 후대해 왔으므로 참아 왔던 것이다. 폐하에게 만일의 경우가 있은 뒤 내가 북면北面하여 어린 것들을 어떻게 임금으로 섬길 수 있겠는가!"

王日夜與伍被·左吳等案輿地圖, 部署兵所從入. 王曰:「上無太子, 宮車卽晏駕, 廷臣必徵膠東王, 不卽常山王, 諸侯並爭, 吾可以無備乎? 且吾高祖孫, 親行仁義, 陛下遇我厚, 吾能忍之; 萬世之後, 吾寧能北面臣事豎子乎!」

❀ 오피의 간절한 만류

왕은 동궁東宮에서 오피를 불러 함께 모의하였다.
"장군은 당堂으로 오르시오."
그러자 오피는 슬픈 모습으로 이렇게 말하였다.
"황제께서는 관대하게 대왕을 용서하셨습니다. 그런데 대왕께서는 어찌 나라를 망칠 말씀을 하십니까? 신이 든건대 옛날 오자서伍子胥가 오왕에게 간언하였을 때 왕이 받아들이지 않자, 오자서는 '신은 이제 황폐해진 고소대姑蘇臺에서 사슴들이 놀고 있는 것을 보게 될 것입니다'라고 말하였다 합니다. 머지않아 신도 또한 이 궁중에 가시덤불이 자라 이슬이 옷을 적시는 것을 보게 될 것입니다."
왕은 노하여 오피의 부모를 석 달 동안 옥에 가두게 한 다음, 다시 오피를 불러 물었다.

"장군은 과인의 의도에 찬성하겠소?"

그래도 오피는 반대하였다.

"찬성할 수 없습니다. 다만 대왕을 위하여 좋은 계책을 세워 드릴까 하고 들어왔을 뿐입니다. 제가 듣기로 귀가 밝은 사람은 소리 없는 데서 듣고, 눈이 밝은 사람은 형상이 없는 형상을 본다고 합니다. 그러므로 성인은 모든 행동에 있어서 만전을 기하는 것입니다. 옛날 주 문왕文王은 다만 한 번 움직여 그 공이 천세千世까지 나타나게 되어, 하夏나라 우왕禹王과 은殷나라 탕왕湯王과 나란히 삼왕三王이라고 칭해지게 되었습니다. 이것은 이른바 하늘의 뜻을 따라 움직인 것입니다. 그러므로 해내海內는 기약하지 않고도 따랐던 것입니다. 이것은 천 년 이전의 일이나, 100년 전의 진나라와 근세의 오나라와 초나라를 본다면, 또한 국가의 존망을 깨우쳐 주기에 충분한 예들입니다. 신은 감히 오자서와 같이 죽음을 피하지는 않겠으나, 대왕께서 오나라 왕과 같은 그런 태도로 간언을 듣지는 마시기를 바랍니다.

옛날 진나라는 선왕의 도를 끊고, 술사術士를 죽이며, 《시서詩書》를 불태우고 예의를 버리며, 속임수의 힘을 숭상하고 형벌을 무겁게 하여 해변 지방의 곡식을 서하西河로 실어 보냈습니다. 그 당시 남자는 애써 농사를 지어도 쌀겨마저 넉넉히 먹을 수 없었고, 여자는 길쌈을 해도 옷이 몸을 제대로 덮을 수가 없었습니다. 또 장군 몽염蒙恬을 보내어 동서 수천 리에 걸쳐 장성을 쌓으며 비바람에 시달리게 한 군사는 항상 수십 만에 달하였으며, 그때 죽은 사람은 이루 다 헤아릴 수가 없었습니다. 죽어 넘어진 시체는 천 리에 뻗쳐 있었으며 흘린 피가 들판을 물들였습니다. 백성들 중에 지치다 못해 반란을 일으키려는 사람이 열 집 중 다섯 집은 되었습니다.

또 도사道士 서복徐福을 바다로 보내어 기이한 물건을 구하게 하였는데, 서복은 돌아와 거짓말로 '신은 바닷속에 들어가 대신大神을 만나보았습니다. 대신이 너는 서황西皇의 사신이냐고 묻기에, 그렇다고 대답하였더니 무엇을 얻고자 하느냐고 물었습니다. 목숨을 늘여 더욱 오래 살 수 있는 약을 얻고자 한다고 대답하였더니, 대신은 네가 모시고 있는 진나라 왕의 예물이 적으므로 그 약을 보여주기는 하겠으나, 가져가지는 못한다고 하며 신을 데리고 동남쪽 봉래산蓬萊山에 이르러 영지초靈芝草로 둘러싸인 궁궐을 구경시켜 주었습니다. 거기에는 사자가 있었는데 구릿빛으로 용의 모습을 하고 있었으며, 온몸에서 발산하는 빛은 하늘까지 비추었습니다. 이에 신은 두 번 절하고 '어떤 물건을 바치면 좋겠습니까'라고 물었더니, 해신海神은 좋은 집안의 동남동녀童男童女와 더불어 오만 가지 기이한 공예품을 만들어 바치면 약을 얻을 수 있다고 하였습니다'라고 말하였습니다.

시황은 크게 기뻐하여 좋은 집안의 동남동녀 3천 명을 보내기로 하고, 이들에게 여러 가지 곡식 종자와 갖가지 공인들을 딸려 출발하게 하였습니다. 하지만 서복은 평원平原과 넓은 못을 얻자, 그곳에 머물러 왕 노릇을 하며 다시 돌아오지 않았습니다. 이리하여 백성들은 함께 슬퍼하며 반란 일으키기를 원하는 사람이 열 집에 여섯 집은 되었습니다.

또 위타尉佗로 하여금 오령五嶺을 넘어 백월百越을 공격하도록 명하였습니다. 위타는 중국이 극도로 피폐해 있는 것을 알고, 그곳에 머물러 왕 노릇하며 돌아오지 않았습니다. 그리고 사람을 보내어 글을 올리고, 사졸들의 옷을 고쳐 만든다고 하며 남편이 없는 여자 3만 명을 요구하였습니다. 시황은 그 반을 허가하여 1만 5천 명을 보냈습니다. 이리하여 백성들의 마음은 진나라를 떠나게 되어 민란을 일으키려 하는 사람이 열 집이면 일곱 집은 되었습니다.

어떤 객이 고조에게 '이제 진나라를 쳐도 좋을 시기입니다'라고 말하자 고조께서는 '잠깐만 기다려라. 머잖아 성인이 동남쪽에서 나타나게 될 것이다'라고 말하였습니다. 그로부터 1년이 지나지 않아 과연 진승陳勝과 오광吳廣이 군사를 일으켰습니다. 그리하여 고조가 풍豐·패沛에서 한번 의병 을 일으키자, 천하는 기약도 하지 않았는데 호응해 온 사람이 이루 헤아릴 수 없을 정도였습니다. 이것은 이른바 약점을 노리고 틈을 엿보는 것으로서, 진나라가 망하게 된 시기를 타고 움직인 것입니다. 그러므로 백성들이 그렇게 되기를 바라는 마음은 가뭄에 단비를 기다리는 것과 같았습니다. 그 때문에 고조는 항오行伍와 군진軍陳 가운데에서 일어나 즉위하여 천자가 되었고, 그 공은 삼왕三王보다도 높고, 덕이 끝없이 전하게 된 것입니다.

그런데 대왕께서는 고조께서 천하를 차지하게 되었을 때의 쉬웠던 경우만을 보시고, 근세의 오·초에 대해서는 어찌 헤아려 보지 않으십니까?

오왕은 유씨의 좨주祭主라는 높은 이름을 달고 있으면서도 한나라 조회에 나오지 않아도 되는 혜택까지 받았습니다. 사군四郡의 백성들에게 왕으로서 군림하여 그의 봉지는 사방 수천 리나 되었습니다. 영내에선 예장군豫章郡의 구리를 주조하여 동전을 만들고, 동쪽에선 바닷물을 끓여 소금을 만들며, 위에서는 강릉江陵의 나무를 베어 내어 배를 만들었습니다. 그 배 한 척이 싣는 양은 중국의 수레 수십 대에 맞먹는 것이었습니다. 나라는 부유하고 백성들은 많았습니다. 주옥과 황금과 비단을 흩어 제후와 종실의 대신들을 매수하였으나, 외척인 두씨竇氏만은 거기에 동조하지 않았습니다. 그리하여 반역 음모가 무르익어 군사를 일으켜 서쪽으로 진출하였습니다. 그러나 대량大梁에서 패하고 다시 호보狐父에서 패하여 쫓겨 달아나 동쪽 단도丹徒에 이르러, 월나라 사람에게 사로잡힘으로써 몸은 죽고 조상의 제사도 끊어져 천하의 웃음거리가 되고 말았습니다.

오·초의 강대함을 가지고도 성공하지 못한 것이 무엇 때문이었겠습니까? 실로 천도를 거스르고 시기를 알지 못하였기 때문입니다. 지금 대왕의 군사는 오·초의 10분의 1도 미치지 못합니다. 게다가 천하는 오·초가 반란을 일으켰을 당시에 비하여 만 배나 더 태평스럽습니다. 바라건대 대왕께서는 신의 모책을 따라 주십시오. 만일 대왕께서 신의 모책을 따르지 않으신다면, 대왕의 반역은 틀림없이 실패하게 될 것이며, 비밀이 먼저 누설되고 말 것입니다.

들기로 미자微子는 망한 은나라의 첫 도읍지를 지나면서 슬픔에 젖어 〈맥수가麥秀歌〉를 지었다고 합니다. 이것은 주왕紂王이 왕자 비간比干의 말을 듣지 않은 것을 탄식한 것입니다. 그러므로 맹자孟子는 '주왕이 천자의 높은 지위에 있었으나 그가 죽자 필부만도 못하였다. 이것은 주왕이 그가 살아 있을 때 이미 오랫동안 천하를 버렸기 때문이었지 그가 죽은 뒤에 천하가 그를 버린 것은 아니다'고 말하였습니다. 지금 신도 또한 대왕께서 천승 임금을 버리심을 슬프게 여기고 있습니다. 부디 목숨을 끊으라는 글을 주시어 뭇 신하들에 앞서서 이 동궁에서 죽게 하여 주십시오."

이에 회남왕은 가슴이 답답하고 뭉클해져 눈물이 가득하여 뒤범벅이 되고 말았다. 오피는 일어나 계단을 내려 떠나갔다.

王坐東宮, 召伍被與謀, 曰:「將軍上.」被悵然曰:「上寬赦大王, 王復安得此亡國之語乎! 臣聞子胥諫吳王, 吳王不用, 乃曰『臣今見麋鹿游姑蘇之臺也』. 今臣亦見宮中生荊棘, 露霑衣也.」王怒, 繫伍被父母, 囚之三月. 復召曰:「將軍許寡人乎?」被曰:「不, 直來爲大王畫耳. 臣聞聰者聽於無聲, 明者見於未形, 故聖人萬舉萬全. 昔文王一動而功顯于千世, 列爲三代, 此所謂因天心以動作者也, 故海內不期而隨. 此千歲之可見者. 夫百年之秦, 近世之吳楚, 亦足以喩國家之存亡矣. 臣不敢避子胥之誅, 願大王毋爲吳王之聽. 昔秦絕聖人之道, 殺術士, 燔《詩書》, 弃禮義, 尚詐力, 任刑罰, 轉負海之粟致之西河. 當是之時, 男子疾耕不足於糟穅, 女子紡績不足於蓋形. 遣蒙恬築長城, 東西數千里, 暴兵露師常數十萬, 死者不可勝數, 僵尸千里, 流血頃畝, 百姓力竭, 欲爲亂者十家而五. 又使徐福入海求神異物, 還爲僞辭曰:『臣見海中大神, 言曰:「汝西皇之使邪?」臣答曰:「然.」「汝何求?」曰:「願請延年益壽藥.」神曰:「汝秦王之禮薄, 得觀而不得取.」卽從臣東南至蓬萊山, 見芝城宮闕, 有使者銅色而龍形, 光上照天. 於是臣再拜問曰:「宜何資以獻?」海神曰:「以令名男子若振女與百工之事, 卽得之矣.」』秦皇帝大說, 遣振男女三千人, 資之五穀種種百工而行. 徐福得平原廣澤, 止王不來. 於是百姓悲痛相思, 欲爲亂者十家而六. 又使尉佗踰五嶺攻百越. 尉佗知中國勞極, 止王不來, 使人上書, 求女無夫家者三萬人, 以爲士卒衣補. 秦皇帝可其萬五千人. 於是百姓離心瓦解, 欲爲亂者十家而七. 客謂高皇帝曰:『時可矣.』高皇帝曰:『待之, 聖人當起東南閒.』不一年, 陳勝吳廣發矣. 高皇始於豐沛, 一倡天下不期而嚮應者不可勝數也. 此所謂蹈瑕候閒, 因秦之亡而動者也. 百姓願之, 若旱之望雨, 故起於行陳之中而立爲天子, 功高三王, 德傳無窮. 今大王見高皇帝得天下之易也, 獨不觀近世之吳楚乎? 夫吳王賜號爲劉氏祭酒, 復不朝, 王四郡之衆, 地方數千里, 內鑄消銅以爲錢, 東煮海水以爲鹽, 上取江陵木以爲船, 一船之載當中國數十兩車, 國富民衆. 行珠玉金帛賂諸侯宗室大臣, 獨竇氏不與. 計定謀成, 擧兵而西. 破於大梁, 敗於狐父, 奔走而東, 至於丹徒, 越人禽之, 身死絕祀, 爲天下笑. 夫以吳越之衆不能成功者何? 誠逆天道而不知時也. 方今大王之兵衆不能十分吳楚之一, 天下安寧有萬倍於秦之時, 願大王從臣之計. 大王不從臣之計, 今見大王事必不成而語先泄也. 臣聞微子過故國而悲, 於是作《麥秀之歌》, 是痛紂之不用王子比干也. 故《孟子》曰『紂貴爲天子, 死曾不若匹夫』. 是紂先自絶於天下久矣, 非死之日而天下去之. 今臣亦竊悲大王弃千乘之君, 必且賜絶命之書, 爲羣臣先, 死於東宮也.」於是氣怨結而不揚, 涕滿匡而橫流, 卽起, 歷階而去.

❀ 가족들의 사이의 불화

회남왕에게는 불해不害라는 서자가 있었다. 아들 가운데 가장 나이가 많았으나, 왕은 그를 사랑하지 않았다. 왕과 왕후와 태자는 모두 불해를 자식으로나 형제로 치지 않았다. 불해에게는 건建이라는 아들이 있었다. 건은 재능이 뛰어나고 기개가 있었으며, 항상 태자가 자신의 아버지를 무시하고 있는 것을 원망하고 있었다. 당시의 제후들은 모두 그의 자제를 분립시켜 후侯로 만들 수가 있었다. 그런데 회남왕에게는 아들이 둘밖에 없는데도 그 한 사람은 태자였지만, 건의 아버지는 후로 삼지 않아 이를 원망하고 있었던 것이다.

이에 건은 은밀히 사람과 결탁, 태자를 고발하여 넘어뜨린 다음 자기 아버지를 대신 태자로 만들려 하였다. 이를 알게 된 태자가 항상 먼저 자주 건을 붙들어 옥에 가두고 매를 쳤다. 건은 태자가 계책을 세워 한나라 중위를 죽이려 한 것을 자세히 알고 있다. 이에 전부터 친교를 맺고 있었던 수춘壽春에 사는 장지莊芷라는 사람을 시켜 원삭元朔 6년에 이렇게 천자에게 글을 올리도록 하였다.

"독한 약은 입에 쓰나 병에 좋고, 충성된 말은 귀에 거슬리나 행하는 데 도움이 된다라고 하였습니다. 지금 회남왕의 손자 건은 재능이 뛰어난 사람입니다. 회남왕의 왕후 도荼와 도의 아들 태자 천遷은 항상 건을 미워하여 건의 아비 불해에게는 아무런 죄도 없는데도 마음대로 건을 잡아 자주 옥에 가두고 그를 죽이려 하고 있습니다. 지금 건은 살아 있으니 그를 불러 물어 보실 수가 있습니다. 건은 회남왕의 음모를 자세히 알고 있습니다."

이 글이 황제에게 올라가자, 황제는 이 사건의 심리를 정위에게 명하였다. 정위는 하남에 심문해 보도록 명령을 하달하였다. 이때 전 벽양후의 손자

심경審卿, 審平은 승상 공손홍公孫弘과 친한 사이였는데, 그는 회남의 여왕이 그의 할아버지를 죽인 것에 원한을 품고 있었다. 심경은 회남에 대해 있는 일 없는 일을 마구 꾸며 공손홍에게 일러바쳤다. 이에 공손홍은 회남에 반역 음모가 있는 것으로 의심하여 이 사건을 철저히 규명하도록 하였다.

하남에서 건을 심문하게 되자, 그의 말은 회남의 태자와 그 일당에까지 미치게 되었다.

王有孽子不害, 最長, 王弗愛, 王·王后·太子皆不以爲子兄數. 不害有子建, 材高有氣, 常怨望太子不省其父; 又怨時諸侯皆得分子弟爲侯, 而淮南獨二子, 一爲太子, 建父獨不得爲侯. 建陰結交, 欲告敗太子, 以其父代之. 太子知之, 數捕繫而榜笞建. 建具知太子之謀欲殺漢中尉, 卽使所善壽春莊芷以元朔六年上書於天子曰:「毒藥苦於口利於病, 忠言逆於耳利於行. 今淮南王孫建, 材能高, 淮南王王后荼·荼子太子遷常疾害建. 建父不害無罪, 擅數捕繫, 欲殺之. 今建在, 可徵問, 具知淮南陰事.」書聞, 上以其事下廷尉, 廷尉下河南治. 是時故辟陽侯孫審卿善丞相公孫弘, 怨淮南屬王殺其大父, 乃深購淮南事於弘, 弘乃疑淮南有畔逆計謀, 深窮治其獄. 河南治建, 辭引淮南太子及黨與.

☻ 대장군 위청은 훌륭한 장수입니다

회남왕은 걱정한 나머지 드디어 반란을 일으키고자 다시 오피에게 물었다.

"한나라 조정은 바로잡혀 있소, 어지러워져 있소?"

오피가 말하였다.

"천하는 잘 다스려지고 있습니다."

왕은 불쾌히 여기며 다시 오피에게 물었다.

"경은 어떤 이유에서 천하가 잘 다스려지고 있다고 말하는 것이오?"

오피는 이렇게 설명하였다.

"제가 가만히 조정의 정치를 살펴본 바, 군신의 의義, 부자의 친親, 부부의 별別, 장유의 서序에 있어 모두 그 도리를 얻고 있고, 황제의 일거일동은 옛 도를 따르며 풍속과 기강에는 결여된 것이 없습니다. 많은 상품을 가진 부유한 상인들은 천하를 두루 돌아다니고 있으며 길은 통하지 않는 곳이 없습니다. 그러므로 외국과의 교역이 행해지고 있으며, 남월은 복종을 하고, 강羌·북番은 조공을 바치고, 동쪽의 구월甌越이 들어와 항복하고, 또 장유長楡의 요새를 넓히고 삭방군朔方郡을 새로 열며, 흉노는 깃을 꺾고 날개를 상하여 응원군마저 잃고 풀이 죽어 있습니다. 옛날의 태평시대에 미치지는 못하지만 그래도 잘 다스려진다고 할 수 있습니다."

회남왕이 노하자, 오피는 자기가 한 말이 죽을 죄에 해당한다고 사죄하였다. 왕은 다시 오피에게 말하였다.

"산동山東에 병란이 일어나게 되면, 한나라는 틀림없이 대장군 위청衛靑을 장수로 보내어 제압하려 할 것이오. 경은 대장군을 어떤 인물로 생각하시오?"

오피가 말하였다.

"신이 친하게 사귀고 있는 사람에 황의黃義란 자가 있습니다. 그는 대장군을 따라 흉노를 친 적이 있었는데, 돌아온 뒤에 저에게 '대장군은 사대부를 대하는 것이 예의바르고, 사졸에 대해서는 은덕이 있다. 그러므로 무리들은 모두 대장군을 위해 도움이 되는 것을 좋아하고 있다. 또 대장군이 말을 타고 산을 오르내리는 것을 보면 마치 새가 날아다니는 것과 같다. 그의 재능은 사람이 따를 수 없다'라고 하더이다. 저는 대장군의 재능이 이같이 뛰어난 데가 있는데다가 자주 장수가 되어 실전에 익숙해 있으므로, 그를 상대한다는 것은 쉬운 일이 아닐 줄로 압니다.

한편 알자謁者 조량曹梁이 장안에 사신을 다녀와서 이런 말을 하였습니다. '대장군은 호령이 분명하고, 적을 대할 때는 용감하여 언제나 사졸들의 선두에 섭니다. 군막을 치고 쉴 때, 우물을 파서 아직 물을 충분히 얻지 못하면 사졸 전원이 물을 다 마신 뒤에야 비로소 물을 마십니다. 후퇴할 때에는 사졸들이 모두 강을 건넌 다음에야 자신이 건넙니다. 황태후가 하사한 돈이나 비단은 전부 군리들에게 주고 맙니다. 옛 명장들도 대장군보다 훌륭하지는 못할 것입니다'라고 말입니다."

이 말을 듣자 회남왕은 아무 말이 없었다.

淮南王患之, 欲發, 問伍被曰:「漢廷治亂?」伍被曰:「天下治.」王意不說,
謂伍被曰:「公何以言天下治也?」被曰:「被竊觀朝廷之政, 君臣之義, 父子
之親, 夫婦之別, 長幼之序, 皆得其理, 上之擧錯遵古之道, 風俗紀綱未有所
缺也. 重裝富賈, 周流天下, 道無不通, 故交易之道行. 南越賓服, 羌僰入獻,
東甌入降, 廣長楡, 開朔方, 匈奴折翅傷翼, 失援不振. 雖未及古太平之時,
然猶爲治也.」王怒, 被謝死罪. 王又謂被曰:「山東卽有兵, 漢必使大將軍將
而制山東, 公以爲大將軍何如人也?」被曰:「被所善者黃義, 從大將軍擊匈奴,
還, 告被曰:『大將軍遇士大夫有禮, 於士卒有恩, 衆皆樂爲之用. 騎上下山
若蜚, 材幹絶人.』被以爲材能如此, 數將習兵, 未易當也. 及謁者曹梁使長
安來, 言大將軍號令明, 當敵勇敢, 常爲士卒先. 休舍, 穿井未通, 須士卒盡得水,
乃敢飮. 軍罷, 卒盡已度河, 乃度. 皇太后所賜金帛, 盡以賜軍吏. 雖古名將弗
過也.」王黙然.

◉그 화는 알 수 있으나 그 복은 알 수 없습니다

회남왕은 건이 이미 소환되어 심문을 받는 것을 보고 음모가 발각될까
두려워 반란을 일으킬 생각이었다. 그러나 오피가 성공할 가망이 전혀
없다고 말하자, 왕은 다시 오피에게 물었다.

"경은 오나라가 반란을 일으킨 것이 옳다고 생각하시오, 아니면 잘못된
일이라 생각하시오?"

오피가 말하였다.

"잘못이라고 생각합니다. 오왕은 지극히 부귀한 몸이었는데, 일을 잘못
시작하였다가 그의 몸은 단도丹徒에서 죽어 머리와 다리를 달리 묻고
말았습니다. 또 자손으로 살아 있는 사람은 없습니다. 듣기로 오왕은
몹시 뉘우쳤다 합니다. 바라건대 깊이 생각하시어 오왕과 같은 뉘우침이
없도록 하옵소서."

회남왕이 말하였다.

"남자란 성공하지 못하면 죽음이 있을 뿐이오. 그리고 오왕은 반란을
일으키는 방법을 모르고 있었소. 성고成皐의 어귀를 막아야만 함에도

이를 막지 않았기 때문에 하루 사이에 한나라 장군이 40여 명이나 성고를 통과하게 되었던 것이오. 지금 내가 누원樓緩에게 먼저 성고의 어귀를 차단하도록 부탁하고, 주피周被에게 영천군潁川郡의 군사를 끌어다가 환원轘轅·이궐伊闕의 길목을 막게 하며, 진정陳定에게 남양南陽의 군사를 동원시켜 무관武關을 지키게 하면, 한나라의 하남河南 태수는 겨우 낙양을 유지할 뿐이니 조금도 걱정할 필요가 없소. 그러나 이들 북쪽으로 아직도 임진관臨晉關 하동河東·상당上黨과 하내河內·조나라 등이 있소. 사람들은 '성고 어귀를 끊으면 천하는 통할 수 없게 된다'라고 말하고 있소. 삼천三川의 요충을 의지하여 산동의 군사를 부르는 것이니 이와 같이 거사한다면 경은 어떻다고 생각하시오?"

오피가 말하였다.

"신으로서는 그 화는 알 수 있으나, 아직 그 복은 알 수가 없습니다."

회남왕이 말하였다.

"좌오左吳·조현趙賢·주교여朱驕如 등은 모두 복이 있다며 열에 아홉은 성공할 수 있다고 여기고 있는데, 경만은 화가 있고 복이 없다고 하니 어째서 그렇소?"

오피가 말하였다.

"대왕의 여러 신하들 중에 곁에서 총애를 받으며 많은 사람을 통솔할 만한 사람들은 그 동안에 모두 조칙에 따라 옥에 갇혀 있으며, 지금 남아 있는 사람들 중에는 쓸 만한 자가 없습니다."

회남왕이 말하였다.

"진승·오광은 송곳을 세울 만한 땅마저 없이도 천 명의 무리를 이끌 수 있었고, 대택大澤에서 일어나 팔을 휘두르며 크게 외치자, 온 천하가 이에 호응하여 서쪽으로 나아가 희수戲水에 이르렀을 때에는 군사가 120만 명이나 되었소. 지금 우리나라는 비록 작기는 하나 10여 만 명의 군사를 불러모을 수 있으며, 그 강한 힘으로는 진승·오광의 군사처럼 낫과 끌과 나무 같은 것을 무기 대신 쓰는 자들도 아니고, 죄지어 변방에 간 무리들도 아니오. 그런데 경은 어찌하여 화만 있고 복이 없다고 하시오?"

오피가 말하였다.

"옛날 진나라는 무도한 짓을 하여 천하를 못살게 굴고 만승의 힘든 행차를 도처로 이끌고 다니며 아방궁阿房宮을 짓느라 무거운 세금을 거두어 들이고, 여좌閭左의 수자리마저 징발하였습니다. 그로 인해 백성들은 아비가 자식을 편안히 해 줄 수 없었고, 형은 아우를 지켜 줄 수 없게 되었습니다. 정치는 가혹하고 형벌은 준엄하여 온 천하는 불에 타는 것만 같았습니다. 백성들은 모두 목을 길게 빼고 구해 줄 사람이 나타나기를 기다리며, 혹시나 하고 귀를 기울여 듣고 있는 한편, 슬피 부르짖으며 하늘을 우러러보고 가슴을 치며 황제를 원망하고 있었습니다. 그 때문에 진승이 크게 외치자, 천하는 이에 호응한 것입니다. 그러나 지금은 폐하께서 천하를 직접 거느리시고 해내海內를 한결같이 바로잡아 널리 만백성들을 사랑하여 덕을 펴고 은혜를 베풀고 계십니다. 그 말이 입 밖에 나오기 전에 그 소리는 우레보다 더 빨리 백성들의 마음에 전해지고 그 영令이 아직 나오기 전에 교화教化는 신神과 같이 백성들에게 펼쳐지고 있습니다. 마음 속에 생각하는 것이 있으면 그 위엄은 만 리에까지 뻗치게 됩니다. 아랫사람이 윗사람을 따르는 것은 마치 그림자나 메아리가 실체의 모습과 소리를 따르는 것과 같습니다. 또 대장군 위청의 재능은 진나라 장군이었던 장한章邯이나 양웅楊熊에 비할 바가 아닙니다. 대왕께서 진승·오광을 비유로 드시는 것은 잘못입니다."

왕이 말하였다.

"만일 경의 말이 옳다고 한다면 요행을 바랄 수도 없다는 것이오?"

오피가 말하였다.

"신에게는 어리석은 꾀가 하나 있습니다."

왕이 물었다.

"어떤 꾀요?"

오피가 말하였다.

"지금 제후들은 한나라에 대해 다른 마음이 없고 백성들에게도 원망하는 기색이 없습니다. 그런데 삭방군은 들이 넓고 수초가 아름답게 자라고 있습니다. 그리로 옮겨가는 사람의 수가 적어서 그 땅을 채우지 못하고 있습니다. 신의 모책이란 승상과 어사의 주청서를 거짓 꾸며 군국郡國의 호걸과 임협任俠의 무리, 그리고 내죄耐罪 이상의 죄인들을 삭방군으로 이주시키는 것입니다. 또 특사령을 내려 죄인들을 용서하고, 용서받은 사람들 가운데서 50만 이상의 재산을 가진 사람은 그 권속들을 모두 삭방으로 옮겨가 살도록 하고, 크게 무장한 군사들을 보내어 기일을 독촉하도록 합니다. 다시 좌우 도사공都司空·상림上林·중도관中都官의 조옥詔獄 문서를 위조하여 제후들의 태자와 총신들을 체포하게 합니다. 이같이 하면 백성들은 한나라를 원망하고 제후들은 두려워할 것입니다. 거기에 변사들을 보내어 설득을 시키면 혹은 요행으로 열에 하나쯤 성공할 수 있을지도 모릅니다.”

회남왕이 허락하였다.

“좋소. 그러나 그렇게까지 되지는 않을 것으로 생각하오.”

이리하여 회남왕은 관노官奴를 시켜 궁중으로 들어가 황제의 옥새와 승상·어사·대장군大將軍·군리軍吏·중이천석中二千石·도관령都官令·승丞의 인印과 그리고 가까운 군의 태수·도위의 인과 한나라 사신의 부절, 어사의 관 등을 만들게 하고, 오피의 계책대로 하려 하였다. 또 사람을 시켜 죄를 범하고 쫓겨난 것처럼 꾸며 서쪽으로 장안에 들어가 대장군과 승상을 섬기도록 해 두어, 하루 아침 군사를 일으켰을 때 그들로 하여금 대장군 위청을 찔러 죽이고 승상을 설득시켜 회남에 항복하도록 만드는 것은, 덮어두었던 뚜껑을 벗기는 것처럼 아주 쉬운 일이 될 것이라 생각하였다.

淮南王見建已徵治, 恐國陰事且覺, 欲發, 被又以爲難, 乃復問被曰:「公以爲吳興兵是邪非也?」被曰:「以爲非也. 吳王至富貴也, 擧事不當, 身死丹徒, 頭足異處, 子孫無遺類. 臣聞吳王悔之甚. 願王孰慮之, 無爲吳王之所悔.」王曰:「男子之所死者一言耳. 且吳何知反, 漢將一日過成皐者四十餘人. 今我令樓緩先要成皐之口, 周被下潁川兵塞轘轅·伊闕之道, 陳定發南陽兵守武關. 河南太守獨有雒陽耳, 何足憂然此北尙有臨晉關·河東·上黨與河內·趙國. 人言曰『絕成皐之口, 天下不通』. 據三川之險, 招山東之兵, 擧事如此, 公以爲何如?」被曰:「臣見其禍, 未見其福也.」王曰:「左吳·趙賢·朱驕如皆以爲有福, 什事九成, 公獨以爲有禍無福, 何也?」被曰:「大王之羣臣近幸素能使衆者, 皆前繫詔獄, 餘無可用者.」王曰:「陳勝·吳廣無立錐之地, 千人之聚, 起於大澤, 奮臂大呼而天下響應, 西至於戲而兵百二十萬. 今吾國

雖小, 然而勝兵者可得十餘萬, 非直適戍之衆, 鐵鑿棘矜也, 公何以言有禍
無福?」被曰:「往者秦爲無道, 殘賊天下. 興萬乘之駕, 作阿房之宮, 收太半
之賦, 發閭左之戍, 父不寧子, 兄不便弟, 政苛刑峻, 天下熬然若焦, 民皆引領
而望, 傾耳而聽, 悲號仰天, 叩心而怨上, 故陳勝大呼, 天下響應. 當今陛下臨
制天下, 一齊海內, 汎愛蒸庶, 布德施惠. 口雖未言, 聲疾雷霆, 令雖未出,
化馳如神, 心有所懷, 威動萬里, 下之應上, 猶影響也. 而大將軍材能不特
章邯·楊熊也. 大王以陳勝·吳廣諭之, 被以爲過矣.」王曰:「苟如公言, 不可
徼幸邪?」被曰:「被有愚計.」王曰:「柰何?」被曰:「當今諸侯無異心, 百姓無
怨氣. 朔方之郡田地廣, 水草美, 民徙者不足以實其地. 臣之愚計, 可僞爲丞
相御史請書, 徙郡國豪桀任俠及有耐罪以上, 赦令除其罪, 産五十萬以上者,
皆徙其家屬朔方之郡, 益發甲卒, 急其會日. 又僞爲左右都司空上林中都官
詔獄(逮)書, [逮]諸侯太子幸臣. 如此則民怨, 諸侯懼, 卽使辯武隨而說之,
儻可徼幸什得一乎?」王曰:「此可也. 雖然, 吾以爲不至若此.」於是王乃令
官奴入宮, 作皇帝璽, 丞相·御史·大將軍·軍吏·中二千石·都官令·丞印,
及旁近郡太守·都尉印, 漢使節法冠, 欲如伍被計. 使人僞得罪而西, 事大
將軍·丞相; 一日發兵, 使人卽刺殺大將軍靑, 而說丞相下之, 如發蒙耳.

◉ 드디어 구체적인 모반 계획을 세우다

  회남왕은 국내에 있는 군사를 징발하려 하였으나, 한나라에서 임명한
상국과 2천 석이 말을 듣지 않을까 걱정이 되었다. 이에 오피와 상의하여
먼저 재상과 2천 석을 죽이려 하였다. 즉 거짓으로 궁중에 불을 내면
상국과 2천 석들이 불을 끄기 위해 달려올 것이니 오는 즉시 그들을
죽여 버리자고 한 것이다. 그러나 그런 꾀는 아직 결정된 것은 아니었다.
  또 사람을 시켜 구도求盜의 제복을 입고, 우격羽檄을 들고 동쪽으로부터
달려오며 '남월의 군대가 국경을 침범하였다'고 외치게 한 다음 그것을
구실로 군사를 징발시키려 하였다. 이에 사람을 여강廬江·회계會稽로 보내어
구도의 벼슬에 임명시키려 하였는데 이 역시 아직 떠나 보내지 않았다.
  일이 이쯤되자 왕이 오피에게 물었다.

"내가 군사를 일으켜 서쪽으로 향하게 되면 제후들 중에 틀림없이 호응해 오는 사람이 있을 것이오. 그러나 만일 응하는 사람이 없으면 어떻게 해야 되겠소?"

오피가 말하였다.

"남쪽으로 형산을 거두어 여강을 치고 심양尋陽의 배를 차지하여 하치下稚의 성을 지키며, 구강九江의 포구와 연락을 취하고 예장豫章의 어귀를 끊어 강노强弩를 준비하여 강수江水 기슭에 다다라 지키며, 남군南郡으로부터 내려오는 적군을 내려오지 못하게 막습니다. 동쪽으로 강도江都·회계會稽를 거두어 남쪽으로 강한 월나라와 손잡고, 장강·회수 사이에 위세를 떨치게 되면 오래도록 시간을 끌 수 있을 것입니다."

회남왕이 말하였다.

"좋소. 이보다 더 좋은 꾀는 없소. 만일의 경우에는 월나라로 도망가면 그만이오."

王欲發國中兵, 恐其相·二千石不聽. 王乃與伍被謀, 先殺相·二千石; 僞失火·宮中, 相·二千石救火, 至卽殺之. 計未決, 又欲令人衣求盜衣, 持羽檄, 從東方來, 呼曰「南越兵入界」, 欲因以發兵. 乃使人至廬江·會稽爲求盜, 未發. 王問伍被曰「吾擧兵西鄕, 諸侯必有應我者; 卽無應, 奈何?」被曰: 「南收衡山以擊廬江, 有尋陽之船, 守下雉之城, 結九江之浦, 絶豫章之口, 彊弩臨江而守, 以禁南郡之下, 東收江都·會稽, 南通勁越, 屈彊江淮閒, 猶可得延歲月之壽.」 王曰: 「善, 無以易此. 急則走越耳.」

◉ 오피가 드디어 사실을 고발하다

이에 정위가 회남왕의 손자 건의 사건이 회남왕의 태자 천과 관련이 있다는 것을 보고하였다. 황제는 정위를 보내어 심리하기 위하여 그를 회남의 중위로 임명하여 태자를 체포하도록 명령하였다. 이에 새로 임명된 중위가 회남에 도착하였다는 말을 듣자, 회남왕은 태자와 짜고 상국과 2천 석을 불러 그들을 죽인 다음 군사를 일으키려 하였다. 그런데 왕이 부르자 상국은 왔지만 내사內史는 밖에 나가고 없다는 핑계를 만들어

들어오지 않았다. 중위 역시 이렇게 말하는 것이었다.

"신은 황제의 명을 받들어 사신으로 와 있는만큼 왕을 뵈올 이유가 없습니다."

왕은 상국만을 죽였다가 내사와 중위가 오지 않으면 아무 소용이 없을 것이라 여겨, 상국을 그대로 돌려보냈다. 그 뒤로 왕은 어떻게 하면 좋을지 망설이며 계책을 결정짓지 못하고 있었다. 태자는 자신이 죄를 의심받게 된 것은, 왕이 자신과 함께 한나라 중위를 찔러 죽이려고 하였기 때문이며, 왕과 공모한 자신이 죽어 버리면 아무도 입을 열 사람이 없을 것이며 왕은 죄를 면하게 될 것이라고 생각하였다. 이에 왕에게 이렇게 말하였다.

"신하들 가운데 쓸 만한 사람은 모두 이미 옥에 갇히고 말았습니다. 지금 일을 꾸밀 만한 사람은 없습니다. 왕께서 시기가 아닌데 군사를 일으켜 보아야 필시 성공할 수 없을 것입니다. 바라건대 저를 체포한다고 허락하여 주십시오."

왕도 잠시 군사를 일으키는 것을 보류할 생각이었다. 이에 태자의 청을 들어 주었다. 이에 태자는 곧 스스로 목을 쳤으나 죽지 않았다. 그러자 오피가 자진하여 관리에게 찾아가 이렇게 고발하였다.

"회남왕과 반역을 꾀하였습니다. 그 내막인즉 이러이러합니다."

於是廷尉以王孫建辭連淮南王太子遷聞. 上遣廷尉監因拜淮南中尉, 逮捕太子. 至淮南, 淮南王聞, 與太子謀召相·二千石, 欲殺而發兵. 召相, 相至; 內史以出爲解. 中尉曰:「臣受詔使, 不得見王.」王念獨殺相而內史中尉不來, 無益也, 卽罷相. 王猶豫, 計未決. 太子念所坐者謀刺漢中尉, 所與謀者已死, 以爲口絶, 乃謂王曰:「羣臣可用者皆前繫, 今無足與擧事者. 王以非時發, 恐無功, 臣願會逮.」王亦偸欲休, 卽許太子. 太子卽自剄, 不殊. 伍被自詣吏, 因告與淮南王謀反, 反蹤跡具如此.

❀ 모반의 결과로 나라를 없애다

관리들은 태자와 왕후를 체포하고 왕궁을 포위하였다. 또 왕과 함께 반역 모의에 가담한 빈객들로 국내에 있는 사람들을 모조리 체포하고 또 반역에 쓸 무기들을 찾아낸 다음 이를 보고하였다. 황제는 사건을 공경들에게 맡겨 규명하도록 하였고, 그 결과에 따라 회남왕의 반역 음모에 관련된 열후·2천 석·호걸 등 수천 명은 모두 죄의 경중에 따라 처벌하였다.

형산왕 사劉賜는 회남왕의 동생이다. 당연히 회남왕의 반역 음모에 연좌되어 체포되었어야 옳았다. 이에 관리가 형산왕을 체포해야 한다고 청하였으나 황제는 이를 허락하지 않았다.

"제후들은 각각 자기 나라를 근본으로 하고 있어 서로 연좌될 일이 못되오. 제후왕·열후 가운데 일찍이 전고典故와 법률에 대해 배운 사람들은 승상과 함께 상의하시오."

이에 조나라 왕 팽조彭祖·열후 그리고 신하 조양曹讓 등 43명이 상의를 하였는데 모두 이렇게 말하였다.

"회남왕 유안은 심히 대역무도하고 반역을 음모한 것이 명백하므로 마땅히 사형에 처해야만 합니다."

그 중에도 교서왕膠西王 단劉端은 이렇게 조목을 들어 말하였다.

"회남왕 유안은 한나라의 법을 폐지하고 그릇된 일을 행하였으며, 거짓된 마음을 품어 천하를 어지럽히고, 백성들을 현혹시켰으며, 종묘宗廟에 배반하여 함부로 요망한 말들을 퍼뜨렸습니다. 《춘추》에도 '신하는 모반하는 마음을 가져서는 안 된다. 모반할 마음을 품으면 이를 처단한다'라 하였습니다. 유안은 모반의 계획까지 구체적으로 정하였으므로, 그 죄는 반역할 마음을 품은 것보다 무겁습니다. 신이 본 바에 의하면, 문서·부절·인장·지도의 위조 및 그 밖의 무도한 행위에 대하여 증거가 분명합니다. 심히 대역무도한 것들입니다. 당연히 법에 따라 처형되어야 합니다. 또 회남의 관리로서 봉록 2백 석 이상인 사람과 이에 맞먹는 사람, 그리고 종실의 근신들로 왕의 사랑을 받고 있던 신하들 가운데 비록 모반에 관계는 하지 않았더라도, 서로 잘 지도하여 그런 일이 없도록 하지 못한 사람들은 그 책임을 물어 모두 벼슬에서 물러나게 하고, 작爵을 깎아 사졸로 만들어 다시는 벼슬하여 관리가 되는 일이 없도록 해야 합니다. 이 범위를 벗어난 사람은, 금 두 근 여덟 냥을 바치고 죽을 죄를 면할 수 있게 한 다음, 유안의 죄를 분명히 밝혀 천하 사람들로 하여금 신하된 자의 도리를 똑똑히 알게 함으로써 다시는 감히 그런 사악하고 배반된 마음을 품는 일이 없도록 해야 합니다."

승상 홍公孫弘과 정위 탕湯 등은 그대로 황제에게 보고하였다. 황제는 종정宗正에게 부절을 주면서 가서 회남왕을 심리하도록 하였다.

그러나 종정이 도착하기 전에 회남왕은 스스로 목숨을 끊었다. 왕후 도·태자 천 및 모반에 가담한 모든 사람들은 전부 멸족의 죄를 입었다. 황제는 오피의 경우, 그가 평소에 한나라의 좋은 점을 많이 말하고 있었다 여겨 죄를 주지 않고 그대로 두려 하였으나 정위 탕이 이렇게 말하였다.

"오피가 주모자로 반역을 획책하였습니다. 그의 죄는 용서할 수 없습니다."

결국은 오피는 사형에 처해졌다. 이리하여 회남국은 없어지고 구강군 九江郡으로 되었다.

吏因捕太子·王后, 圍王宮, 盡求捕王所與謀反賓客在國中者, 索得反具 以聞. 上下公卿治, 所連引與淮南王謀反列侯二千石豪傑數千人, 皆以罪輕 重受誅. 衡山王賜, 淮南王弟也, 當坐收, 有司請逮捕衡山王. 天子曰:「諸侯 各以其國爲本, 不當相坐. 與諸侯王列侯會肆丞相諸侯議.」趙王彭祖·列侯 臣讓等四十三人議, 皆曰:「淮南王安甚大逆無道, 謀反明白, 當伏誅.」膠西 王臣端議曰:「淮南王安廢法行邪, 懷詐僞心, 以亂天下, 熒惑百姓, 倍畔宗廟, 妄作妖言.《春秋》曰『臣無將, 將而誅』. 安罪重於將, 謀反形已定. 臣端所見 其書節印圖及他逆無道事驗明白, 甚大逆無道, 當伏其法. 而論國吏二百石 以上及比者, 宗室近幸臣不在法中者, 不能相教, 當皆免官削爵爲士伍, 毋得官爲吏. 其非吏, 他贖死金二斤八兩. 以章臣安之罪, 使天下明知臣子 之道, 毋敢復有邪僻倍畔之意.」丞相弘·廷尉湯等以聞, 天子使宗正以符節 治王. 未至, 淮南王安自剄殺. 王后荼·太子遷諸所與謀反者皆族. 天子以伍被 雅辭多引漢之美, 欲勿誅. 廷尉湯曰:「被首爲王畫反謀, 被罪無赦.」遂誅被. 國除爲九江郡.

〈3〉형산왕衡山王, 劉賜

● 형산왕의 가족들

형산왕 사劉賜는 왕후 승서乘舒에게서 자식 셋을 낳았다. 장남은 상劉爽으로 태자가 되었고, 차남은 효劉孝였으며, 그 다음은 딸로서 무채無采라 불렸다. 또 서래徐來라는 희姬는 아들딸 넷을 낳고, 미인 궐희厥姬는 자식 둘을 낳았다. 형산왕과 회남왕 형제는 서로가 상대편의 예절이 옳지 못하다고 책망하고 원망하며 사이가 좋지 못하였다. 형산왕은 회남왕이 반역을 꾀하며 무기를 만들고 있다는 말을 듣자, 그 역시 속으로 빈객들과 짜고 대책을 세우고자 하였다. 회남왕에게 합병되는 것을 두려워하였기 때문이다.

衡山王賜, 王后乘舒生子三人, 長男爽爲太子, 次男孝, 次女無采. 又姬徐來生子男女四人, 美人厥姬生子二人. 衡山王·淮南王兄弟相責望禮節, 閒不相能. 衡山王聞淮南王作爲畔逆反具, 亦心結賓客以應之, 恐爲所幷.

● 한나라 조정에 반감을 가지고

원광元光 6년, 형산왕이 한나라의 조회에 들어왔다. 그의 알자 위경衛慶은 방술方術을 알고 있었는데, 글을 올려 황제를 섬기려 하였다. 왕은 노하여 고의로 위경을 죽을 죄에 해당한다고 지적하고 매를 쳐서 억지로 죄에 굴복하도록 만들고자 하였다. 그러나 형산의 내사內史는 그것이 정당하지 못하다 하여 사건을 각하시키고 말았다. 이에 왕은 사람을 시켜 글을 올려 내사를 고발하도록 하였다. 내사는 심문을 당하자 왕이 옳지 못하다는 것을 고집하였다. 형산왕은 또 자주 남의 밭을 빼앗고 남의 무덤을 헐어 자기 땅을 만들곤 하였으므로, 이를 맡은 관리가 형산왕을 체포하여 심리할 것을 나라에 청하였다. 황제는 이를 허락하지 않았으나, 형산의 2백 석 이상 관리들을 조정에서 직접 임명하도록 하였다.

형산왕은 이 일로 인해 한나라에 대해 노여움을 품고 해자奚慈·장광창張廣昌과 짜고 병법에 통한 사람, 점성占星과 천문 기상에 능한 사람을 구하였다. 그들은 밤낮으로 왕에게 반역 음모를 꾸미도록 종용하였다.

元光六年, 衡山王入朝, 其謁者衛慶有方術. 欲上書事天子, 王怒, 故劾慶死罪, 彊榜服之. 衡山內史以爲非是, 卻其獄. 王使人上書告內史, 內史治, 言王不直. 王又數侵奪人田, 壞人冢以爲田. 有司請逮治衡山王. 天子不許, 爲置吏二百石以上. 衡山王以此恚, 與奚慈·張廣昌謀, 求能爲兵法候星氣者, 日夜從容王密謀反事.

⊛ 서래를 왕후로 삼다

왕은 또한 왕후 승서가 죽자 서래를 왕후로 삼았다. 그런데 궐희와 서래 두 사람은 전부터 왕의 총애를 다투어 서로 질투가 심하였다. 이에 궐희는 태자 앞에서 왕후인 서래를 이렇게 중상하였다.

"서래는 하녀들을 시켜 태자의 어머님을 저주하여 죽게 하였습니다."

이 말을 듣고 태자는 마음 속으로 유독 서래를 미워하게 되었다.

어느 때 왕후 서래의 오빠가 형산에 찾아오자, 태자는 그와 함께 술을 마시다가 칼로 찔러 그에게 상처를 입혔다. 이에 왕후는 역시 태자에게 원한을 품고 노여워하여 자주 왕에게 태자를 헐뜯었다.

태자의 누이 무채는 시집을 갔다가 남편에게 버림을 받아 친정에 와 있었다. 그런데 하인들이나 빈객들과 번번이 간통을 하였으므로, 태자는 자주 그녀를 꾸짖었다. 무채 또한 노여워 태자와 내왕을 끊게 되었다. 왕후는 이를 알고 도리어 무채를 후대하였다. 더구나 무채와 그녀의 작은 오빠 효는 어렸을 때 어머니를 여의고 왕후 밑에서 자라났다. 왕후는 계략이 있었기 때문에 이들을 사랑하여 함께 태자를 헐뜯었다. 그 때문에 왕은 자주 태자에게 매를 쳤다.

원삭元朔 4년에 어떤 자가 왕후 서래에게 상해를 입힌 일이 일어났다. 이에 왕은 태자가 사람을 시켜 상해를 입힌 것으로 의심하고 태자에게 매를 쳤다.

그 뒤 왕이 병들었는데도 태자는 아프다 핑계하고 왕의 병을 보살피지 않자 효와 왕후, 무채 세 사람은 태자를 이렇게 비난하였다.

"태자는 실제로 병이 난 것이 아닙니다. 스스로 병이라 하지만 얼굴에는 기뻐하는 빛이 보입니다."

왕은 크게 노하여 태자를 폐하고 그의 아우 효를 태자로 세우려 하였다. 하지만 왕후는 왕이 틀림없이 태자를 폐하리라는 것을 알자, 그 기회에 효마저 폐하도록 하고자 하였다.

왕후에게 시녀가 하나 있었는데 춤을 잘 추었다. 왕도 그녀를 사랑하고 있었으므로, 왕후는 그 시녀에게 효와 간통하도록 만들어 놓고 효에게 오명을 씌워 형제를 함께 폐하게 만든 다음, 자신의 아들 광廣을 세워 태자를 대신할 생각이었다.

王后乘舒死, 立徐來爲王后. 厥姬俱幸. 兩人相妒, 厥姬乃惡王后徐來於太子曰:「徐來使婢蠱道殺太子母.」太子心怨徐來. 徐來兄至衡山, 太子與飮, 以刃刺傷王后兄. 王后怨怒, 數毀惡太子於王. 太子女弟無采, 嫁弃歸, 與奴姦, 又與客姦. 太子數讓無采, 無采怒, 不與太子通. 王后聞之, 卽善遇無采. 無采及中兄孝少失母, 附王后, 王后以計愛之, 與共毀太子, 王以故數擊笞太子. 元朔四年中, 人有賊傷王后假母者, 王疑太子使人傷之, 笞太子. 後王病, 太子時稱病不侍. 孝‧王后‧無采惡太子:「太子實不病, 自言病, 有喜色.」王大怒, 欲廢太子, 立其弟孝. 王后知王決廢太子, 又欲幷廢孝. 王后有侍者, 善舞, 王幸之, 王后欲令侍者與孝亂以汙之, 欲幷廢兄弟而立其子廣代太子.

◉ 그녀와 간통하여 입을 막으리라

태자 상爽은 이를 눈치채고 왕후가 자주 자신을 헐뜯기를 그칠 줄 모르니 왕후와 간통하여 그녀의 입을 틀어막으리라 생각하였다. 마침 왕후가 술자리를 벌이고 있을 때 태자는 앞으로 나아가 잔을 올린 다음 왕후의 허벅지를 만지며 함께 누워 잘 것을 요구하였다. 왕후는 성이 나서 이 일을 왕에게 일렀다. 왕은 태자를 불러들여 잡아 묶고 매를 치려 하였다. 이때 태자는 왕이 자신을 폐하고 동생 효孝를 태자로 세우고자 함을 이미 알고 있었으므로 이렇게 말하였다.

"효는 왕께서 사랑하고 있는 시녀와 간통하고 있으며, 무채는 하인들과 간통하고 있습니다. 왕께선 부디 충분한 식사를 드시고 몸을 아껴 주십시오.

신은 이 나라의 이런 일들에 대해 조정에 글을 올릴까 합니다."

그리고는 왕의 영을 거역하고 가 버렸다. 왕은 사람을 시켜 그를 멈추게 하였으나, 누구도 감히 태자의 걸음을 멈추게 할 수가 없었다. 이에 왕은 몸소 수레를 몰고 태자를 뒤쫓아가서 그를 붙들었다. 그래도 태자가 함부로 욕설을 퍼붓자, 왕은 태자에게 칼을 씌워 궁중에 가두었다.

효는 갈수록 사랑을 받았다. 왕은 효의 재능을 기특하게 여겨 그에게 왕의 인을 차게 하여 장군이라 하였으며, 바깥 저택에 살게 하고 많은 돈을 주어 빈객들을 불러모으게 하였다. 찾아온 손들은 어렴풋이 회남과 형산이 반역을 꾀하고 있는 것을 알아차리고 밤낮으로 그것을 종용하였다.

왕은 효의 빈객 중에서 강도江都 사람 구혁救赫과 진희陳喜에게 명하여 전차와 활촉과 화살을 만들고, 황제의 옥새와 장상將相·군리軍吏의 인장을 새기게 하였다. 왕은 또 밤낮으로 주구周丘와 같은 장사들을 찾으며, 자주 오·초가 모반하였을 당시의 계획을 칭찬하고 그것을 본받아 모반에 관한 규약을 정하였다. 그러나 형산왕은 감히 회남왕을 모방하여 천자의 자리에 오르려 하지는 않았다. 그는 다만 회남이 군사를 일으켜 자기 나라를 삼킬까 두려워하였던 것이다. 그러므로 회남이 서쪽으로 진출하게 되면 군사를 일으켜 강수江水와 회수淮水 사이를 평정하여 그곳을 차지하려 하였을 뿐이다. 그의 욕망은 그 정도였던 것이다.

太子爽知之, 念后數惡己無已時, 欲與亂以止其口. 王后飮, 太子前爲壽, 因據王后股, 求與王后臥. 王后怒, 以告王. 王乃召, 欲縛而笞之. 太子知王常欲廢己立其弟孝, 乃謂王曰:「孝與王御者姦, 無采與奴姦, 王彊食, 請上書.」卽倍王去. 王使人止之, 莫能禁, 乃自駕追捕太子. 太子妄惡言, 王械繫太子宮中. 孝日益親幸. 王奇孝材能, 乃佩之王印, 號曰將軍, 令居外宅, 多給金錢, 招致賓客. 賓客來者, 微知淮南·衡山有逆計, 日夜從容勸之. 王乃使孝客江都人救赫·陳喜作輣車鏃矢, 刻太子璽, 將相軍吏印. 王日夜求壯士如周丘等, 數稱引吳楚反時計畫, 以約束. 衡山王非敢效淮南王求卽天子位, 畏淮南起幷其國, 以爲淮南已西, 發兵定江淮之閒而有之, 望如是.

❀ 회남왕의 반란에 가담하기로

원삭 5년 가을, 형산왕은 한나라의 조회에 들어갈 시기가 되어서 6년에 회남을 통과하게 되었다. 이때 회남왕은 형제라 하여 다정하게 이야기를 나누며 지난날의 불화를 다 씻어 버리고 반란에 쓰일 무기를 함께 만들기로 약속하였다. 이에 형산왕은 글을 올려 병을 구실로 조회에 들지 못함을 사과하였다. 황제는 글을 내려 조회에 들지 않아도 좋다고 하였다.

元朔五年秋, 衡山王當朝, (六年)過淮南, 淮南王乃昆弟語, 除前郤, 約束反具. 衡山王卽上書謝病, 上賜書不朝.

❀ 모반의 말로와 나라의 폐지

원삭 6년, 형산왕은 사신을 보내어 글을 올려 태자 상을 폐하고 효를 태자로 세울 것을 청하게 하였다. 그것을 안 상은 친하게 사귀고 있던 백영白嬴을 장안으로 보내어 효가 반란에 쓸 전차와 화살촉·화살을 만들고 있으며, 또 왕이 사랑하고 있는 시녀와 간통하고 있다는 글을 올려 효를 실각시키려 하였다. 그러나 백영은 장안에 도착하기는 하였으나 글을 올리기도 전에 회남 사건에 연루되어 있다고 하여 형리에게 붙잡혀 옥에 갇히고 말았다.

또한 형산왕은 상이 백영을 보내어 글을 올리게 하였다는 것을 알자, 나라의 비밀을 일러바칠까 겁이 났다. 이에 글을 올려 거꾸로 태자 상의 하는 일이 무도하므로 기시의 죄에 해당한다고 고발하였다. 이 사건은 패군沛郡의 담당관에게 맡겨 다스리게 하였다.

원삭 7년 겨울, 유사와 공경들은 패군에 영을 내려 회남왕과 함께 반역을 꾀한 사람들을 찾아 체포하게 하였으나 좀처럼 잡히지 않았다. 그러던 중 형산왕의 아들 효의 집에서 진희만 붙잡혔다. 유사는 효가 수령이 되어 진희를 숨겨 두었다고 탄핵하였다.

효는 원래 진희가 자주 형산왕과 반역을 꾀한 것을 알고 있었던 터라 모두 털어놓지 않을까 겁이 났다. 게다가 그는 한나라 법률에 먼저 자수한 사람은 죄가 면제된다고 들어 알고 있었고, 태자가 백영을 보내 글을 올려 모반에 대해 고발해 버린 것으로 의심하고 있었다. 이에 먼저 자수하여 함께 모반을 꾀한 구혁과 진희에 대해 털어놓았다. 정위가 심문한 결과 증거가 드러나자, 공경들은 형산왕을 체포하여 심리할 것을 청하였다. 그러나 황제는 이렇게 말하였다.

"체포하지 말라."

중위 사마안司馬安과 대행大行 이식李息을 형산왕에게 보내어 심문하게 하였다. 형산왕이 상세히 사실을 말하자 유사들은 모두 왕궁을 포위하여 지키게 되었고, 중위와 대행은 돌아와 사실을 보고하였다. 공경들은 다시 종정과 대행을 보내어 효의 사건과 함께 왕을 심문하게 할 것을 청하였다.

왕은 이 소식을 듣고 스스로 목숨을 끊었다.

효는 모반에 대해서는 자수를 하였기 때문에 그 죄는 면하였으나 왕이 사랑하는 시녀와 간음한 죄를 물어 기시형을 받았다.

왕후 서래도 전의 왕후 승서를 저주하여 죽게 한 죄를 추궁받게 되었고, 또 태자 상도 왕을 고발한 불효의 죄를 들어 모두 기시되었다.

형산왕과 모반을 꾀한 모든 사람들은 그의 일족과 함께 처형되었다. 따라서 나라는 없어지고 형산군이 되었다.

元朔六年中, 衡山王使人上書請廢太子爽, 立孝太子. 爽聞, 卽使所善白嬴之長安上書, 言孝作輣車鏃矢, 與王御者姦, 欲以敗孝. 白嬴至長安, 未及上書, 吏捕嬴, 以淮南事繫. 王聞爽使白嬴上書, 恐言國陰事, 卽上書反告太子爽所爲不道弃市罪事. 事下沛郡治. 元(朔七)[守元]年冬, 有司公卿下沛郡求捕所與淮南謀反者未得, 得陳喜於衡山王子孝家. 吏劾孝首匿喜. 孝以爲陳喜雅數與王計謀反, 恐其發之, 聞律先自告除其罪, 又疑太子使白嬴上書發其事, 卽先自告, 告所與謀反者救赫・陳喜等. 廷尉治驗, 公卿請逮捕衡山王治之. 天子曰:「勿捕.」遣中尉安・大行息卽問王, 王具以情實對. 吏皆圍王宮而守之. 中尉大行還, 以聞, 公卿請遣宗正・大行與沛郡雜治王. 王聞, 卽自剄殺. 孝先自告反, 除其罪; 坐與王御婢姦, 弃市. 王后徐來亦坐蠱殺前王后乘舒, 及太子爽坐王告不孝, 皆弃市. 諸與衡山王謀反者皆族. 國除爲衡山郡.

◉ 사마천의 평어

나 태사공은 이렇게 생각한다.

《시》에서 "융적戎狄은 정벌하고, 형荊과 서舒는 응징한다"라 한 것은 진실로 옳은 말이다. 회남과 형산은 직접 한나라의 골육이며 그 영토는 사방 천 리로 제후가 되었다. 그런데도 번신蕃臣의 직분을 지켜 천자의 뜻을 받들어 돕는 데 힘쓰지 아니하고, 도리어 사악하고 부정한 계획을 품고 반역을 도모하였다. 그로 인해 아비와 자식이 두 번에 걸쳐 나라를 잃고, 저마다 자신의 몸을 온전히 하지 못한 채 천하의 웃음거리가 되고 말았다. 이것은 왕 혼자만의 잘못은 아니다. 그 습속이 천박하여 신하들도 차츰 악에 물들어 그렇게 된 것이다. 대체로 형초荊楚 지방 사람들이 날래고 용맹스럽고 가벼워 난을 일으키기 좋아하는 것은 예부터 기록에 남아 있다.

太史公曰:《詩》之所謂「戎狄是膺, 荊舒是懲」, 信哉是言也. 淮南·衡山親爲骨肉, 疆土千里, 列爲諸侯, 不務遵蕃臣職以承輔天子, 而專挾邪僻之計, 謀爲畔逆, 仍父子再亡國, 各不終其身, 爲天下笑. 此非獨王過也, 亦其俗薄, 臣下漸靡使然也. 夫荊楚僄勇輕悍, 好作亂, 乃自古記之矣.

059(119) 순리 열전循吏列傳

①손숙오孫叔敖 ②자산子産 ③공의휴公儀休
④석사石奢 ⑤이리李離

🌀 사마천의 평어

나 태사공은 이렇게 생각한다.

법령이란 백성을 교도하는 것이며, 형벌이란 간악한 행동을 금지하는 것이다. 문文과 무武가 잘 갖추어져 있지 않으면, 악인이 많아지기 때문에 착한 백성들은 두려움을 느끼게 된다. 수양이 높은 사람이 맡은 관청에서는 결코 문란한 일이 없으며, 순리를 따라 직무를 받드는 사람들 역시 좋은 치적을 가져오게 된다. 그러니 어찌 반드시 위엄으로 할 필요가 있겠는가?

太史公曰: 法令所以導民也, 刑罰所以禁姦也. 文武不備, 良民懼然身修者, 官未曾亂也. 奉職循理, 亦可以爲治, 何必威嚴哉?

〈1〉 손숙오孫叔敖

🌀 초 장왕의 재상이 되다

손숙오孫叔敖는 초나라의 처사處士였다. 재상 우구虞丘가 그를 초나라 장왕莊王에게 추천하면서 자신을 대신하여 재상으로 앉히려 하였다.

손숙오는 석 달 뒤에 초나라 재상이 되었다. 그의 교도 아래 백성들은 상하가 서로 화합하고 풍속 또한 극히 아름다워졌으며, 정치에 있어서는 금지 조항을 완화하여도 간사한 짓을 하는 관리들이 없어졌고 도둑도 일어나지 않았다. 가을과 겨울에는 백성들을 권유하여 산 속으로 들어가 나무를 베거나 사냥을 하도록 하고, 봄과 여름에는 불어난 강물과 냇물을 이용하여 그 나무를 운반해 내거나 물고기를 잡았다. 백성들은 각각 편안과 이익을 누리며 즐거운 삶을 살 수 있었다.

孫叔敖者, 楚之處士也. 虞丘相進之於楚莊王以自代也. 三月爲楚相, 施教導民, 上下和合, 世俗盛美, 政緩禁止, 吏無姦邪, 盜賊不起. 秋冬則勸民山採, 春夏以水, 各得其所便, 民皆樂其生.

⊛ 돈의 크기를 바꾸자

장왕은 돈이 가볍다고 생각하여 작은 것을 고쳐 크게 만들었다. 그러자 백성들은 그것이 불편하여 자신들의 생업에 사용하지 않았다. 장터를 관장하는 시령市令이 이 문제를 재상에게 보고하였다.

"시장은 어지러워지고, 백성들은 어떻게 처신할지 모르고, 사고파는 질서가 안정되지 못합니다."

손숙오가 물었다.

"그렇게 된 것이 언제부터였소?"

시령이 대답하였다.

"석 달쯤 됩니다."

손숙오는 이렇게 약속하였다.

"알았소. 돌아가시오. 곧 회복시켜 주도록 하겠소."

그로부터 닷새 후에 재상은 조회에 들어가 이를 왕에게 말하였다.

"앞서 돈을 고쳐 만든 것은 전에 사용하던 돈이 가볍다고 생각하였기 때문이었습니다. 지금 시령이 와서 '시장이 혼란에 빠져 백성들은 어떻게 처신할지 모르고 물건 거래의 질서가 안정되지 못하다'고 합니다. 본래대로 회복시켜 주시기를 바랍니다."

왕은 이를 허락하였다. 다시 명령이 내리고 사흘이 지나자 시장은 전과 같이 되었다.

莊王以爲幣輕, 更以小爲大, 百姓不便, 皆去其業. 市令言之相曰:「市亂, 民莫安其處, 次行不定.」相曰:「如此幾何頃乎?」市令曰:「三月頃.」相曰: 「罷, 吾今令之復矣.」後五日, 朝, 相言之王曰:「前日更幣, 以爲輕. 今市令來言曰『市亂, 民莫安其處, 次行之不定』. 臣請遂令復如故.」王許之, 下令三日而市復如故.

● 수레를 높이려면 문지방을 높이면 됩니다

초나라 사람들은 풍속에 비거庳車라는 낮은 수레를 좋아하였다. 왕은 수레가 낮으면 말이 끌기에 불편하다고 여겼다. 이에 명령을 내려 높게 만들도록 하였다. 그러자 재상 손숙오가 말하였다.

"정령政令을 자주 내리면 백성들은 어느 정령에 좇아야 할지를 모르게 됩니다. 불가합니다. 왕께서 굳이 수레를 높이고자 하신다면, 마을 집들의 문지방을 높이도록 하시면 됩니다. 수레를 타는 것은 군자君子들입니다. 군자는 자주 수레를 내릴 수 없으므로 저절로 수레를 높게 만들 것입니다."

왕은 이를 허락하였다. 반 년이 지나자, 백성들은 모두 스스로 그들 수레를 높게 만들었다.

楚民俗好庳車, 王以爲庳車不便馬, 欲下令使高之. 相曰:「令數下, 民不知所從, 不可. 王必欲高車, 臣請敎閭里使高其梱. 乘車者皆君子, 君子不能數下車.」王許之. 民半歲, 民悉自高其車.

● 재상 자리에 세 번을 물러나도

이는 가르치지 않아도 백성들이 그의 가르침에 따른 것으로, 가까운 곳의 사람은 이것을 보고 본 뜨고, 먼 곳의 사람은 이것을 듣고 모방한 것이다.

손숙오는 세 번 재상이 되었으나 기뻐하지 않았다. 자기 재능으로 그 지위를 얻었다고 보았기 때문이다. 또 세 번 재상의 지위를 떠났으나 후회하는 일이 없었다. 그것이 자기 잘못이 아님을 알았기 때문이다.

此不敎而民從其化, 近者視而效之, 遠者四面望而法之. 故三得相而不喜, 知其材自得之也; 三去相而不悔, 知非己之罪也.

◉ 정나라의 훌륭한 재상

자산子産은 정鄭나라 대부大夫 중의 하나였다. 정나라 소군昭君 때 소군은 그가 총애하고 있던 서지徐摯를 재상으로 앉혔으나, 나라가 어지러워져서 상하가 서로 멀어지고 부자가 서로 화목하지 못하였다. 이에 소군의 아들 대궁자기大宮子期가 소군에게 자산을 재상으로 천거하였다.

자산이 재상이 되고 1년이 지나자, 소인의 무리들의 경박한 놀이가 하지 않게 되었고, 반백이 된 노인은 무거운 짐을 들거나 끄는 일이 없어졌으며, 어린아이들이 밭을 가는 일이 없어졌다. 2년이 지나자, 시장에서 값을 마구 깎는 일이 사라졌다. 3년이 지나자 밤이 되어도 문을 안으로 걸어 잠그는 일이 없어졌고, 길바닥에 물건이 떨어져 있어도 주워 가는 사람이 없었다. 4년이 지나자 도둑이 없어져 농사에 쓰는 도구들을 집에 가지고 가지 않아도 되었다. 5년이 지나자 척적尺籍이 없어지고 상복喪服을 입는 기간은 시키지 않아도 제대로 행해졌다.

자산은 정나라를 다스린 지 26년 만에 죽었다. 장정들은 소리내어 울고 노인들은 어린아이처럼 울며 이렇게 말하였다.

"자산이 우리를 버리고 가시다니! 백성들은 장차 누구에게 의탁한단 말인가?"

子産者, 鄭之列大夫也. 鄭昭君之時, 以所愛徐摯爲相, 國亂, 上下不親, 父子不和. 大宮子期言之君, 以子產爲相. 爲相一年, 豎子不戲狎, 斑白不提挈, 僮子不犁畔. 二年, 市不豫賈. 三年, 門不夜關, 道不拾遺. 四年, 田器不歸. 五年, 士無尺籍, 喪期不令而治. 治鄭二十六年而死, 丁壯號哭, 老人兒啼, 曰:「子產去我死乎! 民將安歸?」

◉ 생선을 좋아하기 때문에 받지 않는다

공의휴公儀休는 노나라 박사博士였다. 그는 뛰어난 재능과 학문을 인정받아 노나라 재상이 되었다. 법을 바로 지키고 이치를 따르며 함부로 고치는 일이 없었기 때문에 관청의 모든 일이 저절로 바르게 되었다.

그는 나라의 녹을 먹는 사람들이 일반 백성들과 이익을 놓고 다투는 일이 없도록 하였고, 많은 봉록을 받는 사람들이 사소한 것을 받는 일이 없도록 하였다.

어느 빈객이 재상에게 생선을 보내 왔으나 받지 않았다. 그러자 다른 손이 이렇게 물었다.

"재상께서 생선을 좋아하신다는 말을 듣고 보내온 것일 겁니다. 그런데 어찌하여 받지 않습니까?"

공의휴는 이렇게 대답하였다.

"생선을 좋아하기 때문에 받지 않는 것이오. 지금 나는 재상으로 있기 때문에 내 돈으로 생선을 살 수 있소. 그런데 생선을 받고 벼슬에서 쫓겨나게 되면 누가 내게 생선을 보내 주겠소? 이 때문에 받지 않는 것이오."

公儀休者, 魯博士也. 以高弟爲魯相. 奉法循理, 無所變更, 百官自正. 使食祿者不得與下民爭利, 受大者不得取小.

客有遺相魚者, 相不受. 客曰:「聞君嗜魚, 遺君魚, 何故不受也?」相曰:「以嗜魚, 故不受也. 今爲相, 能自給魚; 今受魚而免, 誰復給我魚者? 吾故不受也.」

◉ 농사짓고 베 짜는 사람들의 생업을 위하여

그의 집 채소밭에 자라는 채소를 먹어 보았더니 맛이 대단히 좋았다. 그러자 그 채마밭의 푸성귀를 모두 뽑아 버렸다. 또 자기 집에서 짜는 베가 좋은 것을 알게 되자, 당장 베 짜는 여자를 돌려보내고 그 베틀을 불태워 버린 다음 이렇게 말하였다.

"사서 입어야 할 사람이 사 주지 않으면, 농사짓는 백성이나 베 짜는 여인들은 그들이 만든 것을 팔 수 없게 되지 않겠는가?"

食茹而美, 拔其園葵而弃之. 見其家織布好, 而疾出其家婦, 燔其機, 云「欲令農士工女安所讎其貨乎」?

〈4〉 석사石奢

⊛ 범죄자를 잡아보았더니 자신의 아버지

석사石奢는 초나라 소왕昭王의 재상이었다. 건실하고 청렴하여 아부하거나 두려워하는 일이 없었다.

언젠가 고을을 순시하고 있는데 도중에서 살인 사건을 만나게 되었다. 재상이 범인을 찾아가 보니 바로 자기 아버지였다. 재상은 아버지를 놓아주고 돌아와, 자기 스스로 옥에 갇힌 다음 왕에게 사람을 보내어 이렇게 아뢰게 하였다.

"살인자는 저의 아버지였습니다. 아버지를 잡아 법을 세우려면 부모에게 불효가 되고, 그렇다고 법을 무시하고 죄를 용서한다면 임금에게 불충이 됩니다. 신의 죄는 죽어 마땅합니다."

왕이 말하였다.

"범인을 뒤쫓았으나 잡지 못한 것뿐이니, 엎드려 죄를 비는 것은 옳지 않소. 그대는 전과 다름없이 일에 힘쓰시오."

그러나 석사는 이렇게 아뢰었다.

"그 아버지에게 사사로운 정을 두지 않으면 효자가 아니요, 임금의 법을 받들지 않으면 충신이 아닙니다. 왕께서 죄를 용서하시는 것은 왕의 은혜이오나, 벌을 받아 죽는 것은 신하로서의 직분입니다."

그리고는 드디어 왕의 명령을 듣지 않고 스스로 목을 쳐 죽었다.

石奢者, 楚昭王相也. 堅直廉正, 無所阿避. 行縣, 道有殺人者, 相追之, 乃其父也. 縱其父而還自繫焉. 使人言之王曰:「殺人者, 臣之父也. 夫以父立政, 不孝也; 廢法縱罪, 非忠也: 臣罪當死.」王曰:「追而不及, 不當伏罪, 子其治事矣.」石奢曰:「不私其父, 非孝子也; 不奉主法, 非忠臣也. 王赦其罪, 上惠也; 伏誅而死, 臣職也.」遂不受令, 自刎而死.

◉ 판결을 잘못 내려 죄 없는 자를 죽였으니

이리李離는 진晉나라 문공文公의 이관理官이었다. 판결을 잘못 내려 무고한 자를 죽이게 되자, 그는 스스로 감옥에 들어앉아 죽어 마땅하다고 주장하였다. 문공이 말하였다.

"벼슬에는 높고 낮은 것이 있고, 벌에는 가볍고 무거운 것이 있다. 아랫사람에게 잘못이 있다 해서 그것이 경의 죄는 아니다."

그러자 이리는 이렇게 말하였다.

"신은 부서의 장長으로서 관직에 있은 지 오래 되었습니다. 벼슬에 앉아 있었으나 신의 부하에게 지위를 양보한 일도 없었고, 또 많은 봉록을 받고 있지만 그것을 부하에게 나누어 준 일도 없었습니다. 그런데 판결을 잘못 내려 사람을 죽이고 그 죄를 부하에게 돌린다는 것은 일찍이 들어 본 일이 없습니다."

이렇게 말한 그는 끝내 문공의 말을 따르지 않았다. 문공이 말하였다.

"그대가 스스로 죄가 있다고 하면 과인에게도 죄가 있다는 것이 되오."

이리가 말하였다.

"옥관에게는 그가 지켜야 하는 법이 있습니다. 잘못 형벌을 더하게 되면 그 자신이 벌을 받아야 하고, 잘못 사형을 집행하였을 경우는 자신이 사형을 받아야 합니다. 임금께서는 신이 능히 미세한 이치를 잘 살펴 의심스러운 일에 대해서도 판결을 옳게 내릴 수 있다고 생각하셨기 때문에 신을 이관에 임명하신 것입니다. 그런데 신은 지금 판결을 잘못 내려 죄 없는 사람을 죽였으니 그 죄는 죽어 마땅합니다."

결국 이리는 문공의 명령에 따르지 않은 채 칼에 엎어져 죽었다.

李離者, 晉文公之理也. 過聽殺人, 自拘當死. 文公曰:「官有貴賤, 罰有輕重. 下吏有過, 非子之罪也.」李離曰:「臣居官為長, 不與吏讓位; 受祿為多, 不與下分利. 今過聽殺人, 傅其罪下吏, 非所聞也.」辭不受令. 文公曰:「子則自以為有罪, 寡人亦有罪邪?」李離曰:「理有法, 失刑則刑, 失死則死. 公以臣能聽微決疑, 故使為理. 今過聽殺人, 罪當死.」遂不受令, 伏劍而死.

⚉ 사마천의 평어

나 태사공은 이렇게 생각한다.

손숙오가 단 한 마디 말을 함으로써 영郢의 시장이 옛날로 돌아갔다. 자산이 병으로 죽자 정나라 백성들은 소리내 울었다. 공의휴는 자기 집에서 짠 베가 좋은 것임을 알게 되자 베 짜는 여자를 돌려보냈다. 석사는 아버지를 놓아주고 죽었기 때문에 초나라 소왕의 이름이 알려지게 되었다. 이리가 판결을 잘못 내려 사람을 죽이고 스스로 칼에 엎어져 죽었기 때문에 진나라 문공으로 하여금 국법을 바로잡을 수 있게 하였다.

太史公曰: 孫叔敖出一言, 郢市復. 子產病死, 鄭民號哭. 公儀子見好布而家婦逐. 石奢縱父而死, 楚昭名立. 李離過殺而伏劍, 晉文以正國法.

060(120) 급정 열전汲鄭列傳

① 급암汲黯 ② 정당시鄭當時

◉ 무위無位이치를 실천한 급암

급암汲黯의 자는 장유長孺이며 복양濮陽 사람이다. 그의 조상은 옛날 위衛나라 임금에게 사랑을 받아 급암에 이르기까지 7대가 대대로 경대부卿大夫의 벼슬을 지냈다. 급암은 아버지의 천거로 경제孝景帝 때 태자 세마太子洗馬가 되었는데, 그의 장엄한 풍모는 보는 사람으로 하여금 절로 위압감을 느끼도록 할 정도였다.

경제가 죽고 태자武帝가 제위에 오르자, 급암은 알자謁者로 임명되었다. 때마침 동월東越의 여러 나라들이 서로 싸우고 있어, 황제는 급암으로 하여금 살펴보고 오도록 명하였다. 그러나 급암은 월나라까지 가지 않은 채 오나라까지만 갔다가 돌아와서 이렇게 보고를 올렸다.

"월나라 사람들이 서로 싸우는 것은 원래 그들의 풍습입니다. 천자의 사신을 욕되게 그런 곳에까지 보낼 필요는 없을 것 같습니다."

그 뒤 하내河內에서 실화失火 사건이 있어 1천여 집이 불에 탔다. 황제가 급암으로 하여금 그것을 보고 오도록 하였다. 암은 돌아와 이렇게 보고하였다.

"백성들이 실수하여 불을 낸 데다 그곳 집들이 서로 즐비하게 붙어 있기 때문에 그렇게 모두 불타 버린 것이니 걱정할 정도는 아니었습니다. 하지만 신은 도중에 하남河南을 지나오다가, 그곳 빈민 1만여 호가 수해와 한해를 입어 심지어는 부자 사이에 먹을 것을 두고 서로 빼앗는 참상을 보았습니다. 이에 신은 삼가 한 방편으로서 사신의 부절을 가지고 하남의 곡식 창고를 열어 가난한 백성들을 구제하였습니다. 신은 여기에 부절을 돌려드리며 황제의 명이라 속인 죄를 달게 받겠습니다."

그러나 황제는 이를 현명한 처사로 여겨 용서하고 형양滎陽의 현령으로 전출시켰다. 급암은 현령으로 가는 것을 부끄럽게 여기고 병을 핑계삼아 고향으로 돌아갔다. 이를 들은 무제는 다시 그를 불러 중대부中大夫로 임명하였다. 그러나 급암은 자주 직간을 하였기 때문에 오래 조정에 머물러 있지 못하고 동해 태수로 옮겨졌다.

급암은 황제黃帝와 노자老子의 학설을 익히고 있어 관리나 백성들을 다스리는 데 있어서도 청렴하고 조용한 것을 좋아하여 승丞·사史를 선발하여 그들에게 모든 것을 일임하였다. 그의 통치 방법은 대강만을 바로잡아 줄 뿐 사소한 일들은 간섭하지 않았다.

1년 남짓하여 급암 자신은 잔병이 많아, 항상 침실에 누워 있는 일이 많았지만 동해군은 잘 다스려져 칭찬을 받았다.

황제는 이 말을 듣고 그를 불러들여 주작도위主爵都尉에 임명하고 구경九卿의 반열에 들게 하였다. 그의 업무 처리는 전과 같이 무위無爲를 추구할 뿐 큰 원칙만 적용하고 법률에 크게 얽매이지 않았다.

> 汲黯字長孺, 濮陽人也. 其先有寵於古之衛君. 至黯七世, 世爲卿大夫. 黯以父任, 孝景時爲太子洗馬, 以莊見憚. 孝景帝崩, 太子卽位, 黯爲謁者. 東越相攻, 上使黯往視之. 不至, 至吳而還, 報曰:「越人相攻, 固其俗然, 不足以辱天子之使.」河內失火, 延燒千餘家, 上使黯往視之. 還報曰:「家人失火, 屋比延燒, 不足憂也. 臣過河南, 河南貧人傷水旱萬餘家, 或父子相食, 臣謹以便宜, 持節發河南倉粟以振貧民. 臣請歸節, 伏矯制之罪.」上賢而釋之, 遷爲滎陽令. 黯恥爲令, 病歸田里. 上聞, 乃召拜爲中大夫. 以數切諫, 不得久留內, 遷爲東海太守. 黯學黃老之言, 治官理民, 好清靜, 擇丞史而任之. 其治, 責大指而已, 不苛小. 黯多病, 臥閨閤內不出. 歲餘, 東海大治. 稱之. 上聞, 召以爲主爵都尉, 列於九卿. 治務在無爲而已, 弘大體, 不拘文法.

● 지나치게 직간만을 고집하다

급암의 사람됨은 거만하고 예의가 없으며 무엇이든지 거리낌없이 말하고, 남의 잘못을 용서하지 못하는 성격이었다. 자신과 뜻이 맞는 사람은 잘 대우하였지만 마음에 맞지 않는 사람과는 마주 있기조차 싫어하여, 결국 사람들이 그를 따르지 않았다. 하지만 학문을 좋아하고 의협심이 강하였으며, 기개와 절조를 소중히 여기고, 집 안에 있을 때도 품행이 바르고 결백하였다.

또 직간을 좋아하여 자주 황제가 싫어하는 기색을 보여도 굽히는 일이
없었고, 항상 부백傅柏과 원앙袁盎의 사람됨을 흠모하였다. 또 관부灌夫·
정당시鄭當時 및 종정宗正 유기劉棄 등과 사이가 좋았다. 또 자주 직간한
탓으로 한 벼슬에 오래 있지 못하였다.

黯爲人性倨, 少禮, 面折, 不能容人之過. 合己者善待之, 不合己者不能忍見,
士亦以此不附焉. 然好學, 游俠, 任氣節, 內行脩絜, 好直諫, 數犯主之顏色,
常慕傅相·袁盎之爲人也. 善灌夫·鄭當時及宗正劉棄. 亦以數直諫, 不得
久居位.

◉ 겉으로만 인의를 주장하는 황제요

당시는 태후의 동생 무안후武安侯 전분田蚡이 승상으로 있었다. 전분은
중이천中二千 석石의 대관들이 찾아와 배알해도 답례하지 않았다. 급암은
그 전분과 만나도 배알하지 않은 채 다만 가볍게 읍揖만 할 뿐이었다.
황제가 마침 학자들을 초빙해 들이려고, 황제 자신은 이렇게 하고자
한다고 의도를 말하자 급암은 이렇게 말하였다.
"폐하께서는 속으로 늘 욕심이 많으시면서 겉으로만 인의를 행하시려
하고 계십니다. 그렇게 하여 어떻게 요순堯舜 임금의 정치를 본받을 수
있겠습니까!"
무제는 묵묵히 있었지만 노하여 얼굴빛이 변한 채 조회를 끝냈다. 공경들은
모두 급암의 신변을 걱정하였으나, 무제는 조정에 돌아와 좌우 신하들에게
다만 이렇게 말할 뿐이었다.
"심하도다! 급암의 우직함이여."
이로 인해 신하들 가운데 혹 급암을 꾸짖는 사람이 있었으나 그때마다
급암은 이렇게 대꾸하였다.
"천자께서 삼공과 공경 등을 두어 보필하게 하였는데 어떻게 신하된
사람이 아첨으로 천자의 뜻만을 따르며 천자를 옳지 못한 곳으로 빠지게
할 수 있겠소? 게다가 이미 그 지위에 앉아 있는 이상 비록 자기 한
몸을 애석히 할지언정 어찌 조정을 욕되게 할 수 있으리오!"

當是時, 太后弟武安侯蚡爲丞相, 中二千石來拜謁, 蚡不爲禮. 然黯見蚡未嘗拜, 常揖之. 天子方招文學儒者, 上曰吾欲云云, 黯對曰:「陛下內多欲而外施仁義, 柰何欲效唐虞之治乎!」上默然, 怒, 變色而罷朝. 公卿皆爲黯懼. 上退, 謂左右曰:「甚矣, 汲黯之戇也!」羣臣或數黯, 黯曰:「天子置公卿輔弼之臣, 寧令從諛承意, 陷主於不義乎? 且己在其位, 縱愛身, 柰辱朝廷何!」

◉ 사직지신에 해당하는 인물

급암은 병이 많았다. 병이 나서 석 달이나 앓아 눕자, 무제는 사람을 보내어 위문하고 휴가를 주곤 하였지만, 병은 늘 그를 따라다녔다.

최후로 병이 깊어지자, 장조莊助가 급암을 위하여 휴가를 내릴 것을 청하였다. 그러자 무제가 장조에게 이렇게 물었다.

"급암을 어떤 인물이라고 생각하오?"

장조가 말하였다.

"급암은 어떤 관직을 맡겨도 남보다 별로 뛰어난 점은 없습니다. 그러나 나이 어린 군주를 보필할 때, 한왕조의 제업을 지키며 어떤 조건으로 그를 부르더라도 굳게 성을 지키며 응하지 않습니다. 이 점만은 옛 맹분孟賁 · 하육夏育 같은 용자들이라도 그의 뜻을 꺾을 수 없을 것입니다."

황제가 말하였다.

"그렇소. 옛날에 사직지신社稷之臣이 있었는데, 급암과 같은 사람이 그에 가까울 것이오."

黯多病, 病且滿三月, 上常賜告者數, 終不愈. 最後病, 莊助爲請告. 上曰:「汲黯何如人哉?」助曰:「使黯任職居官, 無以踰人. 然至其輔少主, 守城深堅, 招之不來, 麾之不去, 雖自謂賁育亦不能奪之矣.」上曰:「然. 古有社稷之臣, 至如黯, 近之矣.」

◉ 관을 쓰지 않고 맞은 적이 없어

무제는 대장군 위청衛靑이 시종할 때에도 침대 앞에 걸터앉아 그를 대하였다. 또 승상 공손홍公孫弘이 사사로운 일로 뵐 때에도 무제는 관을 쓰지 않은 채 대하는 적이 있었다. 그러나 급암이 찾아와 뵈올 때에는 관을 쓰지 않고 만나는 적이 없을 정도였다.

일찍이 황제가 무장武帳 안에 앉아 있을 때 급암이 찾아와 일을 보고하려 하였다. 그때 황제는 관을 쓰지 않고 있었는데, 급암을 멀리 바라보자 장막 속으로 얼른 피한 다음 측근으로 하여금 그의 보고를 대신 듣고 재가를 내리도록 하였다. 급암은 천자로부터 이렇듯 존경을 받았던 것이다.

大將軍青侍中, 上踞廁而視之. 丞相弘燕見, 上或時不冠. 至如黯見, 上不冠不見也. 上嘗坐武帳中, 黯前奏事, 上不冠, 望見黯, 避帳中, 使人可其奏. 其見敬禮如此.

◉ 장탕을 자주 꾸짖어

장탕張湯이 법률을 고쳐 만든 공로로 인해 정위廷尉가 되었다. 급암은 자주 천자 앞에서 장탕을 질책하였다.

"공은 정경正卿이 되어 위로는 선제先帝의 공을 키워 나라를 평안히 하고 백성들을 부유하게 하지 못하였고, 아래로 신하와 백성들에 대해서는 천하의 사심邪心을 눌러 죄인이 생겨나지 않게 함으로써 감옥이 텅 비게 하여야 함에도 그렇게 하지 못하였소. 둘 중에 어느 하나도 이룩하지 못한 것이오. 일을 잘못 처리하여 사람을 괴롭히고 고통을 주며, 제멋대로 법조문을 해석하여 공을 이루려고만 하고 있소. 어찌하여 고제께서 만든 법령을 어지럽히고 있소? 공은 이 일로 인해 멸족의 화를 받게 될 것이오."

급암과 장탕은 이렇게 논쟁으로 자주 맞서게 되었다. 장탕의 주장은 언제나 법령의 상세한 해석에 의해 전개되었고, 급암은 엄숙하며 원칙을 견지하여 결코 굴복하지 않았다. 급암은 이런 때 화를 내며 장탕을 꾸짖었다.

"세상에서 흔히 도필리刀筆吏를 공경에 앉혀서는 안 된다고 하더니, 정말 그렇소. 장탕은 틀림없이 천하 백성들이 두려워서 제대로 서지도, 보지도 못하게 만들고 말것이로다!"

張湯方以更定律令爲廷尉, 黯數質責湯於上前, 曰:「公爲正卿, 上不能襃
先帝之功業, 下不能抑天下之邪心, 安國富民, 使囹圄空虛, 二者無一焉.
非苦就行, 放析就功, 何乃取高皇帝約束紛更之爲? 公以此無種矣.」黯時與
湯論議, 湯辯常在文深小苛, 黯伉厲守高不能屈, 忿發罵曰:「天下謂刀筆吏
不可以爲公卿, 果然. 必湯也, 令天下重足而立, 側目而視矣!」

◎ 유학을 좋아한 무제

당시 한나라는 바야흐로 흉노를 무찌르고 사방 오랑캐들을 회유하고
있었다. 급암은 될 수 있으면 일을 일으키지 않도록 노력하며 무제의 한가한
틈을 보아 항상 오랑캐들과 화친하여 군사를 일으키지 않도록 권하였다.
그러나 무제는 때마침 유학儒學에 마음이 끌려 공손홍을 존중하고 있었다.
또한 나라일이 갈수록 많아지자, 관리나 백성들도 교묘하게 법을 악용하는
경우가 많았다. 이에 무제는 법률을 더욱더 세분하여 이를 다스리고자
하던 터라, 장탕 등은 새로운 법률을 만들어 더욱 황제의 총애를 받고
있었다. 그러나 급암은 늘 유학을 비난하여 공손홍 등을 면전에서 공손홍과
같은 사람들은 겉으로 지혜를 자랑하며 임금에게 아첨하여 환심을 사려
하고 있으며, 장탕과 같은 도필리들은 법률을 지나치게 따지고 교묘히
적용하여 사람들을 괴롭히고 죄에 빠뜨려 참된 마음으로 돌아갈 수 없게
만들고, 법으로 처리하는 것을 공으로 삼고 있다고 공격하였다.
그러나 무제는 더욱 공손홍과 장탕을 소중히 여겼고, 공손홍과 장탕은
마음 속 깊이 급암을 미워하였다. 천자 또한 그를 좋아하지 않아 무엇이든
빌미가 생기면 그를 주벌할 생각을 가지고 있었다.
공손홍이 승상이 되자 무제에게 이렇게 말하였다.
"우내사右內史의 관할 안에는 귀인과 종실들이 많아 다스리기 어렵습니다.
평소부터 알려진 중신이 아니면 그 소임을 다할 수는 없습니다. 급암을
우내사로 옮겨 앉히는 것이 좋겠습니다."
이리하여 급암은 우내사가 되었다. 그러나 몇 해 동안을 두고 보아도
일만 제대로 잘 될 뿐 아무 폐단도 일어나지 않았다.

是時, 漢方征匈奴, 招懷四夷. 黯務少事, 乘上閒, 常言與胡和親, 無起兵. 上方向儒術, 尊公孫弘. 及事益多, 吏民巧弄. 上分別文法, 湯等數奏決讞以幸. 而黯常毀儒, 面觸弘等徒懷詐飾智仁阿人主取容, 而刀筆吏專深文巧詆, 陷人於罪, 使不得反其眞, 以勝爲功. 上愈益貴弘·湯, 弘·湯深心疾黯, 唯天子亦不說也, 欲誅之以事. 弘爲丞相, 乃言上曰:「右內史界部中多貴人宗室, 難治, 非素重臣不能任, 請徙黯爲右內史.」爲右內史數歲, 官事不廢.

☉ 대장군 위청을 높여주는 방법

대장군 위청은 그의 누님이 황후가 되어 더욱더 높고 귀하게 되었다. 그러나 급암은 위청과 대등한 예로써 그를 대하였다. 이에 누군가가 급암을 일깨워 주었다.

"황제로부터 모든 신하들이 대장군 위청을 떠받들어 주기를 바라고 계십니다. 대장군은 신임이 두텁고 더욱 귀하게 되었습니다. 그러니 상공께서도 대장군에 대해서는 배알을 하셔야 합니다."

그러자 급암은 이렇게 말하였다.

"대장군에게 읍만 하는 나 같은 사람이 있음으로 해서 오히려 대장군을 존중하도록 해주는 것이 아니겠는가?"

대장군 위청은 이 이야기를 듣고 더욱 급암을 훌륭한 인물인 줄로 여겼다. 그리하여 국가나 조정에 대해 혹 의심나는 점이 있으면 급암에게 질문하며 그를 평생토록 후대하였다.

大將軍靑旣益尊, 姉爲皇后, 然黯與亢禮. 人或說黯曰:「自天子欲羣臣下大將軍, 大將軍尊重益貴, 君不可以不拜.」黯曰:「夫以大將軍有揖客, 反不重邪?」大將軍聞, 愈賢黯, 數請問國家朝廷所疑, 遇黯過於平生.

☉ 급암은 의에 죽을 사람

회남왕淮南王 유안劉安이 모반하려 하였을 때 급암을 두려워하며 이렇게 말하였다.

"급암은 직간을 좋아하고 절개를 지켜 의에 죽을 사람이니 옳지 못한 일로 그를 유혹할 수는 없다. 그에 비하면 승상 공손홍을 설득하는 것은 뚜껑을 열고 낙엽 떨어뜨리는 것처럼 아주 쉬운 일이다."

무제는 자주 흉노를 쳐서 승리를 거두어 급암의 주장은 갈수록 효력을 잃게 되었다.

淮南王謀反, 憚黯, 曰:「好直諫, 守節死義, 難惑以非. 至如說丞相弘, 如發蒙振落耳.」

天子旣數征匈奴有功, 黯之言益不用.

◉ 장작을 쌓듯이 나중 온 자가 위에 앉아

처음 급암이 구경에 올랐을 무렵, 공손홍과 장탕은 아직 말단의 관리였다. 그 뒤 공손홍과 장탕은 점점 높아져 급암과 같은 지위로 되었으나, 급암은 여전히 그들을 경멸하였다. 그러는 동안 공손홍은 승상으로 승진되어 후侯에 봉해지고, 장탕은 어사대부로 승진하였다. 급암이 구경으로 있었을 때의 속관들은, 모두 급암과 같은 계급으로 되거나 혹은 급암보다 더 높게 되었다. 급암은 편협한 마음에서 다소 원망하는 생각이 들어 황제를 뵙고 이렇게 말하였다.

"폐하께서 장작을 쌓듯이 신하를 등용하시니, 나중 들어온 사람이 윗자리에 오르게 됩니다."

무제는 잠자코 있었다. 잠시 후 급암이 물러가자 이렇게 말하였다.

"사람은 역시 유학의 학문이 없어서는 안 된다. 급암은 도가만을 배워 갈수록 심해지고 있다."

始黯列爲九卿, 而公孫弘·張湯爲小吏. 及弘·湯稍益貴, 與黯同位, 黯又非毁弘·湯等. 已而弘至丞相, 封爲侯; 湯至御史大夫; 故黯時丞相史皆與黯同列, 或尊用過之. 黯褊心, 不能無少望, 見上, 前言曰:「陛下用羣臣如積薪耳, 後來者居上.」上黙然. 有閒黯罷, 上曰:「人果不可以無學, 觀黯之言也日益甚.」

◉ 잎을 위한다고 가지를 잘라서야

얼마 되지 않아 흉노의 혼야왕渾邪王이 무리를 거느리고 투항해 왔다. 한나라에서는 그들을 수송하기 위해 2만 대의 수레를 징발하게 되었는데, 현관縣官에는 그만한 돈이 없어 백성들로부터 말을 빌리려 하자, 백성들 중에는 말을 숨겨 두는 자가 많았다. 이에 필요한 만큼 채울 수가 없었다. 무제는 화가 나 장안령長安令을 목베려 하였다. 그러자 급암이 말하였다.

"장안령은 죄가 없습니다. 이 급암 한 사람의 목만 베면 백성들은 곧 자진하여 말을 내놓게 될 것입니다. 하지만 그 임금을 배반하고 한나라에 항복해 온 흉노 따위는 서서히 현에서 현으로 옮겨 실어와도 충분합니다. 어찌하여 천하를 소란스럽게 하고 나라를 피폐시키면서까지 이적夷狄의 무리를 맞이하려 하십니까!"

무제는 말없이 앉아 있을 뿐이었다. 혼야왕이 장안에 도착하자, 장사꾼들은 금령을 어기며 다투어 이들과 물건을 매매하였다. 이 때문에 500명이나 잡혀 사형을 당하게 되었다. 급암은 다시 황제의 여가를 틈타 미앙궁未央宮의 고문전高門殿에서 찾아뵙고 이렇게 말하였다.

"흉노가 화친을 끊고 우리 북변의 요새들을 공격하였기에, 우리 중국도 군사를 일으켜 이를 무찌르는 과정에서 이루 헤아릴 수 없을 정도의 사상자가 났으며, 비용 또한 수백억 전에 달하였습니다. 신의 어리석은 생각으로는 폐하께서 흉노를 사로잡았을 경우에는 그들을 모두 전쟁에 나가 죽은 가족들에게 하인·하녀로 내리시고, 노획한 재물도 그같이 주시어 천하의 괴로움을 위로하시고, 백성들의 마음을 즐겁게 해 주실 것으로 알고 있었습니다. 지금 비록 그렇게 하지는 않을지라도 혼야왕이 수만 명의 무리를 거느리고 항복해 오자, 황제께서는 국고를 텅 비우면서까지 하여 그들에게 상을 내리고, 백성들로부터 징발까지 해서 그들을 위한다는 것은, 비유하면 버릇없는 자식을 위하는 것과 다를 바가 없습니다.

우리 어리석고 소박한 양민들이 장안 시중의 물건을 흉노에게 판 것이, 법관의 판결처럼 무기나 쇠 같은 물건들을 가지고 변경의 관소로 몰래 빼돌린 것과 똑같은 죄가 된다는 것인지 도무지 이해할 수가 없습니다.

폐하께서는 흉노의 물자를 가지고 천하를 위로해 주지 못할망정 분명하지도 않은 법률로써 무지한 백성 500명을 죽이려 하신 다니, 이는 이른 바 잎을 보호하기 위하여 가지를 상하게 하는 것과 같습니다. 제 생각으로는 폐하께서 해서는 안 될 일인 줄 압니다."

무제는 아무 말이 없다가 그의 건의를 물리치더니 이렇게 말하였다.

"내 오랫동안 급암의 말을 듣지 못하다가 지금 또다시 들어 보니 역시 망발을 하는구나."

그 뒤 몇 달이 지나 급암은 하찮은 법률에 저촉이 되었다. 죄는 용서받았으나 해임되었다. 이에 급암은 전원에 숨어살게 되었다.

居無何, 匈奴渾邪王率衆來降, 漢發車二萬乘. 縣官無錢, 從民貰馬. 民或匿馬, 馬不具. 上怒, 欲斬長安令. 黯曰:「長安令無罪, 獨斬黯, 民乃肯出馬. 且匈奴畔其主而降漢, 漢徐以縣次傳之, 何至令天下騷動, 罷獘中國而以事夷狄之人乎!」上黙然. 及渾邪至, 賈人與市者, 坐當死者五百餘人. 黯請閒, 見高門, 曰:「夫匈奴攻當路塞, 絶和親, 中國興兵誅之, 死傷者不可勝計, 而費以巨萬百數. 臣愚以爲陛下得胡人, 皆以爲奴婢以賜從軍死事者家; 所鹵獲, 因予之, 以謝天下之苦, 塞百姓之心. 今縱不能, 渾邪率數萬之衆來降, 虛府庫賞賜, 發良民侍養, 譬若奉驕子. 愚民安知市買長安中物而文吏繩以爲闌出財物于邊關乎? 陛下縱不能得匈奴之資以謝天下, 又以微文殺無知者五百餘人, 是所謂『庇其葉而傷其枝』者也, 臣竊爲陛下不取也.」上黙然, 不許, 曰:「吾久不聞汲黯之言, 今又復妄發矣.」後數月, 黯坐小法, 會赦免官. 於是黯隱於田園.

☻ 아첨배를 조심하시오

몇 해가 지나, 마침 오수전五銖錢을 바꾸게 되었는데, 많은 백성들은 멋대로 가짜 돈을 만들어 냈다. 특히 초나라 지역이 가장 심하였다. 무제는 회양淮陽이 초나라 지역으로 통하는 길목이라고 여겨, 급암을 불러 회양 태수로 임명하고자 하였으나, 급암은 공손히 사양하며 인印을 받지 않았다. 그러나 조서가 자주 내리고 강제로 인을 내리자, 급암은 결국은 황제의 명에 따를 수밖에 없었다. 황제가 명을 내려 급암을 불러 만나자, 급암은 황제 앞에서 울면서 이렇게 말하였다.

"신은 죽어 산골짜기에 버려질 때까지 다시는 폐하를 못 뵈올 줄 알았습니다. 폐하께서 다시 신을 등용하실 줄은 생각조차 못하였습니다. 그러나 신에게는 항상 병이 떠나지 않고 있어, 도저히 한 군郡을 통치할 만한 능력이 없습니다. 신은 이제 중랑中郎이라도 맡겨 주시어 궁중을 출입하며 잘못된 것을 바로잡고 흘린 것을 줍도록 해 주셨으면 합니다. 이것이 저의 바람입니다."

이에 무제는 이렇게 말하였다.

"그대는 회양 태수가 마음에 차지 않는다는 것이오? 짐은 곧 그대를 불러들이리라. 지금 회양의 관원과 백성들이 서로 화합이 되어 있지 않아, 짐은 그대의 위엄과 무게로써 가만히 누워 있으면서 이를 다스려 주기만 바랄 뿐이오."

급암은 하직 인사를 하고 임지로 향해 출발하면서 도중에 대행 이식李息의 집에 들러 이렇게 말하였다.

"나는 폐하의 버림을 받아 군으로 나가게 되었으니, 조정의 회의에는 참여할 수 없게 되었소. 그런데 어사대부 장탕은 그의 지혜로 넉넉히 직언하는 말을 가로막을 수 있고, 속임수로 옳지 못한 것을 좋게 꾸미기에 충분하오. 재치 있는 말을 잘하고 변론도 꽤 능한 편이지만 즐겨 천하를 위해 기꺼이 바른 말을 하지는 않소. 오로지 폐하의 뜻에 아부하고 있을 뿐이오. 폐하께서 바라지 않는 일이면 그 뜻을 따라서 비난하고, 폐하께서 바라는 일이면 그 뜻을 따라서 칭찬을 하오. 즐겨 일을 꾸미며 법률을 쥐고 흔들며, 속에 거짓을 품어 폐하의 마음을 조종하며, 밖으론 백성들을 해치는 관속들을 손발로 만들어 세도를 부리고 있소. 공께서 지금 구경 서열에 있으면서 일찌감치 이런 일들을 폐하께 말씀드리지 않으면 언젠가는 장탕과 함께 죽음을 당하게 될 것이오."

그러나 이식은 장탕이 무서워 감히 그런 말을 아뢸 수 없었다.

급암은 회양군으로 가서 일찍이 동해군을 다스리듯이 하였다. 즉 회양을 다스리는 데 그 정치는 깨끗하고 조용하고 잘 정돈되었다.

뒤에 장탕은 과연 급암의 말대로 망하고 말았다. 황제는 급암이 이식에게 말을 하였는데도, 이식이 급암의 의견을 따르지 않았다는 것을 알고 나서 이식을 처벌하였다. 또 급암에게는 제후의 재상이 받는 녹을 주어 회양에 살도록 하였다. 그로부터 7년이 지나 급암은 죽었다.

居數年, 會更五銖錢, 民多盜鑄錢, 楚地尤甚. 上以爲淮陽, 楚地之郊, 乃召拜黯爲淮陽太守. 黯伏謝不受印, 詔數彊予, 然後奉詔. 詔召見黯, 黯爲上泣曰:「臣自以爲塡溝壑, 不復見陛下, 不意陛下復收用之. 臣常有狗馬病, 力不能任郡事, 臣願爲中郎, 出入禁闥, 補過拾遺, 臣之願也.」上曰:「君薄淮陽邪? 吾今召君矣. 顧淮陽吏民不相得, 吾徒得君之重, 臥而治之.」黯旣辭行, 過大行李息, 曰:「黯弃居郡, 不得與朝廷議也. 然御史大夫張湯智足以拒諫, 詐足以飾非, 務巧佞之語, 辯數之辭, 非肯正爲天下言, 專阿主意. 主意所不欲, 因而毀之; 主意所欲, 因而譽之. 好興事, 舞文法, 內懷詐以御主心, 外挾賊吏以爲威重. 公列九卿, 不早言之, 公與之俱受其僇矣.」息畏湯, 終不敢言. 黯居郡如故治, 淮陽政淸. 後張湯果敗, 上聞黯與息言, 抵息罪. 令黯以諸侯相秩居淮陽. 七歲而卒.

◉ 급암의 사후

그가 죽은 뒤, 무제는 급암의 공로를 가상히 여겨 그의 아우 급인汲仁을 관리로 임명하였다. 급인은 구경에까지 승진되었다. 급암의 아들 급언汲偃은 제후의 재상에까지 승진하였다.

또 급암의 조카 사마안司馬安은 젊었을 때, 급암처럼 태자세마로 있었으며 법에도 정통하였다. 그는 간사한 행동을 하는 자들을 잘 다스렸다. 그는 네 번이나 구경에 올랐고, 하남군 태수로 있다가 죽었다. 그의 형제 중 사마안의 공로에 의해 같은 때 2천 석의 높은 벼슬에 오른 자가 10명이나 되었다.

그의 고향 복양濮陽 사람 단굉段宏은 처음에 갑후蓋侯 왕신王信을 섬겼다. 왕신은 단굉을 신임하였다. 단굉도 두 번 구경에 올랐다. 그러나 위衛 지역 출신으로 벼슬에 오른 사람들은 모두 급암을 존경하고 두려워하여 그의 밑에 있었다.

卒後, 上以黯故, 官其弟汲仁至九卿, 子汲偃至諸侯相. 黯姑姊子司馬安亦少與黯爲太子洗馬. 安文深巧善宦, 官四至九卿, 以河南太守卒. 昆弟以安故, 同時至二千石者十人. 濮陽段宏始事蓋侯信, 信任宏, 宏亦再至九卿. 然衛人仕者皆嚴憚汲黯, 出其下.

〈2〉정당시鄭當時

◎ 많은 사람을 사귄 정당시

정당시鄭當時의 자는 장莊이며 진陳 사람이다. 그의 선조 정군鄭君은 일찍이 항우項羽의 장수였으나, 항우가 죽은 뒤 한나라로 귀순하였다. 고조가 항우의 신하였던 자들에게 항우의 이름을 부르게 한 일이 있었는데 정군만은 고조의 명령에 따르지 않았다. 고조는 조서를 내려 항우의 이름을 말한 사람은 모두 대부大夫에 임명하였으나 정군은 내쫓아 버렸다. 정군은 문제 때 죽었다.

문제 때 정장鄭莊은 협객으로 자처하였다. 그는 장우張羽를 재난에서 구해 준 사건으로 초나라, 양나라에 널리 명성을 떨치게 되었다. 경제 때 그는 태자의 사인舍人이 되었다. 닷새마다 하루 돌아오는 휴가에는 항상 역마를 장안의 모든 교외에 배치시켜 두고, 옛 친구들을 찾아보고 빈객들을 초청하여 밤을 새울 정도였지만, 마음 속으로는 항상 골고루 찾아보지 못하면 어쩌나 하고 염려하였다.

정장은 황제와 노자의 학설을 좋아하였고, 덕망 있는 사람들을 좋아하여 그들을 만나지 못할까 늘 걱정하였다.

나이는 젊고 벼슬도 낮았지만, 그가 교제하고 알고 지내는 사람들은 모두 할아버지 같은 연배의 천하에 이름이 알려진 선비들이었다.

무제가 즉위하자, 정장은 노나라의 중위中尉, 제남군의 태수, 강도국의 재상 등을 차례로 역임하였고, 구경에 올라 우내사가 되었다. 무안후 전분과 위기후魏其侯 두영竇嬰의 논쟁에 연루되어 첨사詹事로 강등되었다가 다시 대농령大農令으로 옮겨졌다.

鄭當時者, 字莊, 陳人也. 其先鄭君嘗爲項籍將; 籍死, 已而屬漢. 高祖令諸故項籍臣名籍, 鄭君獨不奉詔. 詔盡拜名籍者爲大夫, 而逐鄭君. 鄭君死孝文時.

鄭莊以任俠自喜, 脫張羽於阨, 聲聞梁楚之閒. 孝景時, 爲太子舍人. 每五日洗沐, 常置驛馬長安諸郊, 存諸故人, 請謝賓客, 夜以繼日, 至其明旦, 常恐不徧. 莊好黃老之言, 其慕長者如恐不見. 年少官薄, 然其游知交皆其大父行, 天下有名之士也. 武帝立, 莊稍遷爲魯中尉·濟南太守·江都相, 至九卿爲右內史. 以武安侯·魏其時議, 貶秩爲詹事, 遷爲大農令.

● 남을 칭찬할 줄 알았던 정당시

정장은 태사로 있을 때, 문하에 있는 사람들을 이렇게 훈계하였다.

"손님이 찾아왔을 경우엔 귀천을 가리지 말고 정중히 맞아들여 문간에 세워 두는 일이 없도록 하라."

이같이 높은 지위에 있으면서도 손님과 주인의 예절로써 자신을 낮추었다. 정장은 청렴하여 집안 살림을 돌보지 않았으며, 봉록이나 하사품으로 빈객들을 대접하였다. 그러나 그가 남에게 선물하는 것은 대나무 그릇에 담은 음식 정도에 지나지 않았다.

또 조회에 들어갈 때마다 틈나는 대로 무제에게 이야기를 하곤 했는데 그때마다 천하의 훌륭한 사람에 대해 말하지 않는 적이 없었다. 그가 선비나 관속이나 승사丞史 등을 추천할 때는 그 말의 내용이 여간 재미있는 것이 아니었다. 그런 것을 말할 때면, 언제나 예를 들어 자기보다 훌륭하다는 점을 보여 주었다. 관리들의 이름을 함부로 부르는 일은 한 번도 없었고, 관속들과 이야기를 주고받을 때에도 혹시 그의 마음을 상하게 할까 염려하는 것 같았다. 남의 좋은 말을 들으면 곧 그것을 무제에게 전해 드리면서 한편으로 그래도 늦지 않았나 하고 걱정하였다. 이 때문에 산동山東의 모든 선비들은 기꺼이 그를 찾아 모여들며 칭송을 아끼지 않았다.

莊爲太史, 誡門下:「客至, 無貴賤無留門者.」執賓主之禮, 以其貴下人. 莊廉, 又不治其産業, 仰奉賜以給諸公. 然其餽遺人, 不過算器食. 每朝, 候上之閒, 說未嘗不言天下之長者. 其推轂士及官屬丞史, 誠有味其言之也,常引以爲賢於己. 未嘗名吏, 與官屬言, 若恐傷之. 聞人之善言, 進之上, 唯恐後. 山東士諸公以此翕然稱鄭莊.

◈ 언제나 부드럽게 황제의 뜻을 따라

정장이 대홍수로 인해 황하가 범람한 상황을 살펴보고 오라는 황제의 명령을 받았을 때, 그는 여행 떠날 준비를 하기 위해 닷새의 말미를 청하였다. 그러자 황제는 이렇게 말하였다.

"짐은 '정장은 천 리의 먼길을 떠날 때에도 식량을 가지고 가지 않는다'라고 들었는데 지금 여행 준비를 해야겠다고 청하는 것은 어찌된 일이오?"

그런데 정장은 조정에서는 언제나 부드럽게 황제의 의사에 따르며 일의 옳고 그른 것을 심하게 따지지 않았다.

그의 만년에 이르러, 한나라는 흉노를 무찌르고 사방의 오랑캐들을 달래느라 가외로 지출되는 비용이 쌓이고 쌓여 재정이 더욱 핍박해졌다.

이 무렵 정장은, 자신이 보증인이 되어 어느 빈객을 대사농大司農의 관청에서 물건을 운반하는 고용인으로 천거하였다. 그런데 그 빈객은 갚을 수 없는 많은 빚을 지게 되었다. 그 뒤 사마안이 회양군 태수로 있으면서 그 사건을 들추어 내었다. 그 때문에 정장은 법에 저촉되었으나 속죄금을 낸 다음 평민이 되었다.

그로부터 얼마 되지 않아 다시 장사長史로 있게 되었으나, 황제는 정장이 너무 늙었다고 여겨 여남汝南 태수로 보냈다. 정장은 몇 해를 지나 현직에 있으면서 죽었다.

鄭莊使視決河, 自請治行五日. 上曰:「吾聞『鄭莊行, 千里不齎糧』, 請治行者何也?」然鄭莊在朝, 常趨和承意, 不敢甚引當否. 及晚節, 漢征匈奴, 招四夷, 天下費多, 財用益匱. 莊任人賓客爲大農僦人, 多逋負. 司馬安爲淮陽太守, 發其事, 莊以此陷罪, 贖爲庶人. 頃之, 守長史. 上以爲老, 以莊爲汝南太守. 數歲, 以官卒.

◉ 청렴하기 그지없었다

 정장과 급암은 처음 구경에 올랐을 때, 청렴하고 하는 일이 모두 결백하였다. 두 사람은 중도에 파면되었을 때, 집이 가난하였기 때문에 빈객들은 점차로 흩어졌다. 군의 태수 등으로 있었으나 죽은 뒤 남긴 재산이라고는 조금도 없었다. 정장의 형제와 자손들로 정장의 공로에 의해 2천 석의 높은 벼슬에 오른 사람이 예닐곱 명 있었다.

 鄭莊·汲黯始列爲九卿, 廉, 內行脩絜. 此兩人中廢, 家貧, 賓客益落. 及居郡, 卒後家無餘賫財. 莊兄弟子孫以莊故, 至二千石六七人焉.

◉ 사마천의 평어

 나 태사공은 이렇게 생각한다.
 급암과 정당시 같은 현자로서도 세력이 있으면 빈객들이 열 배로 불어나고, 세력이 없으면 그렇지 못하였으니 하물며 보통 사람의 경우야 어떠하겠는가!
 하규下邽의 적공翟公은 이렇게 말하였다.
 "처음 내가 정위가 되었을 때, 밀려드는 빈객들이 문 앞을 가득 메웠다. 벼슬이 떨어지자, 대문 밖에 참새 그물을 쳐도 될 정도로 사람의 출입이 드물어졌다. 다시 정위가 되자, 또 빈객들이 밀어닥치기 시작하였다. 이에 나는 이런 글을 대문에다 크게 써 붙였다. '한 번 죽고 한 번 삶으로써 곧 사귐의 정을 알게 되고, 한 번 가난하고 한 번 부함으로써 사귐의 모습을 알게 되며, 한 번 출세하였다가 한 번 천해짐으로써 사귐의 진심을 곧 알게 된다.'"
 급암과 정당시에 대해서도 똑같이 말할 수 있으니 슬프도다!

 太史公曰: 夫以汲·鄭之賢, 有勢則賓客十倍, 無勢則否, 況衆人乎! 下邽翟公有言, 始翟公爲廷尉, 賓客闐門; 及廢, 門外可設雀羅. 翟公復爲廷尉, 賓客欲往, 翟公乃大署其門曰:「一死一生, 乃知交情. 一貧一富, 乃知交態. 一貴一賤, 交情乃見.」 汲·鄭亦云, 悲夫!

061(121) 유림 열전 儒林列傳

◉ 사마천의 평어

나 태사공은 이렇게 생각한다.

나는 학교에 대한 법령인 '공령 功令'을 읽다가 '학관學官의 장려책'에 이르러 책을 덮고 탄식하지 않는 적이 없었다. 그리고 탄식한다. 슬프다! 주나라 왕실이 쇠해지자, 시의 〈관저關雎〉편이 지어졌고, 유왕幽王·여왕厲王이 무도하였던 탓으로 예악禮樂은

儒家 〈講經圖〉

파괴되었으며, 제후들이 방자하게 굴어 정치의 실권은 세력이 강한 나라로 옮겨져 갔다.

그리하여 공자는 왕도王道가 무너져 가고 사도邪道가 흥해 가는 것을 슬퍼한 나머지, 《시》와 《서》를 논하여 차례를 정하여 인도人道를 바로잡고 예악을 고쳐 다시 일으켰다. 공자는 제나라로 가서 순임금의 음악 〈소韶〉를 듣고 크게 감동하여 석 달 동안이나 고기 맛을 몰랐으며, 노나라 음악은 그가 위衛나라에서 노나라로 돌아온 뒤에야 비로소 바로잡혀 〈아송雅頌〉이 각각 제자리를 찾게 되었다.

그러나 세상이 워낙 혼탁해 있었기 때문에 그를 알고 써 주는 사람이 없었다. 그리하여 공자는 70여 명의 군주를 찾아가 쓰이기를 바랐으나 그를 후대해 주는 군주는 없었다. 이에 공자는 '참으로 나를 써 주는 군주가 있다면 1년 안에 성과를 보여 줄 수 있을 텐데'라고 안타까워하였다. 그리고 서쪽 지역에서 사냥을 나가 기린을 잡았다는 소식을 듣자 '내 도道는 끝났다'고 한탄하였다.

그리하여 공자는 노나라 사관의 기록을 바탕으로 《춘추》를 지어 군주의 법도를 세웠다. 《춘추》는 그 언사가 미묘하고 내용이 넓고 깊어, 후세 학자들은 대부분 이를 바탕으로 하여 기록하고 있다.

太史公曰: 余讀功令, 至於廣厲學官之路, 未嘗不廢書而歎也. 曰: 嗟乎! 夫周室衰而〈關雎〉作, 幽厲微而禮樂壞, 諸侯恣行, 政由彊國. 故孔子閔王路廢而邪道興, 於是論次《詩書》, 修起禮樂. 適齊聞〈韶〉, 三月不知肉味. 自衛返魯, 然後樂正, 《雅頌》各得其所. 世以混濁莫能用, 是以仲尼干七十餘君無所遇, 曰「苟有用我者, 期月而已矣」. 西狩獲麟, 曰「吾道窮矣」. 故因史記作《春秋》, 以當王法, 其辭微而指博, 後世學者多錄焉.

☺ 공자 사후의 학문

공자가 죽은 뒤, 그의 70여 명 제자들은 사방으로 흩어져 여러 제후들을 유세하였다. 그들은 높게는 사부師傅나 경卿, 상相이 되었고, 낮게는 사대부의 친구나 스승, 또 어떤 이는 초야에 숨어 나타나지 않은 이도 있었다.

그 때문에 자로子路는 위衛나라에서, 자장子張은 진陳나라에서, 담대자우澹臺子羽는 초나라에서, 자하子夏는 서하西河에서, 자공子貢은 제나라에서 생애를 마쳤다. 전자방田子方·단간목段干木·오기吳起·금골리禽滑釐 등은 모두 학업을 자하와 같은 사람들로부터 전수받아 임금의 스승이 되었다. 당시의 제후들 중에는 위魏나라 문후文侯만이 학문을 좋아하였다.

그 뒤 세상은 점점 쇠해져 진나라 시황제에 이르기까지 천하의 모든 나라들은 서로 다투어 전국시대戰國時代를 이루었다. 이 시기에 유가儒家 학술은 배척당하고 말았지만, 제·노 두 나라에서만은 학문하는 사람이 끊이지 않고 뒤를 이어 갔다. 제나라 위왕威王·선왕宣王 시대에는 맹자孟子·순자荀子와 같은 계열의 사람들이 모두 공자의 유업을 이어받아 이를 빛냄으로써 학문이 당대에 알려졌다.

自孔子卒後, 七十子之徒散游諸侯, 大者爲師傅卿相, 小者友敎士大夫, 或隱而不見. 故子路居衛, 子張居陳, 澹臺子羽居楚, 子夏居西河, 子貢終於齊.

如田子方·段干木·吳起·禽滑釐之屬, 皆受業於子夏之倫, 爲王者師. 是時獨魏文侯好學. 後陵遲以至于始皇, 天下並爭於戰國, 儒術旣絀焉, 然齊魯之間, 學者獨不廢也. 於威·宣之際, 孟子·荀卿之列, 咸遵夫子之業而潤色之, 以學顯於當世.

◉ 분서갱유에 대한 반발

진나라 말기에 이르자 《시》와 《서》를 불태우고 유가들을 매장시키는 바람에 〈육예六藝, 六經〉는 이때 없어져 전하지 않게 되었다.

진섭陳涉이 왕위에 오르자, 노나라의 모든 선비들은 공자가 쓰던 예기禮器를 가지고 진陳나라 왕에게로 귀속하였다. 이리하여 공갑孔甲은 진섭의 박사博士가 되었다가 마침내 그와 함께 죽었다. 진섭은 필부의 몸으로서 일어나 변경을 수비하러 떠나가는 오합지졸들을 모아서 석 달이 채 되지 않아 초나라에서 왕이 되었으나 반 년을 버티지 못하고 멸망하였다. 이러한 일은 아주 보잘것없는 일인데, 유학자들이 공자의 예기를 가지고 나아가 그에게 예물로 바치고 신하가 된 것은 무엇 때문일까? 진秦나라가 그 많은 책들을 불살라 버림으로써 쌓이고 쌓인 울분을 진陳나라 왕에게 쓰이는 것으로 삭이려 한 것이다.

及至秦之季世, 焚《詩書》, 阬術士, 《六藝》從此缺焉. 陳涉之王也, 而魯諸儒持孔氏之禮器往歸陳王. 於是孔甲爲陳涉博士, 卒與涉俱死. 陳涉起匹夫, 瓯瓦合適戍, 旬月以王楚, 不滿半歲竟滅亡, 其事至微淺, 然而縉紳先生之徒負孔子禮器往委質爲臣者, 何也? 以秦焚其業, 積怨而發憤于陳王也.

◉ 한나라 제왕들의 학문 경향

한나라 고조高祖가 항적項籍을 무찌르고 노나라를 포위하게 됨에 이르러, 노나라 선비들은 그런 가운데서도 여전히 경서를 강의하고 낭송하면서 예악을 익혔다. 현가絃歌의 소리가 끊이지 않았다 하니 성인이 남긴 교화의 유덕으로 예악을 좋아하던 나라라 아니할 수 있겠는가?

그러므로 공자는 진陳나라에 있으면서도 '돌아가자, 돌아가자. 내 고향 젊은이들은 뜻이 큰 데다 진취의 기상마저 넘쳐흘러, 찬연히 그 문장을 이룩하고 있으면서도 이를 재단하는 방법을 모르고 있다'고 말하였던 것이다.

대체로 제나라와 노나라 사람들이 예부터 학술을 좋아한 점은 천성이라 할 수 있다. 그러므로 한나라가 일어난 뒤 모든 선비들은 비로소 이들 두 나라의 경서經書와 예서藝書, 六經를 배워 익혔고 대사례大射禮·향음례鄕飮禮를 강습할 수 있었다.

숙손통叔孫通은 한나라에 예법을 세워 그 공로로 태상太常이 되었다. 그의 모든 제자들 가운데 그와 함께 예의를 제정한 사람들도 모두 벼슬길에 올랐다. 이리하여 고조는 유림儒林이 쇠퇴되어 있는 것을 탄식하고 학문을 일으켰다. 그러나 아직도 무력으로 천하를 평정하고 있었기 때문에 상서庠序를 갖춰 정비할 겨를이 없었다.

혜제孝惠帝와 여후呂后 시대의 공경들은 모두 무공을 세운 신하들이었다. 문제孝文帝 시대에는 다소 문학하는 선비들이 등용되기도 하였지만 그러나 문제는 원래 형명학刑名學을 좋아하였다.

경제 시대에 들어와서도 유학자들은 등용되지 않았고, 또 두태후竇太后 역시 황로술黃老術을 좋아하였으므로, 여러 박사들은 형식적인 관직으로 대기 상태에 있었을 뿐 더 이상 승진한 사람은 없었다.

及高皇帝誅項籍, 擧兵圍魯, 魯中諸儒尙講誦習禮樂, 弦歌之音不絶, 豈非聖人之遺化, 好禮樂之國哉? 故孔子在陳, 曰「歸與歸與! 吾黨之小子狂簡, 斐然成章, 不知所以裁之」. 夫齊魯之閒於文學, 自古以來, 其天性也. 故漢興, 然後諸儒始得脩其經藝, 講習大射鄕飮之禮. 叔孫通作漢禮儀, 因爲太常, 諸生弟子共定者, 咸爲選首, 於是喟然歎興於學. 然尙有干戈, 平定四海, 亦未暇遑庠序之事也. 孝惠·呂后時, 公卿皆武力有功之臣. 孝文時頗徵用, 然孝文帝本好刑名之言. 及至孝景, 不任儒者, 而竇太后又好黃老之術, 故諸博士具官待問, 未有進者.

◈ 유가 경전의 전수와 강학

지금의 황제 무제가 즉위할 무렵, 조관趙綰·왕장王臧 등이 유학에 정통해 있었고, 또 무제 역시 유학에 뜻이 있었으므로, 방정方正·현량賢良·문학文學의 선비들을 부르게 되었다.

儒林 像

이런 뒤로부터 《시》를 강론하는 사람으로 노나라의 신배공申培公, 제나라의 원고생轅固生, 연나라의 한태부韓太傅가 있었다.

《서》를 강론한 사람은 제남의 복생伏生이 있었으며, 《예기》를 강론한 사람은 노나라의 고당생高堂生에서 비롯하였다.

《역》을 강론한 사람은 치천菑川의 전생田生으로부터 시작되었으며, 《춘추》를 강론한 사람은 제나라와 노나라에서 호무생胡毋生, 조나라에서는 동중서董仲舒로부터 비롯하였다.

두태후가 죽고, 무안후武安侯 전분田蚡이 승상이 되어, 황제·노자와 형명刑名과 백가百家의 학설을 물리치고, 학식이 풍부한 유학자 수백 명을 등용하였다. 그 중 공손홍公孫弘은 《춘추》로 한낱 평민에서 삼공三公에 올라 평진후平津侯에 봉해졌다. 이리하여 천하에서 학문에 뜻을 둔 사람들은 바람에 휩쓸리듯 유학을 숭상하는 풍조를 따르게 되었다.

及今上卽位, 趙綰·王臧之屬明儒學, 而上亦鄉之, 於是招方正賢良文學之士. 自是之後, 言《詩》於魯則申培公, 於齊則轅固生, 於燕則韓太傅. 言《尚書》自濟南伏生. 言《禮》自魯高堂生. 言《易》自菑川田生. 言《春秋》於齊魯自胡毋生, 於趙自董仲舒. 及竇太后崩, 武安侯田蚡爲丞相, 絀黃老·刑名百家之言, 延文學儒者數百人, 而公孫弘以《春秋》白衣爲天子三公, 封以平津侯. 天下之學士靡然鄉風矣.

❀ 공손홍의 상주문

공손홍은 학관學官이 되어 유학이 침체되어 있음을 슬퍼하여 이렇게 주청하였다.

"승상과 어사대부의 말에 의하면, 폐하의 조칙에 '백성을 인도하는 데는 예禮로써 하고, 풍속을 교화하는 데는 음악으로 한다. 더구나 혼인은 가정을 형성하는 큰 윤리인데, 지금 예는 쓰여지지 않고 있고, 음악은 무너져 있어 짐은 심히 이를 슬퍼하고 있다. 이에 천하의 품행이 바르고 견문이 넓은 선비들을 빠짐없이 불러 모두 조정에다 등용시키려 한다. 예관禮官에게 명하여 학문을 권장하되 강론과 토의로써 학문을 널리 보급하고, 예를 일으켜 천하의 본보기가 되게 하려는 것이니, 태상은 박사 및 그 제자들과 의논하여 향리의 교화를 숭상함으로써 널리 현명한 인재들을 많이 배출시키도록 하라'고 하셨다 합니다. 이에 삼가 태상인 공장孔臧과 박사인 평平 등과 의논 끝에 조사해 보았더니 하·은·주 삼대의 백성을 다스리는 방법으로 향리마다 교육기관이 있었던바, 이를 하나라 때에는 교校, 은나라 때에는 서序, 주나라 때에는 상庠이라 불렀다 하며, 선善을 권장하는 방법으로 선을 행한 자에게는 조정에서 표창하고, 악을 징계할 경우에는 형벌을 가하였다고 합니다. 그러므로 교화를 시행하려면 먼저 본보기를 세워 수도에서부터 시작되어 안에서부터 밖으로 이르게 하여야 함을 알게 되었습니다.

지금 폐하께서는 덕에 이르는 길을 열어 밝힘으로써 천지와 안배하고, 인륜에 근거하여 학문을 권장하고, 예를 닦으며 교화를 숭상하고 어진 선비를 격려하여 이로써 사방을 통솔하심으로써, 이는 태평성대의 근원이 되십시오. 옛날에는 정치와 교육이 조화를 이루지 못하여 제도가 갖춰지지 않았습니다. 바라건대 예부터의 관제官制를 바탕으로 정치와 교육을 일으키도록 허락하여 주십시오. 즉 박사의 직책을 강화하기 위하여 그 밑에 제자 50명을 두고, 그들에게는 부역을 면제하여 주십시오. 그리고 태상은 18세 넘은 백성들 중에서 품행과 행실이 단정한 사람을 골라 제자로서 박사를 보필하게 합니다. 군郡·국國·현·도·읍에 학문을 좋아하고 어른을 공경하며, 정교를 잘 지키고 향리의 관례에 잘 순종하며, 그 언행과 품행이 듣는 바와 같이 틀림없는 자가 있으면, 현령·제후국의 상相과 현장縣長 및 현승縣丞들은 그들을 직속 상관인 2천 석에게 추천합니다. 2천 석은 그들 중에서 우수한 사람들을 신중히 가려내어 계리計吏와 함께 태상에게 보내어 박사의 제자들과 마찬가지로 학업을 받게 합니다. 그리고 1년이 지나면 그들 모두에게 시험을 치르게 합니다. 그리하여 능히 한 가지 이상에 능통한 사람이면, 문학文學이나 장고掌故의 결원에 충원하도록 합니다. 또한 그 중에서 낭중郎中으로 발탁시켜도 좋을 만큼 특히 뛰어난 사람이 있으면 태상이 명부를 작성하여 보고토록 하고, 만일 놀라울 정도로 재주가 뛰어난 사람이 있으면, 그의 이름을 품계하여 올리도록 합니다. 그러나 학업에 힘쓰지 않는 사람, 혹은 재주가 부족한 사람, 한 가지 예에도 통할 수 없는 사람은 곧 배제시켜 돌려보내는 겁니다. 이런 부적격자를 많이 추천한 사람은 처벌하여 주십시오.

　신들이 삼가 지금까지 공포된 조서와 율령들을 감안해 보건대, 천인天人의 한계를 분명히 하셨고, 고금古今의 의義에 통달하셨습니다. 또한 문장은 단아하고, 가르친 말은 깊고 두터우며, 은혜를 베푸심은 심히 아름답습니다. 그런데도 신 등 아래의 벼슬아치들은 배운 것이 얕고 들은 것이 적어 이를 능히 밝혀 펴지 못하고, 백성들에게도 똑똑히 일러 깨우쳐 주지 못하고 있습니다. 치례治禮와 장고掌故의 인재를 선발하였는데, 그들은 학문과 예의禮義로써 관리가 되었으나, 그들의 승진과 영전의 길은 막힌 채 있습니다. 바라건대 그들 중 직급이 비比 200석 이상에서 100석까지의 관리로서 한 가지 예藝 이상에 통해 있는 사람을 선발하여 좌우내사左右內史·대행大行의 졸사卒史에 보임토록 하고, 비 100석 이하의 사람은 군郡 태수의 졸사에 보임하되 내지內地에 있는 군에는 각각 2명씩, 변방에 있는 군에는 각각 1명씩을 두도록 하십시오. 또한 임용에 있어서는 경서를 많이 외고 있는 사람부터 우선 채용하도록 하고, 만일 인원이 부족하면 장고에서 골라 중中 2천 석의 속관屬官으로 보충하고, 문학·장고로 있는 사람들을 군郡의 속내관에 보충하면서 예비 인원을 두십시오. 이것을 '공령功令'에 기재하고, 그 외의 것은 율령律令에 따라서 해 주시기를 아뢰어 청합니다."

그러자 무제는 이렇게 재가하였다.

"그리 하시오."

그 뒤로부터 공경·대부·사士·이吏 가운데는 문학하는 선비가 두드러지게 많아졌다.

公孫弘爲學官, 悼道之鬱滯, 乃請曰:「丞相御史言: 制曰『蓋聞導民以禮, 風之以樂. 婚姻者, 居室之大倫也. 今禮廢樂崩, 朕甚愍焉. 故詳延天下方正博聞之士, 咸登諸朝. 其令禮官勸學, 講議洽聞興禮, 以爲天下先. 太常議, 與博士弟子, 崇鄉里之化, 以廣賢材焉』. 謹與太常臧·博士平等議曰: 聞三代之道, 鄉里有敎, 夏曰校, 殷曰序, 周曰庠. 其勸善也, 顯之朝廷; 其懲惡也, 加之刑罰. 故敎化之行也, 建首善自京師始, 由內及外. 今陛下昭至德, 開大明, 配天地, 本人倫, 勸學脩禮, 崇化屬賢, 以風四方, 太平之原也. 古者政敎未洽, 不備其禮, 請因舊官而興焉. 爲博士官置弟子五十人, 復其身. 太常擇民年十八已上, 儀狀端正者, 補博士弟子. 郡國縣道邑有好文學, 敬長上, 肅政敎, 順鄉里, 出入不悖所聞者, 令相長丞上屬所二千石, 二千石謹察可者, 當與計偕, 詣太常, 得受業如弟子. 一歲皆輒試, 能通一藝以上, 補文學掌故缺; 其高弟可以爲郎中者, 太常籍奏. 卽有秀才異等, 輒以名聞. 其不事學若下材及不能通一藝, 輒罷之, 而請諸不稱者罰. 臣謹案詔書律令下者, 明天人分際, 通古今之義, 文章爾雅, 訓辭深厚, 恩施甚美. 小吏淺聞, 不能究宣, 無以明布諭下. 治禮次治掌故, 以文學禮義爲官, 遷留滯. 請選擇其秩比二百石以上, 及吏百石通一藝以上, 補左右內史·大行卒史; 比百石已下, 補郡太守卒史: 皆各二人, 邊郡一人. 先用誦多者, 若不足, 乃擇掌故補中二千石屬, 文學掌故補郡屬, 備員. 請著功令. 佗如律令.」制曰:「可.」自此以來, 則公卿大夫士吏斌斌多文學之士矣.

◉ 신배공과 《시경》

신공申公, 申培公은 노나라 사람이다. 한 고조가 노나라를 지나게 되었을 때, 신공은 제나라 부구백浮丘伯의 제자로서 그의 스승을 따라 노나라

남궁南宮에서 고조를 알현하였다. 여태후呂太后 당시 신공은 장안으로 유학와서 유영劉郢과 함께 그 무렵 장안에 와 있던 부구백에게서 배웠다. 그 뒤 유영이 초나라 왕이 되자, 신공은 왕의 명령으로 태자 유무劉戊의 스승이 되었는데, 학문을 좋아하지 않았던 유무는 신공을 미워하였다. 그 때문에 왕 유영이 죽은 뒤 새로 초나라 왕이 된 유무는 신공을 노예 신분의 서미胥靡가 되게 하였다.

이렇듯 수치를 당한 신공은, 노나라로 돌아오자 집에서 제자들을 가르치며 평생 문 밖에 나가지 않았을 뿐더러 또 빈객들의 방문도 거절하고 있었다. 그러나 노나라 공왕恭王이 불렀을 때만은 나갔다. 제자들은 먼 지방에서도 찾아와 학업을 받았는데, 그 수는 100명이 넘었다. 신공은《시》만을 구술할 뿐, 해설에 관한 책은 만들지 않았다. 의혹 없는 부분만 전하고 또 의심이 나는 시는 빼버리고 전하지 않았다.

申公者, 魯人也. 高祖過魯, 申公以弟子從師入見高祖于魯南宮. 呂太后時, 申公游學長安, 與劉郢同師. 已而郢爲楚王, 令申公傅其太子戊. 戊不好學, 疾申公. 及王郢卒, 戊立爲楚王, 胥靡申公. 申公恥之, 歸魯, 退居家教, 終身不出門, 復謝絶賓客, 獨王命召之乃往. 弟子自遠方至受業者百餘人. 申公獨以《詩》經爲訓以教, 無傳(疑), 疑者則闕不傳.

❀《시》의 전수와 명당의 문제

난릉蘭陵의 왕장王臧은 신공에게서《시》를 배운 다음 경제를 섬겨 태자소부太子少傅가 되었으나 얼마 뒤 면직되어 물러났다. 무제가 즉위하자, 왕장은 글을 올려 다시 숙위宿衛가 되었으며, 그 후 계속 승진하여 1년 만에 낭중령까지 올랐다. 또 대代의 조관趙綰도 일찍이 신공에게서《시》를 배웠으며 어사대부에 올랐다.

조관과 왕장은 천자에게 주청하여 명당明堂을 세워 제후들을 입조하도록 하려 했으나, 역부족이었으므로 스승인 신공을 천거하였다.

이에 무제는 사신에게 속백束帛에 구슬을 첨가한 예물을 주어 네 마리 말이 끄는 안거安車로 신공을 맞아오게 하였다. 이 때 제자 두 사람이 역마차를 타고 함께 따라와 같이 천자를 알현하였다. 이 자리에서 천자가 치란治亂에 대해 묻자, 신공은 그때 이미 나이 80이 넘은 노인이었는데도 이렇게 대답하였다.

"옳은 정치는 말을 많이 하는 데 있는 것이 아니라, 어떻게 힘써 행하느냐에 달려 있습니다."

당시 천자는 문사文詞를 좋아하였으므로 신공의 대답을 듣자 더는 말이 없었다. 그러나 이미 불러 올린 터라 태중대부太中大夫에 임명하고 노나라 왕의 저택을 숙소로 하여 명당 일에 대해 의논토록 하였다.

마침 두태후竇太后는 노자老子의 학설을 좋아하고 유학을 좋아하지 않았다. 이에 두태후는 조관과 왕장의 허물을 찾아내어 무제를 책망하였다. 무제는 이 때문에 명당 세우는 일을 중지하고 조관·왕장을 형리에게 넘겼다. 그 뒤 두 사람은 자살하였고, 신공도 병으로 고향으로 돌아간 지 몇 년 뒤에 죽었다.

蘭陵王臧旣受《詩》, 以事孝景帝爲太子少傅, 免去. 今上初卽位, 臧迺上書宿衛上, 累遷, 一歲中爲郎中令. 及代趙綰亦嘗受《詩》申公, 綰爲御史大夫. 綰·臧請天子, 欲立明堂以朝諸侯, 不能就其事, 乃言師申公. 於是天子使使束帛加璧安車駟馬迎申公, 弟子二人乘軺傳從. 至, 見天子. 天子問治亂之事, 申公時已八十餘, 老, 對曰:「爲治者不在多言, 顧力行何如耳.」是時天子方好文詞, 見申公對, 默然. 然已招致, 則以爲太中大夫, 舍魯邸, 議明堂事. 太皇竇太后好老子言, 不說儒術, 得趙綰·王臧之過以讓上, 上因廢明堂事, 盡下趙綰·王臧吏, 後皆自殺. 申公亦疾免以歸, 數年卒.

❀ 신공의 제자들

그의 제자 중에 박사가 된 사람도 10여 명이나 있었다. 즉 공안국孔安國은 임회臨淮 태수가 되었고, 주패周霸는 교서국膠西國의 내사가 되었으며, 하관夏寬은 성양국城陽國의 내사가 되었고, 탕陽의 노사魯賜는 동해東海의 태수가 되었으며, 난릉의 무생繆生은 장사長沙의 내사內史가 되었고, 서언徐偃은 교서국의 중위中尉가 되었으며, 추鄒 사람인 궐문경기闕門慶忌는 교동국膠東國의 내사가 되었다.

그들은 관리와 백성들을 통치하는 데 있어서는 학문을 좋아하는 사람답게 모두 청렴과 예절을 지켰다.

신공의 제자로서 학관이 된 사람 모두가 품행이 완전하였다고까지 할 수는 없으나, 그래도 대부·낭중·장고에 이른 사람이 100여 명이나 되었고, 그들의 《시》에 대한 해설은 각각 다르기는 하였을지언정 대부분은 신공의 학설에 바탕을 두고 있었다.

弟子爲博士者十餘人: 孔安國至臨淮太守, 周霸至膠西內史, 夏寬至城陽內史, 碭魯賜至東海太守, 蘭陵繆生至長沙內史, 徐偃爲膠西中尉, 鄒人闕門慶忌爲膠東內史. 其治官民皆有廉節, 稱其好學. 學官弟子行雖不備, 而至於大夫·郎中·掌故以百數. 言《詩》雖殊, 多本於申公.

◉ 천명이냐 시해냐

청하왕淸河王의 태부 원고생轅固生은 제나라 사람이다. 《시》에 정통하여 경제 때 박사가 되었다. 그는 경제 앞에서 황생黃生과 논쟁을 벌인 일이 있었다. 먼저 황생이 말하였다.

"은나라 탕왕湯王과 주나라 무왕武王은 천명을 받은 것이 아니라, 그 임금을 시해한 것에 불과합니다."

이 말에 원고생이 반박하였다.

"그렇지 않습니다. 대체로 하나라의 걸왕이나 은나라의 주왕이 포학하고 난폭한 임금이었기 때문에, 천하 인심이 모두 탕왕과 무왕에게로 돌아갔던 것입니다. 탕왕과 무왕은 천하 인심을 좇아 걸왕과 주왕을 쳤던 것입니다. 걸왕과 주왕의 백성들은 그들 임금한테서 부림을 당하는 것이 싫어서 탕왕과 무왕에게 귀속해 왔으므로, 탕왕과 무왕은 하는 수 없이 즉위한 것입니다. 이것이 천명을 받은 것이 아니고 무엇이겠습니까?"

황생이 말하였다.

"모자는 아무리 낡아 해졌어도 머리에 쓰는 것이며, 신발은 아무리

새것이라도 발에 신는 것입니다. 그 이유는 상하의 구분이 분명히 있기 때문입니다. 걸왕과 주왕이 비록 군주의 도리를 잃었다 하더라도 역시 군주로서 위에 있어야 하였으며, 탕왕과 무왕이 비록 성인聖人이더라도 역시 신하이므로 역시 아래에 있어야 했습니다. 군주가 잘못하였을 경우에 신하된 사람이 바른 말로써 허물을 바로잡아 주어 군주를 떠받들지 못하고, 도리어 천자의 허물을 이유로 죽이고 스스로 대신하여 왕위에 오른 것이니 이것이 시해가 아니고 무엇이겠습니까?"

이에 원고생은 이렇게 받았다.

"필히 당신의 말대로 한다면 고조께서 진秦나라를 대신해 천자의 자리에 오른 것도 잘못이겠습니다."

그러자 경제가 말하였다.

"고기를 먹으면서 독성이 있는 말의 간을 먹지 않았다고 해서 고기맛을 모른다고 말할 수는 없소. 학문을 논하는 자가 탕왕과 무왕이 천명에 대해 말하지 않는다고 해서 어리석은 것은 아니오."

이리하여 이 논쟁은 중단되었다. 이 뒤로 학자들도 천명과 시해에 대해 감히 밝히려들지 않게 되었다.

清河王太傅轅固生者, 齊人也. 以治《詩》. 孝景時爲博士. 與黃生爭論景帝前. 黃生曰:「湯武非受命, 乃弑也.」轅固生曰:「不然. 夫桀紂虐亂, 天下之心皆歸湯武, 湯武與天下之心而誅桀紂, 桀紂之民不爲之使而歸湯武, 湯武不得已而立, 非受命爲何?」黃生曰:「冠雖敝, 必加於首; 履雖新, 必關於足. 何者, 上下之分也. 今桀紂雖失道, 然君上也; 湯武雖聖, 臣下也. 夫主有失行, 臣下不能正言匡過以尊天子, 反因過而誅之, 代立踐南面, 非弑而何也?」轅固生曰:「必若所云, 是高帝代秦卽天子之位, 非邪?」於是景帝曰:「食肉不食馬肝, 不爲不知味; 言學者無言湯武受命, 不爲愚.」遂罷. 是後學者莫敢明受命放殺者.

🏵 노자를 신봉한 두태후와 맞선 원고생

두태후는 《노자》를 좋아하여 원고생을 불러 《노자》의 문장에 대해 물은 적이 있었다. 이때 원고생은 이렇게 대답하였다.

"그것은 그 집안 무식한 하인들의 말에 불과합니다."

이 말에 태후는 격노하여 말하였다.

"그대에게 사공司空의 성이나 쌓는 사람들 명단이나 적는 일인 성단서 城旦書나 시켜줄까?"

태후는 이어 원고생을 짐승 가두는 우리로 보내어 돼지를 찔러 죽이게 하였다.

경제는 태후가 비록 노하기는 하였으나 원고생이 바른 말을 하였을 뿐 아무런 죄도 없다고 여겨 우리로 들어갈 때 몰래 잘 드는 칼을 주어 돼지를 찔러 죽이게 하였다. 원고생은 정확히 돼지의 심장을 꿰뚫어 찔렀으므로 단 한 번으로 돼지는 넘어졌다.

태후는 잠자코 있었으나 다시 죄를 줄 수도 없어 그대로 버려 두었다. 그로부터 얼마 되지 않아 경제는 원고생을 청렴 정직한 사람으로 인정하여 청하왕의 태부로 임명하였다. 그 뒤 오래 있다가 병이 들어 벼슬을 그만두었다.

竇太后好《老子》書, 召轅固生問《老子》書. 固曰:「此是家人言耳.」太后怒曰:「安得司空城旦書乎?」乃使固入圈刺豕. 景帝知太后怒而固直言無罪, 乃假固利兵, 下圈刺豕, 正中其心, 一刺, 豕應手而倒. 太后黙然, 無以復罪, 罷之. 居頃之, 景帝以固爲廉直, 拜爲淸河王太傅. 久之, 病免.

🏵 곡학아세曲學阿世하지 마시오

지금의 황제 무제가 즉위하자, 다시 현량賢良으로서 원고생을 불러들였다. 그러자 원고생을 미워하고 있던 모든 선비들이 말하였다.

"원고생은 벌써 늙었습니다."

이렇게 헐뜯자 무제는 그를 그대로 돌려보내고 말았다. 그때 원고생은 90세가 넘어 있었다. 원고생이 부름을 받았을 때, 설薛 땅 사람 공손홍公孫弘도 함께 불려 왔다. 원고생을 꺼린 그는 못마땅한 눈초리로 바라보았다. 이때 원고생이 말하였다.

"공손자여, 바른 학문에 힘쓰고 바른 말을 하시오. 왜곡된 학문으로 세상에 아부해서는 안 되오!"

이 뒤부터 제나라에서 《시》를 논하는 사람은 모두 원고생의 말을 바탕으로 하였다. 또 《시》로 귀인이 된 제나라의 선비들은 모두 원고생의 제자들이었다.

今上初卽位, 復以賢良徵固. 諸諛儒多疾毀固, 曰「固老」. 罷歸之. 時固已九十餘矣. 固之徵也, 薛人公孫弘亦徵, 側目而視固. 固曰:「公孫子, 務正學以言, 無曲學以阿世!」自是之後, 齊言《詩》皆本轅固生也. 諸齊人以《詩》顯貴, 皆固之弟子也.

◉《한시외전》을 지은 한영

한생韓生, 韓嬰은 연나라 사람이다. 문제 때 박사가 되고, 경제 때 상산왕常山王의 태부가 되었다.

한생은 《시》의 뜻을 부연하여 《한시내전韓詩內傳》과 《한시외전韓詩外傳》 수만 언言을 지었는데, 그의 학설은 제·노 두 나라에서의 《시》학설과는 많이 달랐으나 귀결점은 같았다. 회남淮南의 비생賁生이 뒤를 이었다. 이 뒤로 연나라와 조나라 사이에서 《시》를 논하는 사람은 한생의 학설에 따랐다. 한생의 손자인 한상韓商은 무제의 박사가 되었다.

韓生者, 燕人也. 孝文帝時爲博士, 景帝時爲常山王太傅. 韓生推《詩》之意而爲《內外傳》數萬言, 其語頗與齊魯閒殊, 然其歸一也. 淮南賁生受之. 自是之後, 而燕趙閒言《詩》者由韓生. 韓生孫商爲今上博士.

◉《상서》를 전한 복생

복생伏生, 伏勝은 제남 사람이다. 원래 진秦나라의 박사였으며, 문제 때 《상서》에 대한 해석을 잘하는 선비를 구하려 하였으나, 온 천하에서 찾지 못하다가 복생이 잘 안다는 소리를 듣고 그를 부르려 하였다. 그러나 이때 복생은 90이 넘은 늙은이라 나다닐 수가 없었다. 이에 천자는 태상을 불러 장고掌故 조착朝錯, 鼂錯을 보내어 그의 가르침을 받게 하였다.

진나라가 분서갱유로 책을 불살랐을 때, 복생은 벽 속에다 《상서》를 감추어 두었다. 그 뒤 병란이 크게 일어나자, 그는 집을 떠나 유랑하는 몸이 되었지만 한나라가 천하를 평정하자, 돌아와 그 책들을 찾아보았다. 그런데 책은 수십 편이 없어지고 29편만 남아 있었다. 복생은 이를 바탕으로 제·노 두 나라에서 가르쳤다. 학문에 뜻을 둔 사람은 그로 인해 《상서》를 말할 수 있었고, 산동의 많은 대학자들은 《상서》에 능통하여 이를 가르치지 않는 사람이 없었다.

伏生者, 濟南人也. 故爲秦博士. 孝文帝時, 欲求能治《尚書》者, 天下無有, 乃聞伏生能治, 欲召之. 是時伏生年九十餘, 老, 不能行, 於是乃詔太常使掌故朝錯往受之. 秦時焚書, 伏生壁藏之. 其後兵大起, 流亡, 漢定, 伏生求其書, 亡數十篇, 獨得二十九篇, 卽以敎于齊魯之閒. 學者由是頗能言《尚書》, 諸山東大師無不涉《尚書》以敎矣.

◉ 학문과 성품에 모두 뛰어났던 예관

복생은 제남의 장생張生과 구양생歐陽生을 가르쳤고, 구양생은 천승千乘의 예관兒寬을 가르쳤다. 예관은 이미 《상서》에 능통해 있었던 터라 문학에 의해 군郡의 천거를 받은 뒤, 박사가 되는 수업은 공안국에게 가서 배웠다. 예관은 집이 가난하여 학비를 가져다 쓸 수가 없었다. 이에 항상 박사의 제자들을 위해 밥을 지어 주고 얻어먹었으며, 또 때때로 남의 품팔이를 하여 의식에 보태 쓰곤 하였다. 일하러 나갈 때는 언제나 경서를 지니고 가서 쉴 때면 이를 읽곤 하였다. 뒤에 시험 성적 순위에 따라 정위廷尉의 사史에 보임되었다.

이때는 마침 장탕張湯이 유학을 장려하기 시작하던 참이었으므로 예관을 주언연奏讞掾으로 삼았다. 예관은 기존의 법률을 가지고 큰 사건에 대한 판결을 잘 처리하여 장탕은 그를 총애하게 되었다.

예관은 성품이 온화하고 선량하였으며, 그 몸가짐이 청렴하고 지혜로웠다. 그리고 글을 잘 짓고 상소문을 쓰는 데도 그 문장에 재치가 있었다. 그러나 언변으로 자기 의견을 분명히 표현하지는 못하였다. 장탕은 그를 덕이 있는 장자長者로 인정하고 자주 칭찬하였다.

장탕이 어사대부가 되자, 그는 예관을 연掾의 신분에서 천자에게 천거하였다. 천자는 그를 불러 여러 모로 질문을 해 본 다음 기뻐하였다.

장탕이 죽은 지 6년 뒤에, 예관은 어사대부로 승진되었고 현직에 있으면서 9년 뒤에 죽었다.

예관은 삼공의 지위에 있으면서 그의 온화하고 양순한 성품으로써 천자의 뜻을 잘 받들었으므로 아무 탈 없이 오래도록 그 자리를 지킬 수 있었다. 그러나 관리들의 잘못을 바로잡거나 간하는 바가 없었으므로 관속들은 그를 만만히 보고 힘을 다해 일하지 않았다.

제남의 장생張生도 박사가 되었다.

복생의 손자도 《상서》를 잘 안다고 해서 불러 들어오게 하였으나 깊이 통해 있지는 못하였다.

伏生教濟南張生及歐陽生, 歐陽生教千乘兒寬. 兒寬旣通《尚書》, 以文學應郡擧, 詣博士受業, 受業孔安國. 兒寬貧無資用, 常爲弟子都養, 及時時閒行傭賃, 以給衣食. 行常帶經, 止息則誦習之. 以試第次, 補廷尉史. 是時張湯方鄕學, 以爲奏讞掾, 以古法議決疑大獄, 而愛幸寬. 寬爲人溫良, 有廉智, 自持, 而善著書·書奏, 敏於文, 口不能發明也. 湯以爲長者, 數稱譽之. 及湯爲御史大夫, 以兒寬爲掾, 薦之天子. 天子見問, 說之. 張湯死後六年, 兒寬位至御史大夫. 九年而以官卒. 寬在三公位, 以和良承意從容得久, 然無有所匡諫; 於官, 官屬易之, 不爲盡力. 張生亦爲博士. 而伏生孫以治《尚書》徵, 不能明也.

◉《상서》의 일문을 찾아내다

이로부터 그 뒤, 노나라의 주패와 공안국, 낙양의 가가賈嘉 등이 자못

《상서》에 통달해 있었다.

공안국은《고문상서古文尙書》를 가지고 있다가 이것을 금문今文으로 고쳐 썼다. 이로 인해 평민이면서도 군주의 부름을 받았다. 이때《상서》의 고문학법古文學法을 읽는 연구가 새로 일어나기에 이르러 지금껏 흩어져 있던《상서》의 10여 편을 발견해 낼 수 있었다.《상서》의 편수는 이로부터 많아지게 되었다.

自此之後, 魯周霸・孔安國, 雒陽賈嘉, 頗能言《尙書》事. 孔氏有古文《尙書》, 而安國以今文讀之, 因以起其家. 逸《書》得十餘篇, 蓋《尙書》滋多於是矣.

●《예禮》의 연구와 전수

여러 학자들이《예禮》를 강론하였으나, 그 중 노나라의 고당생高堂生이 가장 뛰어났다.《예》의 근원을 더듬어 보면, 원래 공자 때에도 그 경전이 구비되어 있지 않았고, 그나마 진나라가 책을 불사르기에 이르렀으니 사라진 책이 더욱 많아졌다. 지금까지 다만 〈사례士禮〉가 있을 뿐이어서 고당생은 이에 대해 능통하였다.

〈伏生授經圖〉唐 王維 그림 일본 오사카시립미술관 소장

또 노나라의 서생徐生은 예절 의식에 대해 잘 알고 있었다. 문제 때, 서생은 예절 의식으로서 예관대부禮官大夫가 되어, 그의 아들 서연徐延에게 전한 다음 손자인 서양徐襄에게까지 이르렀다. 서양은 타고난 그의 천품으로 예절 의식에는 능통해 있었으나 〈예경〉에는 그렇지 못하였고, 서연은 〈예경〉엔 통해 있었으나 예절 의식에는 그렇지 못하였다. 서양은 예절로써 한나라 예관대부가 되고, 광릉국廣陵國의 내사로 승진하기에 이르렀다.

서연을 비롯하여 서씨의 제자인 공호만의公戶滿意·환생桓生·선차單次 등은 일찍이 한나라 예관대부가 되었다.

또 하구瑕丘의 소분蕭奮은 《예》로써 회양 태수가 되었다.

이 뒤로 《예》와 예절 의식에 대해 강론하는 사람은 모두 서씨의 계통을 잇게 되었다.

諸學者多言《禮》, 而魯高堂生最本. 《禮》固自孔子時而其經不具, 及至秦焚書, 書散亡益多, 於今獨有《士禮》, 高堂生能言之.

而魯徐生善爲容. 孝文帝時, 徐生以容爲禮官大夫. 傳子至孫徐延·徐襄. 襄, 其天姿善爲容, 不能通《禮經》; 延頗能, 未善也. 襄以容爲漢禮官大夫, 至廣陵內史. 延及徐氏弟子公戶滿意·桓生·單次, 皆嘗爲漢禮官大夫. 而瑕丘蕭奮以《禮》爲淮陽太守. 是後能言《禮》爲容者, 由徐氏焉.

◉《역》의 연구와 전수

노나라 상구商瞿는 공자에게서 《역》을 배웠으며, 공자가 죽은 다음 상구는 《역》을 전수시켜, 자를 자장子莊이라 하는 제나라 사람 전하田何에 까지 여섯 세대에 이르렀다. 이 무렵 한나라가 일어나자, 전하는 《역》을 동무東武 사람 왕동자중王同子仲에게 전수하였고, 자중은 치천菑川 사람 양하楊何에게 전수하였다. 양하는 《역》으로써 원광元光 원년에 부름을 받아 중대부中大夫에 올랐다.

제나라 사람 즉묵성卽墨成은 《역》으로써 성양국城陽國의 재상에 올랐고, 광천廣川 사람 맹단孟但은 《역》으로써 태자의 문대부門大夫가 되었다.

노나라 사람 주패, 거莒 사람 형호衡胡, 임치 사람 주보언 등은 모두 《역》으로써 2천 석에 올랐다. 그러나 요약하여 말하면 《역》을 논하는 사람은 누구나 양하의 설법을 바탕으로 삼고 있었다.

自魯商瞿受《易》孔子, 孔子卒, 商瞿傳《易》, 六世至齊人田何, 字子莊, 而漢興. 田何傳東武人王同子仲, 子仲傳菑川人楊何. 何以《易》, 元光元年徵, 官至中大夫. 齊人卽墨成以《易》至城陽相. 廣川人孟但以《易》爲太子門大夫. 魯人周霸, 莒人衡胡, 臨菑人主父偃, 皆以《易》至二千石. 然要言《易》者本於楊何之家.

●《춘추》와 재이설災異說에 밝았던 동중서

동중서董仲舒는 광천 사람이다. 《춘추》를 연구하여 경제 때 박사가 되었다. 장막을 드리우고 그 장막 속에서 강론하고 암송하였다.

먼저 들어온 제자가 새로 들어온 제자를 가르치는 방법으로 배우는 방법이었기 때문에, 어떤 제자는 스승의 얼굴도 보지 못하였다 한다.

동중서는 3년 동안 장막 속에 들어앉아 자기 집 정원마저 보지 않을 정도로 학문에 열중해 있었고, 나아가고 물러남에 있어서 예가 아니면 행하지 않아 학문하는 선비들은 모두 그를 스승으로 존경하였다.

〈董仲舒〉

무제가 즉위하자, 동중서는 강도江都의 재상이 되었다. 그리고 《춘추》에 적힌 천재지이天災地異의 원리에 따라 음과 양 두 기운이 서로 운행하는 이치를 유추하였다. 그러므로 비를 바랄 경우에는 모든 양기陽氣를 닫아버리고 음기陰氣를 발산시켰으며, 비를 그치게 하는 데는 그 반대로 실행하였다. 이것을 강도의 전지역에 행하여 한 번도 바라는 대로 되지 않은 적이 없었다. 중도에 벼슬에서 해임되어 중대부가 되었으나 관사에 들어앉아 《재이지기災異之記》를 저술하였다.

당시 우연히 요동遼東에 있는 고조의 묘당廟堂에 화재가 발생하였다. 동중서를 시기하고 있던 주보언이 그의 저서를 훔쳐다가 천자에게 올렸다. 천자는 여러 학자들을 불러 그 책을 검토하게 해보았더니 헐뜯은 데가 있었다.

동중서의 제자 여보서呂步舒는 그것이 자기 스승의 글인 줄도 모르고 저속하고 어리석은 것이라고 하였다. 이리하여 천자는 동중서를 형리의 손에 넘겼다. 그는 죽을 죄에 해당한다고 판결받았으나, 황제는 조칙을 내려 그를 용서하였다. 이리하여 동중서는 천재지변에 대해 다시는 감히 강론하지 않았다.

董仲舒, 廣川人也. 以治《春秋》, 孝景時爲博士. 下帷講誦, 弟子傳以久次相受業, 或莫見其面, 蓋三年董仲舒不觀於舍園, 其精如此. 進退容止, 非禮不行, 學士皆師尊之. 今上卽位, 爲江都相. 以春秋災異之變推陰陽所以錯行, 故求雨閉諸陽, 縱諸陰, 其止雨反是. 行之一國, 未嘗不得所欲. 中廢爲中大夫, 居舍, 著《災異之記》. 是時遼東高廟災, 主父偃疾之, 取其書奏之天子. 天子召諸生示其書, 有刺譏. 董仲舒弟子呂步舒不知其師書, 以爲下愚. 於是下董仲舒吏, 當死, 詔赦之. 於是董仲舒竟不敢復言災異.

◉ 동중서와 《춘추》

동중서는 그 사람됨이 청렴하고 정직하였다. 당시 한나라는 사방의 오랑캐들을 나라 밖으로 몰아내고 있었다.

공손홍은 《춘추》를 강론하는 것이 동중서에는 미치지 못하였으나, 세상의 추세에 맞춰가며 일을 처리함으로써 벼슬이 공경에까지 올랐다. 동중서는

〈董仲舒〉《三才圖會》

공손홍을 아첨하는 무리라고 생각하였으며, 공손홍 역시 그를 미워하여 천자에게 이렇게 말하였다.

"오직 동중서만이 교서왕의 재상이 될 수 있습니다."

교서왕은 평소부터 동중서가 덕행이 높다는 말을 듣고 있었기 때문에 그를 후대하였다. 그러나 동중서는 교서왕의 밑에 오래 있다가 혹시 죄를 얻게 될까 두려워하여 병을 핑계로 벼슬을 내놓고 말았다.

그 뒤로는 집에 거하면서 죽는 날까지 가산家産을 돌보지 않고 저술하는 데만 전념하였다. 그러므로 한나라가 일어나서 5세五世, 高祖·呂后·文帝·景帝·武帝에 이르는 동안 오직 동중서만이 《춘추》에 능통해 있었다고 할 수 있다. 그의 학문은 〈공양전公羊傳〉으로 전해 오고 있다.

董仲舒爲人廉直. 是時方外攘四夷, 公孫弘治《春秋》不如董仲舒, 而弘希世用事, 位至公卿. 董仲舒以弘爲從諛. 弘疾之, 乃言上曰:「獨董仲舒可使相膠西王.」膠西王素聞董仲舒有行, 亦善待之. 董仲舒恐久獲罪, 疾免居家. 至卒, 終不治産業, 以脩學著書爲事. 故漢興至于五世之間, 唯董仲舒名爲明於《春秋》, 其傳公羊氏也.

◉ 호무생의 《춘추》 강론

호무생胡毋生은 제나라 사람이다. 경제 때 박사가 되었고, 늙어서는 고향에 돌아와 글을 가르쳤다. 제나라 지방에서 《춘추》를 논하는 사람은 대부분 호무생의 제자들이다. 공손홍 역시 그의 가르침을 많이 받았다.

胡毋生, 齊人也. 孝景時爲博士, 以老歸敎授. 齊之言《春秋》者多受胡毋生, 公孫弘亦頗受焉.

◉ 하구생과 《곡량전》

하구瑕丘의 강생江生은 《춘추곡량전春秋穀梁傳》을 공부하였다. 그는 공손홍에 의하여 등용되었으나, 《춘추》의 여러 해석들을 수집하여 비교한 끝에 마침내 동중서의 학설을 채용하였다.

瑕丘江生爲穀梁《春秋》. 自公孫弘得用, 嘗集比其義, 卒用董仲舒.

◉ 동중서의 제자들

동중서의 제자로서 학문을 닦아 이름이 알려진 사람으로는 난릉의 저대褚大, 광천의 은충殷忠, 온溫의 여보서呂步舒 등이 있었다. 저대는 양나라 재상에까지 이르렀다. 여보서는 장사長史에 올라 부절을 지니고 회남왕의 모반 사건을 처리하도록 파견되었다. 이때 회남왕이 한나라 조정에 보고하지 않고 멋대로 행동한 것을 《춘추》의 가르침대로 이를 바로잡았다. 천자는 모든 것을 다 잘하였다고 칭하였다. 이 밖에도 명대부命大夫에 이르고, 낭·알자·장고가 된 동중서의 제자가 약 100명이나 되었으며, 동중서의 아들 및 손자도 모두 학문으로 대관에 올랐다.

仲舒弟子遂者: 蘭陵褚大, 廣川殷忠, 溫呂步舒. 褚大至梁相. 步舒至長史, 持節使決淮南獄, 於諸侯擅專斷, 不報, 以《春秋》之義正之, 天子皆以爲是. 弟子通者, 至於命大夫, 爲郎·謁者·掌故者以百數. 而董仲舒子及孫皆以學至大官.

062(122) 혹리 열전酷吏列傳

① 후봉侯封과 조착鼂錯 ② 질도郅都 ③ 영성寧成
④ 주양유周陽由 ⑤ 조우趙禹 ⑥ 장탕張湯 ⑦ 의종義縱
⑧ 왕온서王溫舒 ⑨ 윤제尹齊 ⑩ 양복楊僕 ⑪ 감선減宣
⑫ 두주杜周

◎ 정치는 덕으로 해야

공자孔子는 '법으로써 이끌고 형벌로써 바로잡는다면, 백성들은 죄를 저질러도 부끄러운 줄 모르게 된다. 덕으로써 이끌고 예로써 바로잡아야만 부끄러움을 알고 바르게 된다'라 하였다. 노자老子는 '높은 덕은 덕을 의식하지 않기 때문에 덕을 지니게 되고, 낮은 덕은 덕을 잃지 않으려고 하기 때문에 이를 지닐 수 없다. 따라서 법령法令이 밝게 정비될수록 도둑은 더욱 많아진다'라 하였다.

나 태사공은 이렇게 생각한다.

그 말들은 참으로 믿을 만하도다! 법령이 다스림의 도구이기는 하지만, 백성들의 맑고 탁함을 다스릴 수 있는 근본은 아니다. 옛 진秦나라의 경우를 보더라도, 천하의 법망이 그토록 치밀하였지만, 간사함과 거짓이 싹터 마침내는 법을 적용시키려는 관리들과 법망을 빠져나가려는 백성들의 혼란이 더 이상 구원할 수 없는 망국의 길로 들어서고 말았다. 당시의 관리들이란, 불을 끄고 물이 더 끓지 않도록 하는 것이 아니라, 불은 그대로 내버려 둔 채 물만 더 끓지 않게 하려고 대드는 것과 같은 정치를 하였다. 이러니 준엄하고 혹독한 수단이 아니고서야 어떻게 그 임무를 감당할 수 있겠는가! 도덕을 말하는 사람들 역시 자기 임무를 감당할 수 없었다. 그러니 공자가 '송사를 처리하는 일은 나도 남과 다를 것이 없다. 다르다면 송사가 일어나지 않게 하는 것이다'라 하였고, 노자 역시 '못난 선비는 도를 듣고도 크게 비웃기만 한다'고 한 것은 모두 허황된 말이 아니다.

한나라가 일어나자, 모난 것을 둥글게 만들 듯이 엄한 형벌들을 없애고 간편한 것을 따랐다. 또 소박한 조각을 만들 듯이 간교함을 없애자, 그 법망은 배를 통째로 삼킬 만한 고기라도 빠져나갈 만큼 너그러워졌다. 그런데도 관리들의 정치하는 방법은 순수하여 간악한 데로 흐르지 않았고, 백성들은 잘 다스려져 편안하기만 하였다. 이런 것으로 미루어 볼 때 정치하는 방법은 도덕에 있을 뿐 혹독한 법령에 있는 것은 아니다.

孔子曰:「導之以政, 齊之以刑, 民免而無恥. 導之以德, 齊之以禮, 有恥且格.」 老氏稱:「上德不德, 是以有德; 下德不失德, 是以無德. 法令滋章, 盜賊多有.」 太史公曰: 信哉是言也! 法令者治之具, 而非制治淸濁之源也. 昔天下之網 嘗密矣, 然姦僞萌起, 其極也, 上下相遁, 至於不振. 當是之時, 吏治若救火揚沸, 非武健嚴酷, 惡能勝其任而愉快乎! 言道德者, 溺其職矣. 故曰「聽訟, 吾猶 人也, 必也使無訟乎」.「下士聞道大笑之」. 非虛言也. 漢興, 破觚而爲圜, 斲雕而爲朴, 網漏於呑舟之魚, 而吏治烝烝, 不至於姦, 黎民艾安. 由是觀之, 在彼不在此.

⟨1⟩후봉侯封과 조착鼂錯

◉ 한나라 초기의 혹리들

고후呂太后 때의 가혹한 관리로는 오직 후봉侯封만이 있었다. 그는 황족들을 억압하였으며, 공신들에게 모욕을 주었다. 그러나 여씨가 망하자 후봉의 일족은 몰살당하고 말았다.

경제 때의 조착鼂錯은 법을 냉혹하게 만들고 법가의 술책을 써서 재주를 크게 자랑하였다. 오·초 7국의 난은 바로 그런 조착에 대한 노여움에 의해 폭발한 것이다. 조착은 마침내 형을 받아 죽었다. 그 뒤 가혹한 관리로는 질도·영성의 무리들을 들 수 있다.

高后時, 酷吏獨有侯封, 刻轢宗室, 侵辱功臣. 呂氏已敗, 遂(禽)[夷]侯封 之家. 孝景時, 鼂錯以刻深頗用術輔其資, 而七國之亂, 發怒於錯, 錯卒以 被戮. 其後有郅都·寧成之屬.

❀ 황제의 총희에게 멧돼지가 달려들다

질도郅都는 양楊 땅 사람으로 낭郎이 되어 문제를 섬겼다. 경제 때 중랑장中郎將이 되어 과감히 직간하였으며, 조정에서는 대신들과 맞서서 그들을 꺾어 누르곤 하였다.

일찍이 질도는 황제를 따라 상림원上林苑에 간 일이 있었다. 상림원에서 가희賈姬가 변소에 갔을 때 멧돼지가 갑자기 변소로 뛰어들었다. 황제는 질도에게 눈짓을 하였으나 그는 움직이려 하지 않을 뿐 아니라 황제가 손수 무기를 들고 가희를 구출하려 하는 것마저 엎드려 말렸다.

"한 사람의 미희를 잃는다 해도 또 다른 미희를 얻으면 됩니다. 천하에 어찌 가희와 같은 여인이 다시 없겠습니까? 지금 폐하께서 스스로를 가볍게 여기신다면 종묘와 태후를 어떻게 대하시겠습니까?"

황제는 하는 수 없이 되돌아섰고 멧돼지 또한 사라졌다. 태후는 이 말을 듣고 질도에게 금 100근을 하사하였다. 이 일로 인해 황제는 질도를 소중히 여기게 되었다.

郅都者, 楊人也. 以郎事孝文帝. 孝景時, 都爲中郎將, 敢直諫, 面折大臣於朝. 嘗從入上林, 賈姬如廁, 野彘卒入廁. 上目都, 都不行. 上欲自持兵救賈姬, 都伏上前曰 「亡一姬復一姬進, 天下所少寧賈姬等乎? 陛下縱自輕, 奈宗廟太后何!」 上還, 彘亦去. 太后聞之, 賜都金百斤, 由此重郅都.

❀ 직무에 가혹할 정도로 충실할 뿐이다

제남군濟南郡의 간瞷씨는 300여 가구나 되는 호족이다. 간씨 일족이 세력이 강대해서 그들이 법을 무시하고 교활하게 굴어도, 그것을 제압할 2천 석의 관리들 중 이들을 다스릴 만한 자가 없었다. 이에 경제는 질도를 제남 태수로 임명하였다. 질도는 부임하자마자 간씨들 집안에서 가장 포학한 자를 잡아 일족을 몰살시켰다. 그러자 나머지 간씨 일족들은 무서워 벌벌 떨 뿐이었다. 1년 남짓 지나자 군 안에는 길에 떨어진 것도 주워 가는 사람이 없었고 가까운 10여 군 태수들은 대부大府 대하듯 질도를 두려워하였다.

질도는 사람됨이 용맹스럽고 힘이 세었다. 그뿐 아니라 공명하고 청렴해서 사사로운 편지는 열어 보는 일이 없고, 보내온 선물도 받는 적이 없었다. 또 다른 사람의 청탁도 듣는 일이 없었다. 그는 이렇게 말하였다.

"나는 이미 어버이를 등진 채 벼슬하고 있다. 이 몸은 마땅히 현직에 충실하며 바른 일을 하다가 죽을 뿐 처자조차 돌볼 수 없는 일이다."

濟南瞯氏宗人三百餘家, 豪猾, 二千石莫能制, 於是景帝乃拜都爲濟南太守. 至則族滅瞯氏首惡, 餘皆股栗. 居歲餘, 郡中不拾遺. 旁十餘郡守畏都如大府.

都爲人勇, 有氣力, 公廉, 不發私書, 問遺無所受, 請寄無所聽. 常自稱曰: 「己倍親而仕, 身固當奉職死節官下, 終不顧妻子矣.」

❀ 황실도 겁을 내지 않고

질도는 승진되어 중위가 되었다. 승상 조후條侯 주아부周亞夫는 귀한 집안 출신으로 거만한 편이었다. 질도는 승상에게도 가볍게 읍揖만 할 뿐 절을 하는 법이 없었다.

당시 백성들은 소박해서 죄받는 것을 두려워하여 스스로 조심하며 지냈다. 그런데 질도만은 유독 엄혹한 법을 제일로 알 뿐 법을 집행할 때는 황실의 친척들도 가리지 않았다. 열후나 종실들도 질도를 곁눈질로 보며 '푸른 매'蒼鷹라 불렀다.

郅都遷爲中尉. 丞相條侯至貴倨也, 而都揖丞相. 是時民朴, 畏罪自重, 而都獨先嚴酷, 致行法不避貴戚, 列侯宗室見都側目而視, 號曰「蒼鷹」.

❀ 흉노도 무서워한 질도

임강왕臨江王 유영劉榮이 중위부中尉府에 불려와 조사를 받은 일이 있었다. 그때 임강왕은 도필刀筆을 얻어 글을 써서 황제에게 사죄할 것을 청하였으나, 질도는 법에 금하는 일이므로 관리들에게 도필을 주지 못하도록 하였다.

보다못한 위기후魏其侯가 몰래 사람을 시켜 틈을 보아 임강왕에게 도필을 넣어 주도록 하였다.

임강왕은 글로써 황제에게 사죄하고 나서 스스로 목숨을 끊었다. 이 소식을 듣고 노한 두태후는 억지로 죄를 씌워 질도를 중상하였다. 그로 인해 질도는 면직되어 집으로 돌아갔다.

그러나 경제는 사신에게 부절을 지참시켜 다시 질도를 안문鴈門 태수로 임명하였다. 그러나 태후의 노여움을 고려해 조정에서의 임명식은 생략한 채 곧장 현지에 부임하게 하였고, 중앙의 훈령 없이도 임지에서 독단적으로 정사를 처리할 수 있게 하였다.

질도의 기개는 흉노에게도 평소부터 널리 알려져 있었다. 그 때문에 흉노는 변경에서 군사를 이끌고 물러간 후 질도가 죽을 때까지, 다시는 안문군 가까이에 나타나지 않았다.

그런데 흉노는 그 동안 질도에 대한 두려움을 해소시키려고, 그의 허수아비를 만들어 말을 달리며 쏘게 하였으나, 아무도 이를 맞히지 못하였다. 질도에 대한 흉노의 두려움은 이처럼 대단하였다. 그야말로 그들의 근심거리였던 것이다.

그러나 두태후는 마침내 한나라 법에 의해 질도를 처벌하려 하였다. 경제가 이렇게 말하였다.

"질도는 충신입니다."

경제가 그를 풀어 주려 하자 두태후가 말하였다.

"그럼 임강왕은 충신이 아니었단 말이오?"

드디어는 질도를 목베고 말았다.

臨江王徵詣中尉府對簿, 臨江王欲得刀筆爲書謝上, 而都禁吏不予. 魏其侯使人以閒與臨江王. 臨江王旣爲書謝上, 因自殺. 竇太后聞之, 怒, 以危法中都, 都免歸家. 孝景帝乃使使持節拜都爲鴈門太守, 而便道之官, 得以便宜從事. 匈奴素聞郅都節, 居邊, 爲引兵去, 竟郅都死不近鴈門. 匈奴至爲偶人象郅都, 令騎馳射莫能中, 見憚如此. 匈奴患之. 竇太后乃竟中都以漢法. 景帝曰:「都忠臣.」欲釋之. 竇太后曰:「臨江王獨非忠臣邪?」於是遂斬郅都.

◉ 장안의 종실을 다루도록

영성寧成은 양현穰縣 사람이다. 낭관郎官과 알자가 되어 경제를 섬겼다. 그는 기개가 넘쳐 남의 부하가 되어서는 반드시 그 윗사람을 누르고 상관이 되어서는 젖은 섶을 묶듯 사정없이 부하를 다루었다.

그는 각박하고 교활하여 남을 해치는 것으로써 위세를 떨쳤다. 영성은 차츰 승진하여 제남군의 도위都尉로 부임하게 되었다. 당시 제남군에는 질도가 태수로 있었다. 전임 도위들은 모두 걸어서 군부郡府에 들어서고 관속들을 통하여 태수를 찾아뵈었다. 마치 현령이 태수를 배알하듯 할 정도로 질도를 두려워하였다. 그런데 영성은 부임하고 나서 곧 질도보다 높은 위치에 있게 되었다. 질도는 전부터 영성의 소문을 듣고 있었던 터라 영성을 후대하며 서로 다정하게 지냈다.

그로부터 오랜 뒤에 질도는 죽고 장안의 종실 가운데는 포학한 사람이 많아 곧잘 법을 범하자, 경제는 영성을 불러들여 중위中尉로 앉혔다. 영성의 통치는 질도를 본뜨고 있었으나, 청렴결백한 점에 있어서는 질도를 따르지 못하였다. 그러나 종실 및 호걸들은 모두들 영성을 두려워하였다.

寧成者, 穰人也. 以郎謁者事景帝. 好氣, 爲人小吏, 必陵其長吏; 爲人上, 操下如束濕薪. 滑賊任威. 稍遷至濟南都尉, 而郅都爲守. 始前數都尉皆步入府, 因吏謁守如縣令, 其畏郅都如此. 及成往, 直陵都出其上. 都素聞其聲, 於是善遇, 與結驩. 久之, 郅都死, 後長安左右宗室多暴犯法, 於是上召寧成爲中尉. 其治效郅都, 其廉弗如, 然宗室豪桀皆人人惴恐.

◉ 땅을 일구어 부자가 된 영성

무제가 즉위한 뒤, 영성이 내사內史로 옮기자, 많은 황제의 외척들이 영성의 결점을 헐뜯어 그도 마침내는 곤겸髡鉗의 형에 처해지고 말았다.

당시 구경의 신분으로 죽을 죄를 저질렀을 때는 스스로 목숨을 끊는 것이 통례여서 형을 받는 경우는 거의 없었다. 영성은 중벌을 받았으니 이제 다시는 벼슬할 수 없다고 생각한 나머지 목의 사슬을 벗고 전傳을 위조하여 함곡관을 벗어난 다음 집에 돌아와서는 이렇게 말하였다.

"벼슬에 있으면서 2천 석이 되지도 못하고, 장사를 해서 천만 금의 부를 쌓지 못한다면 어찌 사람 구실을 할 수 있겠는가?"

그리고는 대금을 후불해도 되는 산 중턱의 밭 1천여 경頃을 사들인 다음 가난한 백성들에게 빌려 주어 경작하게 함으로써 결국은 수천 세대의 소작민을 두게 되었고, 몇 해가 지나 그의 죄가 풀렸을 때에는 이미 수천 금의 재산을 모으고 있었다. 영성은 의협심 있는 자로 자처하며 또한 관리들의 약점을 잡고 있었다. 또한 외출할 때면 언제나 수십 명의 호위 기병을 거느리고 다녔고, 백성들을 부릴 경우에는 군의 태수보다도 위세가 있었다.

武帝卽位, 徙爲內史. 外戚多毀成之短, 抵罪髡鉗. 是時九卿罪死卽死, 少被刑, 而成極刑, 自以爲不復收, 於是解脫, 詐刻傳出關歸家. 稱曰:「仕不至二千石, 賈不至千萬, 安可比人乎!」乃貰貸買陂田千餘頃, 假貧民, 役使數千家. 數年, 會赦. 致産數千金, 爲任俠, 持吏長短, 出從數十騎. 其使民威重於郡守.

〈4〉주양유周陽由

● 같은 등급도 두려워한 가혹한 관리

주양유周陽由는 그의 아버지 조겸趙兼이 회남왕의 외삼촌이라는 이유로 주양후에 봉해졌으며, 주양씨周陽氏란 성으로 불리었다. 주양유는 외척의 한 사람으로서 특별히 낭으로 임용되어 문제와 경제를 섬겼다. 경제 때 한 군의 태수가 되었다.

무제는 관리들이 백성들을 다스릴 때 법에 따라 매우 신중하게 다스리기를 원하였지만, 주양유는 태수 가운데 가장 포학하고 냉혹하며 교만하고 방자하였다. 그는 자신이 좋게 생각하는 사람에 대해서는 법을 어겨서라도 살려 주고 미워하는 사람에 대해서는 법을 왜곡시켜서라도 죽여버렸다. 부임해 가는 군에서는 반드시 호족들을 소탕하고, 태수가 되면 도위를 직속 현령처럼 굽어보고 도위가 되면 반드시 태수를 내리눌러 그의 통치권을 빼앗는 등 그의 냉혹함은 과히 급암汲黯과 쌍벽을 이룰 정도였다. 따라서 법을 악용하여 남을 곧잘 해치는 사마안司馬安도 같은 2천 석의 신분이었지만, 주양유를 두려워하여 같은 수레를 타면서도 부들을 깐 자리에 감히 나란히 앉지 않고 비껴 앉았으며 가로막대에 함께 기대지도 못하였다.

周陽由者, 其父趙兼以淮南王舅父侯周陽, 故因姓周陽氏. 由以宗家任爲郞, 事孝文及景帝. 景帝時, 由爲郡守. 武帝卽位, 吏治尚循謹甚, 然由居二千石中, 最爲暴酷驕恣. 所愛者, 撓法活之; 所憎者, 曲法誅滅之. 所居郡, 必夷其豪. 爲守, 視都尉如令. 爲都尉, 必陵太守, 奪之治. 與汲黯俱爲忮, 司馬安之文惡, 俱在二千石列, 同車未嘗敢均茵伏.

☺ 갈수록 법망을 피해가는 자들

주양유는 뒤에 하동河東의 도위가 되어 태수인 승도공勝屠公과 권력 다툼 끝에 서로 상대편을 고발하였다. 승도공은 유죄 판결을 받자 스스로 목숨을 끊었으며 주양유는 기시에 처해졌다.

영성과 주양유가 죽은 뒤에 사건은 갈수록 많아지고, 백성들도 교묘히 법망을 피하므로 관리들의 통치 방법 또한 영성과 주양유를 닮아갔다.

由後爲河東都尉, 時與其守勝屠公爭權, 相告言罪. 勝屠公當抵罪, 義不受刑, 自殺, 而由弃市.

自寧成·周陽由之後, 事益多, 民巧法, 大抵吏之治類多成·由等矣.

〈5〉조우趙禹

☺ 법을 너무 엄격하게 적용하여

조우趙禹는 태현斄縣 사람이다. 좌사佐史에서 중도관中都官에 보임되었으며 청렴 결백한 인품으로 해서 영사令史가 되어 태위 주아부周亞夫를 섬겼다. 주아부가 승상이 되자, 조우는 승상부丞相府의 속관이 되었다. 승상부

사람들은 모두 그의 청렴하고 공평함을 칭찬하였다. 하지만 주아부는 그에 대해 이렇게 말할 뿐이었다.

"조우가 뛰어나다는 것은 잘 알고 있다. 그러나 그는 법을 너무 엄격하게 적용하여 상급관부에서 일할 사람은 못된다."

무제 때 조우는 문서 관리로서 공을 쌓은 끝에 조금씩 승진되어 어사가 되었다. 또 황제에게 능력 있는 관리로 인정받게 되어 태중대부가 되었다. 그는 장탕張湯과 함께 토론하여 모든 율령을 결정하였으며 견지법見知法을 만들어 관리들이 서로 감시하게끔 하였다. 법을 더욱더 가혹하게 쓰게 된 것은 여기서 비롯된 것이다.

趙禹者, 斄人. 以佐史補中都官, 用廉爲令史, 事太尉亞夫. 亞夫爲丞相, 禹爲丞相史, 府中皆稱其廉平. 然亞夫弗任, 曰：「極知禹無害, 然文深, 不可以居大府.」 今上時, 禹以刀筆吏積勞, 稍遷爲御史. 上以爲能, 至太中大夫. 與張湯論定諸律令, 作見知, 吏傳得相監司. 用法益刻, 蓋自此始.

〈6〉 장탕張湯

◉ 쥐구멍을 파서 물고간 고기를 다시 찾아낼 정도

장탕은 두현杜縣 사람으로 아버지는 장안의 현승縣丞이었다. 언젠가 아버지는 출타하고 아직 어린 장탕이 집을 보고 있었다. 아버지가 돌아와서 쥐가 고기를 물어간 것을 알고 화가 나서 장탕을 매질하였다.

그러자 장탕은 쥐구멍을 파 뒤져 고기를 물어간 쥐와 먹다 남은 고기를 찾아내었다. 그리고는 쥐를 탄핵하여 영장을 떼어 진술서를 만들고, 이를 심문 대조하여 죄상을 논고하는 수속을 밟은 다음, 쥐를 구속하고 고기를 압수하였다. 판결문을 갖춘 다음 쥐를 대청 아래에서 책형磔刑에 처하였다.

어린 아들이 하는 모습을 보고 놀란 아버지가 아들이 만든 판결문을 읽어보니, 형리들이 한 것과 같아 더욱 놀란 나머지, 마침내 그에게 판결문 작성법을 배우도록 하였다. 아버지가 죽은 뒤 장탕은 장안의 관리로서 오랫동안 근무하였다.

張湯者, 杜人也. 其父爲長安丞, 出, 湯爲兒守舍. 還而鼠盜肉, 其父怒, 笞湯, 湯掘窟得盜鼠及餘肉, 劾鼠掠治, 傳爰書, 訊鞫論報, 幷取鼠與肉, 具獄磔堂下. 其父見之, 視其文辭如老獄吏, 大驚, 遂使書獄. 父死後, 湯爲長安吏, 久之.

◉ 옥에 간힌 자를 도와준 공로

주양후周陽侯 전승田勝이 막 관리가 되었을 때, 장안의 감옥에 간힌 적이 있었다. 그때 장탕은 목숨을 걸고 주양후를 도와 주었다.

주양후는 감옥에서 나와 후가 되자, 장탕과 굳게 친교를 맺고 여러 귀인들에게 골고루 그를 소개하였다. 장탕은 내사로 있으면서 영성의 속관이 되었다. 영성은 장탕을 공평하다고 인정하여 승상부에 상신해 올렸다. 승상부에서는 장탕을 무릉茂陵의 위尉로 보내어 능묘를 수축하는 방중方中 공사를 지휘하게 하였다.

周陽侯始爲諸卿時, 嘗繫長安, 湯傾身爲之. 及出爲侯, 大與湯交, 徧見湯貴人. 湯給事內史, 爲寧成掾, 以湯爲無害, 言大夫, 調爲茂陵尉, 治方中.

◉ 청렴하고 오만한 관리

무안후 전분田蚡이 승상이 되자, 장탕을 불러 속관으로 앉힌 다음 자주 천자에게 그를 추천하여 천자는 그를 어사에 보임하여 일을 보게 하였다. 이 무렵 장탕은 진황후陳皇后가 위황후衛皇后를 저주한 사건을 조사하여 그 일당들을 끝까지 찾아 밝혀냈다. 그 결과 천자에게 유능한 관리로 인정받아 점차 더 승진하여 태중대부가 되었고, 조우와 함께 여러 법령을 논의하고 만들었다. 그 목적은 법령 조문을 까다롭고 엄격하게 하여 재직하는 관리들을 통제하는 데 있었다.

그 뒤 조우는 중위中尉로 옮겨 앉았다가 다시 소부少府로 전임되었고, 장탕은 정위가 되었다. 두 사람은 서로 친교를 맺었는데 장탕이 조우를 형으로 섬겼다.

조우는 사람됨이 청렴 결백하고 오만해서 관리가 된 이래로 집으로 방문하는 자가 없었다. 공경이 찾아와도 그는 답례로 찾아가는 일이 없었고 아는 친구나 빈객들의 부탁도 거절하였다. 이는 자기 생각대로 실행해 나가기 위해서였다. 그는 하급 관리들이 법률에 따라 판결한 것을 따르고, 다시 조사를 하여 관리들의 숨은 죄까지 들춰내려고 하지는 않았다.

그러나 장탕은 사람됨이 기만적이며 꾀를 써서 사람을 통솔하였다. 처음 말단 관리로 있을 무렵, 장사에 손을 댄 적이 있었다. 그때의 인연으로 장안의 거상巨商인 전갑田甲·어옹숙魚翁叔 등과 사사로이 교제를 갖게 되었다. 승진되어 구경에 오르자, 천하의 유명한 선비와 대부들을 가까이 사귀며 마음에 들지 않는 사람일지라도 겉으로는 호감이 가는 척 대하였다.

武安侯爲丞相, 徵湯爲史, 時薦言之天子, 補御史, 使案事. 治陳皇后蠱獄, 深竟黨與. 於是上以爲能, 稍遷至太中大夫. 與趙禹共定諸律令, 務在深文, 拘守職之吏. 已而趙禹遷爲中尉, 徙爲少府, 而張湯爲廷尉, 兩人交驩, 而兄事禹. 禹爲人廉倨. 爲吏以來, 舍毋食客. 公卿相造請禹, 禹終不報謝, 務在絶知友賓客之請, 孤立行一意而已. 見文法輒取, 亦不覆案, 求官屬陰罪. 湯爲人多詐, 舞智以御人. 始爲小吏, 乾沒, 與長安富賈田甲·魚翁叔之屬交私. 及列九卿, 收接天下名士大夫, 己心內雖不合, 然陽浮慕之.

● 공을 부하에게 넘기면서도

이 무렵 무제는 유학에 관심을 가지고 있었다. 이에 장탕은 중대 사건을 판결할 경우에는 유학 경전의 뜻에 맞게 하기 위해 박사의 제자로서 《상서》와 《춘추》에 능통한 사람을 청하여 정위의 속관에 보임해 놓고 의심나는 법령들을 해결하도록 했다.

의심나는 안건을 상주하여 결재를 청할 경우에는 장탕은 반드시 무제를 위해 미리 분명한 원인을 밝혔다. 그런 다음 황제가 옳다고 생각하는 것을 받아들여 판결의 원안으로 삼되, 이를 정위의 판결문에 분명히 기록케 함으로써 황제의 현명함을 드러내 보였다. 업무를 보고할 때 견책을 당하면, 장탕은 사죄드린 뒤 황제의 의향에 따랐다. 이런 경우엔 반드시 정正·감監·

연掾·사史 등 속관들 가운데 현명한 자들을 끌어넣어 이렇게 말하였다.

"그들이 신을 위해 말한 의견들은 폐하께서 신을 꾸짖으신 의향과 같은 것이었습니다. 신이 그들의 의견을 받아들이지 않았기 때문에 이런 결과를 가져오게 되었습니다."

이리하여 그의 죄는 언제나 용서를 받았다.

또 만일 안건을 올려 황제가 칭찬하였을 경우에도 그는 이렇게 말하였다.

"이것은 신의 판단이 아니옵니다. 정·감·연·사 아무개가 작성한 것입니다."

이같이 하여 그의 부하를 추천하고 남의 잘한 것을 찬양하며 남의 잘못을 숨겨 주려 하였다. 황제가 죄를 엄하게 처벌하고 싶어하면 감·사 중에 죄를 무겁게 다스려 가혹한 판결을 내리는 자를 뽑아 미리 그에게 사건을 맡겼고, 황제가 용서해 주길 바라면 죄를 가볍게 다스려 공평한 판결을 내리는 감이나 사에게 넘겨주었다. 또 조사받는 상대가 호족일 경우에는 반드시 법조문을 교묘히 적용시켜 죄에 걸릴 수밖에 없도록 만들었고, 가난한 백성인 경우에는 황상에게 이렇게 말하였다.

"법조문으로는 죄가 되기는 하오나, 폐하의 현명하신 보살핌이 있으시기 바랍니다."

이리하여 황상은 장탕의 의견대로 용서하였다.

장탕은 고관이 되자, 애써 품행을 바르게 하려고 힘썼다. 빈객들과 교제를 할 때는 음식을 나누며 환담을 하였고, 옛 친구들의 자제로서 관리가 된 사람이나 가난한 형제들의 뒤를 알뜰히 보살펴 주었다. 그뿐 아니라 다른 공경들을 찾아가 만날 때는 춥고 더운 것을 가리지 않았다.

장탕은 냉혹하게 법을 다스렸으나, 시기심이 많아 전적으로 공평한 편은 아니었지만 그런 대로 명성을 얻고 칭찬을 들었다.

법을 엄혹하게 적용하면서 장탕의 손과 발이 된 관리들 중에는 박사의 제자와 유학에 정통한 선비들이 많았다. 그 중에서도 승상 공손홍公孫弘은 자주 장탕의 훌륭한 점을 칭찬하였다.

회남왕淮南王 유안劉安·형산왕衡山王 유사劉賜·강도왕江都王 유건劉建 등의 모반 사건에 대한 장탕의 조사와 심문은, 모두 그 죄를 발본색원한 것이었다. 황제가 엄조嚴助와 오피伍被의 죄를 용서하려 하자, 장탕은 이렇게 간하며 반대하였다.

"오피는 반역을 계획한 사람입니다. 엄조는 폐하의 사랑을 받으며 자유로이 궁중을 드나들던 나라의 발톱과 어금니라고도 할 수 있는 신하임에도 몰래 제후들과 내통하였습니다. 이와 같은 자들을 벌하여 죽이지 않으면 앞으로 어떤 죄인도 다스릴 수 없게 될 것입니다."

무제는 결국 장탕의 주장에 동의하였다.

이처럼 장탕은 옥사를 규명할 경우 대신들의 의견을 물리치고 스스로의 공적으로 돌린 사건들이 많았다. 그는 더욱더 황제의 신임과 인정을 받아 마침내 어사대부에 올랐다.

是時上方鄉文學, 湯決大獄, 欲傅古義, 乃請博士弟子治《尙書》·《春秋》補廷尉史, 亭疑法. 奏讞疑事, 必豫先爲上分別其原, 上所是, 受而著讞決法廷尉, 絜令揚主之明. 奏事卽譴, 湯應謝, 鄉上意所便, 必引正·監·掾史賢者, 曰:「固爲臣議. 如上責臣, 臣弗用, 愚抵於此」罪常釋. (聞)[閒]卽奏事, 上善之, 曰:「臣非知爲此奏, 乃正·監·掾史某爲之.」其欲薦吏, 揚人之善蔽人之過如此. 所治卽上意所欲罪, 予監史深禍者; 卽上意所欲釋, 與監史輕平者. 所治卽豪, 必舞文巧詆; 卽下戶羸弱, 時口言, 雖文致法, 上財察. 於是往往釋湯所言. 湯至於大吏, 內行脩也. 通賓客飲食. 於故人子弟爲吏及貧昆弟, 調護之尤厚. 其造請諸公, 不避寒暑. 是以湯雖文深意忌不專平, 然得此聲譽. 而刻深吏多爲爪牙用者, 依於文學之士. 丞相弘數稱其美. 及治淮南·衡山·江都反獄, 皆窮根本. 嚴助及伍被, 上欲釋之. 湯爭曰:「伍被本畫反謀, 而助親幸出入禁闥爪牙臣, 乃交私諸侯如此, 弗誅, 後不可治.」於是上可論之. 其治獄所排大臣自爲功, 多此類. 於是湯益尊任, 遷爲御史大夫.

◉ 나라를 위한다면 어떠한 가혹함도

때마침 흉노의 혼야왕渾邪王 등이 투항해 오자, 한나라는 이를 기회로 삼아 크게 군사를 일으켜 흉노를 토벌하였다. 또 산동 지방에 수해와 가뭄이 심하여 가난한 백성들은 각지로 흩어져 유랑하며 모든 것을 오로지 조정에만 의지하려 하였다. 이로 인해 나라의 창고는 텅텅 비게 되었다.

이에 장탕은 황제의 뜻을 받들어 나라에 청원하여 백금白金과 오수전 五銖錢을 만들었다. 그는 또 천하의 소금과 철을 전매 사업으로 돌려 이익을 독점하던 거부·대상들을 밀어내는 한편, 고민령告緡令을 선포하여 호족과 대지주들을 제거하였다. 그리고 법조문을 교묘히 적용하여 호족들을 죄에 빠뜨림으로써 법의 미비한 점을 보충하였다.

따라서 장탕이 조회에 들어 일을 상주하고 나라의 재정을 이야기할 때마다, 황제는 해가 기울 때까지 밥 먹는 것도 잊고 열심히 귀를 기울였다. 따라서 승상은 그 지위에 앉아 있을 뿐, 천하 대사는 모두 장탕의 의견대로 결정되었다.

그러나 백성들은 여전히 생활이 안정되지 못해 소동을 일으켰다. 정부의 부흥책도 실효를 거두지 못하였으며, 간악한 관리들은 침탈을 일삼았다. 이에 그들의 죄를 규명하여 엄격히 처벌하였으나 아무런 효과가 없었다. 그러자 마침내 공경에서 서민에 이르기까지 모든 사람들은 이러한 사태를 빚어낸 책임은 부흥책의 창안자인 장탕에게 있다고 하였다.

이러한 상황에서 장탕이 병으로 눕게 되자, 천자는 몸소 그의 병문안을 갔다. 이렇게까지 장탕은 황제의 존경을 받았다.

會渾邪等降, 漢大興兵伐匈奴, 山東水旱, 貧民流徙, 皆仰給縣官, 縣官空虛. 於是丞上指, 請造白金及五銖錢, 籠天下鹽鐵, 排富商大賈, 出告緡令, 鉏豪彊幷兼之家, 舞文巧詆以輔法. 湯每朝奏事, 語國家用, 日晏, 天子忘食. 丞相取充位, 天下事皆決於湯. 百姓不安其生, 騷動, 縣官所興, 未獲其利, 姦吏並侵漁, 於是痛繩以罪. 則自公卿以下, 至於庶人, 咸指湯. 湯嘗病, 天子至自視病, 其隆貴如此.

◉ 흉노를 막을 수 있겠소

그런 가운데 흉노가 화친을 청해 오자, 여러 신하들이 황제 앞에서 의논을 하게 되었다. 박사인 적산狄山이 말하였다.

"화친하는 것이 유리합니다."

황제가 그 이유를 묻자 적산은 이렇게 대답하였다.

"병기란 흉기이므로 자주 쉽게 쓸 것이 못됩니다. 고조께선 흉노를 치려다 평성平城에서 크게 고통을 겪으시고 마침내는 화친을 맺었습니다. 혜제·여태후 때의 천하는 무사태평하였지만, 문제 때 다시 흉노를 치려 하였기 때문에 북쪽 변경이 소란스러워지고 백성들과 군사들이 고통을 겪었습니다. 경제 때는 오·초 7국의 난이 일어나, 경제께서는 태후와 상의하기 위해 황궁과 황태후의 궁을 내왕하시면서 몇 달 동안 마음을 졸이셨습니다. 오·초 7국이 패망한 뒤로는 경제께서는 두 번 다시 전쟁에 대해서 말을 꺼내지 않으셨으며, 천하는 부유해지고 나라 안은 충실하게 되었습니다. 그런데 폐하께서 군사를 일으켜 흉노를 치면서부터 나라의 물자는 텅텅 비게 되고, 변경의 백성들은 고통과 함께 가난에 시달리고 있습니다. 이것으로 미루어 보더라도 화친 이상 더 좋은 것이 없습니다."

황제는 장탕에게 의견을 물었다. 장탕이 말하였다.

"어리석은 선비가 큰일에 대해 무엇을 알겠습니까?"

이에 적산이 말하였다.

"신은 충성을 다하고 있습니다만 어사대부 장탕은 거짓 충성된 사람입니다. 장탕이 회남왕과 강도왕 모반 사건을 처리한 것처럼, 법조문을 엄혹하게 적용하여 제후들을 억지로 죄에 떨어뜨리고, 황제의 골육 사이를 이간질하고, 각국의 제후들을 불안하게 만들었습니다. 신은 원래부터 장탕이 거짓 충성된 신하란 것을 잘 알고 있습니다."

그러자 황제는 얼굴빛이 변한 채 말하였다.

"짐이 그대를 한 군의 태수로 보낸다면 오랑캐들의 침범을 막을 수 있겠소?"

적산이 말하였다.

"그럴 능력이 없습니다."

황제가 다시 물었다.

"한 현의 현령으로 보내면 다스릴 수 있겠소?"

적산이 대답하였다.

"그럴 능력도 없습니다."

황제가 또 물었다.

"요새의 수비대장을 맡기면 할 수 있겠소?"

여기서 적산은 답변이 궁해지면 필경 형리의 손에 넘어가리라 짐작하고 이렇게 대답하였다.

"할 수 있습니다."

이에 황제는 적산을 변경의 요새지로 보냈는데, 한 달 남짓해서 흉노는 적산의 머리를 베어 갔다. 그런 뒤로 뭇 신하들은 장탕을 더욱 두려워하였다.

匈奴來請和親, 羣臣議上前. 博士狄山曰:「和親便.」上問其便, 山曰: 「兵者凶器, 未易數動. 高帝欲伐匈奴, 大困平城, 乃遂結和親. 孝惠·高后時, 天下安樂. 及孝文帝欲事匈奴, 北邊蕭然苦兵矣. 孝景時, 吳楚七國反, 景帝 往來兩宮閒, 寒心者數月. 吳楚已破, 竟景帝不言兵, 天下富實. 今自陛下擧 兵擊匈奴, 中國以空虛, 邊民大困貧. 由此觀之, 不如和親.」上問湯, 湯曰: 「此愚儒, 無知.」狄山曰:「臣固愚忠, 若御史大夫湯乃詐忠. 若湯之治淮南· 江都, 以深文痛詆諸侯, 別疏骨肉, 使蕃臣不自安. 臣固知湯之爲詐忠.」 於是上作色曰:「吾使生居一郡, 能無使虜入盜乎?」曰:「不能.」曰:「居一縣?」 對曰:「不能.」復曰:「居一障閒?」山自度辯窮且下吏, 曰:「能.」於是上遣山 乘鄣. 至月餘, 匈奴斬山頭而去. 自是以後, 羣臣震慴.

◉ 장탕의 빈객 전갑

장탕의 빈객 전갑田甲은 장사꾼이기는 하였으나, 현명하고 지조가 있는 사람이었다. 장탕이 아직 말단 관리로 있을 때 서로 이익을 위해 교제한 사이였다. 장탕이 대관이 된 후로, 전갑은 장탕의 품행에 잘못이 있으면 이를 질책하는 데 있어 열사의 풍격을 지니고 있었다.

장탕은 어사대부가 된 지 7년 만에 그만두게 되었다.

湯之客田甲, 雖賈人, 有賢操. 始湯爲小吏時, 與錢通, 及湯爲大吏, 甲所以 責湯行義過失, 亦有烈士風.

湯爲御史大夫七歲, 敗.

❀ 노알거의 고발

하동河東 출신인 이문李文은 일찍이 장탕과 사이가 나빴던 인물이다. 그는 어사중승御史中丞이 되자, 그 원한을 품고 어사부의 판결 문서 가운데 장탕을 해칠 수 있는 것이면 무엇이든 찾아내어 기회만 노리고 있었다.

그런데 장탕에게는 전부터 총애해 오던 노알거魯謁居란 속관이 있었다. 노알거는 이문의 하는 짓에 장탕이 불만이 있는 것을 알자, 사람을 시켜 변고變告를 상주케 하고 이문의 간악한 행위를 고발하게 하였다. 사건이 장탕에게 맡겨지자 이문을 취조한 끝에 사형에 처하였다. 장탕은 속으로 노알거가 자기를 위해서 이런 일을 하게 된 것을 알고 있었다. 황제가 물었다.

"이문의 변고에 의한 사건은 누구의 고발에 의한 것이오?"

장탕은 놀라는 척하며 말하였다.

"아마 이문의 옛 친구로서 그에게 원한이 있는 자가 한 짓이겠지요."

그런 뒤 노알거가 병이 들어 시골집에서 앓아 눕게 되었을 때였다. 장탕은 몸소 찾아가 병문안을 하며 노알거를 위해 그의 다리를 주물러 주기까지 하였다.

河東人李文嘗與湯有卻, 已而爲御史中丞, 恚, 數從中文書事有可以傷湯者, 不能爲地. 湯有所愛史魯謁居, 知湯不平, 使人上蜚變告文姦事, 事下湯, 湯治論殺文, 而湯心知謁居爲之. 上問曰:「言變事縱跡安起?」湯詳驚曰:「此殆文故人怨之.」謁居病臥閭里主人, 湯自往視疾, 爲謁居摩足.

❀ 하급관리의 다리를 주물러 준 것은

조나라는 야금과 제철을 나라의 주요 사업으로 하고 있었다. 조왕은 철관鐵官의 일로 자주 한나라 조정에 소송을 제기하였으나, 장탕은 언제나 그의 제소를 받아들이지 않았다. 이에 조왕은 장탕의 숨은 죄를 찾고 있었다. 또한 일찍이 알거에게 탄핵받은 일이 있는 조나라 왕은 그에 대해서도 괘씸하게 여겨 두 사람을 한꺼번에 고발하였다.

"장탕은 대신의 신분입니다. 그런데 그의 속관인 노알거가 병들자 장탕은 그를 위해 다리를 주물러 주었습니다. 짐작컨대 이들 둘은 큰 음모를 꾸미고 있는 것으로 의심이 갑니다."

이 안건은 정위에게로 넘겨졌다. 노알거가 병으로 죽자 사건은 노알거의 동생과도 관련이 있었으므로, 동생이 도관導官의 청사에 갇히게 되었다. 그때 장탕은 다른 죄수들을 도관 청사에서 심문하고 있던 중 노알거의 동생을 보게 되었다. 그러나 비밀리에 구해 줄 생각이었으므로 일부러 모른 척하였다.

이에 노알거의 동생은 그런 줄도 모르고 장탕을 원망하여 다른 사람에게 부탁해서 글을 올렸다.

"장탕과 알거가 공모해서 이문의 변사를 고발하였습니다."

이 안건은 감선減宣에게로 내려왔다. 감선은 지난 날 장탕과 사이가 나빴으므로, 이 사건을 맡게 되자 철저히 조사하였다.

그런데 감선이 이에 대한 보고를 올리기 전에, 때마침 문제 능원陵園의 예전瘞錢이 도굴되는 사건이 발생하였다. 승상 청적靑翟은 장탕과 함께 입조하여 황제에게 사죄할 것을 약속하였다. 그러나 막상 어전에 나가자, 장탕은 승상이 사철 능원을 순행하고 있기 때문에 이는 승상이 마땅히 사과해야 할 일이지, 자기와는 아무런 관계도 없다는 생각이 들어 사죄하지 않았고 승상만이 용서를 빌었다. 무제는 이 안건을 어사에게 명하여 이 사건을 조사하게 하였다.

장탕은 이 기회에 승상을 견지見知의 죄에 얽어 넣으려고 하였다. 그 사실을 안 승상은 불안해하였다. 이에 승상의 장사長史 3명은 모두 장탕의 처사를 원망하여 어떻게 해서라도 그를 넘어뜨리려 하였다.

趙國以治鑄爲業, 王數訟鐵官事, 湯常排趙王. 趙王求湯陰事. 謁居嘗案趙王, 趙王怨之, 幷上書告:「湯, 大臣也, 史謁居有病, 湯至爲摩足, 疑與爲大姦.」事下廷尉. 謁居病死, 事連其弟, 弟繫導官. 湯亦治他囚導官, 見謁居弟, 欲陰爲之, 而詳不省. 謁居弟弗知, 怨湯, 使人上書告湯與謁居謀, 共變告李文. 事下減宣. 宣嘗與湯有卻, 及得此事, 窮竟其事, 未奏也. 會人有盜發孝文園瘱錢, 丞相靑翟朝, 與湯約俱謝, 至前, 湯念獨丞相以四時行園, 當謝, 湯無與也, 不謝. 丞相謝, 上使御史案其事. 湯欲致其文丞相見知, 丞相患之. 三長史皆害湯, 欲陷之.

◉ 주매신과 장탕의 대립

처음 장사長史 벼슬 중의 하나였던 주매신朱買臣은 회계會稽 사람이다. 《춘추》에 능통해 있었기 때문에 장조莊助가 사람을 시켜 주매신을 추천하도록 하였다. 주매신은 《초사楚辭》에도 능통해 있었기 때문에 장조와 함께 황제의 총애를 받아 시중으로 있으면서 태중대부가 되어 정무를 담당하고 있었다. 그 무렵 장탕은 말단 관리로서 주매신 앞에서는 무릎을 꿇고 심부름이나 하고 있었다. 그 뒤 장탕은 정위가 되어 회남의 반역 사건을 조사하여 장조를 밀어낸 일로 인하여 주매신은 마음 속으로 깊은 원한을 품게 되었다.

장탕이 어사대부로 있을 때, 주매신은 회계 태수에서 주작도위가 되어 구경에 이르렀으나, 몇 해가 지나 법에 저촉되어 벼슬에서 물러나 겨우 장사의 지위를 유지하고 있었다. 그리고 장탕은 주매신을 만날 때 침상에 걸터앉은 채 승사丞史와 마찬가지로 속관 취급을 할 뿐 예우하지 않았다. 주매신은 혈기 왕성한 초나라 사람인지라 한층 더 장탕을 미워하며 기회만 있으면 자신을 희생시켜서라도 장탕에게 복수할 생각이었다.

始長史朱買臣, 會稽人也. 讀《春秋》. 莊助使人言買臣, 買臣以《楚辭》與助俱幸, 侍中, 爲太中大夫, 用事; 而湯乃爲小吏, 跪伏使, 買臣等前. 已而湯爲廷尉, 治淮南獄, 排擠莊助, 買臣固心望. 及湯爲御史大夫, 買臣以會稽守爲主爵都尉, 列於九卿. 數年, 坐法廢, 守長史, 見湯, 湯坐牀上, 丞史遇買臣弗爲禮. 買臣楚士, 深怨, 常欲死之.

◉ 물건을 매점매석하여 폭리를

왕조王朝는 제나라 사람으로 유학에 능통하여 우내사가 되었다. 역시 동료 장사인 변통邊通은 장단술長短術을 배운 사람으로 성질이 강직하고 난폭하였으나 제남국의 재상을 두 번이나 지냈다.

이들 세 사람은 원래는 장탕보다 높은 지위에 있었으나, 실각하여 겨우 장사의 지위를 유지하고 있으면서 장탕 앞에 굽신거려야 했다. 장탕은 자주 승상의 정무를 대행하며 이들 세 장사들이 옛날에는 귀한 신분이었던 것을 알면서도 항상 그들을 능멸하고 억압하였다. 그런 까닭에 세 장사들은 공모하여 승상에게 말하였다.

"처음 장탕은 승상과 함께 사죄할 것을 약속하고 나서 뒤에는 승상을 배반하였습니다. 그리고 지금 종묘 일을 가지고 승상을 탄핵하려 하고 있습니다. 이것은 군공을 대신해서 승상이 되려 하고 있기 때문입니다. 저희들은 장탕의 숨은 죄들을 알고 있습니다."

이리하여 소임들로 하여금 장탕의 죄를 증언할 수 있는 전신田信 등을 체포하여 취조하게 하였다. 전신은 말하였다.

"장탕이 어떤 일을 황제께 청하려 할 때마다 제가 먼저 그 내용을 알고 물건을 사서 쌓아 두었다가 뒤에 비싼 값으로 팔아 돈을 번 다음, 그 이익을 장탕과 나누었습니다."

이 밖에도 장탕의 간악한 일들이 많이 황제의 귀에 들어갔다. 무제가 장탕에게 물었다.

"짐이 시행하려는 일들을 장사꾼들이 먼저 알고서는 그 물건들을 매점 매석해 버리니 아무래도 짐이 생각한 것을 미리 장사꾼들에게 새어나가게 하는 자가 있는 것 같소."

장탕은 사죄하지 않고 놀라는 척하며 말하였다.

"확실히 그런 자가 있을 것입니다."

王朝, 齊人也. 以術至右內史. 邊通, 學長短, 剛暴彊人也, 官再至濟南相. 故皆居湯右, 已而失官, 守長史, 詘體於湯. 湯數行丞相事, 知此三長史素貴, 常浚折之. 以故三長史合謀曰 「始湯約與君謝, 已而賣君; 今欲劾君以宗廟事, 此欲代君耳. 吾知湯陰事. 使吏捕案湯左田信等, 曰湯且欲奏請, 信輒先知之, 居物致富, 與湯分之, 及他姦事. 事辭頗聞. 上問湯曰 「吾所爲, 賈人輒先知之, 益居其物, 是類有以吾謀告之者.」 湯不謝. 湯又詳驚曰 「固宜有.」

❀ 감선의 고발로 결국 자결한 장탕

감선 역시 노알거 등과 있었던 일을 보고하였다. 무제는 장탕이 사심을 품고 감쪽같이 자기를 속였다는 생각이 들어 차례로 8명의 소임을 보내 죄상을 사건 기록과 함께 장탕을 문책하게 했지만 그때마다 장탕은 증거를 제시하면서 사실 무근임을 주장하며 끝내 굴복하지 않았다. 이에 무제는 다시 조우로 하여금 장탕을 문책하게 하였다. 조우가 장탕을 이렇게 꾸짖었다.

"당신은 어찌하여 자기 분수를 모르고 있소? 당신이 다스린 사건으로 패가망신한 집안이 얼마나 되는지 아시오? 지금 사람들이 폭로하는 당신의 죄상은 모두 증거가 있는 일들이오. 천자께선 당신을 감옥에 넣어 중죄로 다스리기 원하지 않고 당신 스스로 결단을 내릴 것을 원하시오. 기록된 죄상에 대해 반박을 해 보았자 무슨 소용이 있겠소?"

장탕은 이에 사죄의 글을 올렸다.

"신 장탕은 한 치의 공로도 없이 도필리로부터 일어나 황공하게도 폐하의 은총으로 삼공에까지 올랐습니다만 그 소임을 다할 수가 없었습니다. 그러나 신에게 죄를 씌우려 한 것은 세 사람의 장사였습니다."

그리고는 마침내 목숨을 끊었다.

減宣亦奏謁居等事. 天子果以湯懷詐面欺, 使使八輩薄責湯. 湯具自道無此, 不服. 於是上使趙禹責湯. 禹至, 讓湯曰:「君何不知分也. 君所治夷滅者幾何人矣? 今人言君皆有狀, 天子重致君獄, 欲令君自爲計, 何多以對簿爲?」湯乃爲書謝曰:「湯無尺寸功, 起刀筆吏, 陛下幸致爲三公, 無以塞責. 然謀陷湯罪者, 三長史也.」遂自殺.

❀ 죽고 나서 보니 남긴 재산이 없었다

장탕이 죽고 나서 보니, 그의 재산은 500금에 불과하였다. 그것도 모두 황제로부터 받은 봉록과 하사품일 뿐 그 밖의 재산은 없었다. 형제들과 아들들은 장탕의 장례를 후하게 치르려 하였으나 장탕의 어머니는 말렸다.

"탕은 천자의 대신으로 있으면서 추악한 말을 듣고 죽었다. 어떻게 후하게 장례를 치를 수 있겠느냐!"

그리고 소달구지에 관을 실었는데 그 관도 관棺만 있을 뿐 곽槨은 없었다. 무제는 이 말을 듣고 말하였다.

"그런 어머니가 아니고는 그런 아들을 낳을 수 없다."

이에 다시 모든 것을 철저하게 조사한 끝에 세 사람의 장사를 주살하였다. 승상 청책은 자살하고, 전신은 석방되었다. 무제는 장탕을 애석하게 생각하여 그의 아들 장안세張安世를 등용하였다.

湯死, 家産直不過五百金, 皆所得奉賜, 無他業. 昆弟諸子欲厚葬湯, 湯母曰: 「湯爲天子大臣, 被汙惡言而死, 何厚葬乎!」載以牛車, 有棺無槨. 天子聞之, 曰: 「非此母不能生此子.」乃盡案誅三長史. 丞相靑翟自殺. 出田信. 上惜湯, 稍遷其子安世.

◉ 만년에 달라진 조우

조우趙禹는 한때 벼슬에서 물러났으나 그 뒤 정위가 되었다. 처음 조후條侯 주아부는 조우가 냉혹한 인물이라 하여 신임하지 않았다. 조우가 소부少府가 되어 구경과 비교되는 지위에 오르자 과연 냉혹하였다.

그런데 만년에 가서 조우는 사람됨이 달라졌다. 사건이 점점 더 많아지고, 그에 따라 다른 관리들은 더욱더 엄격하고 가혹해져 갔음에도 불구하고, 조우의 처리 방법은 전보다 느긋하고 너그러운 편이어서 공평하다는 평을 들었다. 훨씬 뒤에 승진해 올라온 왕온서王溫舒 등만 해도 전의 조우보다 훨씬 가혹하였다.

조우는 늙어서 연나라 재상으로 옮겨갔다. 그로부터 몇 해가 지난 뒤, 그는 정신이 혼미해지고 죄를 범하자, 벼슬을 그만두고 고향으로 돌아갔다. 이리하여 장탕이 죽은 지 10여 년 뒤에 그는 천수를 다하고 집에서 죽었다.

趙禹中廢, 已而爲廷尉. 始條侯以爲禹賊深, 弗任. 及禹爲少府, 比九卿. 禹酷急, 至晩節, 事益多, 吏務爲嚴峻, 而禹治加緩, 而名爲平. 王溫舒等後起, 治酷於禹. 禹以老, 徙爲燕相. 數歲, 亂悖有罪, 免歸. 後湯十餘年, 以壽卒于家.

◉ 누이의 도움으로 현령이 되다

의종義縱은 하동河東 사람이다. 아직 소년 시절 장차공張次公과 함께 강도질을 하며 도둑의 무리가 되어 끼여 다닌 일도 있었다.

의종에게는 의후義姁라는 누님이 있었는데 의후는 의술에 능통하여 왕태후王太后의 총애를 받고 있었다. 왕태후가 그녀에게 물었다.

"너의 형제들로서 관리가 되고 싶어하는 사람이 있느냐?"

의후가 대답하였다.

"동생이 있으나 행실이 옳지 못해 관리가 될 수 없습니다."

하지만 태후는 황제에게 말해서 의후의 동생 의종을 중랑中郎에 임명해 주도록 하여 상당군上黨郡 내 한 현의 현령을 보좌하도록 하였다.

그런데 의종은 과감하게 일처리를 할 뿐 좀처럼 동정을 베풀거나 부드러운 면이 없어, 마침내 현에는 세금을 미납하는 일이 없게 되었다. 그의 통치 성적은 최고였다. 그는 장릉長陵과 장안의 현령으로 승진하였다.

그 뒤에도 의종은 법을 곧이곧대로 다스릴 뿐 귀척貴戚이라고 해서 사정을 두려 하지 않았다. 왕태후의 외손 수성군修成君의 아들 중仲을 잡아다가 취조한 일이 있었다.

이 일로 황제의 인정을 받아 하내군의 도위都尉로 영전되었다. 의종은 부임하자마자, 그 지방의 호족이던 양씨穰氏 일족을 모조리 잡아 죽였다. 하내 사람들은 그를 무서워한 나머지 길에 물건이 떨어져 있어도 주워 가지 않게 되었다.

그 사이 장차공도 낭이 되었다. 장차공 역시 전장에 나가 적진 깊숙이 쳐들어가는 등 용맹을 떨친 공로로 안두후岸頭侯에 올랐다.

義縱者, 河東人也. 爲少年時, 嘗與張次公俱攻剽爲羣盜. 縱有姊姁, 以醫幸王太后. 王太后問:「有子兄弟爲官者乎?」姁曰:「有弟無行, 不可.」太后乃告上, 拜義姁弟縱爲中郎, 補上黨郡中令. 治敢行, 少蘊藉, 縣無逋事, 擧爲第一. 遷爲長陵及長安令, 直法行治, 不避貴戚. 以捕案太后外孫脩成君子仲,上以爲能, 遷爲河內都尉. 至則族滅其豪穰氏之屬, 河內道不拾遺. 而張次公亦爲郞, 以勇悍從軍, 敢深入, 有功, 爲岸頭侯.

◉ 새끼에게 젖을 물린 호랑이를 건드릴지언정

그 무렵 영성寧成은 벼슬을 떠나 집에서 한가히 지내고 있었다. 황제가 그를 태수에 임명하려 하였으나 어사대부 공손홍이 말렸다.

"신이 산동에서 아직 말단 관리로 있을 때 영성은 제남의 도위였습니다. 그때 그의 통치는 이리가 양 떼를 다스리는 것과 같았습니다. 영성에게 백성을 다스리게 해서는 안 됩니다."

이에 황제는 마음을 바꿔 영성을 함곡관函谷關의 도위로 임명하였다. 1년 남짓 지나서 관동關東 지방의 관리들을, 함곡관을 드나드는 군국의 관리들이 다음과 같이 말하는 것을 들었다.

"새끼에게 젖을 물린 무서운 어미 호랑이를 건드릴지언정 영성의 노여움만은 사지 말라."

의종은 하내에서 남양군南陽郡 태수로 옮겨갔을 때, 영성이 벼슬에서 물러나 남양의 집에서 한가히 있다는 말을 들었다. 이윽고 의종이 함곡관에 이르자, 영성은 겸손하게 옆으로 비켜서 그를 마중하고 배종陪從하였지만, 의종은 그래도 기세가 등등한 채 답례하지 않았다. 그리고 남양군에 도착하자마자 영씨寧氏들의 비행을 들추어내어 그 집안을 쑥밭으로 만들어 버렸고, 영성 역시 죄인으로 다스리게 되었다. 일이 여기에 이르자, 군의 또 다른 호족인 공씨孔氏와 포씨暴氏 무리들은 아예 집안 권속을 이끌고 모조리 도망쳐 버렸다. 남양군의 관리나 백성들은 모두 무서워 죽치고 들어앉아서 함부로 경거망동하지 않았다.

평지현平氏縣의 주강과 두연현杜衍縣의 두조는 의종의 발톱과 어금니 역할을 한 관리들로서 임용되었다가 인정을 받아 정위의 속관으로 옮겨갔다.

그 무렵 흉노를 치러 가는 군대가 자주 정양군定襄郡을 지나갔기 때문에 정양군 관리와 백성들은 혼란 상태에 빠져 있었다. 이에 황제는 의종을 정양군 태수로 전임시켰다. 의종은 부임하자마자, 그곳 감옥에 갇혀 있는 중범과 경범 200여 명과, 또 그들의 빈객이나 형제들로서 사사로이 감옥에 드나들며 면회를 하고 있던 200여 명을 모두 잡아들였다.

"이놈들은 죽을죄를 지은 자들을 도망시키려 하였다."

이렇게 논고하고, 그 날 즉시 400여 명을 모조리 죽였다. 그 뒤로 정양군의 백성들은 춥지도 않은데 부들부들 떨게 되었고, 교활한 백성들은 관리에게 협력하여 통치를 도왔다.

寧成家居, 上欲以爲郡守. 御史大夫弘曰:「臣居山東爲小吏時, 寧成爲濟南都尉, 其治如狼牧羊. 成不可使治民.」上乃拜成爲關都尉. 歲餘, 關東吏隸郡國出入關者, 號曰「寧見乳虎, 無値寧成之怒」. 義縱自河內遷爲南陽太守, 聞寧成家居南陽, 及縱至關, 寧成側行送迎, 然縱氣盛, 弗爲禮. 至郡, 遂案寧氏, 盡破碎其家. 成坐有罪, 及孔·暴之屬皆犇亡, 南陽吏民重足一迹. 而平氏朱彊·杜衍·杜周爲縱牙爪之吏, 任用, 遷爲廷史. 軍數出定襄, 定襄吏民亂敗, 於是徙縱爲定襄太守. 縱至, 掩定襄獄中重罪輕繫二百餘人, 及賓客昆弟私入相視亦二百餘人. 縱一捕鞠, 曰「爲死罪解脫」. 是日皆報殺四百餘人. 其後郡中不寒而栗, 猾民佐吏爲治.

⊛ 의종을 기시형에 처하다

당시 조우와 장탕은 법을 가혹하게 적용함으로써 구경九卿에 올라 있었다. 그러나 그들의 방법은 어쨌든 법을 근거로 하고 있었으므로 의종에 비하면 그래도 너그러운 편이었다. 그러나 의종은 매가 날개를 펴고 나는 새를 덮치듯이 잔혹스럽게만 통치하였다.

그 뒤 오수전과 백금이 유통되자 이를 위조하는 자가 생겨났는데 특히 수도에서 심하였다. 황제는 의종을 우내사로 하고, 왕온서를 중위로 하여 단속 업무를 담당하게 하였다. 왕온서는 더할 나위 없이 혹독하였다. 자기가 하려는 것을 의종에게 연락조차 하지 않았다. 그러나 의종은 반드시 기세로써 이를 꺾어 누르고 그의 공로를 깨뜨려 없앴다.

의종은 대단히 많은 사람들을 잡아죽이는 방법을 썼으나, 그것으로는 일시적으로 치안을 유지할 수 있었을 뿐이었다. 세상엔 간악한 무리가 점점 더 많아져서 아무리 잡아죽여도 소용이 없었다. 이리하여 직지直指라는 벼슬이 처음으로 생겨나고, 관리들의 통치는 잡아죽이고 가두는 것만이 능사가 되었다. 이때 염봉閻奉은 악랄함 때문에 등용되었다. 의종은 청렴 결백하였지만, 그의 방법은 질도와 비슷하였다.

이 무렵 황제는 정호궁鼎湖宮으로 거동하였다가 오래도록 병상에 누운 일이 있었다. 얼마 뒤 병이 회복되어 급히 감천궁甘泉宮으로 거동하게 되었는데 가는 길이 제대로 닦여 있지 않았으므로 황제는 성이 나서 말하였다.

"의종은 짐이 다시는 이 길을 지나가는 일이 없을 것으로 생각하고 있었단 말인가?"

그리고 이 일로 인해 의종을 괘씸히 여기게 되었다.

그 해 겨울 고민령告緡令을 주관하고 있는 양가楊可가 백성들에게서 법에 정한 대로 민전緡錢을 거둬들이지 않는다는 고발이 들어왔다. 의종은 이야말로 백성들을 혼란에 빠뜨리는 짓이라 생각하고 관리들을 보내 양가의 사주를 받은 자들을 잡아들였다.

그런데 이 말을 들은 천자는 오히려 두식杜式으로 하여금 사건을 밝혀내고, 조서를 어기고 정사를 방해하였다는 죄목으로 의종을 기시형에 처해 버렸다. 그 뒤 1년이 지나 장탕도 죽었다.

是時趙禹・張湯以深刻爲九卿矣, 然其治尚寬, 輔法而行, 而縱以鷹擊毛摯爲治. 後會五銖錢白金起, 民爲姦, 京師尤甚, 乃以縱爲右內史, 王溫舒爲中尉. 溫舒至惡, 其所爲不先言縱, 縱必以氣凌之, 敗壞其功. 其治, 所誅殺甚多, 然取爲小治, 姦益不勝, 直指始出矣. 吏之治以斬殺縛束爲務, 閻奉以惡用矣. 縱廉, 其治放郅都. 上幸鼎湖, 病久, 已而卒起幸甘泉, 道多不治. 上怒曰: 「縱以我爲不復行此道乎?」嗛之. 至冬, 楊可方受告緡, 縱以爲此亂民, 部吏捕其爲可使者. 天子聞, 使杜式治, 以爲廢格沮事, 弃縱市. 後一歲, 張湯亦死.

◉ 법대로 가혹하게

왕온서王溫舒는 양릉陽陵 사람으로 젊었을 때 사람을 죽여 몰래 묻는 등 못된 짓을 하였다. 그 뒤 현의 정장亭長에 보임되기도 하였으나 번번이 해임되었다.

그러나 다시 관리가 되어 옥사를 맡아 보다가 정사廷史가 되었다. 이어 장탕을 섬기다가 어사로 승진하였다. 왕온서는 도적들을 단속하게 되었는데 죄인을 살상하는 일이 많았다. 차츰 승진되어 광평군廣平郡 도위가 되자, 군 안에서 용맹과감하고 일을 맡길 만한 관리 10여 명을 골라 자기의 발톱과 어금니로 삼고, 그들이 몰래 저

〈吊人銅矛〉(부분) 1956 雲南 晉寧縣 출토

지른 중죄의 증거를 잡고서는 이를 눈감아 주면서 도둑들을 살피게 하였다. 그들 중 기어코 잡아들이고 싶어하던 도둑을 잡아 그의 마음을 흡족하게 한 자에게는 백 가지 죄가 있다 하더라도 벌하지 않았다. 반대로 도둑을 피하거나 도망하는 자가 있으면, 미리 잡아 두었던 증거를 꼬투리로 죄를 씌워 죽이고 일족까지 몰살시켰다.

그런 까닭으로 제齊·조趙 지역 도적들이 감히 광평군 가까이 오지 못하였다. 이리하여 광평군에서는 길거리에 떨어진 물건이 있어도 주워 가는 자가 없다는 소문이 퍼졌다.

황제는 이 말을 듣고 왕온서를 하내河內 태수로 옮겼다.

王溫舒者, 陽陵人也. 少時椎埋爲姦. 已而試補縣亭長, 數廢. 爲吏, 以治獄至廷史. 事張湯, 遷爲御史. 督盜賊, 殺傷甚多, 稍遷至廣平都尉. 擇郡中豪敢任吏十餘人, 以爲爪牙, 皆把其陰重罪, 而縱使督盜賊, 快其意所欲得. 此人雖有百罪, 弗法; 卽有避, 因其事夷之, 亦滅宗. 以其故齊趙之郊盜賊不敢近廣平, 廣平聲爲道不拾遺. 上聞, 遷爲河內太守.

❀ 사형으로 죽은 자들의 피가 10리나 흘러

왕온서는 평소 광평군에 있을 무렵부터 그곳 유력자들로서 포악한 짓을 저지르는 자들을 모두 파악하고 있었다. 부임하게 되자, 9월에 도착한 그는 군의 역마驛馬로 개인의 말 50필을 갖춘 다음, 하내에서 장안에 이르는 각 역에다 배치하여 주청하는 글이 신속하게 전해지게 하였다. 관리들의 배치는 광평군에 있을 때와 같은 방법으로 하였다. 그리고는 군 안의 간악한 호족들을 잡아들였는데, 이들과 연좌되어 잡혀 들어온 호족들만 해도 모두 1천여 가구에 이르렀다. 왕온서는 글을 올려 이렇게 주청하였다.

"크게 간악한 자는 일족을 멸하고, 덜 간악한 자는 당사자만 사형에 처하는 한편, 그의 가산을 몰수함으로써 그들이 부당하게 빼앗아 들인 재산을 변상토록 할까 합니다."

상소문을 올린 지 2, 3일밖에 안 되어서 황제의 재가를 얻어 형을 집행하였다. 이때 사형을 받아 죽은 자들의 피가 10여 리나 흘렀다. 하내 사람들은 모두 왕온서가 올린 글이 수도까지 돌아오는 것이 너무나 신속한 것에 대해 놀랄 뿐이었다.

12월이 다 갈 무렵에는, 군 안에서 그에게 반항하는 소리를 들을 수가 없었고, 감히 밤에 밖을 나도는 자도 없었으며, 들판에는 개를 짖게 만드는 도둑도 없어졌다. 미처 잡지 못하고 놓쳐 버린 도둑은 이웃 군과 국까지라도 가서 끝내 잡아들였다.

입춘이 되자, 왕온서는 발을 동동 구르며 탄식하여 말하였다.

"아아, 겨울을 한 달만 더 늦출 수 있다면 도둑을 근절시켜 내 임무를 완수하였을 텐데.”

그가 즐겨 살상하는 것으로 위세를 부렸으며, 백성들을 사랑하지 않는 것은 이와 같았다. 이 말을 들은 천자는 그의 유능함을 인정하여 중위로 전임시켰다. 중위가 된 다음에도 하내에 있을 때와 마찬가지여서 모든 교활한 관리들을 불러모아 함께 정사를 하게 하였다.

하내에서는 양개楊皆와 마무麻戊, 관중關中에서는 양공楊贛과 성신成信 따위의 무리들이었다.

그러나 의종이 내사로 있는 동안은, 왕온서도 그를 꺼려하여 감히 방자하게 굴지는 못하였다. 그러나 의종이 죽고 장탕이 실각하게 되자, 왕온서는 정위로 승진되고 윤제尹齊가 중위가 되었다.

素居廣平時, 皆知河內豪姦之家, 及往, 九月而至. 令郡具私馬五十匹, 爲驛自河內至長安, 部吏如居廣平時方略, 捕郡中豪猾, 郡中豪猾相連坐千餘家. 上書請, 大者至族, 小者乃死, 家盡沒入償臧. 奏行不過二三日, 得可事. 論報, 至流血十餘里. 河內皆怪其奏, 以爲神速. 盡十二月, 郡中毋聲, 毋敢夜行, 野無犬吠之盜. 其頗不得, 失之旁郡國, 黎來, 會春, 溫舒頓足歎曰:「嗟乎, 令冬月益展一月, 足吾事矣!」其好殺伐行威不愛人如此. 天子聞之, 以爲能, 遷爲中尉. 其治復放河內, 徙諸名禍猾吏與從事, 河內則楊皆·麻戊, 關中楊贛·成信等. 義縱爲內史, 憚未敢恣治. 及縱死, 張湯敗後, 徙爲廷尉. 而尹齊爲中尉.

〈9〉윤제尹齊

🏵 엄혹함을 인정하여

윤제는 동군東郡 치평茌平 사람으로 문서를 다루는 말단 관리에서 차츰 승진하여 어사가 되어 장탕을 섬겼다. 장탕은 자주 그의 청렴과 무용을 칭찬하며 도적을 살피게 하였다. 그는 죄인을 처형하는 데 있어서는 귀척貴戚도 피하지 않았다. 윤제가 관내 도위로 옮겨간 이후로 그는 영성보다 냉혹하다는 평판을 들었다. 이에 황제는 그의 유능함을 인정한 끝에 중위로 옮겨 앉혔다. 관리나 백성들은 더욱 생활고에 시달렸다.

윤제의 성격은 강하고 직선적이고 꾸밈이 없었다. 힘있고 간악한 관리들은 그를 두려워하여 꼬리를 내렸지만, 선량한 관리들은 윤제가 바라는 대로 잘 다스릴 수가 없었다. 그런 까닭에 하는 일에 실패가 잦았고 마침내는 그 자신이 죄에 저촉되게 되었다.

황제는 왕온서를 다시 중위로 옮겨 앉혔다. 그리고 양복楊僕은 엄혹함을 인정하여 주작도위로 삼았다.

尹齊者, 東郡茌平人. 以刀筆稍遷至御史. 事張湯, 張湯數稱以爲廉武, 使督盜賊, 所斬伐不避貴戚. 遷爲關內都尉, 聲甚於寧成. 上以爲能, 遷爲中尉, 吏民益凋敝. 尹齊木彊少文, 豪惡吏伏匿而善吏不能爲治, 以故事多廢, 抵罪. 上復徙溫舒爲中尉, 而楊僕以嚴酷爲主爵都尉.

〈10〉양복楊僕

◉ 조선 정벌에 나섰다가

양복은 의양宜陽 사람으로 천부千夫로써 관리가 되었다. 하남군 태수가 그를 인정하여 추천해 어사로서 관동 지방의 도적들을 단속하게 되었다. 그의 통치 방법은 윤제를 본받아 맹수처럼 사납고 맹렬하였다. 그는 차츰 승진하여 주작도위가 됨으로써 구경 서열에 올랐다. 천자는 양복을 유능하다고 인정하였다. 남월南越이 반란을 일으켰을 때, 그는 누선장군樓船將軍에 임명되어 공로를 세우고 장량후將梁侯에 봉해졌다.

그 뒤 동료인 좌장군左將軍 순체荀彘와 함께 조선朝鮮을 치러 갔다가 순체에게 묶이어 돌아왔다. 벼슬에서 쫓겨나고 오랜 뒤에 병으로 죽었다.

楊僕者, 宜陽人也. 以千夫爲吏. 河南守案擧以爲能, 遷爲御史, 使督盜賊關東. 治放尹齊, 以爲敢摯行. 稍遷至主爵都尉, 列九卿. 天子以爲能. 南越反, 拜爲樓船將軍, 有功, 封將梁侯. 爲荀彘所縛. 居久之, 病死.

◉ 부하 중에 직권으로 부를 축적한 자들

왕온서가 다시 중위가 되었다. 왕온서의 사람됨은 꾸밈이 없고 정위로 있을 때에는 멍청해서 자기 맡은 일도 제대로 하지 못할 정도였지만, 중위가 되자 활발히 움직여 도적들을 잘 다스렸다.

평소 관중의 사정에 익숙한 그는 강포하고 간악한 관리가 누구라는 것을 잘 알고 있었다. 강포하고 간악한 관리들 또한 그를 도와 계책을 내놓았다. 그들을 통해서 도적과 불량배들을 가혹할 정도로 감시하게 하였더니, 도리어 도적들이 투서를 하거나 고발을 해 왔다. 그리하여 백격장伯格長을 따로 두어 간악한 자들과 도적들을 감시하며 체포하도록 하였다.

왕온서는 또 사람에게 아첨하는 성격이 있어 세력 있는 자에겐 선하게 대하였으나 세력 없는 자는 노예처럼 천시하였다. 권문세가에 대해서는 사악한 일이 산더미처럼 쌓여 있어도 죄를 다스리는 일이 없고, 권세가 없는 사람은 비록 귀척의 인물일지라도 반드시 욕을 보였다. 법조문을 교묘히 적용하여 교활한 하층민에게는 죄를 씌우고 간악한 호족들에게는 간접적으로 위협하였다.

왕온서가 중위로서 그 직책을 다하는 방법은 이러하였다.

간악하고 교활한 무리들에겐 끝까지 심문을 받았다. 그들은 거의 다 고문 끝에 감옥에서 죽었으므로, 어느 한 사람도 판결이 난 후 다시 상고를 해서 감옥을 빠져나가지 못하였다.

왕온서의 발톱과 어금니 구실을 한 관리들은 사람의 탈을 쓴 호랑이처럼 몹시 포학하였다. 이리하여 중위부 안에 있는 사람으로 중간쯤 교활한 자들은 모두 무조건 복종하였고, 권세 있는 자들은 왕온서의 칭찬을 퍼뜨리고 다니면서 그의 치적을 찬양하였다.

이리하여 왕온서가 중위의 벼슬에 있는 몇 해 동안, 그의 부하 중에는 직권을 이용해 부자가 된 자가 많았다.

而溫舒復爲中尉. 爲人少文, 居廷惛惛不辯, 至於中尉則心開. 督盜賊, 素習關中俗, 知豪惡吏, 豪惡吏盡復爲用, 爲方略. 吏苛察, 盜賊惡少年投缿

購告言姦, 置伯格長以牧司姦盜賊. 溫舒爲人諂, 善事有執者; 卽無執者,
視之如奴. 有執家, 雖有姦如山, 弗犯; 無執者, 貴戚必侵辱. 舞文巧詆下戶之猾,
以焄大豪. 其治中尉如此. 姦猾窮治, 大抵盡靡爛獄中, 行論無出者. 其爪牙
吏虎而冠. 於是中尉部中中猾以下皆伏, 有勢者爲游聲譽, 稱治. 治數歲,
其吏多以權富.

◉ 면직되었다가 다시 복직되었으나

그 뒤 왕온서는 동월東越을 치고 돌아왔으나, 그가 제출한 의견 중에 황제의
뜻에 맞지 않은 것이 있는 데다, 사소한 일이 법에 저촉되어 면직되었다.
그 뒤 천자는 통천대通天臺를 축조하고자 하였으나 인력이 갖춰지지
않아 걱정이었다. 이때 왕온서가 중위부 관할 지역 안에서 병역을 기피한
자를 조사하여 수만 명을 축조 공사의 인부로 쓰게 하자고 주청하였다.
황제는 기뻐하여 다시 왕온서를 소부少府로 임명하였다가 이어 우내사로
전임시켰다. 왕온서의 통치 방법은 전날 그대로여서 간사姦邪함을 다소
억제하였을 뿐이다. 그리고 다시 법에 저촉되어 면직되었으나, 다시 우보
右輔에 임명되어 중위의 직무를 맡게 되었으며 그의 통치 방식은 전과 같았다.

溫舒擊東越還, 議有不中意者, 坐小法抵罪免. 是時天子方欲作通天臺而
未有人, 溫舒請覆中尉脫卒, 得數萬人作. 上說, 拜爲少府. 徙爲右內史, 治如
其故, 姦邪少禁. 坐法失官. 復爲右輔, 行中尉事, 如故操.

◉ 삼족이 아니라 오족의 멸족

그 뒤 1년 남짓해서 군사를 동원, 대완국大宛國을 치게 되었다. 황제는
조서를 내려 힘 있는 관리들을 징발하였다. 이때 왕온서는 그의 부하인
화성華成을 숨겨 주었다. 어떤 자가 나타나 왕온서가 기병으로 징집될
자들로부터 돈을 받고 병역을 면제해 주었으며, 또 탐욕스런 일을 하였다고
고발하였다.
왕온서의 죄가 멸족에 해당되자 그는 스스로 목숨을 끊었다.

그때 그의 두 아우와 두 사돈 또한 각각 다른 죄에 연좌되어 멸족을 당하였다. 광록光祿 서자위徐自爲는 왕온서의 일을 이렇게 탄식하였다. "슬픈 일이다. 옛날에는 삼족을 멸하는 형벌이 있었는데, 왕온서의 죄는 오족五族을 함께 멸하게 되었구나!"

歲餘, 會宛軍發, 詔徵豪吏, 溫舒匿其吏華成, 及人有變告溫舒受員騎錢, 他姦利事, 罪至族, 自殺. 其時兩弟及兩婚家亦各自坐他罪而族. 光祿徐自爲曰:「悲夫, 夫古有三族, 而王溫舒罪至同時而五族乎!」

◉ 몰래 고향으로 옮겨 장례를

왕온서가 죽었을 때, 그의 집 재산은 천금이나 쌓여 있었다.

그로부터 몇 해가 지나 윤제도 회양군의 도위로 있다가 병으로 죽었지만, 그의 재산은 50금도 차지 못하였다. 그러나 윤제가 주살시킨 사람이 특히 회양군에 많아 그가 죽자, 유족들이 나서서 그의 시체를 불태우려 하여 윤제의 집안 사람들은 몰래 고향으로 시신을 옮겨서야 겨우 장사를 지낼 수 있었다.

溫舒死, 家直累千金. 後數歲, 尹齊亦以淮陽都尉病死, 家直不滿五十金. 所誅滅淮陽甚多, 及死, 仇家欲燒其尸, 尸亡去歸葬.

◉ 도적이 들끓기 시작

왕온서 등이 포악한 방법으로 통치를 한 뒤로부터 군수·도위·제후·2천 석으로서 백성을 통치하려는 자들은 대개 그의 방법을 따랐다. 그러나 관리나 백성들은 더욱더 법을 가볍게 알아 도적들이 점점 많아졌다.

즉 도적으로 남양에는 매면梅免과 백정白政이 있고, 초楚에는 은중殷中·두소杜少가 있었으며, 제齊에는 서발徐勃이, 연燕·조趙 사이에는 견로堅盧·범생范生의 무리들이 있었다.

그들 무리로서 큰 것은 수천 명에 이르러 제멋대로 이름을 내세우고 성읍을 공격하여 무기고를 열고 무기를 훔쳐내고, 사형수들을 풀어 주고,

군의 태수와 도위를 묶어서 욕을 보이고, 2천 석의 관리를 죽였다. 또 격문을 각 현으로 돌려 식량 준비를 해 놓도록 독촉하였다.

소규모의 도적 떼는 그 수효가 수백 명이나 되었으며, 이들이 약탈한 마을은 이루 헤아릴 수 없을 정도였다. 이에 천자는 어사 중승과 승상 장사를 파견하여 이를 단속하도록 하였으나 이들의 힘으로 저지할 수는 없었다.

이에 광록대부光祿大夫 범곤范昆과 모든 보도위輔都尉 및 전 구경이었던 장덕張德 등에게 수놓은 비단옷을 입히고, 사자의 부절과 호부虎符를 들려 군사를 징발하여 이들을 치게 하였다. 이 때 목을 베인 도적이 1만 명이 넘었다. 또 도적들에게 음식물을 제공한 사람 역시 법령에 의해 주살되었다. 이 법에 연좌된 자는 각 군에 걸쳐 심할 경우에는 수천 명에 이르렀다.

이리하여 몇 해 동안에 도적 떼의 두목들은 많이 잡혔으나, 흩어져 달아난 졸개들이 다시 떼지어 각처의 산천에서 활동하며 언제나 무리지어 살고 있었으므로 도저히 손을 댈 수 없었다. 이에 '침명법沈命法'이란 법을 만들게 되었다. 즉 도적 떼가 일어났는데도 이를 적발하지 못하거나 적발하였어도 전원을 잡지 못하면, 2천 석에서 말단 관리에 이르기까지 그 책임자를 모조리 사형에 처한다는 것이었다.

그 뒤로부터 관리들은 처벌이 두려워, 도적이 있어도 감히 적발할 생각을 하지 않았다. 이것은 잡지 못하면 형벌을 받게 되고, 군부郡府에 누를 끼치게 되는 것이 두려웠기 때문이다. 군부 역시 적발하지 않았으므로, 이 때문에 도적들이 점점 많아졌는데도 관리들은 상하가 서로 숨기며 도둑이 없다는 거짓 문서를 만들어 법의 저촉을 피하였다.

自溫舒等以惡爲治, 而郡守·都尉·諸侯二千石欲爲治者, 其治大抵盡放溫舒, 而吏民益輕犯法, 盜賊滋起. 南陽有梅免·白政, 楚有殷中·杜少, 齊有徐勃, 燕趙之閒有堅盧·范生之屬. 大羣至數千人, 擅自號, 攻城邑, 取庫兵, 釋死罪, 縛辱郡太守·都尉, 殺二千石, 爲檄告縣趣具食; 小羣(盜)以百數, 掠鹵鄉里者, 不可勝數也. 於是天子始使御史中丞·丞相長史督之. 猶弗能禁也, 乃使光祿大夫范昆·諸輔都尉及故九卿張德等衣繡衣, 持節, 虎符發兵以興擊, 斬首大部或至萬餘級, 及以法誅通飲食, 坐連諸郡, 甚者數千人.

數歲, 乃頗得其渠卒. 散卒失亡, 復聚黨阻山川者, 往往而羣居, 無可柰何.
於是作「沈命法」, 曰羣盜起不發覺, 發覺而捕弗滿品者, 二千石以下至小吏
主者皆死. 其後小吏畏誅, 雖有盜不敢發, 恐不能得, 坐課累府, 府亦使其不言.
故盜賊寢多, 上下相爲匿, 以文辭避法焉.

〈11〉감선減宣

❀ 화살이 상림원의 문에 꽂혀

감선減宣은 양楊 땅 사람이다. 좌사佐史로 있으면서 능력을 인정받아
하동 군부郡府에서 일하게 되었다.

장군 위청衛靑의 사자가 하동으로 말을 사러 왔을 때, 감선의 일 처리
능력을 알고나서 황제에게 그를 추천하였다.

황제는 감선을 불러 대구승大廐丞으로 삼았다. 감선은 맡은 일을 충실히
해내며 차츰 승진해서 어사 및 중승이 되었다. 황제는 그에게 주보언의 죄를
다스리게 하고 또 회남의 모반사건을 처리하게 하였다. 이때 그는 하찮은
잘못에도 세밀한 법조문을 적용하여 사형된 자가 대단히 많았다. 그래도
능히 의심스러운 사건을 과감하게 해결하였다는 칭찬을 받았다. 그 뒤 그는
몇 차례 파면되고 기용되면서 약 20년에 걸쳐 어사 및 중승으로 있었다.

왕온서가 중위에서 물러날 때 감선은 좌내사가 되었다. 그의 통치 방법은
대단히 치밀해서, 쌀과 소금 등의 관리를 비롯한 크고 작은 일들을 손아귀에
모두 쥐고 직접 현의 모든 부서의 물품까지 관리하고 있었으므로, 현령이나
현승 이하의 관리들은 그것을 마음대로 관장할 수가 없었다. 만일 이를
어기게 되면, 엄중한 법을 적용시켜 체포하였다. 감선은 관직에 있던
몇 해 만에 군 안의 모든 작은 사건까지도 완전히 처리해 나갔다. 그는
혼자만의 노력으로 작은 일을 충실하게 처리하여 큰 일을 해낸 사람이었다.
감선은 자신의 능력에 의지해 일을 처리하였는데, 이는 보통 사람으로서는
쉬운 일이 아니었다.

감선은 도중에 벼슬에서 쫓겨났다가 얼마 뒤 우부풍右扶風에 임명되었다.

이때 그는 부하인 성신成信을 미워한 나머지, 그가 도망쳐 상림원에 숨어 있는 것을 알자, 미현郿縣의 현령을 시켜 그를 죽이게 하였다. 그런데 미현의 이졸이 성신을 향해 쏜 화살이 그만 상림원의 문에 꽂히고 말았다. 이것이 죄가 되어 감선은 형리의 손에 넘겨져 대역죄의 판결을 받아 일족은 몰살당하였고, 자신은 스스로 목숨을 끊었다. 그 후 두주杜周가 임용되었다.

減宣者, 楊人也. 以佐史無害給事河東守府. 衛將軍靑使買馬河東, 見宣無害, 言上, 徵爲大廐丞. 官事辨, 稍遷至御史及中丞. 使治主父偃及治淮南反獄, 所以微文深詆, 殺者甚衆, 稱爲敢決疑. 數廢數起, 爲御史及中丞者幾二十歲. 王溫舒免中尉, 而宣爲左內史. 其治米鹽, 事大小皆關其手, 自部署縣名曹實物, 官吏令丞不得擅搖, 痛以重法繩之. 居官數年, 一切郡中爲小治辨, 然獨宣以小致大, 能因力行之, 難以爲經. 中廢. 爲右扶風, 坐怨成信, 信亡藏上林中, 宣使郿令格殺信, 吏卒格信時, 射中上林苑門, 宣下吏詆罪, 以爲大逆, 當族, 自殺. 而杜周任用.

⟨12⟩ 두주杜周

◉ 장탕의 천거로

두주杜周는 남양 두연杜衍 사람으로, 의종이 남양 태수로 있을 때 그의 발톱과 어금니 역할을 하다가 정위의 속관으로 천거되면서 장탕을 섬기게 되었다. 장탕이 수 차례 그의 뛰어난 능력을 황제에게 상주하였다. 두주는 어사가 되어 오랑캐들의 침략으로 인한 변방 지대의 손실 상황을 조사해 올리라는 명령을 받았다. 이때 두주의 논고로 인해 사형을 받게 된 자들이 대단히 많았다.

또 그의 정사에 대한 상서가 황제의 마음에 들어 감선과 똑같이 신임을 받았고, 감선과 번갈아 10여 년 동안 중승을 지냈다.

杜周者, 南陽杜衍人. 義縱爲南陽守, 以爲爪牙, 擧爲廷尉史. 事張湯, 湯數言其無害, 至御史. 使案邊失亡, 所論殺甚衆. 奏事中上意, 任用, 與減宣相編, 更爲中丞十餘歲.

◉ 법이란 황제의 비위를 맞추는 것

그의 통치 방법은 감선과 닮은 데가 있었다. 신중하고 여유가 있어 겉으로는 관대하게 보이나 속으로는 냉혹해서 뼛속까지 스며들 정도였다.

감선이 좌내사가 되었을 때 두주는 정위가 되었다. 이때에도 그의 통치 방식은 장탕을 크게 본떴고, 또 황제의 의향에 잘 맞추었다. 황제가 물리치고 싶어하는 사람은 그 또한 죄를 씌워 옭아 넣었고, 황제가 풀어주고 싶어하는 사람은 그 또한 오래 옥에 가두어 두며 황제의 물음을 기다렸다가 은밀히 억울한 사정을 내비쳤다. 논객 가운데 두주를 책망하여 말하는 사람이 있었다.

"당신은 천자를 위해 공정한 판결을 내리는 사법관으로 있으면서, 삼척법三尺法에 의해 처리하는 것이 오로지 황제의 비위에 맞추어 재판을 하고 있소. 법관이란 원래가 그런 것이오?"

그러자 두주는 말하였다.

"삼척법이란 어디서 생겨나는 것이겠소? 이전의 황제가 옳다고 한 것은 큰 법률法律로서 기록되고, 뒤의 황제가 옳다고 하는 것은 작은 법령法令으로 기록되는 것이오. 즉 그때마다 적절한 것을 옳다고 하게 되는 것이오. 만사에 옛날 법을 따를 필요가 있겠소?"

其治與宣相放, 然重遲, 外寬, 內深次骨. 宣爲左內史, 周爲廷尉, 其治大放張湯而善候伺. 上所欲擠者, 因而陷之; 上所欲釋者, 久繫待問而微見其冤狀. 客有讓周曰:「君爲天子決平, 不循三尺法, 專以人主意指爲獄. 獄者固如是乎?」周曰:「三尺安出哉? 前主所是著爲律, 後主所是疏爲令, 當時爲是, 何古之法乎!」

◉ 법에 걸려드는 자가 늘어나가만

두주가 정위에 오른 뒤, 황제가 처리하도록 명한 사건은 더욱 많아졌다. 2천 석으로 감옥에 갇혀 있는 사람은, 앞서 체포된 사람과 새로 체포된 사람을 합쳐서 항상 100여 명이 되었다. 또 군의 태수, 관리나 승상부·어사부의 관리에 관한 사건은 모두 정위의 손에 의해 처리되었는데, 1년 동안에 모두 1천 건에 이르렀다. 큰 사건에서는 연좌되어 증인으로 조사를 받는 자만해도 수백 명, 작은 사건에서도 수십 명, 먼 곳에서 불려 오는 사람은 수천 리, 가까운 곳에서 불려나오는 사람도 수백 리 밖에서 모여들었다. 심문을 하게 되면, 옥리는 고소장에 적힌 대로 탄핵 논고하여 죄를 시인할 것을 요구하였고, 죄를 인정하지 않으면 매를 쳐서 죄과대로 확정지었다. 그리하여 호출을 당해 심문을 받게 된다는 것을 알기만 하면, 모두 도망쳐 숨어 버렸다. 오래 옥에 갇혀 있는 사람은 대사면령이 내려와도 그 혜택을 입지 못하는 경우가 많았다. 한 번 달아나 숨었다가 10여 년이 지나서 고소를 당한 사람은 대개 부도죄不道罪 이상의 큰 죄로 처리되었다.

정위와 중도관中都官이 취급한 칙령에 의한 죄인만도 6, 7만 명이나 되었고, 다른 관리가 법령에 비추어 처리한 죄인만 해도 10여만 명이나 되었다.

至周爲廷尉, 詔獄亦益多矣. 二千石繫者新故相因, 不減百餘人. 郡吏大府擧之廷尉, 一歲至千餘章. 章大者連逮證案數百, 小者數十人; 遠者數千, 近者數百里. 會獄, 吏因責如章告劾, 不服, 以笞掠定之. 於是聞有逮皆亡匿. 獄久者至更數赦十有餘歲而相告言, 大抵盡詆以不道以上. 廷尉及中都官詔獄逮至六七萬人, 吏所增加十萬餘人.

◉ 황후의 친정 조카까지 잡아들이면서

두주는 중도에 해임되었다가 뒤에 집금오執金吾에 임명되어 도적을 잡았다. 이때 상홍양桑弘羊과 위황후衛皇后의 친정집 조카들을 잡아들였고, 그의 논고 또한 가혹하였다. 그러자 천자는 그가 최선을 다해 사심 없이 일을 처리함을 인정하여 어사대부로 승진시켰다.

두주의 두 아들은 황하를 사이에 두고 하내와 하남군 태수가 되었다. 그들의 통치는 포학하고 냉혹해서 둘 다 왕온서보다도 더 심하였다.

두주가 처음 부름을 받아 정위의 속관이 되었을 때에는 단 한 필의 말, 그것도 마구를 변변히 갖추지 못하였다. 그런데 오래 정사를 맡아 삼공 서열에 이르게 되자, 자손들은 모두 높은 벼슬에 앉게 되었을 뿐만 아니라 막대한 재산까지 모으게 되었다.

周中廢, 後爲執金吾, 逐盜, 捕治桑弘羊·衛皇后昆弟子刻深, 天子以爲盡力無私, 遷爲御史大夫. 家兩子, 夾河爲守. 其治暴酷皆甚於王溫舒等矣. 杜周初徵爲廷史, 有一馬, 且不全; 及身久任事, 至三公列, 子孫尊官, 家訾累數巨萬矣.

⊛ 사마천의 평어

나 태사공은 이렇게 생각한다.

질도에서 두주에 이르는 열 사람은, 그 다스림에 있어 모두 냉혹하고 준열함으로 이름난 사람들이다. 그러나 질도는 강직하여 옳고 그른 것을 따져 중대 원칙을 지켰다. 장탕은 음양 술수를 알았기 때문에 황제의 의향을 더듬어 자신의 말과 행동을 황제의 뜻에 맞추는 한편, 때로는 일의 옳고 그른 것을 따져 옳은 것을 굳게 지켰으니, 나라에서는 그로 인해 이익을 얻었다. 조우도 항상 법에 의해 정의를 지켜 나갔다. 두주는 아첨을 하기는 하였으나, 말이 적었기 때문에 신중함을 나타냈다. 장탕이 죽은 뒤로 법령은 점점 더 세밀해지고 관리들은 법을 냉혹하게 적용하였으므로, 정사가 차츰 쇠퇴해지고 백성들은 피폐해졌다. 구경들은 다만 봉록을 받으며 그들의 지위를 지키는 데 연연하였을 뿐, 천자의 과실을 바로잡아 줄 능력이 없었는데, 어떻게 법령 이외의 일들을 논할 겨를이 있었겠는가!

그러나 이 열 사람 가운데 청렴한 자는 모범을 삼기에 충분하고, 그 간악하고 더러운 자들은 경계로 삼기에 충분하다. 그들의 방책과 모략은, 일체의 간악과 부정을 막았다. 이 열 명의 일체의 행위 또한 적절하게 어울려 문무의 자질을 겸비해 있어서 비록 잔혹하기는 하였을망정 그 직위에 충실하였다.

촉군의 태수 풍당馮當은 포악하여 남을 학대하였고, 광한군廣漢郡의 이정 李貞은 멋대로 사람의 사지를 찢었고, 동군東郡의 미복彌僕은 사람의 목을 톱질하였고, 천수군天水郡의 낙벽駱璧은 망치로 쳐서 굴복하게 하였고, 하동의 저광褚廣은 함부로 사람을 죽였고, 경조京兆의 무기無忌와 풍익馮翊의 은주殷周는 지독하기가 독사와 같고 흉포하기가 사나운 새와 같았다.

수형도위水衡都尉 염봉閻奉이 사람을 쳐서 죽이고 뇌물을 받고 죄를 용서해
준 것 따위야 어찌 일일이 모두 거론할 수 있겠는가!

太史公曰: 自郅都·杜周十人者, 此皆以酷烈爲聲. 然郅都伉直, 引是非,
爭天下大體. 張湯以知陰陽, 人主與俱上下, 時數辯當否, 國家賴其便. 趙禹
時據法守正. 杜周從諛, 以少言爲重. 自張湯死後, 網密, 多詆嚴, 官事寖以秏廢.
九卿碌碌奉其官, 救過不贍, 何暇論繩墨之外乎! 然此十人中, 其廉者足以
爲儀表, 其汚者足以爲戒, 方略敎導, 禁姦止邪, 一切亦皆彬彬質有其文武焉.
雖慘酷, 斯稱其位矣. 至若蜀守馮當暴挫, 廣漢李貞擅磔人, 東郡彌僕鋸項,
天水駱璧推咸, 河東褚廣妄殺, 京兆無忌·馮翊殷周蝮鷙, 水衡閻奉朴擊賣請,
何足數哉! 何足數哉!

063(123) 대완 열전大宛列傳

🌐 월지국을 가려다 흉노에게 잡힌 장건

대완大宛의 사적事跡은 장건張騫이 서방으로 사신을 다녀온 뒤부터 분명히 알려지게 되었다. 장건은 한중漢中 사람으로, 건원建元 연간에 낭관郎官이 되었다. 당시 무제는 투항해 온 흉노에게 물어 보면 한결같이 이렇게 말하였다.

"흉노의 선우單于는 월지月氏의 왕을 무찌르고, 월지왕의 머리뼈로 술마시는 그릇을 만들었습니다. 월지는 쫓겨간 뒤로 언제나 원한을 품고 흉노를 원수로 대하고 있으나, 함께 흉노를 칠 만한 사람이 없습니다."

그때는 마침 한나라가 흉노를 쳐 없애려던 참이었다. 따라서 이 말을 듣자, 월지와 사신을 통하였으면 하였다. 월지로 가려면 아무래도 흉노의 영토를 지나가지 않으면 안 되었다. 이에 능히 사신으로 갈 수 있는 사람을 모집하였는데, 장건이 낭관의 신분으로 모집에 응하여 월지에 사신으로 가게 되었던 것이다.

장건이 당읍현堂邑縣 사람으로 흉노족 노예인 감보甘父와 함께 농서隴西를 지나 흉노의 영토에 접어들었을 때, 그들은 흉노에게 잡혀 선우에게로 보내졌다. 선우는 그를 붙들어 두고 말하였다.

"월지는 우리 북쪽에 있는데, 어떻게 한나라의 사신을 오가게 할 수 있겠소? 내가 만약 저 남쪽 월越나라로 사신을 보내겠다면 한나라가 허락하겠소?"

이리하여 장건은 억류되기 10여 년, 그 동안 결혼하여 자식까지 두었다. 그러나 장건은 한나라 사신으로서의 부절을 몸에 지니고 변절하지 않았다.

大宛之跡, 見自張騫. 張騫, 漢中人. 建元中爲郎. 是時天子問匈奴降者, 皆言匈奴破月氏王, 以其頭爲飮器, 月氏遁逃而常怨仇匈奴, 無與共擊之. 漢方欲事滅胡, 聞此言, 因欲通使. 道必更匈奴中, 乃募能使者. 騫以郎應募, 使月氏, 與堂邑氏(故)胡奴甘父俱出隴西. 經匈奴, 匈奴得之, 傳詣單于.

單于留之, 曰:「月氏在吾北, 漢何以得往使? 吾欲使越, 漢肯聽我乎?」留騫十餘歲, 與妻, 有子, 然騫持漢節不失.

❀ 대완을 거쳐 월지까지 이르다

흉노들과 어울려 사는 동안 차차 그에 대한 감시도 느슨해져 지자, 장건은 틈을 타서 자신의 무리들과 함께 달아나 월지로 향하였다. 그들은 서쪽으로 달린 지 수십 일 만에 대완에 이르렀다. 대완왕은 한나라에 물자가 풍부하다는 말을 듣고, 서로 왕래하고 싶었던 터라 장건을 보자 기뻐하며 물었다.

"당신은 어디로 가려고 하시오?"

장건이 말하였다.

"한나라 사신으로써 월지로 가던 중 흉노에서 길을 막아 갇혀 있다가 도망쳐 나왔습니다. 부디 왕께서는 안내인을 붙여 저를 보내 주십시오. 제가 월지에 도착하여 임무를 다하고 다시 한나라로 돌아가게 되면 한나라는 왕께 이루 말할 수 없이 많은 재물을 선사할 것입니다."

대완왕은 그렇다고 여겨 장건에게 안내인과 통역을 딸려 주었다. 일행은 강거康居에 도착하였으며, 강거에서도 그들을 대월지大月氏로 보내 주었다.

대월지에서는 왕이 마침 흉노에게 죽음을 당하고 그의 태자를 세워 왕으로 삼고 있었다. 새 왕이 대하大夏를 정복하여 통치하고 있었는데, 땅은 기름지고 침략자들도 거의 없어 그들은 안락한 나날을 보내고 있었다. 그리고 한나라는 멀리 떨어져 있는 나라로 알고 있을 뿐 새삼스레 함께 흉노에게 복수할 뜻은 갖고 있지 않았다. 장건은 대월지에서 대하로 왔으나 끝내 대월지의 대답을 얻지 못하였다.

居匈奴中, 益寬, 騫因與其屬亡鄉月氏, 西走數十日至大宛. 大宛聞漢之饒財, 欲通不得, 見騫, 喜, 問曰:「若欲何之?」騫曰:「爲漢使月氏, 而爲匈奴所閉道. 今亡, 唯王使人導送我. 誠得至, 反漢, 漢之賂遺王財物不可勝言.」大宛以爲然, 遣騫, 爲發導繹, 抵康居, 康居傳致大月氏. 大月氏王已爲胡所殺, 立其太子爲王. 既臣大夏而居, 地肥饒, 少寇, 志安樂, 又自以遠漢, 殊無報胡之心. 騫從月氏至大夏, 竟不能得月氏要領.

● 한나라로 귀환한 장건

1년 남짓 머물러 있다가 돌아오던 중, 남산南山, 祁連山을 따라 강족羌族의 땅을 거쳐 돌아올 생각이었는데, 또다시 흉노에게 붙들리고 말았다.

1년 남짓 억류되어 있던 중 선우가 죽었다. 그러자 좌욕려왕左谷蠡王이 선우의 태자를 몰아내고 스스로 왕이 되어 나라 안이 혼란에 빠졌다. 이 틈을 타서 장건은 흉노족 아내와 당읍堂邑의 감보甘父를 데리고 한나라로 도망쳐 돌아왔다. 한나라에선 장건을 태중대부에 임명하고 당읍의 감보에게는 봉사군奉使君이란 칭호를 주었다.

留歲餘, 還, 並南山, 欲從羌中歸, 復爲匈奴所得. 留歲餘, 單于死, 左谷蠡王攻其太子自立, 國內亂, 騫與胡妻及堂邑父俱亡歸漢. 漢拜騫爲太中大夫, 堂邑父爲奉使君.

● 장건이 다녀온 나라들

장건은 의지가 굳세고 마음이 너그러워, 남을 믿어 주는 성격으로 오랑캐들도 그를 좋아하였다. 흉노 사람 당읍의 감보는 활을 잘 쏘아 곤궁에 처하였을 때에는 새나 짐승을 잡아 끼니를 때웠다.

처음 장건이 길을 떠날 때에는 그 일행이 100명이 넘었지만, 13년 만에 돌아왔을 때에는 오직 두 사람뿐이었다.

장건이 직접 가 본 곳은 대완·대월지·대하·강거이지만, 그 밖에도 인접한 5, 6개 나라에 대해서도 전해들은 것을 천자에게 이렇게 자세히 보고하였다.

騫爲人彊力, 寬大信人, 蠻夷愛之. 堂邑父故胡人, 善射, 窮急射禽獸給食. 初, 騫行時百餘人, 去十三歲, 唯二人得還.

騫身所至者大宛·大月氏·大夏·康居, 而傳聞其旁大國五六, 具爲天子言之. 曰:

◉ 대완大宛

"대완大宛은 흉노의 서남쪽, 한나라의 서쪽에 있는데, 한나라에서 1만 리쯤 떨어져 있습니다. 그들 풍습은 한 곳에 머물러 있으면서 밭을 갈아 벼와 보리를 심고 있습니다. 포도주가 있고, 또 좋은 말이 많은데 말은 피땀汗血을 흘립니다. 그 말의 조상은 천마天馬라 합니다. 이 나라에는

青銅奔馬「飛馬踏燕」1969 甘肅 武威 雷臺 東漢묘 출토

성곽과 집이 있으며, 그 관할하는 읍은 대소 70여 개의 성으로, 인구는 수십 만 명 정도 됩니다. 그들의 무기는 활과 창으로, 말타기와 활쏘기에 능합니다. 대완의 북쪽은 강거康居, 서쪽은 대월지, 서남쪽은 대하大夏, 동북쪽은 오손烏孫, 동쪽에는 우미扜采, 拘彌·우전于寘 등의 나라들이 있습니다. 우전 서쪽은 물이 모두 서쪽으로 흘러 서해로 들어가고, 그 동쪽은 물이 동쪽으로 흘러 염택鹽澤으로 들어갑니다. 염택은 땅 속으로 흐르다가 그 남쪽으로 나와 황하의 발원지가 됩니다. 이곳에는 보옥의 원석이 많고, 하천은 중국으로 흘러들어오고 있습니다.

누란樓蘭·고사姑師는 마을마다 성곽을 갖추고 염택에 인접해 있습니다. 염택은 장안에서 5천 리쯤 떨어져 있습니다. 흉노의 우측은 염택 동쪽에 위치해 있는데, 농서隴西의 장성에 이르러 남쪽으로 강과 접하며 한나라로 통하는 길을 가로막고 있습니다.

「大宛在匈奴西南, 在漢正西, 去漢可萬里. 其俗土著, 耕田, 田稻麥. 有蒲陶酒. 多善馬, 馬汗血, 其先天馬子也. 有城郭屋室. 其屬邑大小七十餘城, 衆可數十萬. 其兵弓矛騎射. 其北則康居, 西則大月氏, 西南則大夏, 東北則烏孫, 東則扜采· 于寘. 于寘之西, 則水皆西流, 注西海; 其東水東流, 注鹽澤. 鹽澤潛行地下, 其南則河源出焉. 多玉石, 河注中國. 而樓蘭·姑師邑有城郭, 臨鹽澤. 鹽澤去 長安可五千里. 匈奴右方居鹽澤以東, 至隴西長城, 南接羌, 鬲漢道焉.

🐾 오손烏孫

오손烏孫은 대완의 동북쪽 2천 리쯤 되는 곳에 있습니다. 정착하지 않고 유목 생활을 하며 풍습이 흉노와 같습니다. 활 쏘는 군사가 수만 명이나 되며, 전투에 있어서는 용감합니다. 원래 흉노에 복속되어 있었으나, 강성해진 뒤로는 다만 명목상 소속되어 있을 뿐 흉노의 조회에 잘 나가지 않습니다.

烏孫在大宛東北可二千里, 行國, 隨畜, 與匈奴同俗. 控弦者數萬, 敢戰. 故服匈奴, 及盛, 取其羈屬, 不肯往朝會焉.

🐾 강거康居

강거康居는 대완의 서북쪽 2천 리쯤 되는 곳에 있습니다. 유목민인 그들의 풍습은 월지와 대단히 비슷합니다. 활 쏘는 군사가 8, 9만 명이나 되며, 대완과 인접한 나라입니다. 나라가 작아서 남쪽은 이름 뿐으로 월지에 복종하고 있고, 동쪽 역시 이름 뿐으로 흉노에 복종하고 있습니다.

康居在大宛西北可二千里, 行國, 與月氏大同俗. 控弦者八九萬人. 與大宛鄰國. 國小, 南羈事月氏, 東羈事匈奴.

🐾 엄채奄蔡

엄채奄蔡는 강거 서북쪽 2천 리쯤 되는 곳에 있습니다. 유목민인 그들의 풍습은 강거와 아주 흡사합니다. 활쏘는 군사가 10여만 명이나 되며, 그 땅은 흔히 북해北海로 일컬어지는 끝도 없이 큰 못에 임하여 있습니다.

奄蔡在康居西北可二千里, 行國, 與康居大同俗. 控弦者十餘萬. 臨大澤, 無崖, 蓋乃北海云.

❀ 대월지大月氏

대월지大月氏는 대완의 서쪽 2, 3천 리쯤 되는 곳에 있는 규수嬀水 북쪽에 위치하고 있습니다. 그 남쪽은 대하, 서쪽은 안식安息, 북쪽은 강거입니다. 역시 유목민으로서 흉노와 풍속이 같습니다. 활 쏘는 군사가 1, 2십만 명 가량 됩니다. 원래 강대한 것을 믿고 흉노를 업신여겼는데, 흉노에 묵돌선우冒頓單于가 서게 되자, 월지를 쳐서 이겼습니다. 그리고 노상선우老上單于 때에 이르러 대월지 왕을 죽이고 그 머리뼈로 술잔을 만들었습니다. 처음 월지는 돈황군과 기련산祁連山 사이에서 살다가, 흉노에게 패하여 멀리 대완을 지나 서쪽으로 대하를 쳐서 이를 신복시킨 다음, 마침내는 규수 북쪽에 도읍하여 왕정王庭을 정하게 되었습니다. 그런데 떠나갈 수 없었던 작은 부락 사람들은 남산南山, 祁連山의 강족과 합류하여 그곳을 지키면서 소월지小月氏라 불리고 있습니다.

大月氏在大宛西可二三千里, 居嬀水北. 其南則大夏, 西則安息, 北則康居.
行國也, 隨畜移徙, 與匈奴同俗. 控弦者可一二十萬. 故時彊, 輕匈奴, 及冒頓立,
攻破月氏, 至匈奴老上單于, 殺月氏王, 以其頭爲飮器. 始月氏居敦煌·祁連間,
及爲匈奴所敗, 乃遠去, 過宛, 西擊大夏而臣之, 遂都嬀水北, 爲王庭. 其餘小
衆不能去者, 保南山羌, 號小月氏.

❀ 안식安息

안식安息(페르시아)은 대월지 서쪽 수천 리 되는 곳에 있습니다. 그들 풍속은 한곳에 머물면서 밭갈이하면서 벼와 보리를 심어 생활하며 포도주도 있습니다. 성읍은 대완과 같습니다. 관할하는 크고 작은 읍이 수백 개의 성으로 이루어져 있고, 땅은 사방 수천 리에 걸쳐 있는 가장 큰 나라로서 규수에 인접해 있습니다. 시장이 있으며 수레와 배로써 이웃 나라로 다니며 장사를 하는데, 수천 리 먼 곳까지도 나갑니다. 은銀으로 돈을 만들며, 돈 모양은 그 나라 왕의 얼굴과 같게 하고, 임금이 죽으면 다시 새 임금의 얼굴을 본떠서 돈을 만듭니다. 그들은 가죽에다가 횡서橫書로 기록합니다. 그 나라의 서쪽은 조지條枝(시리아)이며 북쪽에는 엄채·여헌黎軒(로마)이 있습니다.

安息在大月氏西可數千里. 其俗土著, 耕田, 田稻麥, 蒲陶酒. 城邑如大宛.
其屬小大數百城, 地方數千里, 最爲大國. 臨嬀水, 有市, 民商賈用車及船,
行旁國或數千里. 以銀爲錢, 錢如其王面, 王死輒更錢, 效王面焉. 畫革旁行
以爲書記. 其西則條枝, 北有奄蔡·黎軒.

◉ 조지條枝

조지條枝는 안식 서쪽 수천 리 되는 곳에 있습니다. 서해에 인접해
있으며, 땅은 덥고 습기가 많습니다. 밭갈이하며 벼농사를 짓습니다.
큰 새 타조가 있는데, 그 알은 크기가 항아리만 합니다. 인구는 대단히
많으며 가는 곳마다 소군장小君長이 있습니다. 안식은 이 나라를 예속시켜
속국으로 삼고 있습니다. 이 나라 사람들은 마술을 잘 합니다. 안식의
장로들은 조지에는 약수弱水와 서왕모西王母가 있다고 전해 듣기는 하였으나
아직 한번도 본 일은 없다고 말합니다.

條枝在安息西數千里, 臨西海. 暑濕. 耕田, 田稻. 有大鳥, 卵如甕. 人衆甚多,
往往有小君長, 而安息役屬之, 以爲外國. 國善眩. 安息長老傳聞條枝有
弱水·西王母, 而未嘗見.

◉ 대하大夏

대하大夏는 대완 서남쪽 2천여 리, 규수 남쪽에 있습니다. 그들 풍속은
한 곳에 살고 있어서 성곽과 집이 있고 풍속은 대완과 같습니다. 대군장大君長은
없고, 성읍마다 소군장을 두고 있습니다. 그들의 군사는 약하고 싸움을
두려워하나 장사에는 능숙합니다. 대월지가 서쪽으로 옮겨간 뒤로 이 나라를
쳐서 깨뜨려 속국으로 만들어 다스리고 있습니다. 대하의 인구는 많아
100만 명이 넘으며, 그 수도는 남시성藍市城이라 부르고 있습니다. 시장이
있어서 모든 것을 팔고 있습니다. 그 동남쪽에 연독국身毒國(인도)이 있습니다."

大夏在大宛西南二千餘里嬀水南. 其俗土著, 有城屋, 與大宛同俗. 無大
(王)[君]長, 往往城邑置小長. 其兵弱, 畏戰. 善賈市. 及大月氏西徙, 攻敗之,
皆臣畜大夏. 大夏民多, 可百餘萬. 其都曰藍市城, 有市販賈諸物. 其東南有
身毒國.」

◉촉으로 길을 트면 닿을 수 있습니다

장건은 계속하여 말하였다.

"신이 대하에 있을 때, 공邛의 대나무 지팡이와 촉蜀의 옷감을 보았습니다.
'어디서 이것을 가지고 왔느냐'고 물었더니 대하 사람들은 '우리 장사꾼들이
연독에서 사 가지고 온 것입니다. 연독은 대하 동남쪽 수천 리 되는 곳에
있으며, 그들 풍속은 한 곳에 살고 있어 대하와 아주 비슷하다 합니다.
그리고 땅은 습기가 많고 덥다고 합니다. 그들 백성은 코끼리를 타고
싸웁니다. 그 나라는 큰 강을 끼고 있다고 합니다'라고 일러주었습니다.
신이 짐작해 보건대, 대하는 한나라에서 1만 2천 리나 떨어져 있고, 한나라
서남쪽에 위치하고 있습니다. 지금 연독국은 또 대하의 동남쪽 수천 리
떨어진 곳에 위치해 있으며, 촉의 물자들이 있는 것을 보아, 촉에서 거리가
그리 멀지 않은 곳에 있을 것입니다. 지금 대하로 사신을 보낼 경우, 강족의
영토 안에 있는 험한 길을 따라 가면 강족이 싫어할 것입니다. 또 거기서
조금 북쪽으로 해서 가면 흉노에게 붙들리게 될 것입니다. 그러나 촉으로
해서 간다면 길도 가까우려니와 또 도적 걱정도 없을 것입니다."

鶱曰:「臣在大夏時, 見邛竹杖・蜀布. 問曰:『安得此?』大夏國人曰:『吾賈
人往市之身毒. 身毒在大夏東南可數千里. 其俗土著, 大與大夏同, 而卑濕
暑熱云. 其人民乘象以戰. 其國臨大水焉.』以鶱度之, 大夏去漢萬二千里,
居漢西南. 今身毒國又居大夏東南數千里, 有蜀物, 此其去蜀不遠矣. 今使
大夏, 從羌中, 險, 羌人惡之; 少北, 則爲匈奴所得; 從蜀宜徑, 又無寇.」

◉ 천하의 나라에 조회받을 생각

천자는 '대완과 대하·안식 등이 모두 큰 나라로서 진기한 물건들이 많고 백성들은 정착해서 살고 있으며, 산업도 중국과 흡사한 데가 있으나, 군사는 약하고 한나라 재물을 소중하게 여긴다고 들었도 이들 모든 나라의 북쪽에 있는 대월지·강거 등은 군사는 강한 것 같지만 물건을 보내주고 이익을 베풀게 되면 조회에 들게 할 수도 있을

梁 元帝 蕭繹 그림 〈職貢圖〉 宋摹本. 페르시아 사신

것이다. 이렇게 되어 병력을 쓰지 않고 의로써 그들을 예속시키게 된다면, 한나라는 만 리에 걸쳐 국토를 넓힐 수 있고, 각기 다른 언어를 번역하고 각기 다른 풍속을 가지게 되니 천자의 위엄과 덕은 사해에 두루 펴지게 될 것이다'라고 생각하였다.

장건의 말이 틀림없다고 인정한 황제는, 크게 기뻐하면서 이에 장건으로 하여금 촉의 건위군犍爲郡으로부터 네 길로 밀사를 출발시켜 대하로 향해 나아가도록 하였다. 방駹·염冄·사徙·공북邛僰 땅에서 각각 출발하여 나간 밀사들은 모두 1, 2천 리쯤 나가자, 북쪽은 저氐·작筰에서 막혀 버렸고, 남쪽은 수巂·곤명昆明에서 막혀 버렸다.

곤명에 있는 무리들은 군장도 없이 도적질을 일삼고 있어, 한나라 사신들을 보자마자 죽이고 물건을 빼앗았다. 그리하여 끝내 한 사람도 대하와 통할 수 없었다. 그러나 그 서쪽 1천 리쯤 되는 곳에 코끼리를 타고 다니며 이름을 전월滇越이라 부르는 나라가 있었다. 그런데 촉의 장사꾼 가운데 몰래 다니며 장사하는 사람이 간혹 그곳에 온다는 것을 알았다.

이리하여 한나라는 대하로 통하는 길을 찾기 위해 전월과 통하게 되었다. 이보다 앞서 한나라는 서남이들과 통하려 하였으나, 비용이 많이 들고

길도 통해 있지 않아 그만두었다. 그런데 장건이 대하와는 통할 수 있다고 말하였기 때문에 다시 서남이들과의 교통을 꾀하게 되었던 것이다.

天子旣聞大宛及大夏·安息之屬皆大國, 多奇物, 土著, 頗與中國同業, 而兵弱, 貴漢財物; 其北有大月氏·康居之屬, 兵彊, 可以賂遺設利朝也. 且誠得而以義屬之, 則廣地萬里, 重九譯, 致殊俗, 威德徧於四海. 天子欣然, 以騫言爲然, 乃令騫因蜀犍爲發閒使, 四道並出: 出駹, 出冉, 出徙, 出邛·僰, 皆各行一二千里. 其北方閉氐·筰, 南方閉巂·昆明. 昆明之屬無君長, 善寇盜, 輒殺略漢使, 終莫得通. 然聞其西可千餘里有乘象國, 名曰滇越, 而蜀賈姦 出物者或至焉, 於是漢以求大夏道始通滇國. 初, 漢欲通西南夷, 費多, 道不通, 罷之. 及張騫言可以通大夏, 乃復事西南夷.

◉ 흉노 공략과 장건

그 뒤 장건은 교위校尉로서 대장군 위청衛靑을 따라 흉노를 쳤다. 장건이 물과 풀이 있는 곳을 알고 있었기 때문에 군대는 고통을 피할 수 있었다. 이리하여 장건은 박망후博望侯에 봉해졌다. 원삭元朔 6년의 일이었다.

그 이듬해, 장건은 위위衛尉가 되어 장군 이광李廣과 함께 우북평右北平으로 나가 흉노를 쳤다. 흉노가 이장군을 포위하는 바람에 한나라 군사는 피해가 대단히 컸다. 또한 장건은 약속한 기일에 늦게 도착하여 참형에 해당되었으나 속죄금을 물고 서민이 되었다.

이 해에 한나라는 표기장군驃騎將軍 곽거병霍去病을 흉노에 보내어 그들의 서쪽 변경에 있는 수만 명을 쳐서 죽이고 기련산까지 갔다. 그 이듬해 혼야왕渾邪王이 그의 백성들을 이끌고 한나라에 투항해 왔다.

이리하여 금성金城·하서河西로부터 서쪽, 남산을 따라 염택에 이르기까지 흉노의 모습이 사라져 버렸다. 때때로 그들의 척후병이 나타나기도 하였으나 아주 드문 일이었다.

그 뒤 2년이 지나, 한나라는 다시 출격해서 선우를 사막 북쪽으로 패주시켰다.

騫以校尉從大將軍擊匈奴, 知水草處, 軍得以不乏, 乃封騫爲博望侯.

是歲元朔六年也. 其明年, 騫爲衛尉, 與李將軍俱出右北平擊匈奴. 匈奴圍李將軍, 軍失亡多; 而騫後期當斬, 贖爲庶人. 是歲漢遣驃騎破匈奴西(城)[域]數萬人, 至祁連山. 其明年, 渾邪王率其民降漢, 而金城·河西西並南山至鹽澤空無匈奴. 匈奴時有候者到, 而希矣. 其後二年, 漢擊走單于於幕北.

◉ 장건이 다시 서역의 사절로 나서다

이후로부터 천자는 자주 장건에게 대하 등에 관하여 물었다. 장건은 이미 후侯의 자리를 잃고 있었던 터라 자신의 할 일을 찾기 위하여 이렇게 말하였다.

"신이 흉노 땅에 있을 때 이렇게 들었습니다. 오손왕의 이름은 곤모昆莫라 하며, 곤모의 아버지는 흉노 서쪽 변방의 작은 나라를 다스리고 있었습니다. 그런데 흉노가 쳐들어와 죽였기 때문에 곤모는 태어나자마자 들에 버려졌습니다. 그러자 까마귀가 고기를 물고 와서 그 위를 날고 늑대가 와서 젖을 빨렸습니다. 이상히 여긴 선우는 신인神人이라 여겨 거두어 길렀다는 것입니다. 곤모는 장년이 된 다음 군사를 거느리게 하였더니 자주 공을 세웠습니다. 이에 선우는 그의 아버지의 백성들을 다시 곤모에게 주고 오랫동안 서쪽 변방을 지키도록 하였습니다. 곤모는 그의 백성들을 잘 거두어 기르며 가까운 소읍들을 공략하였습니다. 활 쏘는 군사가 수만 명에 이르렀으며, 모두 싸움에 능숙하였습니다. 선우가 죽자, 곤모는 그의 무리들을 이끌고 먼 곳으로 옮겨가 중립을 지키며 흉노에게 조회하러 나가기를 꺼려하게 되었습니다. 흉노는 정예 부대를 보내어 그를 공격하였으나 이길 수 없게 되자, 역시 신인이라 생각하고 그를 멀리하며 명목만의 속국으로 둔 채 별로 공격하지 않았다고 합니다.

지금 선우는 새로 한나라로부터 고통을 겪었고, 또 원래 혼야왕의 땅이던 곳은 텅 비어 사람이 살지 않고 있습니다. 오랑캐들은 습관처럼 한나라의 재물을 욕심내고 있습니다. 지금 이 좋은 기회를 놓치지 말고 후하게 폐물을 오손에게 보내주며, 점점 더 동쪽으로 가까이 불러들여 그전 혼야왕의 땅에 살도록 하고, 한나라와 형제의 의義를 맺게 하면, 오손은 한나라의 명령을 따르게 될 것입니다. 그렇게 된다면 흉노의 오른팔을 끊는 격이 됩니다. 오손과의 연합만 성립될 수 있다면 그 서쪽의 대하 등을 모두 달래어 한나라의 외신外臣으로 삼을 수 있을 것입니다."

천자는 그렇다고 여기고 이에 장건을 중랑장中郎將에 임명하여 군사 300명을 거느리게 하고, 군사 한 명당 말 두 필씩을 배당하여, 소와 양 수만 마리를 몰고 가도록 하였다. 그리고 거만 금의 황금과 비단을 가지고 가게 하는 한편, 부절을 가진 부사를 여러 명 수행시켜 가는 길에 그들을 가까운 다른 나라에도 보낼 수 있게 하였다.

是後天子數問騫大夏之屬. 騫旣失侯, 因言曰:「臣居匈奴中, 聞烏孫王號昆莫, 昆莫之父, 匈奴西邊小國也. 匈奴攻殺其父, 而昆莫生弃於野. 烏嗛肉蜚其上, 狼往乳之. 單于怪以爲神, 而收長之. 及壯, 使將兵, 數有功, 單于復以其父之民予昆莫, 令長守於西(城)[域]. 昆莫收養其民, 攻旁小邑, 控弦數萬, 習攻戰. 單于死, 昆莫乃率其衆遠徙, 中立, 不肯朝會匈奴. 匈奴遣奇兵擊, 不勝, 以爲神而遠之, 因羈屬之, 不大攻. 今單于新困於漢, 而故渾邪地空無人. 蠻夷俗貪漢財物, 今誠以此時而厚幣賂烏孫, 招以益東, 居故渾邪之地, 與漢結昆弟, 其勢宜聽, 聽則是斷匈奴右臂也. 旣連烏孫, 自其西大夏之屬皆可招來而爲外臣.」天子以爲然, 拜騫爲中郎將, 將三百人, 馬各二匹, 牛羊以萬數, 齎金幣帛直數千巨萬, 多持節副使, 道可使, 使遺之他旁國.

❀ 혼야왕의 옛땅으로 옮겨와 살 수 있습니다

장건은 마침내 오손에 도착하였다. 오손왕 곤모는 한나라 사신을 만나는데 선우의 예법대로 절을 하지 않고 거만한 태도를 취하였다. 장건은 크게 부끄럽게 여겼으나 오랑캐들이 탐욕스럽다는 것을 알고 있었던 터라 짐짓 이렇게 말하였다.

"한나라 천자께서 하사하신 예물입니다. 왕께서 절을 하지 않으시겠다면 예물을 되돌려 주십시오."

곤모는 일어나 보내온 물건에 대해서는 절을 하였으나, 그 밖의 예식은 먼저 대로였다. 장건은 사신으로 오게 된 취지를 타일러 말하였다.

"오손이 동쪽으로 혼야왕의 옛땅에 옮겨와 살게 된다면 한나라는 옹주翁主를 보내어 곤모의 부인으로 삼게 할 것입니다."

이 무렵 오손은 나라가 갈라져 있었고 왕은 늙었으며, 그리고 한나라에서 먼 데다가 한나라가 얼마나 큰 나라인지조차 모르고 있었다. 한편 본래 흉노에게 오래 복종해 왔고, 또 흉노와는 거리도 가까웠으므로 대신들은 모두 흉노를 두려워하여 옮겨 살기를 원하지 않았다. 왕도 혼자 의견만으로 결정지을 수가 없어, 장건은 그에 대한 확답을 받을 수가 없었다.

騫旣至烏孫, 烏孫王昆莫見漢使如單于禮, 騫大慙, 知蠻夷貪, 乃曰: 「天子致賜, 王不拜則還賜.」昆莫起拜賜, 其他如故. 騫諭使指曰:「烏孫能東 居渾邪地, 則漢遣翁主爲昆莫夫人.」烏孫國分, 王老, 而遠漢, 未知其大小, 素服屬匈奴日久矣. 且又近之, 其大臣皆畏胡, 不欲移徙, 王不能專制. 騫不 得其要領.

☸ 오손의 내분

곤모에게는 아들이 10여 명 있었다. 그 중 대록大祿이라고 하는 가운데 아들은 힘이 세고 무리를 잘 다루어 기병 1만여 명을 거느리고 딴 곳에 가 있었다. 대록의 형이 태자였다. 태자에게는 잠취岑娶라는 아들이 있었는데 태자는 일찍 죽었다. 태자는 죽기 전에 아버지 곤모에게 말하였다.

"꼭 잠취를 태자로 삼아 주십시오. 다른 사람을 대신 태자로 세우지 않으시기를 바랍니다."

곤모는 불쌍한 생각에서 이를 허락하고 마침내 잠취를 태자로 삼았다. 대록은 형을 대신하여 태자가 되지 못한 것을 노엽게 생각하고, 형제들을 자기 편으로 끌어들인 다음 자기 무리들을 거느리고 잠취 및 곤모를 공격할 준비를 하고 있었다.

곤모는 늙은 데다 항상 대록이 잠취를 죽일까 두려워하여 잠취에게 기병 1만여 명을 주어 다른 곳에 가 있도록 하고, 자신도 기병 1만여 명을 이끌고 몸소 대비하고 있었다. 나라 안의 백성들은 셋으로 나눠져 있었으나 대체로 곤모의 지배를 받고 있었다. 이러한 상태였으므로 곤모도 감히 자기 의견만으로 장건과 약정하지 못하였던 것이다.

昆莫有十餘子, 其中子曰大祿, 彊, 善將衆, 將衆別居萬餘騎. 大祿兄爲太子, 太子有子曰岑娶, 而太子蚤死. 臨死謂其父昆莫曰:「必以岑娶爲太子, 無令他人代之.」昆莫哀而許之, 卒以岑娶爲太子. 大祿怒其不得代太子也, 乃收其諸昆弟, 將其衆畔, 謀攻岑娶及昆莫. 昆莫老, 常恐大祿殺岑娶, 予岑娶萬餘騎別居, 而昆莫有萬餘騎自備, 國衆分爲三, 而其大總取羈屬昆莫, 昆莫亦以此不敢專約於騫.

⊛ 장건이 돌아오다

장건을 이러한 사정을 근거로 부사들을 대완·강거·대월지·대하·안식·연독·우전·우미 및 근처의 여러 나라에 사신으로 나눠 보낸 뒤 자신은 귀국하게 되었다. 오손왕은 안내인과 통역을 딸려 장건을 본국으로 보내 주었다.

장건은 귀국할 때 오손으로부터 한나라로 보내는 사자 수십 명과 오손의 답례 표시로 말 수십 필을 끌고 왔다. 오손의 사자들에게 한나라를 구경시켜 그 광대함을 알려 주고자 함이었다.

장건이 돌아오자 천자는 그를 대행大行에 임명하여 구경九卿의 대열에 서게 하였다. 그로부터 1년 남짓 지나 장건은 죽었다.

騫因分遣副使使大宛·康居·大月氏·大夏·安息·身毒·于寘·扞罙及諸旁國. 烏孫發導譯送騫還, 騫與烏孫遣使數十人, 馬數十匹報謝, 因令窺漢, 知其廣大.

騫還到, 拜爲大行, 列於九卿. 歲餘, 卒.

⊛ 서역과 교통을 개척한 장건

오손의 사자들은 한나라가 인구가 많고 물자가 풍부한 것을 보고 자기 나라로 돌아가 그런 내용을 보고하였다. 이리하여 오손왕은 더욱 한나라를 존중하게 되었다.

그 뒤 1년 남짓 지나 장건이 대하와 그 밖의 땅에 나누어 보냈던 부사들이 각각 그 나라 사람들과 함께 돌아왔다. 이리하여 서북쪽 모든 나라들이 비로소 한나라와 통교하게 되었던 것이다. 그러나 그런 통교는 장건이 개척한 것으로써 그 뒤로 나가는 사신들은 모두 박망후를 이야기하며, 한나라의 성의와 신의를 외국에 일깨워 주고, 외국은 또 이로 말미암아 한나라를 믿어 주게 되었다.

烏孫使旣見漢人衆富厚, 歸報其國, 其國乃益重漢. 其後歲餘, 騫所遣使
通大夏之屬者皆頗與其人俱來, 於是西北國始通於漢矣. 然張騫鑿空, 其後
使往者皆稱博望侯, 以爲質於外國, 外國由此信之.

☯ 천마天馬

박망후 장건이 죽은 뒤, 흉노는 한나라가 오손과 통교하고 있다는 것을 듣고 노하여 오손을 치려 하였다. 또 오손에 파견된 한나라 사신들은 혹은 남쪽으로 나가고 뒤이어 대완·대월지 등을 찾아가게 되자, 오손은 두려워 사신을 보내어 말을 바치게 하고, 한나라의 옹주와 혼인함으로써 형제의 나라가 되고 싶다고 청해 왔다. 천자가 이를 여러 신하들에게 논의하도록 하자 모두가 이렇게 말하였다.

"반드시 먼저 폐백幣帛을 바치게 한 다음 옹주를 보내야 합니다."

처음 천자가 《역易》을 펴서 점을 쳐보았더니 '신마神馬가 서북쪽으로부터 오리라'는 점괘가 나왔다. 오손의 말을 얻었더니 아주 좋은 말이었다. 이에 이름을 '천마'라 붙였다. 그런데 대완의 한혈마汗血馬를 얻고 보니 더 한층 억센 말이었으므로, 이름을 바꾸어 오손의 말을 '서극西極'이라 고치고, 대완의 말을 '천마天馬'라 불렀다. 그리고 한나라는 비로소 영거현 令居縣 서쪽에 성을 쌓고, 또 처음으로 주천군酒泉郡을 두어 서북쪽의 모든 나라들과 통하기 좋도록 하여 더욱더 많은 사신들을 안식·엄채·여헌· 조지·연독 등 여러 나라로 보낼 수 있게 하였다. 천자가 대완의 말을 좋아하였기 때문에 말을 얻기 위해 사신들을 계속 보냈다.

외국으로 가는 사신의 일행들은 많을 때는 수백 명, 적은 경우는 100여 명이 되었다. 그들이 가지고 가는 부절과 예물들은 거의 박망후 때와 같았다. 그 뒤 서로 익숙해짐에 따라 폐백의 양도 줄어들었다. 1년 동안에 파견되는 한나라 사신은 많으면 10여 차례, 적으면 5, 6차례로서, 먼 곳을 간 사람은 8, 9년, 가까운 곳으로 간 사람은 몇 해가 지나서 돌아왔다.

自博望侯騫死後, 匈奴聞漢通烏孫, 怒, 欲擊之. 及漢使烏孫, 若出其南, 抵大宛·大月氏相屬, 烏孫乃恐, 使使獻馬, 願得尚漢女翁主爲昆弟. 天子問羣臣議計, 皆曰「必先納聘, 然後乃遣女」. 初, 天子發書《易》, 云「神馬當從西北來」. 得烏孫馬好, 名曰「天馬」. 及得大宛汗血馬, 益壯, 更名烏孫馬曰「西極」, 名大宛馬曰「天馬」云. 而漢始築令居以西, 初置酒泉郡以通西北國. 因益發使抵安息·奄蔡·黎軒·條枝·身毒國. 而天子好宛馬, 使者相望於道. 諸使外國一輩大者數百, 少者百餘人, 人所齎操大放博望侯時. 其後益習而衰少焉. 漢率一歲中使多者十餘, 少者五六輩, 遠者八九歲, 近者數歲而反.

🌑 서남이와 서역

당시 한나라는 이미 월나라를 멸망시켜 버려, 촉의 서남이西南夷들은 모두 떨며 한나라에서 관리를 파견해 줄 것을 청원하여 조회에 들어오려 하였다. 이리하여 익주益州·월수越巂·장가牂柯·심려沈黎·민산汶山 등의 군을 두어 그 땅을 서로 이어지게 하고, 나아가 대하까지 통하려 하였다. 이에 백시창柏始昌과 여월인呂越人 등을 해마다 10여 차례나 사신으로 파견하였고, 이들 새로 설치한 군으로부터 대하로 향해 떠나게 하였다.

그런데 모두가 또 곤명에 가로막혀 죽음을 당하고 혹은 폐백과 재물들을 빼앗기는 등 고초를 당하여 끝내 대하에 당도한 사람은 없었다.

이리하여 한나라는 삼보三輔의 죄인들을 징발하여, 이들을 파·촉의 군사 수만 명과 합류시켜, 곽창郭昌·위광衛廣 두 장군으로 하여금 한나라 사신을 가로막은 곤명의 무리들을 무찌르게 하였다.

곽창 등은 수만 명의 적을 베거나 포로로 하여 철수하였다. 그 뒤 사신을 보냈으나 곤명은 여전히 노략질을 하였고, 결국 대하까지 간 사람은 없었다.

한편 북쪽의 주천군을 거쳐 대하로 통하는 길을 왕래한 사신들은 너무 많아, 외국에서는 한나라 폐물을 싫어하게 되고, 또 그 물건들을 소중하게 여기지 않게 되었다.

是時漢旣滅越, 而蜀·西南夷皆震, 請吏入朝. 於是置益州·越嶲·牂柯·沈黎·汶山郡, 欲地接以前通大夏. 乃遣使柏始昌·呂越人等歲十餘輩, 出此初郡抵大夏, 皆復閉昆明, 爲所殺, 奪幣財, 終莫能通至大夏焉. 於是漢發三輔罪人, 因巴蜀士數萬人, 遣兩將軍郭昌·衛廣等往擊昆明之遮漢使者, 斬首虜數萬人而去. 其後遣使, 昆明復爲寇, 竟莫能得通. 而北道酒泉抵大夏, 使者旣多, 而外國益厭漢幣, 不貴其物.

◉ 사신들의 횡포 저질화

박망후 장건이 외국으로 가는 길을 열어 귀인이 되자, 그를 따라갔던 이졸吏卒들은 서로 다투어 글을 올리고 외국의 기이하고 괴이한 것과 이로움과 병폐를 말하며 사신이 되기를 원하였다. 천자는 그 나라들이 멀리 떨어져 있는 곳이어서 사람들이 즐겨 갈 수 있는 곳이 아니었으므로 그들 말을 받아들여 사신의 정절旌節을 주고, 또 관리와 백성들로부터 모집하되 그들의 자격 여하를 묻는 일 없이 인원수만 채워 보냄으로써 그 길을 넓혀 주었다. 그로 인해 사신들의 질이 떨어져 도중에서 폐물을 빼돌리는가 하면, 천자의 본뜻을 배반하는 자들도 나타나게 되었다. 천자는 이들을 조사하여 무거운 벌로 다스리는 한편, 그들이 외국 사정에 익숙해 있기 때문에 발분해서 공을 세우면 죄를 면할 수 있게 해 주었고, 다시 사신으로 나가도록 하였다. 외국으로 나가는 사신의 폐단은 계속되었고, 또 많은 사신들은 가볍게 법을 범하였다. 따라간 이졸들 역시 외국에 있는 것들을 애써 추켜올렸다. 많은 것을 말한 사람에겐 사신의 부절을 주어 정사正使로, 적게 말한 자는 부사副使로 삼았다. 이 까닭으로 말을 함부로 하고 행실이 단정치 못한 자들이 모두 다투어 그런 본을 뜨게 되었다. 사신으로 가는 자들은 모두가 가난한 집 자제들이어서, 조정에서 외국으로 보내는 물건을 가로채거나 헐값으로 팔아 넘겨 거기서 나는 이익으로 사복을 채우려 하였다.

외국에서도 한나라 사신들의 말이 각각 다른 데에 싫증을 내었고, 먼 곳에 있는 한나라 군대가 쳐들어올 수 없다는 생각 아래 먹을 것을 끊음으로써 한나라 사신들을 괴롭혔다. 사신들은 먹을 것이 떨어지자 원한을 품고 동행끼리 서로 공격하는 상태에까지 이르렀다.

누란樓蘭과 고사姑師는 조그만 나라였지만 교통의 요지에 있어 한나라 사신 왕회王恢 등을 가장 심하게 위협하곤 하였다. 또 흉노의 기병들이 가끔 서쪽 나라로 가는 한나라 사신들을 가로막고서 공격하였다. 사신들은 모두 외국에서 받은 피해에 대해 다음과 같이 말하였다.

"그들 나라에는 모두 성읍이 있기는 하나 그곳을 지키는 군사들은 보잘것 없어 공격하기가 아주 쉽습니다."

이에 천자는 종표후從驃侯 파노破奴를 파견하였다. 파노는 속국의 기병과 각 군의 군병郡兵 수만 명을 거느리고 흉하수匈河水까지 가서 흉노를 치려 하였지만 흉노는 모두 달아나 버렸다.

그 이듬해 고사를 쳤다. 파노는 가벼운 기병 700여 명과 함께 선봉이 되어 누란왕을 포로로 하고 고사를 깨뜨렸다. 그리고 그 일로 인해 크게 군대의 위력을 떨쳐 보이며 오손과 대완 등을 괴롭혔다. 돌아오자 황제는 파노를 착야후浞野侯에 봉하였다.

왕회는 자주 사신으로 나가 누란에게 고통을 겪었으므로 그런 내용을 천자에게 보고하였다. 천자는 군사를 징발하여 왕회로 하여금 파노를 도와 누란을 격파하게 하여 승리하자, 그를 호후浩侯에 봉하였다. 이리하여 주천군에서 옥문관玉門關까지 요새가 열을 짓게 되었다.

自博望侯開外國道以尊貴, 其後從吏卒皆爭上書言外國奇怪利害, 求使. 天子爲其絶遠, 非人所樂往, 聽其言, 予節, 募吏民毋問所從來, 爲具備人衆遣之, 以廣其道. 來還不能毋侵盜幣物, 及使失指, 天子爲其習之, 輒覆案致重罪, 以激怒令贖, 復求使. 使端無窮, 而輕犯法. 其吏卒亦輒復盛推外國所有, 言大者予節, 言小者爲副, 故妄言無行之徒皆爭效之. 其使皆貧人子, 私縣官齎物, 欲賤市以私其利外國. 外國亦厭漢使人人有言輕重, 度漢兵遠不能至, 而禁其食物以苦漢使. 漢使乏絶積怨, 至相攻擊. 而樓蘭·姑師小國耳, 當空道, 攻劫漢使王恢等尤甚. 而匈奴奇兵時時遮擊使西國者. 使者爭徧言外國災害, 皆有城邑, 兵弱易擊. 於是天子以故遣從驃侯破奴將屬國騎及郡兵數萬, 至匈河水, 欲以擊胡, 胡皆去. 其明年, 擊姑師, 破奴與輕騎七百餘先至, 虜樓蘭王, 遂破姑師. 因擧兵威以困烏孫·大宛之屬. 還, 封破奴爲浞野侯. 王恢數使, 爲樓蘭所苦, 言天子, 天子發兵令恢佐破奴擊破之, 封恢爲浩侯. 於是酒泉列亭鄣至玉門矣.

◉ 한나라 옹주를 시집보내다

오손은 말 1천 필을 바치고 한나라 옹주를 맞이하려 하였다. 한나라는 종실의 딸인 강도옹주江都翁主를 오손왕에게 보내어 그의 아내로 삼게 하였다. 오손의 왕 곤모는 그녀를 우부인右夫人으로 하였다. 흉노 또한 딸을 보내 곤모의 아내로 삼게 하였다. 곤모는 그녀를 좌부인左夫人으로 하였다. 그리고 얼마 지나 곤모는 이렇게 말하였다.

"나는 이미 늙었다."

그리고 그의 손자인 잠취에게 옹주를 아내로 주었다. 오손에는 말이 많아 그들 중 부유한 사람들은 4, 5천 필의 말을 가진 자도 있었다.

烏孫以千匹馬聘漢女, 漢遣宗室女江都翁主往妻烏孫, 烏孫王昆莫以爲右夫人. 匈奴亦遣女妻昆莫, 昆莫以爲左夫人. 昆莫曰「我老」, 乃令其孫岑娶妻翁主. 烏孫多馬, 其富人至有四五千匹馬.

◉ 서역 작은 나라들과 교통을 열다

처음으로 한나라 사신이 안식에 도착하였을 때, 안식의 왕은 기병 2만 명을 동원시켜 동쪽 변경까지 나와 맞게 하였다. 동쪽 변경은 왕도王都에서 수천 리나 떨어져 있어서 사신은 왕도에 도착할 때까지 수십 개의 성읍을 지나야 했다. 어느 곳에는 백성들이 대단히 많았다.

한나라 사신이 돌아올 때, 안식왕도 한나라에 사신을 딸려 보냈다. 한나라 사신을 따라온 안식의 사신들은 한나라의 광대함을 둘러보고 큰 새의 알과 여헌의 마술사를 한나라에 바쳤다. 그밖에 대완 서쪽의 작은 나라인 환잠驩潛·대익大益과 대완의 동쪽 나라인 고사·우미·소해蘇薤 등의 사신들이 한나라 사신을 따라와서 천자를 뵙고 예물을 올리자 천자는 크게 기뻐하였다.

初, 漢使至安息, 安息王令將二萬騎迎於東界. 東界去王都數千里. 行比至, 過數十城, 人民相屬甚多. 漢使還, 而後發使隨漢使來觀漢廣大, 以大鳥卵及黎軒善眩人獻于漢. 及宛西小國驩潛·大益, 宛東姑師·打𥟖·蘇薤之屬, 皆隨漢使獻見天子. 天子大悅.

◉ 서역 문물과 중국 문화

한나라 사신들은 하수 河水, 黃河의 원류를 찾아내었다. 황하의 원류는 우전于寘에서 시작되었다. 그 산에는 보옥의 원석이 많아 사신들은 그것을 캐어 가지고 왔다. 천자는 옛날 도서를 참고하여 황하가 시작되는 산을 곤륜산崑崙山이라 불렀다.

당시 황제는 자주 바닷가를 순행하였다. 그때마다 외국 빈객들이 모두 수행하고 다녔다. 그리고 인구가 많은 큰 도시에 들러서는 재물과 비단 등속을 풀어 상으로 내리고 그들을 대접할 때는 물자를 골고루 넉넉하게 갖추어 후대함으로써 한나라의

〈西域人騎駝陶俑〉(부분) 唐 1954 山西 長治 왕침묘 출토

부유함을 자랑해 보였다. 또 각처에서 씨름대회를 성대하게 열거나 신기한 놀이를 벌이는가 하면, 갖가지 진기한 물건들을 전시하여 이를 보려고 군중들이 많이 모여들었다.

또한 외국 빈객에게 온갖 상품들을 하사하고 주지육림의 큰 잔치를 베풀며, 각 창고와 부장府藏에 쌓인 물건들을 골고루 구경시켰다. 외국 빈객들은 한나라의 광대함을 보고 모두 놀라며 감탄하였다. 그 뒤로 마술사의 기교가 더욱 교묘하게 되고 씨름이나 기예도 해마다 변화하여 이런 것들이 점점 성대하게 행해지게 된 것은 이때부터 비롯된 것이다.

而漢使窮河源, 河源出于寘, 其山多玉石, 采來, 天子案古圖書, 名河所出 山曰崑崙云.

是時上方數巡狩海上, 乃悉從外國客, 大都多人則過之, 散財帛以賞賜, 厚具以饒給之, 以覽示漢富厚焉. 於是大觳抵, 出奇戲諸怪物, 多聚觀者, 行賞賜, 酒池肉林, 令外國客徧觀(名)[各]倉庫府藏之積, 見漢之廣大, 傾駭之. 及加其眩者之工, 而觳抵奇戲歲增變, 甚盛益興, 自此始.

◉ 서역의 포도주와 말먹이 풀

서북쪽의 외국 사신들은 번갈아 빈번히 왕래하였다. 대완 서쪽의 여러 나라들은 한나라와 멀리 떨어져 있다는 것만 믿고 여전히 마음놓고 교만하고 방자하게 굴었다. 이에 한나라로서도 아직은 무력으로 다스릴 수 없어 여전히 예로써 그들을 복종하게 하였다.

오손의 서쪽에서 안식에 이르기까지는 흉노에 가까워 흉노가 월지를 위협하고나서부터는, 흉노의 사신은 선우의 부절을 가지고 있기만 하면 각 나라들이 먹을 것을 주며 감히 억류해 놓고 고통을 주는 일 따위는 없었다. 그런데 한나라 사신은 폐백을 주지 않으면 먹을 것을 얻을 수가 없고, 가축을 사지 않으면 타고 갈 수가 없었다. 그 이유는 한나라가 멀리 있고 재물이 많다고 생각하였기 때문이었다. 이에 한나라 사신은 가지고 싶은 것이 있으면 반드시 사지 않으면 안 되었다. 그것은 또 한나라 보다 흉노를 더 무서워하는 탓이기도 하였다.

대완과 그 이웃 나라에서는 포도로 술을 빚었다. 부유한 사람들은 1만 석石 이상의 술을 저장하고 있었다. 그 술 가운데 오래된 것은 수십 년이 지나도 맛이 변하지 않았다. 사람들은 술을 좋아하고, 말은 목숙苜蓿이라는 풀을 좋아하였다. 한나라 사신이 그 씨를 가져 오자, 천자는 처음으로 목숙과 포도를 비옥한 땅에 심게 되었다. 천마가 많아지고, 외국 사신들이 많이 찾아오게 될 무렵에는 이궁離宮과 별관別觀 주변에는 온통 포도와 목숙이 심어져 있었다.

西北外國使, 更來更去. 宛以西, 皆自以遠, 尚驕恣晏然, 未可詘以禮羈縻而使也. 自烏孫以西至安息, 以近匈奴, 匈奴困月氏也, 匈奴使持單于一信, 則國國傳送食, 不敢留苦; 及至漢使, 非出幣帛不得食, 不市畜不得騎用. 所以然者, 遠漢, 而漢多財物, 故必市乃得所欲, 然以畏匈奴於漢使焉.

宛左右以蒲陶爲酒, 富人藏酒至萬餘石, 久者數十歲不敗. 俗嗜酒, 馬嗜苜蓿. 漢使取其實來, 於是天子始種苜蓿·蒲陶肥饒地. 及天馬多, 外國使來衆, 則離宮別觀旁盡種蒲萄·苜蓿極望.

◉중국 물건 만드는 법을 가르치다

대완의 서쪽에서 안식에 이르기까지 지역은 언어가 많이 달랐지만, 풍습만은 거의 비슷하여 서로가 상대편 말을 알아들을 수 있었다. 주민들은 모두 눈이 깊숙하였으며 턱수염과 구렛나루 수염이 나 있는 사람이 많았다. 그들은 장사를 잘하였고 사소한 이익도 서로 다투었다. 그들은 여자를 존중하였고, 여자의 말에 따라 남자는 일을 결정하였다.

이 지방은 어디서도 명주실과 옻漆이 생산되지 않았고, 돈이나 무기·그릇들을 만들어 쓸 줄 몰랐다. 한나라 사신을 따라 간 이졸들이 그들에게서 도망쳐 가서는 여러 가지 무기와 그릇 만드는 법을 가르쳤다. 그 뒤로 한나라의 금·은을 얻게 되면 곧 그릇을 만들고, 돈으로 쓰지는 않았다.

自大宛以西至安息, 國雖頗異言, 然大同俗, 相知言. 其人皆深眼, 多鬚顧,
善市賈, 爭分銖. 俗貴女子, 女子所言而丈夫乃決正. 其地皆無絲漆, 不知鑄
錢器. 及漢使亡卒降, 教鑄作他兵器. 得漢黃白金, 輒以爲器, 不用爲幣.

◉ 이사성의 보마寶馬와 대완 정벌

한나라에서 서역 각국으로 내왕하는 사신이 많아졌기 때문에, 그들을
따라다니는 자들은 대부분 천자에게 나아가 뵙는 것에 익숙해 있어서
이렇게 말하였다.

"대완에는 좋은 말이 있으나 이사성貳師城 안에 감춰 두고 기르며 한나라
사신에게는 주려 하지 않습니다."

원래 대완의 말을 좋아하던 천자는 이 말을 듣자 귀가 솔깃하였다. 이에
장사와 거령車令에게 명하여 1천 금과 동으로 만든 말을 대완왕에게 가지고
가서 이사성의 좋은 말을 얻어 오게 하였다. 대완에서는 벌써 한나라의
물건들을 풍부하게 가지고 있었던 터라 그들은 서로 상의하여 말하였다.

"한나라는 우리나라와 멀리 떨어져 있기 때문에 그들 사신 일행은 자주
염수鹽水에 빠져 죽은 일이 있다. 그 북쪽에는 흉노의 도적들이 있고
그 남쪽으로 나가면 물과 풀이 없다. 또 성읍에서 떨어져 있어서 이따금
식량이 떨어질 때가 많다. 한나라 사신들은 수백 명이 한패가 되어 오지만
언제나 식량이 모자라 죽는 사람이 반을 넘는다. 이 같은 상태에서 어떻게
많은 군사를 보낼 수 있겠는가? 한나라는 우리나라를 어떻게 할 수 없을
것이다. 또 이사성의 말은 대완의 보마寶馬이다."

이리하여 한나라 사신에게 말을 주려 하지 않았다. 한나라 사신은 성이
나서 듣기 싫은 소리를 내뱉으며 금과 동으로 만든 말을 망치로 부수어
버리고 돌아와 버렸다. 대완의 귀인들은 노하여 말했다.

"한나라 사신들은 우리를 지극히 무시하고 있구나!"

이에 한나라 사신이 돌아가자, 그 동쪽 변경에 있는 욱성郁成이란 나라를
시켜 사신들이 지나가는 길목을 막아 그들을 쳐죽이고 재물을 약탈하도록

하였다. 천자는 크게 노하였다. 일찍이 대완에 사신으로 갔다 온 일이 있는 요정한姚定漢 등이 말하였다.

"대완의 군사는 약합니다. 한나라 군사 3천 명을 끌고 가더라도 강한 활을 쏘기만 하면, 그들을 모조리 포로로 하고 대완을 깨뜨릴 수 있습니다."

천자는 일찍이 착야후浞野侯에게 누란을 치게 하였을 때, 착야후가 기병 700명을 거느린 선봉군으로써 그 왕을 포로로 삼은 일이 있었기 때문에, 요정한 등이 하는 말이 틀림없을 것으로 생각하였다. 그리고 총희 이李씨의 형제들을 후侯로 끌어올려 줄 생각에서, 그 오빠 이광리李廣利를 이사장군貳師將軍에 임명하고, 속국屬國 도위都尉의 부하 기병 6천 명과 각 군국에 있는 불량 소년 수만 명을 징발하여 대완을 치게 하였다. 천자는 이사성에 이르러 좋은 말을 얻어 오기를 기대하고 있었기 때문에 이사장군이라 부른 것이다.

조시성趙始成을 군정軍正으로 하고, 전 호후였던 왕회로 하여금 앞장서서 군대를 이끌도록 하였다. 또 이차李哆를 교위로 하여 군사를 담당하게 하였다. 이 해는 태초太初 원년이었다.

관동關東에 메뚜기 떼가 크게 일어나 서쪽으로 돈황敦煌까지 날아가고 있었다.

而漢使者往旣多, 其少從率多進熟於天子, 言曰:「宛有善馬在貳師城, 匿不肯與漢使.」 天子旣好宛馬, 聞之甘心, 使壯士車令等持千金及金馬 以請宛王貳師城善馬. 宛國饒漢物, 相與謀曰:「漢去我遠, 而鹽水中數敗, 出其北有胡寇, 出其南乏水草. 又且往往而絶邑, 乏食者多. 漢使數百人爲輩來, 而常乏食, 死者過半, 是安能致大軍乎? 無柰我何. 且貳師馬, 宛寶馬也.」 遂不肯予漢使. 漢使怒, 妄言, 椎金馬而去. 宛貴人怒曰:「漢使至輕我!」 遣漢使去, 令其東邊郁成遮攻殺漢使, 取其財物. 於是天子大怒. 諸嘗使宛 姚定漢等言宛兵弱, 誠以漢兵不過三千人, 彊弩射之, 卽盡虜破宛矣. 天子 已嘗使浞野侯攻樓蘭, 以七百騎先至, 虜其王, 以定漢等言爲然, 而欲侯寵 姬李氏, 拜李廣利爲貳師將軍, 發屬國六千騎, 及郡國惡少年數萬人, 以往 伐宛. 期至貳師城取善馬, 故號「貳師將軍」. 趙始成爲軍正, 故浩侯王恢使 導軍, 而李哆爲校尉, 制軍事. 是歲太初元年也. 而關東蝗大起, 蜚西至敦煌.

◉ 굶주림에 지친 원정군대

이사장군의 군사는 벌써 서쪽으로 진출하여 염수를 지나게 되었다. 한나라 군사가 지나가는 길목에 있는 작은 나라들은, 겁을 내며 저마다 성문을 굳게 닫고 지키며 식량 공급을 거절하였다. 성을 쳐도 쉽게 함락시킬 수 없었다. 항복을 받게 되면 식량을 얻을 수 있겠지만, 그렇지 못할 경우는 며칠만에 떠나야만 했다. 욱성에 도착할 무렵에는 남은 군사의 수가 수천에 불과하였고, 그나마 모두 굶주림에 지쳐 있었다. 이런 상태에서 욱성을 공격하였으나, 오히려 크게 패해 살상당한 한나라 군사가 대단히 많았다. 이사장군은 이차 및 조시성과 상의 끝에 이렇게 결론을 내렸다.

"욱성조차 함락시킬 수 없는 형편에 하물며 왕도를 공격할 수 있겠는가?"

결국 군사를 이끌고 돌아왔다. 그들이 오가는 데 꼬박 2년이 걸렸고, 돈황에 돌아왔을 때는 군사 수가 출발할 때의 10분의 1, 2에 불과하였다. 사자를 수도로 보내어 이렇게 글을 올렸다.

"길은 멀고 식량이 바닥나 사졸들은 싸움 걱정보다 굶주림을 걱정하는 상태였습니다. 또 군사가 적어 대완을 함락시키기에는 역부족이었습니다. 바라건대 잠시 전쟁을 쉬게 하고 새로 병력을 증강하여 다시 나가 치게 해 주옵소서."

이 소식을 들은 천자는 크게 노하여, 사자를 보내 옥문관을 막게 하고 이렇게 일렀다.

"군사로서 감히 관문 안으로 들어오는 자는 사형에 처하리라!"

이사장군은 겁이 나서 그대로 돈황에 머물러 있었다.

貳師將軍軍旣西過鹽水, 當道小國恐, 各堅城守, 不肯給食. 攻之不能下. 下者得食, 不下者數日則去. 比至郁成, 士至者不過數千, 皆飢罷. 攻郁成, 郁成大破之, 所殺傷甚衆. 貳師將軍與哆·始成等計:「至郁成尙不能擧, 況至其王都乎?」引兵而還. 往來二歲. 還至敦煌, 士不過什一二. 使使上書言:「道遠多乏食; 且士卒不患戰, 患飢, 人少, 不足以拔宛. 願且罷兵, 益發而復往」天子聞之, 大怒, 而使使遮玉門, 曰:「軍有敢入者輒斬之!」貳師恐, 因留敦煌.

◉ 대완 공격에 온 힘을 기울여

그 해 여름 한나라는 착야후의 군사 2만여 명을 흉노에게 잃었다. 공경과 조정 대신들은 모두 대완을 치는 군사를 철수시키고 오로지 흉노를 칠 것을 청원하였다. 그러나 천자는 이미 대완을 무찌르기로 결정하였다.

"대완 같은 작은 나라를 항복 받지 못하면, 대하 등도 한나라를 가볍게 여길 것이며, 대완의 좋은 말을 다시는 얻지 못하게 될 것이다. 오손과 윤두侖頭도 우리 한나라를 업신여기고, 사신들을 괴롭게 될 것이며 외국의 웃음거리가 될 것이다."

특히 대완을 치는 것이 부당하다고 주장하고 있는 등광鄧光 등을 조사하여 처벌하는 한편, 죄수들 가운데 재관材官들을 사면하고 보다 많은 불량 소년과 변경의 기병들을 징발시켰다.

이리하여 1년 남짓 지나 돈황을 출발한 군사는 6만 명에 달하였다. 그 중에는 스스로 먹을 것을 가지고 자원해서 따라가는 사람은 포함되지 않았다. 소 10만 두, 말은 3만여 필, 나귀와 노새와 낙타는 몇만 마리에 이르렀다. 식량은 풍부하였고 무기와 큰 활도 많이 준비하였다. 온 천하가 소동을 일으키며 서로 명령을 전하고 받들며 대완을 치게 되었다. 전쟁에 따라간 교위만도 50여 명에 이르렀다.

대완의 왕이 있는 성 안에는 우물이 없고, 물은 오로지 성 밖에 흐르는 물을 길어다가 쓰고 있었다. 이에 한나라에서는 수공水工들을 보내 성 밑의 물길을 바꾸어 성 안의 물을 말리려 하였다. 그리고 위수병衛戍兵 18만을 더 징발하여 주천군과 장액군 북쪽에 새로 설치한 거연居延과 휴도休屠 두 현에 배치하여 주천군을 방위하게 하였다. 또 천하의 일곱 가지 죄과를 가진 자를 징발하고, 또 말린 식량을 싣고 가 이사장군의 군사에게 공급해 주었다. 짐을 운반하는 수레와 사람이 쉴 새 없이 돈황군에 도착하였다. 또 말에 정통한 사람 둘을 집마교위執馬校尉와 구마교위驅馬校尉로 임명하여 대완을 깨뜨리고 좋은 말을 고르게 된 경우에 쓰도록 대비하였다.

其夏, 漢亡浞野之兵二萬餘於匈奴. 公卿及議者皆願罷擊宛軍, 專力攻胡.
天子已業誅宛, 宛小國而不能下, 則大夏之屬輕漢, 而宛善馬絶不來, 烏孫·
侖頭易苦漢使矣, 爲外國笑. 乃案言伐宛尤不便者鄧光等, 赦囚徒材官,
益發惡少年及邊騎, 歲餘而出敦煌者六萬人, 負私從者不與. 牛十萬, 馬三
萬餘匹, 驢騾橐它以萬數. 多齎糧, 兵弩甚設, 天下騷動, 傳相奉伐宛, 凡五十
餘校尉. 宛王城中無井, 皆汲城外流水, 於是乃遣水工徙其城下水空以空其城
益發戍甲卒十八萬, 酒泉·張掖北, 置居延·休屠以衛酒泉, 而發天下七科適,
及載糒給貳師. 轉車人徒相連屬至敦煌. 而拜習馬者二人爲執驅校尉, 備破
宛擇取其善馬云.

◉ 말을 내놓는 조건으로 화해를 맺다

이리하여 이사장군은 다시 출정하게 되었다. 병력은 방대하였다. 가는
곳마다 작은 나라들로 나와 맞이하지 않는 나라가 없었고, 모두 식량을
내어 한나라 군사에게 공급해 주었다. 그런데 윤두는 항복을 하지 않았기
때문에 며칠을 공격한 끝에 무찔러 버렸다. 여기서부터 서쪽으로는 대항하는
나라도 없이 대완성에 다다를 수 있었다.

이때 도착한 한나라 군사는 3만 명이었다. 대완 군사는 그 한나라 군사를
상대해 공격해 왔으나, 한나라 군사는 활을 쏘아 이를 깨뜨렸다. 대완
군사는 패해 달아나 그들 성 안을 지키고 있었다.

이사장군의 군대는 욱성을 치고 싶었지만, 대완과의 싸움을 중지하게
되면 대완에게 더욱더 속임수를 쓸 여유를 주게 될까 두려워 대완에
도착하자, 먼저 그 수원을 끊어 물을 다른 곳으로 흘려 보냈다. 대완은
크게 곤경에 빠졌다. 한나라 군대는 그 성을 포위하여 공격한 지 40여 일
만에 그 외성을 깨뜨리고, 대완의 귀인이며 용장 전미煎靡를 포로로 삼았다.
대완의 군사들은 크게 겁을 먹고 성 안으로 패해 달아났다. 대완의 귀인들은
서로 상의하였다.

"한나라가 대완을 치는 이유는 우리 임금 모과毌寡가 좋은 말을 감춰
두고 한나라 사신을 죽인 때문이다. 모과를 죽이고 좋은 말을 주게 되면

한나라 군대는 포위를 풀게 될 것이다. 포위를 풀지 않는다면 그때 가서 힘껏 싸워 죽어도 늦지는 않다."

귀인들은 이렇게 합의를 본 다음, 힘을 합쳐 그들 왕인 모과를 죽이고 귀인 한 사람이 그 머리를 가지고 이사장군에게로 가서 약속해 말하였다.

"한나라 군대는 우리나라를 치지 말아 주시오. 우리나라는 좋은 말을 있는 대로 모조리 내놓아 마음대로 골라 가도록 내맡기겠습니다. 또 한나라 군대에 식량을 공급하겠습니다. 만일 받아들이지 않는다면 좋은 말을 모조리 죽여 버리겠습니다. 그리고 강거의 구원군이 곧 도착할 것입니다. 도착하게 되면 우리 군대는 성 안에 있고, 강거의 구원군은 성 밖에서 한나라 군대와 싸울 것입니다. 한나라는 이러한 사정을 깊이 헤아려 보시고 어느 쪽이든 택해 주시오."

이때 강거는 한나라 군대를 살피고 있었다. 그들은 한나라 군대가 강성하였으므로 감히 나오지 못하고 있었다. 이사장군은 조시성·이차 등과 상의하였다.

"들리는 바에 의하면, 대완성 안에서는 새로 진秦나라 사람을 찾아내어 우물을 파는 방법을 알게 되었고, 또 성 안에는 식량이 아직도 많다고 한다. 우리가 멀리 온 것은 원흉인 모과를 베어 죽이기 위해서였다. 그 모과의 머리는 이미 우리에게 와 있다. 일이 여기까지 이르렀는데도 군사를 풀지 않는다면 대완은 성을 굳게 지킬 것이다. 그리고 강거의 구원군이 우리 군대가 지친 것을 엿보고 있다가 대완을 구하게 되면 틀림없이 한나라 군대는 깨어지도 말 것이다."

한나라 군리들은 모두 그렇다고 생각하고 대완의 약속을 승낙하였다. 대완은 좋은 말을 꺼내어 와서 한나라 군사에게 마음대로 고르게 하였다. 그리고 많은 식량도 가져와 한나라 군대에게 공급하였다. 한나라 군대는 좋은 말 수십 필과, 중간 이하의 말 암수 3천여 필을 고른 다음 대완의 귀인으로 장군이며 또한 전부터 한나라 사신을 후대한 매채昧蔡를 대완왕으로 세워 함께 맹약을 맺고 군사를 거두었다. 이리하여 끝내 중성中城으로는 들어가지 못한 채 전쟁을 끝내고 돌아왔다.

於是貳師後復行, 兵多, 而所至小國莫不迎, 出食給軍. 至侖頭, 侖頭不下, 攻數日, 屠之. 自此而西, 平行至宛城, 漢兵到者三萬人. 宛兵迎擊漢兵, 漢兵射敗之, 宛走入葆乘其城. 貳師兵欲行攻郁成, 恐留行而令宛益生詐, 乃先至宛, 決其水源, 移之, 則宛固已憂困. 圍其城, 攻之四十餘日, 其外城壞, 虜宛貴人勇將煎靡. 宛大恐, 走入中城. 宛貴人相與謀曰:「漢所爲攻宛, 以王毋寡匿善馬而殺漢使. 今殺王毋寡而出善馬, 漢兵宜解; 卽不解, 乃力戰而死, 未晚也.」宛貴人皆以爲然, 共殺其王毋寡, 持其頭遣貴人使貳師, 約曰:「漢毋攻我. 我盡出善馬, 恣所取, 而給漢軍食. 卽不聽, 我盡殺善馬, 而康居之救且至. 至, 我居內, 康居居外, 與漢軍戰. 漢軍熟計之, 何從?」是時康居候視漢兵, 漢兵尚盛, 不敢進. 貳師與趙始成·李哆等計:「聞宛城中新得秦人, 知穿井, 而其內食尚多. 所爲來, 誅首惡者毋寡. 毋寡頭已至, 如此而不許解兵, 則堅守, 而康居候漢罷而來救宛, 破漢軍必矣.」軍吏皆以爲然, 許宛之約. 宛乃出其善馬, 令漢自擇之, 而多出食食給漢軍. 漢軍取其善馬數十匹, 中馬以下牡牝三千餘匹, 而立宛貴人之故待遇漢使善者名昧蔡以爲宛王, 與盟而罷兵. 終不得入中城. 乃罷而引歸.

⚬ 욱성에서 대패한 한나라 군대

처음에 이사장군이 돈황을 출발하여 서쪽으로 행진할 때, 군사 수가 너무 많아 도중 여러 나라들이 식량 공급을 할 수 없을 것으로 여겨 군사를 몇 개 부대로 나누어 남쪽 길과 북쪽 길로 나아가게 하였다. 교위 왕신생王申生과 전 홍려鴻臚이던 호충국壺充國 등 1천여 명은 본부대와 떨어져서 욱성에 도착하였다. 욱성은 성문을 굳게 닫고 왕신생의 군대에게 식량 공급을 거절하였다. 왕신생은 본대에서 200리 떨어져 있었으나, 한나라 군대의 위세에 힘입어 욱성을 가볍게 여겨 식량을 제공하도록 요구하였지만, 욱성은 끝내 이를 승낙하지 않았다. 그 가운데 왕신생의 군사가 날마다 줄어드는 것을 알아챈 그들은 새벽에 3천 명의 군사로 습격해 왕신생을 죽였다. 왕신생의 군대는 무너지고 몇 사람이 탈출하여 이사장군에게 달려갔다. 이사장군은 수속도위搜粟都尉인 상관걸上官桀로 하여금 욱성을 쳐서 깨뜨렸다. 욱성왕은 강거로 도망쳤다. 상관걸은 그를 뒤쫓아 강거에 이르렀다. 강거는 한나라가 이미 대완을 깨뜨린 것을 듣고, 욱성왕을 끌어내 상관걸에게 넘겼다. 상관걸은 네 명의 기사에게 욱성왕을 묶게 하고 엄한 감시하에 이사장군에게 호송하였다. 네 사람은 서로 이렇게 말하였다.

"욱성왕은 한나라가 미워하는 사람이다. 지금 산 채로 데리고 가려다가 도망이라도 치게 되면 큰 일이다."

그리하여 그들은 왕을 죽이고자 하였으나 자진해서 그를 죽이려는 자가 없었다. 이윽고 상규현上邽縣의 기사 조제趙弟는 가장 나이가 어렸지만, 칼을 뽑아 욱성왕을 죽이고 그의 머리를 들고 갔다.

조제와 상관걸은 이사장군을 뒤쫓아 따랐다.

初, 貳師起敦煌西, 以爲人多, 道上國不能食, 乃分爲數軍, 從南北道. 校尉王申生 · 故鴻臚壺充國等千餘人, 別到郁成. 郁成城守, 不肯給食其軍. 王申生去大軍二百里, (偵)[偵]而輕之, 責郁成. 郁成食不肯出, 窺知申生軍日少, 晨用三千人攻, 戮殺申生等, 軍破, 數人脫亡, 走貳師. 貳師令搜粟都尉上官桀往攻破郁成. 郁成王亡走康居, 桀追至康居. 康居聞漢已破宛, 乃出郁成王予桀, 桀令四騎士縛守詣大將軍. 四人相謂曰:「郁成王漢國所毒, 今生將去, 卒失大事.」欲殺, 莫敢先擊. 上邽騎士趙弟最少, 拔劍擊之, 斬郁成王, 齎頭. 弟 · 桀等逐及大將軍.

✿ 승리 후의 논공행상

이사장군의 두 번째 원정 때 처음에 천자는 사신을 오손에게 보내어 크게 군사를 동원하고 힘을 합하여 대완을 치도록 연락을 취하였다. 오손은 겨우 기병 2천 명을 출정시켰으나, 두 마음을 품고 앞으로 나아가려 하지 않았다. 이사장군이 동쪽으로 돌아올 때, 도중의 모든 작은 나라 왕들은 대완이 항복한 것을 알았다. 이에 모두 그 자제들을 한나라 군대에 딸려 보내어 천자를 뵙고 공물을 바치게 하였다. 그리고는 볼모로 한나라에 머무르게 하였다.

이사장군이 대완을 쳤을 때, 군정 조시성은 힘껏 싸워 공로가 가장 컸다. 또 상관걸은 용감하게 적진 깊이 쳐들어갔고, 이차는 많은 계략을 생각해 냈다. 그런데 옥문관에 돌아온 군사는 1만여 명, 군마는 천여 필밖에 안 되었다. 이사장군의 두 번째 원정에서는 식량이 모자란 것도 아니었고 전사한 사람이 그리 많은 것도 아니었다. 그런데 장수와 관리들이 탐욕스러워 식량을 빼돌리거나, 그들 대다수가 사졸들을 아끼지 않고 무모하게 쳐들어갔으므로 죽은 자가 많았던 것이다. 그러나 만 리 저쪽에까지 가서 대완을 친 것을 가상히 여긴 천자는 굳이 잘못을 밝히지 않았다.

이광리를 해서후海西侯에 봉하였다. 또 스스로 욱성왕을 벤 기사 조제를 신치후新時侯에 봉하고, 군정 조시성을 광록대부光祿大夫로 봉하고, 상관걸을 소부小府로 임명하였으며, 이차를 상당上黨 태수로 삼았다. 군관으로 구경에 선 자가 세 사람, 제후들의 재상·군수·2천 석의 신분으로 발탁된 사람이 100여 명, 1천 석 이하의 벼슬에 오른 사람이 1천여 명이나 되었다. 자진해서 용감히 전쟁에 따라 나선 사람은 기대한 이상의 벼슬을 얻었고, 죄수로서 종군한 사람은 그 노역이 면제되었다. 사졸들에게 하사된 물건은 4만 금에 상당하였다. 대완을 치기 위해 두 번 오고가는 사이 무릇 4년이 걸려 전쟁은 끝이 났던 것이다.

初, 貳師後行, 天子使使告烏孫, 大發兵幷力擊宛. 烏孫發二千騎往, 持兩端, 不肯前. 貳師將軍之東, 諸所過小國聞宛破, 皆使其子弟從軍入獻, 見天子, 因以爲質焉. 貳師之伐宛也, 而軍正趙始成力戰, 功最多; 及上官桀敢深入, 李哆爲謀計, 軍入玉門者萬餘人, 軍馬千餘匹. 貳師後行, 軍非乏食, 戰死不 能多, 而將吏貪, 多不愛士卒, 侵牟之, 以此物故衆. 天子爲萬里而伐宛, 不錄過, 封廣利爲海西侯. 又封身斬郁成王者騎士趙弟爲新時侯. 軍正趙始成爲光祿 大夫, 上官桀爲少府, 李哆爲上黨太守. 軍官吏爲九卿者三人, 諸侯相·郡守· 二千石者百餘人, 千石以下千餘人. 奮行者官過其望, 以適過行者皆紬其勞. 士卒賜直四萬金. 伐宛再反, 凡四歲而得罷焉.

● 서역 교통로를 온전히 갖추다

한나라 군대는 이미 대완의 토벌을 끝내자, 매채昧蔡를 대완왕으로 세우고 떠났다.

그로부터 1년 남짓 지났다. 대완의 귀인들은 매채가 한나라에 아첨하여 자신들의 나라를 망친 것으로 판단하고 함께 매채를 죽인 다음, 모과의 동생인 선봉蟬封을 세워 대완왕으로 삼고, 그의 아들을 한나라에 볼모로 보냈다. 이에 한나라에선 대완에 사신을 보내 후한 선물을 주어 위로하게 하였다. 그와 동시에 한나라에서는 10여 명의 사신들을 대완 서쪽의 여러 나라에도 보내어 진기한 물건들을 구해 오도록 하고, 이를 계기로 대완을 치게 된 한나라의 위덕을 은연중 자랑해 보였다. 또 돈황에다 주천도위酒泉都尉를 둔 것을 비롯, 다시 서쪽 염수까지 이르는 곳곳에 역驛을 설치하였으며, 윤두에는 수백 명의 둔전병屯田兵을 두었다. 이에 그들을 감독하기 위한 사자를 파견하여 농지를 보호하고 쌀과 조를 쌓아 두고 외국으로 가는 사신들에게 공급하였다.

漢已伐宛, 立昧蔡爲宛王而去. 歲餘, 宛貴人以爲昧蔡善諛, 使我國遇屠, 乃相與殺昧蔡, 立毋寡昆弟曰蟬封爲宛王, 而遣其子入質於漢. 漢因使使賂賜以鎭撫之.

而漢發使十餘輩至宛西諸外國, 求奇物, 因風覽以伐宛之威德. 而敦煌置酒泉都尉; 西至鹽水, 往往有亭. 而侖頭有田卒數百人, 因置使者護田積粟, 以給使外國者.

● 사마천의 평어

나 태사공은 이렇게 생각한다.

《우본기禹本紀》에 "하수河水는 곤륜산崑崙山에서 나온다. 곤륜산은 그 높이가 2천 500여 리, 해와 달이 서로 피해 숨으며, 그 빛을 밝혀 밤낮을 나누게 되는 산이다. 그 꼭대기에는 예천醴泉과 요지瑤池가 있다"라고

기록하고 있다. 그런데 이제야 장건이 대하의 사신으로 가서 비로소 하수의
원류를 밝혀 내게 되었다. 어떻게 《우본기》에서 말한 바의 곤륜산을
본 사람이 있었겠는가? 그러므로 구주九州의 산천에 관한 기록은 《상서》에
있는 것이 사실에 가깝다. 《우본기》나 《산해경山海經》에 기록되어 있는
괴이한 물건에 대해서는 나는 감히 말하지 못하겠다.

太史公曰:《禹本紀》言「河出崑崙. 崑崙其高二千五百餘里, 日月所相避
隱爲光明也. 其上有醴泉·瑤池」. 今自張騫使大夏之後也, 窮河源, 惡睹本
紀所謂崑崙者乎? 故言九州山川,《尚書》近之矣. 至《禹本紀》·《山海經》
所有怪物, 余不敢言之也.

史記列傳

064(124) 유협 열전游俠列傳

①주가朱家 ②전중田仲과 극맹劇孟

③곽해郭解

◉ 선비와 협객의 차이

한비자韓非子는 "유자儒者는 문文으로써 법法을 어지럽히고, 협자俠者는 무武로써 금지된 것을 범한다"라고 말하여 선비나 협객을 모두 비난하였다.

그러나 학문하는 선비의 경우는 그래도 세상 사람들에게 평판이 좋은 셈이다. 학술로써 재상이나 경대부卿大夫가 된 사람이나, 그 군주를 도와 공명을 역사에 기록한 사람들에 대해서는 구태여 이야기할 필요도 없을 것이나, 계차季次나 원헌原憲은 한낱 유생에 불과하였다. 그들은 홀로 군자君子의 덕을 지닌 채 도의에 맞지 않는 당세의 시류에 구차하게 영합하지 않았다. 그로 인해 세상 사람들 역시 그들을 비웃었다. 그러기에 계차와 원헌은 일생 동안 쑥대로 엮은 집 안에 살며, 베옷과 거친 음식으로 빈곤하게 살았다. 그런데도 그들이 죽은 지 이미 400여 년이 지났건만 그 제자들은 그들의 뜻을 기리고 있다.

이에 비해 유협游俠의 경우는 어떠한가? 물론 그들의 행위가 반드시 정의에 합치되는 것은 아니지만, 그들의 말에는 믿음이 있고, 행동은 과감하며 한 번 승낙한 일에는 반드시 성의를 다한다. 자신의 몸을 아끼지 않으면서 남의 고난을 돌볼 때에는 일신의 존망 생사 따위는 돌아보지 않는다. 그러면서도 그들은 자신의 재능을 뽐내지 않았고, 덕을 자랑하는 일을 수치로 여겼다. 대체로 이들 유협에게서도 본받을 점이 많다고 할 수 있다. 게다가 사람이 살다 보면, 완만한 일이나 위급한 일이 어느 때 누구에게나 있을 수 있는 법이다.

韓子曰:「儒以文亂法, 而俠以武犯禁.」二者皆譏, 而學士多稱於世云. 至如以術取宰相卿大夫, 輔翼其世主, 功名俱著於春秋, 固無可言者. 及若季次·原憲, 閭巷人也, 讀書懷獨行君子之德, 義不苟合當世, 當世亦笑之.

故季次·原憲終身空室蓬戶, 褐衣疏食不厭. 死而已四百餘年, 而弟子志之不倦. 今游俠, 其行雖不軌於正義, 然其言必信, 其行必果, 已諾必誠. 不愛其軀, 赴士之阨困, 旣已存亡死生矣, 而不矜其能, 羞伐其德, 蓋亦有足多者焉. 且緩急, 人之所時有也.

☸ 사마천의 평어

나 태사공은 이렇게 생각한다.

옛날 순임금은 아우 때문에 우물과 창고에서 고통을 겪었고, 이윤伊尹은 욕되게 솥과 도마를 짊어지고 요리를 하며 다녔으며, 부열傅說은 노역의 인부가 되어 부험傅險에 숨어 살았고, 여상呂尙은 곤궁한 나머지 극진棘津에서 밥장사를 하였으며, 관중管仲은 수갑과 차꼬를 찬 일이 있었고, 백리해百里奚는 소를 길렀으며, 공자孔子는 광匡 땅에서 위급한 변을 당하였는가 하면 진陳·채蔡 사이에서는 먹을 것이 모자라 얼굴빛이 누런 나물 색깔이 된 적도 있었다. 이들은 모두 선비들이 말하는 도를 지닌 인자들이다. 그런데도 역시 재난을 당하였던 것이니, 하물며 보통 사람으로서 난세의 탁류를 건너자면 말할 나위가 있겠는가? 재앙을 만나는 경우는 일일이 헤아릴 수조차 없을 것이다!

太史公曰: 昔者虞舜窘於井廩, 伊尹負於鼎俎, 傅設匿於傅險, 呂尙困於棘津, 夷吾桎梏, 百里飯牛, 仲尼畏匡, 菜色陳·蔡. 此皆學士所謂有道仁人也, 猶然遭此菑, 況以中材而涉亂世之末流乎? 其遇害何可勝道哉!

☸ 허리띠 갈고리 훔친 자는 죽음을 당하고

비루한 사람이 이런 말을 하였다.

"무엇 때문에 인의仁義 따위를 알아 줄 필요가 있는가? 내게 이익을 주는 사람을 덕이 있는 사람으로 생각할 뿐이다."

그러기에 주나라를 추악하게 여긴 백이伯夷와 숙제叔齊가 수양산首陽山에서 굶어 죽었어도 주나라 문왕文王·무왕武王은 계속 왕위를 지켰으며, 도척盜跖과

장교莊蹻는 흉악하고 포악하였지만 그들의 패거리들은 두 사람의 신의를 끝없이 칭찬하였다. 이로 말미암아 보건대 "허리띠 갈고리를 훔친 자는 죽음을 당하고, 나라를 훔친 자는 제후가 된다. 그러나 일단 제후가 되고나면 그 가문에는 인의仁義가 있는 것이 된다"는 말은 진실로 허황된 말이 아니다.

鄙人有言曰:「何知仁義, 已饗其利者爲有德.」故伯夷醜周, 餓死首陽山, 而文武不以其故貶王; 跖・蹻暴戾, 其徒誦義無窮. 由此觀之,「竊鉤者誅, 竊國者侯, 侯之門仁義存」, 非虛言也.

◉곤궁에 처해 보면 협객이 얼마나 고마운지

지금 학문에 구애되고 혹은 약간의 정의감을 품고, 오래도록 외롭게 세상을 등지고 살아가는 것이, 어찌 천박한 의논으로 세속에 부합하고 세상의 흐름에 따라 부침하며 영광된 이름을 누리는 것만 못하겠는가? 그러나 또 포의布衣의 무리로서 은혜를 입었다면, 반드시 갚고, 허락한 일은 이행하며, 천 리 먼 곳에 가서도 의리를 지키고, 한 몸을 던지며 세상 사람들의 평 같은 것을 돌보지 않는다면, 유협의 무리들의 뛰어난 점으로, 그들이 다만 구차스럽게 그런 생활을 하고 있는 것만은 아니리라. 그러기에 선비들도 막다른 골목에 몰리게 되면, 생명까지도 그들에게 의지하게 된다. 그들이야말로 사람들이 말하는 현인이나 호걸이 아니겠는가? 만일 민간의 유협들과 계차・원헌 등의 권세와 역량에서 비교한다면, 이들을 같은 시간이나 위치에 말할 수는 없다. 그러나 그들의 공로가 뚜렷하고 말한 것에 신의를 지키는 점에 있어서 어찌 무시할 수 있겠는가?

今拘學或抱咫尺之義, 久孤於世, 豈若卑論儕俗, 與世沈浮而取榮名哉! 而布衣之徒, 設取予然諾, 千里誦義, 爲死不顧世, 此亦有所長, 非苟而已也. 故士窮窘而得委命, 此豈非人之所謂賢豪閒者邪? 誠使鄕曲之俠, 予季次・原憲比權量力, 效功於當世, 不同日而論矣. 要以功見言信, 俠客之義又曷可少哉!

◉ 하찮은 필부로서 그 기개를 지키기란

옛 포의의 협객에 대해서는 들을 길이 없다. 근세의 연릉延陵·맹상군孟嘗君·춘신군春申君·평원군平原君·신릉군信陵君 등은 모두 왕의 친족들이었고 봉토가 있었으며, 경상卿相의 부유함도 구비하고 있었다. 그들은 그 점을 이용해서 천하의 어진 사람들을 불러들여 이름을 제후들 사이에 알리게 되었다. 그들이 어질지 못한 사람이라고는 말할 수 없다. 그들의 명성이 높았던 것을 비유하면, 바람을 타고 부르짖는 소리가 더 크게 내는 것은 아니지만 듣는 사람의 입장에서 보면, 분명하게 들을 수 있는 것과 같다. 바람에 의해 그 기세가 강해졌기 때문이다.

그러나 시정의 협객들은 그 자신이 권세를 가지고 있는 것이 아니라, 오로지 행실을 닦고 절개를 지킴으로써 그 명성이 천하에 떨친 것이니, 천하 사람들이 그들을 현자賢者로 칭찬하지 않는 사람이 없다. 이것은 지극히 어려운 일이다. 그런데도 유학儒學이나 묵자墨子의 학學을 하는 사람들은 모두 이들을 배척하여 책에 기록하지 않는다. 진秦나라 이전의 필부의 협객들에 대해서는 기록이 인멸하여 알 도리가 없으니, 나는 이를 심히 유감스럽게 여긴다.

내가 들은 바에 따르면, 한漢나라가 일어난 뒤로 주가朱家·전중田仲·왕공王公·극맹劇孟·곽해郭解 등의 협객이 있었다 한다. 때로는 당시의 법에 저촉되는 일이 있었으나, 그 개인으로 의리 있고 청렴·결백·겸양하여 칭찬하기에 충분하였다. 그저 까닭 없이 높아진 것이 아니며, 뜻 있는 선비들이 이유 없이 추종하였을 리 없다. 패거리를 짓거나 세력을 결성하여 축재를 하고, 가난한 사람들을 마구 부리며 문벌 세력이 약한 사람을 괴롭히고, 자신의 욕심만 채워 혼자만의 쾌락을 도모하는 따위를 유협의 무리들은 수치로 여긴다. 나는 세상 사람들이 그 속뜻을 살펴보지도 않은 채 주가나 곽해 등을 악한 무리들과 함께 취급하고 비웃는 것을 슬프게 생각한다.

古布衣之俠, 靡得而聞已. 近世延陵·孟嘗·春申·平原·信陵之徒, 皆因王者親屬, 藉於有土卿相之富厚, 招天下賢者, 顯名諸侯, 不可謂不賢者矣.

比如順風而呼, 聲非加疾, 其執激也. 至如閭巷之俠, 脩行砥名, 聲施於天下, 莫不稱賢, 是爲難耳. 然儒・墨皆排擯不載. 自秦以前, 匹夫之俠, 湮滅不見, 余甚恨之. 以余所聞, 漢興有朱家・田仲・王公・劇孟・郭解之徒, 雖時扞當世之文罔, 然其私義廉絜退讓, 有足稱者. 名不虛立, 士不虛附. 至如朋黨宗彊比周, 設財役貧, 豪暴侵凌孤弱, 恣欲自快, 游俠亦醜之. 余悲世俗不察其意, 而猥以朱家・郭解等令與暴豪之徒同類而共笑之也.

〈1〉주가朱家

✿ 계포를 살려주고 만나지도 않아

노나라 주가朱家는 고조와 같은 시대 사람이다. 노나라 사람들이 모두 유학을 공부할 때, 주가는 협객으로서 이름을 날렸다. 그가 숨겨 줌으로써 목숨을 건진 호걸들이 수백 명에 이르고, 그밖에 평범한 사람들을 도운 수는 이루 다 헤아릴 수 없다. 그러나 그는 평생 자신의 재능을 자랑하거나 그가 베푼 덕을 공으로 내세우지 않았다. 일찍이 은혜를 베풀어 준 사람과는 만나는 것조차 꺼렸고, 남의 어려움을 도울 경우에는 가난한 사람부터 먼저 손을 썼다. 그의 집에는 남아도는 재산이 없었고, 의복은 낡아서 색이 바랬으며, 음식은 두 가지 이상의 반찬을 먹지 않았고, 타고 다니는 것은 소달구지에 불과하였다. 남의 위급한 일을 위해 쫓아다니는 것은 자기 개인의 볼일보다 더 열심이었다.

주가가 일찍이 몰래 계포季布 장군을 위험에서 벗어나게 해준 적이 있었다. 계포가 존귀한 신분이 된 뒤에 그를 찾았으나 그는 끝내 만나주지 않았다. 함곡관 동쪽 지역 사람으로 그와 교제하기를 애써 원하지 않는 사람이 없었다.

魯朱家者, 與高祖同時. 魯人皆以儒敎, 而朱家用俠聞. 所藏活豪士以百數, 其餘庸人不可勝言. 然終不伐其能, 歆其德, 諸所嘗施, 唯恐見之. 振人不贍, 先從貧賤始. 家無餘財, 衣不完采, 食不重味, 乘不過軥牛. 專趨人之急, 甚己之私. 旣陰脫季布將軍之阨, 及布尊貴, 終身不見也. 自關以東, 莫不延頸願交焉.

〈2〉 전중田仲과 극맹劇孟

◉ 극맹을 얻지 못하면

초나라 전중田仲은 협객으로 유명하였으며 검술을 좋아하였다. 그는 주가를 아버지로 섬겼으나, 자신의 행동이 주가에 미치지 못한다고 자인하고 있었다.

전중이 죽은 뒤로 낙양雒陽 땅에 극맹劇孟이 있었다. 주나라 사람들은 장사를 해서 생활을 하고 있었다. 극맹은 협객으로서 제후들 사이에 이름이 높았다. 오·초 7국이 반란을 일으켰을 때, 태위 조후條侯 주아부周亞夫는 역전驛傳의 수레를 타고 하남으로 가던 도중 극맹을 만나자 기뻐하며 말하였다.

"오·초 두 나라는 큰 일을 꾀하면서도 극맹을 찾으려 하지 않았으니 그들이 성공할 수 없다는 것을 능히 알 수 있다."

이것은 천하가 소란한 때에 재상 조후가 극맹을 얻었다는 사실은 한 나라를 자기편으로 만든 것과 똑같이 생각하였음을 뜻하고 있다. 극맹이 한 일들은 주가의 그것과 아주 비슷한 점이 많았다. 그는 노름을 좋아하고 아직 소년처럼 장난기가 많았지만, 그의 어머니가 죽었을 때는 문상 차 먼 곳에서 모여든 수레 수가 거의 천 대나 되었다. 그러나 극맹이 죽은 뒤 그의 집에 남아 있는 재산은 10금도 되지 않았다.

부리符離 땅의 왕맹王孟도 협객으로서 장강과 회수淮水 사이에서 이름이 높았다.

楚田仲以俠聞, 喜劍, 父事朱家, 自以爲行弗及. 田仲已死, 而雒陽有劇孟. 周人以商賈爲資, 而劇孟以任俠顯諸侯. 吳楚反時, 條侯爲太尉, 乘傳車將至河南, 得劇孟, 喜曰:「吳楚擧大事而不求孟, 吾知其無能爲已矣.」天下騷動, 宰相得之若得一敵國云. 劇孟行大類朱家, 而好博, 多少年之戲. 然劇孟母死, 自遠方送喪蓋千乘. 及劇孟死, 家無餘十金之財. 而符離人王孟亦以俠稱江淮之閒.

● 당시의 이름난 협객들

이 무렵 제남濟南의 간閒씨와 진陳나라의 주용周庸도 역시 호걸로 유명하였는데, 경제가 그 말을 듣고 사자를 보내 모조리 없애 버렸다. 그 뒤 대군代郡의 백白씨 일족, 양나라의 한무벽韓無辟, 양적陽翟의 설황薛兄, 섬현陝縣, 郊縣의 한유韓孺 등이 잇달아 나타났다.

是時濟南瞷氏・陳周庸亦以豪聞, 景帝聞之, 使使盡誅此屬. 其後代諸白・梁韓無辟・陽翟薛兄・陝韓孺紛紛復出焉.

〈3〉곽해郭解

● 남을 도우면서 조카의 피살은 용서하다

곽해郭解는 지軹 땅 사람으로 자는 옹백翁伯이었으며, 관상 잘 보기로 이름이 높았던 허부許負의 외손자이다. 곽해의 아버지는 협객이라는 이유로 문제 때 처형되었다.

곽해는 몸이 가늘고 키가 작았으나, 매우 용맹하였고 술은 마시지 않았다. 젊었을 때는 원한을 품고 있어서 어떤 일이 뜻대로 되지 않으면 금시 분개해서 죽여 버린 사람도 많았다. 그는 자기 한 몸을 던져 친구를 위해 원수를 갚아 주고 망명한 사람을 숨겨 주는가 하면, 한편으로는 쉴새 없이 간악한 짓이며 강도질을 하였다. 또 가짜 돈을 만들고 무덤을 도굴하여 부장품도 훔쳤다. 이러한 일들이 이루 헤아릴 수 없을 정도로 많았다. 그러나 그가 관리에게 체포될 위기에 빠질 때마다 운 좋게 도망칠 수 있었거나 또는 사면을 받을 수 있었다.

나이가 든 뒤로는 행실을 바꾸어 검소한 생활을 하고, 원한이 있어도 덕으로 갚았으며, 남에게는 후하게 은혜를 베풀고 그 보답을 바라는 일이 별로 없었다. 의협을 내세워 일을 처리하기를 더욱 즐겨 행하였으며, 사람의 목숨을 건져 주고도 그 공을 자랑하지 않았다. 다만 잔인한 성격만은 그대로여서 성을 내며 노려보는 것만은 옛날과 다름이 없었다. 젊은이들이 그의 행동을 사모하여 그를 위해 원수를 갚아 주되 본인은 알수 없도록 하였다.

곽해의 조카가 그의 위세를 믿고 어떤 사람과 술을 마시다가 상대편이 주량이 넘었다는데도 억지로 먹이자, 성이 난 상대편은 칼을 뽑아 곽해의 조카를 찔러 죽이고 달아났다. 곽해의 누님은 성내어 말하였다.

"남이 내 자식을 죽였는데 옹백 같은 의협심을 가지고서도 그 범인을 잡지를 못하다니."

그리고는 아들의 시체를 길거리에 버려 둔 채 장례도 치르지 않아 곽해에게 모욕을 주려 하였다.

곽해는 사람을 시켜 탐색한 끝에 범인이 숨어 있는 곳을 알아냈다. 범인은 견디다 못해 스스로 찾아와 곽해에게 그 사실을 상세하게 말하였다. 그러자 곽해가 말하였다.

"당신이 그 애를 죽인 건 당연하군. 내 조카가 옳지 못하였소."

그리고는 그를 놓아주었다. 그리고 조카에게 죄가 있다 하여 시체를 거두어 장례를 치러주었다. 이 말을 들은 사람들은 모두 곽해의 의협심을 장하다고 하며 더욱 그를 사모하게 되었다.

郭解, 軹人也, 字翁伯, 善相人者許負外孫也. 解父以任俠, 孝文時誅死. 解爲人短小精悍, 不飮酒. 少時陰賊, 慨不快意, 身所殺甚衆. 以軀借交報仇, 藏命作姦剽攻, (不)休[乃]鑄錢掘冢, 固不可勝數. 適有天幸, 窘急常得脫, 若遇赦. 及解年長, 更折節爲儉, 以德報怨, 厚施而薄望. 然其自喜爲俠益甚. 旣已振人之命, 不矜其功, 其陰賊著於心, 卒發於睚眦如故云. 而少年慕其行, 亦輒爲報仇, 不使知也. 解姊子負解之勢, 與人飮, 使之嚼. 非其任, 彊必灌之. 人怒, 拔刀刺殺解姊子, 亡去. 解姊怒曰:「以翁伯之義, 人殺吾子, 賊不得.」 弃其尸於道, 弗葬, 欲以辱解. 解使人微知賊處. 賊窘自歸, 具以實告解. 解曰:「公殺之固當, 吾兒不直.」遂去其賊, 罪其姊子, 乃收而葬之. 諸公聞之, 皆多解之義, 益附焉.

👁 나를 무서워하지 않는다는 것은 내가 덕이 없다는 것

곽해가 외출을 하면 사람들은 모두 길을 피해 주었다. 그런데 어떤 사람이 그저 두 다리를 쭉 뻗고 앉은 채 오만하게 곽해를 쳐다보았다. 곽해는 사람을 시켜 그의 성명을 묻게 하였다. 그때 곽해의 손들이 그를 죽이려 하자 곽해가 말하였다.

"자기가 살고 있는 마을에서 존경을 받지 못하는 것은 내가 덕이 부족한 탓이다. 그에게 무슨 죄가 있단 말인가!"

그리고 몰래 위사尉史에게 이렇게 부탁을 하였다.

"이 사람은 내가 소중히 하는 사람이오. 병역 교체 시기에 병역을 벗어나게 해 주시오."

그 뒤로 병역 교체 때가 올 때마다 그 사람은 수 차례에 걸쳐 병역을 면하게 되었고 위사도 그를 찾지 않았다. 이상한 생각이 든 그가 그 이유를 물어 보았더니 곽해가 그렇게 주선해 주었다는 것이었다. 이에 두 다리를 쭉 뻗고 앉아 곽해를 바라보았던 그 자는 웃옷을 벗고 용서를 빌었다. 젊은이들은 이 이야기를 듣고 더욱더 곽해의 행동을 사모하였다.

解出入, 人皆避之. 有一人獨箕倨視之, 解遣人問其名姓. 客欲殺之. 解曰:「居邑屋至不見敬, 是吾德不脩也, 彼何罪!」乃陰屬尉史曰:「是人, 吾所急也, 至踐更時脫之.」每至踐更, 數過, 吏弗求. 怪之, 問其故, 乃解使脫之. 箕踞者乃肉袒謝罪. 少年聞之, 愈益慕解之行.

👁 내가 중재하였음을 숨겨주시오

낙양 사람으로 서로 원수로 지내는 자들이 있었다. 고을 안의 현인들이며 호걸들이 10여 명이나 화해를 시키려 하였으나 끝내 그들은 듣지 않았다. 이에 빈객이 곽해를 찾아와 화해의 중재를 부탁하였다. 곽해는 밤중에 원수로 대하고 있는 사람들의 집을 각각 찾아갔다. 그들은 자기들의 생각을 굽혀 곽해의 완곡한 말을 받아들였다. 이에 곽해는 그들에게 이렇게 말하였다.

"낙양의 여러분들이 중재에 많이 나섰으나 당신들이 받아들이지 않았다고 나는 들었소. 지금 다행히 이 곽해가 하는 말을 들어주기는 하였소만, 다른 고을 사람인 제가 어찌 이 고을에 계신 어진 분들의 권위를 빼앗을 수 있겠소?"

그는 그 날 밤으로 남의 눈에 띄지 않게 떠나며 이런 말을 남겼다.

"잠시 동안 그 전처럼 행동하며 내 말을 받아들이지 않은 것처럼 해 주시오. 그리고 내가 떠난 다음 낙양의 현인들을 중재에 나서게 하여 그들의 말을 들으십시오."

雒陽人有相仇者, 邑中賢豪居閒者以十數, 終不聽. 客乃見郭解. 解夜見仇家, 仇家曲聽解. 解乃謂仇家曰:「吾聞雒陽諸公在此閒, 多不聽者. 今子幸而聽解, 解柰何乃從他縣奪人邑中賢大夫權乎!」乃夜去, 不使人知, 曰:「且無用, 待(我)待我去, 令雒陽豪居其閒, 乃聽之.」

◉ 누구나 곽해의 의를 사모하다

곽해는 몸가짐이 겸허하여 볼일이 있어 현청에 들 때에는 수레를 타지 않았다. 또한 남을 도와 줄 일이 이웃 군문郡門과 관련이 있을 때에는 먼저 가능한 일인가를 알아본 다음 실행에 옮겼다. 그리하여 만일 불가능한 일일 경우에는 부탁한 사람에게 그 이유를 잘 타일러 알아듣게 한 다음에야 비로소 술과 음식을 대하였다.

사람들은 이런 곽해를 존중하였으며, 어떻게라도 그의 도움이 되고자 다투었다. 이에 밤이면 항상 수레를 타고 찾아오는 고을 안의 젊은이며 이웃 현의 현자, 호걸들의 수레가 10여 대나 되곤 하였다. 이들은 곽해가 숨겨 두고 있는 빈객들을 자기들이 모셔가 공양하기를 자청하였다.

解執恭敬, 不敢乘車入其縣廷. 之旁郡國, 爲人請求事, 事可出, 出之; 不可者, 各厭其意, 然後乃敢嘗酒食. 諸公以故嚴重之, 爭爲用. 邑中少年及旁近縣賢豪, 夜半過門常十餘車, 請得解客舍養之.

◈ 무릉 이주 사건

지방의 호족들과 부자들을 무릉茂陵으로 강제 이주시키라는 명령이 내리자, 곽해는 집이 가난하여 300만 전 이상이라는 조건에 맞지 않았지만 그의 명성과 세력을 두려워한 관리들은 혹시라도 그를 강제 이주자 명단에서 제외하였다가 뒤에 해를 입을까 두려운 나머지 그를 명단에 넣지 않을 수 없었다. 그러자 위청 장군이 곽해를 위하여 황제에게 청을 올렸다.

"곽해는 집이 가난하여 이주 대상에 해당되지 않습니다."

하지만 황제는 이렇게 말하였다.

"평민임에도 불구하고 장군이 부탁할 정도의 인물이라면 결코 가난하다 할 수 없소."

곽해는 마침내 이주하게 되었는데 이때 그를 전송하는 사람들이 모은 전별금이 1천여 만 전이나 되었다.

이 무렵, 이미 지軹 땅에 사는 양계주楊季主의 아들 양가楊哥가, 그 현의 낮은 관리로서 곽해의 이주를 거론하자, 곽해의 조카가 그의 목을 자른 일이 일어났다. 이로써 양씨와 곽씨는 원수지간이 되고 말았다.

及徙豪富茂陵也, 解家貧, 不中訾, 吏恐, 不敢不徙. 衛將軍爲言:「郭解家貧不中徙.」上曰:「布衣權至使將軍爲言, 此其家不貧.」解家遂徙. 諸公送者出千餘萬. 軹人楊季主子爲縣掾, 擧徙解. 解兄子斷楊掾頭. 由此楊氏與郭氏爲仇.

◈ 체포령을 피해 다니다가

곽해가 함곡관 안의 무릉으로 이사해 오자, 관중關中의 호걸·현사들은 그의 명성을 듣고 그와 지면이 있던 자나 안면이 없던 자를 막론하고 그와 교제를 다투어 청하였다.

곽해는 체구가 작고 술을 마시지 않았다. 외출할 때에는 수레나 말을 타는 일이 없었다. 그런데 이번엔 고향에서 어떤 자가 양가의 아버지 양계주를 죽인 일이 일어났다. 뿐만 아니라 양계주의 집에서 황제에게 글을 올리려고 보낸 사람마저 대궐 근처에서 살해되고 말았다. 황제는 이 일을 추궁한 끝에 관리에게 곽해를 체포하도록 명령하였다.

곽해는 어머니와 처자를 하양夏陽에 둔 채 도망쳐 임진臨晉으로 갔다. 임진의 적소공籍少公은 평소 곽해를 아는 사이가 아니었으며, 곽해 역시 거짓 이름을 대며 자기를 임진관臨晉關 밖으로 나가게 도와 달라고 부탁하였다. 적소공의 도움으로 임진관을 벗어난 곽해는 길을 되돌아 태원太原으로 들어갔다. 그런데 곽해는 그가 가는 곳마다 그 집 주인에게 자기의 행선지를 흘려 주어 관리들은 쉽게 적소공에게까지 뒤쫓을 수 있었으나, 이미 적소공이 자결하고 난 뒤라 그곳에서 흔적이 끊어지고 말았다.

그로부터 오랜 뒤에야 곽해는 체포되었다. 그리고 그가 저지른 범죄를 철저히 추궁당하였다. 하지만 곽해의 살인은 모두 대사령大赦令이 있기 이전의 일이었다.

그런데 곽해가 신문을 받을 때였다. 지 땅의 선비 한 사람이 곽해를 수색·체포한 관리와 같이 앉아 있었다. 그는 곽해의 식객이 곽해를 두둔하자 이렇게 꾸짖었다.

"곽해는 오로지 못된 일만 저지르며 국법을 범하였소. 어떻게 그를 훌륭한 사람이라고 할 수 있소?"

그 말을 들은 곽해의 식객은 그 선비를 죽이고 그의 혀를 잘라 버렸다. 관리는 그 일을 곽해에게 추궁하였으나, 곽해 역시 죽인 자가 누구인지 알지 못하였다. 그 가운데 죽인 사람의 소식은 끊어지고 그것이 누구였는지 아는 사람은 아무도 없었다. 관리가 할 수 없이 황제에게 곽해에게는 죄가 없다고 보고하자 어사대부 공손홍公孫弘이 따지고 들었다.

"곽해는 평민의 몸으로서 협객 노릇을 하며 권력을 휘두르고 사소한 원한 때문에 사람들을 죽였다. 유생을 죽인 일이 곽해가 모르는 일이라 할지라도 그 죄는 곽해 자신이 죽인 것보다도 크다. 대역무도大逆無道에 해당한다."

이리하여 드디어 곽해 옹백은 멸족당하고 말았다.

解入關, 關中賢豪知與不知, 聞其聲, 爭交驩解. 解爲人短小, 不飮酒, 出未
嘗有騎. 已又殺楊季主. 楊季主家上書, 人又殺之闕下. 上聞, 乃下吏捕解.
解亡, 置其母家室夏陽, 身至臨晉. 臨晉籍少公素不知解, 解冒, 因求出關.
籍少公已出解, 解轉入太原, 所過輒告主人家. 吏逐之, 跡至籍少公. 少公自殺,
口絶. 久之, 乃得解. 窮治所犯, 爲解所殺, 皆在赦前. 軹有儒生侍使者坐,
客譽郭解, 生曰:「郭解專以姦犯公法, 何謂賢!」解客聞, 殺此生, 斷其舌.
吏以此責解, 解實不知殺者. 殺者亦竟絶, 莫知爲誰. 吏奏解無罪. 御史大夫
公孫弘議曰:「解布衣爲任俠行權, 以睚眦殺人, 解雖弗知, 此罪甚於解殺之.
當大逆無道.」遂族郭解翁伯.

◉ 임협의 무리들

이로부터 그 뒤로 임협任俠을 행하는 사람은 극히 많았으나 모두가
오만하기만 할 뿐, 이렇다 하고 내세울 만한 자는 없었다. 그러나 관중에는
장안의 번중자樊仲子, 괴리槐里의 조왕손趙王孫, 장릉長陵의 고공자高公子,
서하西河의 곽공중郭公仲이 있었고, 그밖에도 대원大原의 노공유鹵公孺, 임회
臨淮의 예장경兒長卿, 동양東陽의 전군유田君孺 등이 있었다. 이들은 협객
이었지만, 신중하고 겸손한 군자의 덕을 지니고 있었다. 장안 북쪽 지방의
요姚씨, 서쪽 지방의 두杜씨, 남쪽 지방의 구경仇景, 동쪽 지방의 조타趙他와
우공자羽公子, 남양南陽의 조조趙調 등의 무리에 이르러서는 도척과 같은
무리가 단지 민가에 살고 있었을 뿐 족히 거론할 거리가 되지 못한다!
이 같은 자들은 옛날 주가朱家와 같은 협객이 매우 수치로 여기던 자들이다.

自是之後, 爲俠者極衆, 敖而無足數者. 然關中長安樊仲子, 槐里趙王孫,
長陵高公子, 西河郭公仲, 太原鹵公孺, 臨淮兒長卿, 東陽田君孺, 雖爲俠而
逡逡有退讓君子之風. 至若北道姚氏, 西道諸杜, 南道仇景, 東道趙他·羽公子,
南陽趙調之徒, 此盜跖居民間者耳, 曷足道哉! 此乃鄕者朱家之羞也.

◉ 사마천의 평어

나 태사공은 이렇게 생각한다.

나는 곽해를 본 적이 있는데, 그의 얼굴 모습은 오히려 보통 사람보다 못하였고 말재주도 없었다. 그러나 천하에서는 훌륭한 사람이든 못난 사람이든, 그를 아는 사람이든 모르는 사람이든, 누구나 모두 그의 명성을 사모하고 있었다. 협객의 무리에 대해 말하는 사람은, 모두 그의 이름을 예로 들어서 말하였다. 속담에도 "사람이 영광된 이름을 얼굴 위하듯 하면 어찌 시들어 버리는 일이 있으리오!"라 하였다. 아, 애석하도다!

太史公曰: 吾視郭解, 狀貌不及中人, 言語不足採者. 然天下無賢與不肖, 知與不知, 皆慕其聲, 言俠者皆引以爲名. 諺曰:「人貌榮名, 豈有旣乎!」 於戲, 惜哉!

065(125) 영행 열전 佞幸列傳

①등통鄧通 ②한언韓嫣 ③이연년李延年

● 미소년 남색들

속담에 이런 말이 있다.

"힘써 농사짓는 해가 풍년 만난 해만 못하고, 정성껏 섬기는 것이 임금의 비위를 맞추어 주느니만 못하다."

이것은 결코 허황된 말이 아니다. 다만 여자만이 미색과 교태로 잘 보이는 것이 아니라 벼슬하는 관리도 그런 일이 있다. 옛날에는 미색을 가지고 임금의 사랑을 받은 자가 많았다.

한나라가 일어나자, 고조는 대단히 사납고 강직하였지만 그런데도 적籍 소년은 아첨하여 사랑을 받았다. 또 혜제 때에는 굉閎 소년이 있었다. 적과 굉 두 소년은 무슨 재능이 있었던 것은 아니고 다만 순종과 아첨으로 귀염을 받으며, 황제와 기거를 함께 하였다. 공경들은 모두 이들을 통해서 말을 올려야 했다.

그 때문에 혜제 때에는 낭시중郎侍中이 모두 준의駿䴉의 깃으로 장식한 관을 쓰고 자개 박은 허리띠를 매고, 연지와 분을 발라 적과 굉의 무리처럼 꾸몄다. 섬기던 황제가 죽은 뒤 적·굉 두 사람은 집을 안릉安陵으로 옮겨 살았다.

諺曰「力田不如逢年, 善仕不如遇合」, 固無虛言. 非獨女以色媚, 而士宦亦有之.

昔以色幸者多矣. 至漢興, 高祖至暴抗也, 然籍孺以佞幸; 孝惠時有閎孺. 此兩人非有材能, 徒以婉佞貴幸, 與上臥起, 公卿皆因關說. 故孝惠時郎侍中皆冠駿䴉, 貝帶, 傅脂粉, 化閎·籍之屬也. 兩人徙家安陵.

◉ 구리 광산의 구리로 마음대로 동전을 만들어 쓰라

문제 때에는 궁중에서 총애를 받은 신하로서 사인士人 등통鄧通이 있었고, 환관宦官으로는 조동趙同과 북궁백자北宮伯子가 있었다. 북궁백자는 사람을 사랑하는 장자長者로서, 조동은 점성술占星術과 망기술望氣術로써 각기 총애를 받아 항상 문제의 수레를 함께 타게 되었지만 등통만은 특별한 재주가 없었다.

등통은 촉군蜀郡의 남안南安 사람이다. 노를 가지고 배를 잘 저었기 때문에 황두랑黃頭郎이 되었다.

어느 날 문제가 꿈을 꾸었는데, 꿈 속에서 문제는 하늘에 오르려고 애를 썼으나 오를 수 없었다. 그때 한 황두랑이 뒤에서 밀어 주어 하늘에 오를 수가 있었다. 뒤돌아보니, 그 황두랑이 입은 옷 등뒤로 띠를 맨 곳의 솔기가 터져 있었다. 문제는 잠을 깬 뒤 점대漸臺로 가서 꿈속에서 나타나 자신을 밀어 올려 준 황두랑을 찾았다. 그런데 등통을 보니 과연 그의 옷이 등뒤가 터져 있어 꿈에 본 것과 같았다. 그를 불러 성과 이름을 물었더니, 성은 등이고 이름은 통이라는 것이었다. 문제는 기뻐하였다.

날이 갈수록 문제는 그를 소중히 여기며 사랑하였다. 등통 또한 조심성이 많고 정직한데다 대궐 밖의 교제를 싫어하여 휴가를 주어도 밖에 나가려 하지 않았다. 이리하여 문제는 10여 차례에 걸쳐 거만 전錢을 등통에게 상으로 내렸다. 등통의 벼슬은 점점 올라 상대부上大夫에까지 이르렀다.

문제는 때때로 등통의 집으로 가서 놀았다. 그러나 등통에게는 별다른 재주도 없었고, 능력 있는 사람을 추천할 줄도 몰랐다. 다만 자기 한 몸을 조심하여 황제에게 잘 보일 뿐이었다. 문제가 어느 날 관상 잘 보는 사람에게 등통을 보게 하였다.

"가난해서 굶어 죽을 상입니다."

그러자 문제가 말하였다.

"등통을 부자로 만들 수 있는 것은 짐이오. 어떻게 가난해질 것이라는 것이오?"

이리하여 문제는 등통에게 촉군蜀郡 엄도嚴道에 있는 구리 광산을 주고 그곳의 구리로 마음대로 돈을 만들어 쓰게 해 주었다. '등씨전鄧氏錢'은 온 천하에 널리 퍼졌고 그는 말할 수 없는 부자가 되었다.

孝文時中寵臣, 士人則鄧通, 宦者則趙同·北宮伯子. 北宮伯子以愛人長者; 而趙同以星氣幸, 常爲文帝參乘; 鄧通無伎能. 鄧通, 蜀郡南安人也, 以濯船 爲黃頭郎. 孝文帝夢欲上天, 不能, 有一黃頭郎從後推之上天, 顧見其衣裻 帶後穿. 覺而之漸臺, 以夢中陰目求推者郎, 卽見鄧通, 其衣後穿, 夢中所見也. 召問其名姓, 姓鄧氏, 名通, 文帝說焉, 尊幸之日異. 通亦愿謹, 不好外交, 雖賜洗沐, 不欲出. 於是文帝賞賜通巨萬以十數, 官至上大夫. 文帝時時如 鄧通家遊戲. 然鄧通無他能, 不能有所薦士, 獨自謹其身以媚上而已. 上使 善相者相通, 曰「當貧餓死」. 文帝曰:「能富通者在我也. 何謂貧乎?」於是賜 鄧通蜀嚴道銅山, 得自鑄錢, 「鄧氏錢」布天下. 其富如此.

◉ 황제의 종기 고름을 빨아내다

문제는 일찍이 종기를 앓았다. 등통은 늘 임금을 위해 종기의 고름을 빨아냈다. 문제는 병 때문에 마음이 편치 못하였다. 어느 때 조용히 등통에게 물어 보았다.

"이 세상에서 누가 가장 짐을 사랑하고 있을까?"

등통이 말하였다.

"물론 태자를 따를 사람이 없을 것입니다."

마침 태자가 들어와 문병을 하였다. 문제는 태자에게 종기를 빨아내도록 시켰다. 태자는 종기를 빨아내기는 하였으나, 난감해하는 표정을 감추지 못하였다. 그 뒤 태자는 등통이 늘 임금을 위해 고름을 빨아낸다는 말을 듣고 마음 속으로 부끄러워하였으나, 이로 인해 태자는 등통을 미워하게 되었다.

문제가 죽고 경제가 즉위하자, 등통은 벼슬을 그만두고 집에 있었다. 얼마 뒤 등통이 국경 밖으로 그가 만든 돈을 실어내고 있다고 고발한 사람이 있었다. 경제가 이 사건을 관리에게 넘겨 조사하도록 하였더니 그런 일이 상당히 많았던 것이 드러났다. 결국 유죄 판결로 등통의 집 재산을 모조리 몰수한 다음, 거만 금의 빚을 지게 만들었다. 장공주長公主가 불쌍히 여겨 등통에게 금품을 내렸으나, 그 때마다 관리가 재빨리 이를 몰수하여 등통에게는 관을 쓰는 데 필요한 비녀 하나조차 몸에 지닐 수 없게 되었다. 이에 장공주는 관리들이 몰수하는 것을 두려워하여, 빌려 준다는 명목으로 등통에게 입을 것과 먹을 것을 보내 주었다. 등통은 끝내 단 한 푼도 만져보지 못한 채 남에게 얹혀 살다가 죽었다.

文帝嘗病癰, 鄧通常爲帝唶吮之. 文帝不樂, 從容問通曰;「天下誰最愛我者乎?」通曰:「宜莫如太子.」太子入問病, 文帝使唶癰, 唶癰而色難之. 已而聞鄧通常爲帝唶吮之, 心慙, 由此怨通矣. 及文帝崩, 景帝立, 鄧通免, 家居. 居無何, 人有告鄧通盜出徼外鑄錢. 下吏驗問, 頗有之, 遂竟案, 盡沒入鄧通家, 尚負責數巨萬. 長公主賜鄧通, 吏輒隨沒入之, 一簪不得著身. 於是長公主乃令假衣食. 竟不得名一錢, 寄死人家.

● 효경제 때의 주문인

경제 때에는 이렇다 할 총신은 없었고, 다만 한 사람 낭중령인 주문인周文仁이 있었을 뿐이다. 주문인이 받은 총애는 보통 사람이 받은 것보다는 훨씬 큰 것이었지만 그래도 그리 대단한 것은 아니었다.

孝景帝時, 中無寵臣, 然獨郎中令周文仁, 仁寵最過庸, 乃不甚篤.

〈2〉한언韓嫣

● 한언의 행렬을 황제의 출행으로 잘못 알고

지금의 천자武帝가 총애하는 궁중의 신하로, 사인으로는 한왕韓王의 손자인 한언韓嫣이 있고, 환관으로는 이연년李延年이 있다.

한언은 궁고후弓高侯의 서손庶孫이다. 지금의 황제가 아직 교동왕膠東王으로 있을 무렵, 한언은 왕과 함께 글을 배우며 서로 친하였다. 그 뒤 왕이 태자가 되자 더욱더 한언을 아꼈다. 한언은 말타기와 활쏘기를 잘 하였고 아첨도 잘 하였다. 무제는 즉위하자, 흉노를 치는 일에 전념할 생각이었다.

한언은 전부터 흉노의 군사에 대해 잘 알고 있어, 더욱 소중하게 여겨져서 벼슬이 상대부에 올랐다. 그가 받은 하사금은 등통에 맞먹었다. 그 무렵 한언은 늘 황제와 기거를 함께 하였다.

마침 강도왕江都王이 조회에 들었다가 조칙이 내려, 왕은 황제를 따라 상림원上林苑에서 사냥을 하기로 되었다. 인마의 통행을 차단하고 길 좌우의 경계를 다 끝냈으나, 천자의 수레는 아직 출발하지 않고 있었다. 먼저 한언으로 하여금 부거副車를 타고 기병 수백 명을 거느리고 가서 사냥감 짐승이 있는지의 여부를 돌아보게 하였다. 멀리서 이를 바라보고 있던 강도왕은 한언의 일행을 천자의 행차인 줄 잘못 알고 그만 시종들을 물리치고 길가에 엎드려 배알하였다. 그런데 한언은 왕을 못 보고 빨리 달려 지나가 버렸다. 강도왕은 분한 나머지 울며 황태후에게 말하였다.

"바라건대 나라를 폐하께 되돌려 드리고 한언과 같이 궁중에서 폐하를 모실 수 있도록 해 주십시오."

태후는 이 일로 한언에 대해 원한을 품게 되었다. 한언은 황제를 모시고 영항永巷에 출입하는 것도 허용되어 있었는데 어떤 자가 한언이 궁녀와 밀통하고 있다고 황태후에게 고해 바쳤다. 황태후는 노하여 사자를 시켜 한언에게 죽음을 내리도록 하였다. 황제는 한언을 위해 사과를 하였으나 황태후는 끝내 듣지 않아 마침내 죽고 말았다. 그의 아우인 안도후案道侯 한열韓說 역시 아첨으로 사랑을 받았다.

今天子中寵臣, 士人則韓王孫嫣, 宦者則李延年. 嫣者, 弓高侯孼孫也. 今上爲膠東王時, 嫣與上學書相愛. 及上爲太子, 愈益親嫣. 嫣善騎射, 善佞. 上卽位, 欲事伐匈奴, 而嫣先習胡病, 以故益尊貴, 官至上大夫, 賞賜擬於鄧通. 時嫣常與上臥起. 江都王入朝, 有詔得從入獵上林中. 天子車駕蹕道未行, 而先使嫣乘副車, 從數十百騎, 驚馳視獸. 江都王望見, 以爲天子, 辟從者, 伏謁道傍. 嫣驅不見. 旣過, 江都王怒, 爲皇太后泣曰:「請得歸國入宿衛, 比韓嫣.」太后由此嗛嫣. 嫣侍上, 出入永巷不禁, 以姦聞皇太后. 皇太后怒, 使使賜嫣死. 上爲謝, 終不能得, 嫣遂死. 而案道侯韓說, 其弟也, 亦佞幸.

◉ 누이동생과 음악으로 사랑받아 협성률로 불리다

이연년은 중산中山 사람이다. 부모와 그 자신, 그리고 형제자매들은 본래 모두가 광대였다. 이연년은 법에 저촉되어 부형腐刑을 받은 다음 구중狗中에서 일을 보고 있었다. 그런데 평양공주平陽公主가 황제에게 이연년의 누이동생이 춤을 잘 춘다는 소문을 전해 주었다. 그의 누이동생을 본 황제는 속으로 기뻐하며 그녀가 영항에 들어오자 오빠 이연년도 불러 그의 지위를 높여 주었다. 이연년은 노래를 잘 불렀고 새로운 음악도 지어냈다.

당시 황제는 천지 신명에 대한 제사를 일으키고, 악시樂詩를 지어 악기에 맞추어 노래를 부르도록 하고자 하였다. 이연년은 황제의 뜻을 잘 받들어 새로 지은 악시를 만들어 연주하였다. 그의 누이동생도 총애를 받아 사내아이를 낳았다. 이연년은 2천 석의 인수印綬를 차고, 협성률協聲律로 불리며 황제와 함께 기거하며 총애를 받아, 무제가 한언을 대하였던 것과 같은 대우를 받았다.

그러나 오래 지난 뒤에 이연년은 궁녀와 밀통하고 있었을 뿐 아니라, 궁궐을 출입하는 태도마저 교만하고 방자해졌다. 누이 이李부인이 죽고, 이연년에 대한 황제의 사랑이 시들게 되자, 그와 그의 형제는 잡혀 처형되고 말았다.

李延年, 中山人也. 父母及身兄弟及女, 皆故倡也. 延年坐法腐, 給事狗中. 而平陽公主言延年女弟善舞, 上見, 心說之, 及入永巷, 而召貴延年. 延年善歌, 爲變新聲, 而上方興天地祠, 欲造樂詩歌弦之. 延年善承意, 弦次初詩. 其女弟亦幸, 有子男. 延年佩二千石印, 號協聲律. 與上臥起, 甚貴幸, 埒如韓嫣也. 久之, 寢與中人亂, 出入驕恣. 及其女弟李夫人卒後, 愛弛, 則禽誅延年昆弟也.

◉ 재능으로 사랑을 받은 외척들

이런 뒤로 대궐 안에서 사랑을 받은 신하들은 대개 외척 집안들이었는데, 특별히 들어서 이야기할 만한 사람은 없다. 위청과 곽거병 또한 외척으로서 사랑을 받았지만 그러나 그들은 그들의 재능에 의해 스스로 크게 승진하였던 것이다.

自是之後, 內寵嬖臣大底外戚之家, 然不足數也. 衛靑‧霍去病亦以外戚 貴幸, 然頗用材能自進.

⚙ 사마천의 평어

나 태사공은 이렇게 생각한다.

심하도다. 사랑과 미움이 때에 따라 변화하는 것이여! 미자하彌子瑕의 행적은 후세 사람들에게 아첨으로 총애를 받은 자의 운명을 잘 보여 주는 것으로써 비록 백세百世 뒤에라도 이와 같은 일이 있음을 알 수 있다.

太史公曰: 甚哉愛憎之時! 彌子瑕之行, 足以觀後人佞幸矣. 雖百世可知也.

史記列傳

066(126) 골계 열전滑稽列傳

① 순우곤淳于髡 ② 우맹優孟 ③ 우전優旃
④ 곽사인郭舍人 ⑤ 동방삭東方朔 ⑥ 동곽선생東郭先生
⑦ 왕선생王先生 ⑧ 서문표西門豹

◉ 경서는 모두가 정치에 활용되는 것

공자孔子는 이렇게 말하였다.

"육예六藝는 정치에 활용하는 면에서는 모두가 같다. 즉《예禮》는 사람의 행동을 절도 있게 하고, 《악樂》은 사람의 마음을 조화롭게 하며, 《서書》는 옛일을 말하여 본받게 하고, 《시詩》는 사람의 감정과 의사를 표현할 수 있게 하며, 《역易》은 천지天地의 신비로운 변화를 알게 해주고, 《춘추春秋》는 정의로 시비를 가리게 한다."

孔子曰:「六藝於治一也.《禮》以節人,《樂》以發和,《書》以道事,《詩》以達意,《易》以神化,《春秋》以義.」

◉ 사마천의 평어

나 태사공은 이렇게 생각한다.

천도天道는 넓고 넓다. 어찌 위대하다고 하지 않겠는가! 육예만이 아니라 은미隱微한 이야기나 말 가운데에도 이치에 맞는 것이 있어서 이로써 얽힌 것을 풀 수 있다.

太史公曰: 天道恢恢, 豈不大哉! 談言微中, 亦可以解紛.

〈1〉순우곤淳于髡

◉3년 동안 날지 않는 새

순우곤淳于髡은 제나라 사람의 데릴사위였다. 순우곤의 키는 7척도 되지 못하였으나, 익살스럽고 변론이 능숙하여 자주 제후들에게 사신으로 나갔을 때도 그는 한번도 굴욕을 당한 일이 없었다.

제나라 위왕威王 때였다. 위왕은 수수께끼 풀기를 좋아하고 음탕한 음악을 즐겼다. 이에 음악을 밤새 연주하며 잔치를 벌이고 술에 빠졌다. 나라일은 아예 대신들에게 내맡긴 채 아랑곳하지 않았다. 이로 인해 백관들의 기강이 문란해져 질서가 없고, 제후들은 사방에서 제나라를 침범해 나라의 존망이 조석朝夕에 달렸다. 그럼에도 불구하고 좌우에 있는 신하들은 아무도 간언하는 자가 없었다. 이때 순우곤은 수수께끼에 빗대어 이렇게 왕에게 간하였다.

"나라 안에 큰 새가 있는데 이 새가 대궐 뜰에 앉아 3년 동안 날지도 않고 울지도 않습니다. 대왕께서는 그것이 무슨 새인지 아십니까?"

왕이 대답하였다.

"그 새는 날지 않으면 모르되 한 번 날았다 하면 하늘을 찌를 것이요, 울지 않으면 모르되 한번 울었다 하면 사람들을 놀라게 할 것이다."

왕은 크게 깨달은 바 있어 각 현의 영장令長 현령과 현장 72명을 조정으로 불러들였다. 그리고는 그 중 한 사람에게 상을 내리고, 아첨하는 한 사람은 사형에 처하였다. 이어서 크게 군사를 일으켜 침략국에 대한 반격에 나섰다. 제후들은 크게 놀라 그 때까지 침략해 차지하고 있던 제나라 땅을 고스란히 돌려주었다. 그 뒤 36년에 걸쳐 제나라의 위엄은 천하에 떨치었다. 이 일은 〈전경중완세가田敬仲完世家〉에 기록되어 있다.

淳于髡者, 齊之贅壻也. 長不滿七尺, 滑稽多辯, 數使諸侯, 未嘗屈辱. 齊威王之時喜隱, 好爲淫樂長夜之飮, 沈湎不治, 委政卿大夫. 百官荒亂, 諸侯並侵, 國且危亡, 在於旦暮, 左右莫敢諫. 淳于髡說之以隱曰: 「國中有大鳥, 止王之庭, 三年不蜚又不鳴, 王知此鳥何也?」 王曰: 「此鳥不飛則已, 一飛沖天;

不鳴則已, 一鳴驚人.」於是乃朝諸縣令長七十二人, 賞一人, 誅一人, 奮兵而出. 諸侯振驚, 皆還齊侵地. 威行三十六年. 語在田完世家中.

◉ 풍년을 비는 자의 꾀죄죄한 제물

위왕 8년에 초楚나라는 대거 군사를 동원하여 제나라를 침입하였다. 제나라 왕은 순우곤을 사신으로 하여 조나라에 가서 구원병을 청해 오도록 하였는데, 조나라에 예물로 겨우 금 100근과 거마車馬 10대를 가지고 가도록 하였다. 그러자 순우곤은 하늘을 우러러보며 크게 웃다가 그만 머리에 쓴 관의 끈이 끊어지고 말았다. 왕이 말하였다.

"선생은 예물이 적다고 생각하오?"

순우곤이 말하였다.

"어찌 감히 그렇게 생각하겠습니까!"

왕이 물었다.

"그렇다면 무엇 때문에 웃었는지 그 까닭을 말해 주겠소?"

순우곤은 이렇게 비유를 들었다.

"지금 동쪽으로부터 오면서 오는 도중 길가에서 풍년을 기원하는 사람을 보게 되었습니다. 그들은 돼지 발 하나와 술 한 잔을 올리고는 이렇게 비는 것이었습니다.

'높은 밭에서는 광주리에 가득, 낮은 밭에서는 수레에 가득, 오곡이 풍성하게 잘 익어, 우리 집에 가득 차도록 해 주소서.'

저는 문득 그가 바치는 것은 너무나 적고, 바라는 것은 너무나 많은 것이 생각나서 이에 웃은 것입니다."

이리하여 제나라 위왕은 조나라로 보내는 예물을 황금 1천 일鎰과 백벽白璧 열 쌍, 거마車馬 100대로 늘려 보냈다. 순우곤은 작별 인사를 하고 조나라로 향하였다. 조나라 왕은 그에게 정병 10만 명과 병거兵車 1천 대를 내주었다. 초나라는 이 소식을 듣고 밤중에 군사를 돌려 철수해 버렸다.

威王八年. 楚大發兵加齊. 齊王使淳于髡之趙請救兵, 齎金百斤, 車馬十駟.
淳于髡仰天大笑, 冠纓索絕. 王曰:「先生少之乎?」髡曰:「何敢!」王曰:
「笑豈有說乎?」髡曰:「今者臣從東方來, 見道傍有禳田者, 操一豚蹄, 酒一盂,
祝曰:『甌窶滿篝, 汙邪滿車, 五穀蕃熟, 穰穰滿家.』臣見其所持者狹而所欲
者奢, 故笑之.」於是齊威王乃益齎黃金千溢, 白璧十雙, 車馬百駟. 髡辭而行,
至趙. 趙王與之精兵十萬, 革車千乘. 楚聞之, 夜引兵而去.

◉ 주량이 얼마나 됩니까

제나라 위왕은 크게 기뻐하여 후궁에서 잔치를 벌이고 순우곤을 불러
술잔을 내린 다음 물었다.
"선생은 어느 정도 마시면 취하오?"
순우곤이 대답하였다.
"한 말을 마셔도 취하고, 한 섬을 마셔도 취합니다!"
왕이 물었다.
"한 말로 취하는 정도라면 어떻게 한 섬을 마실 수 있겠소! 한 말로도
취하고 한 섬으로도 취하는 까닭을 들려주시겠소?"
순우곤이 말하였다.
"대왕이 계신 앞에서 술을 받들 때, 집법관執法官이 옆에 있고 어사御史가
뒤에 있어 신은 두려워하여 엎드려 마시기 때문에 한 말을 다 마시기
전에 곧 취할 것입니다. 만일 어버이에게 귀한 손님이 있어, 제가 소매를
걷어올리고 팔꿈치가 닿도록 몸을 굽혀 무릎을 꿇고 나아가 술대접을
하면서 때로는 남의 것을 받아 마시기도 하고 가끔 일어나 손님의 장수를
빌며 잔을 들게 되면, 두 말을 다 마시기 전에 곧 취할 것입니다. 만일
오래 만나지 못하던 친구나 서로 교제하는 사람을 뜻밖에 만나 즐겁게
지난 일을 이야기하거나, 사사로운 일까지 허물없이 주고받으면서 마시면,
대여섯 말쯤 되어야 취할 것입니다. 그러나 마을에 행사가 있어 남자와
여자가 한데 어울린 자리에서, 서로 권하며 즐겁게 육박六博과 투호投壺놀이를
즐기는 가운데 서로 끌려 짝을 짓고 남녀가 손을 잡아도 벌받는 일이

없고, 서로 눈길을 보내도 말릴 사람이 없으며, 앞에는 귀고리가 떨어져 있고, 뒤에는 비녀가 흩어져 있는 형편이 되면, 저는 이것이 은근히 즐거워 여덟 말쯤 마셔도 2, 3할 정도밖에 취하지 않을 것입니다. 그러다가 날이 저물어 술판이 끝나면 술통은 한 곳으로 밀려나고, 남녀가 자리를 함께 하여 서로가 무릎을 맞대고, 신발이 뒤섞이고, 술잔과 그릇이 흩어져 있는 가운데 대청 위의 촛불은 꺼집니다. 아름다운 주인 여자는 나 혼자만 남기고 다른 손님들을 보내고 나서, 비단 속옷의 옷깃을 은근 슬쩍 열어 은은히 향기를 풍깁니다. 이럴 때 신은 매우 마음이 즐거워서 한 섬石 술도 마실 수 있습니다. 그러므로 술이 극에 달하면 어지럽게 되고, 즐거움이 극에 달하면 슬퍼진다고 한 것입니다. 모든 일이 다 이와 같으니 말을 함에도 끝까지 가서는 안 되는 것이며 극에 달하면 쇠하기 때문입니다."

위왕이 말하였다.

"훌륭하오."

그 뒤로는 밤을 새는 술잔치를 없애고, 순우곤을 제후들의 접대관으로 임명하였다. 그 뒤 왕실의 주연에는 순우곤이 언제나 왕을 곁에서 모셨다.

그 뒤 100여 년이 지나 초나라에 우맹優孟이란 자가 있었다.

威王大說, 置酒後宮, 召髡賜之酒. 問曰:「先生能飲幾何而醉?」對曰:「臣飲一斗亦醉, 一石亦醉.」威王曰:「先生飲一斗而醉, 惡能飲一石哉! 其說可得聞乎?」髡曰:「賜酒大王之前, 執法在傍, 御史在後, 髡恐懼俯伏而飲, 不過一斗徑醉矣. 若親有嚴客, 髡韝鞠跽, 侍酒於前, 時賜餘瀝, 奉觴上壽, 數起, 飲不過二斗徑醉矣. 若朋友交遊, 久不相見, 卒然相覩, 歡然道故, 私情相語, 飲可五六斗徑醉矣. 若乃州閭之會, 男女雜坐, 行酒稽留, 六博投壺, 相引爲曹, 握手無罰, 目眙不禁, 前有墮珥, 後有遺簪, 髡竊樂此, 飲可八斗而醉二參. 日暮酒闌, 合尊促坐, 男女同席, 履舄交錯, 杯盤狼藉, 堂上燭滅, 主人留髡而送客, 羅襦襟解, 微聞薌澤, 當此之時, 髡心最歡, 能飲一石. 故曰 酒極則亂, 樂極則悲; 萬事盡然, 言不可極, 極之而衰.」以諷諫焉. 齊王曰:「善.」乃罷長夜之飲, 以髡爲諸侯主客. 宗室置酒, 髡嘗在側.

其後百餘年, 楚有優孟.

◉ 말이 죽어 장례를 치르면서

우맹優孟은 원래 초나라 악인樂人이었다. 키는 8척이었고 구변이 좋아 항상 웃으며 이야기하는 가운데 풍자가 넘쳤다.

초나라 장왕莊王 때 왕에게 사랑하는 말이 하나 있었다. 아름답게 수놓은 비단옷을 입히고 화려한 집에서 기르며, 장막이 없는 침대에서 재우며 대추와 마른 고기를 먹여 길렀다. 그러다가 말은 그만 살이 너무 쪄서 죽어 버렸다.

그러자 왕은 대부大夫의 예에 맞춰 신하들에게 상복을 입게 한 다음 관과 곽을 써서 장례를 치르려 하였다. 좌우에 있는 사람들이 그것은 옳지 않다고 말하자 왕이 호령하였다.

"감히 말을 두고 간하는 자가 있으면 사형에 처하리라."

우맹이 이를 듣자, 대궐 문을 들어서며 하늘을 우러러 크게 울었다. 왕이 놀라 우는 까닭을 묻자 우맹은 이렇게 말하였다.

"말은 대왕께서 사랑하시던 것입니다. 초나라처럼 큰 나라로서는 얼마든지 후하게 장사 지낼 수 있습니다. 대부의 예로써 장사를 지낸다는 것은 너무도 박정한 일입니다. 임금의 예로 장사 지내는 것이 마땅할 줄로 압니다."

왕이 물었다.

"어떻게 하는 것인가?"

우맹은 이렇게 대답하였다.

"옥을 다듬어 관을 만들고, 무늬 있는 가래나무梓로 곽을 만든 다음, 단풍나무, 느릅나무, 녹나무 등으로 횡대를 만드십시오. 군사를 동원하여 무덤을 파게 하고 노약자들에게는 흙을 운반하게 하며, 제나라·조나라 사신들을 앞쪽에 줄을 지어 서게 하고, 한韓나라·위魏나라 사신들로 하여금 뒤에서 호위하게 하십시오. 사당을 세워 태뢰太牢로써 제사를 올리며, 먼 훗날까지 제사를 받들 수 있도록 1만 호의 고을을 따로 마련해 주십시오. 제후들이 이 소식을 들으면 모두 대왕께서 사람을 천하게 여기고 말을 귀하게 여긴다는 것을 알게 될 것입니다."

왕이 말하였다.

"과인의 허물이 그토록 심하다는 것인가? 이 일을 어찌하면 좋겠소?"

우맹이 대답하였다.

"청컨대 대왕을 위해 육축六畜의 하나로서 장사지내십시오. 즉 부뚜막을 관으로 하고, 구리로 만든 가마솥을 곽으로 하여, 고기를 잘게 썰어 생강과 대추를 섞은 뒤에 목란木蘭 장작으로 불을 지펴 익힌 다음, 쌀밥으로 제사를 지내고 아름답게 타오르는 불빛으로 옷을 입혀 사람의 창자 속에 장사지내는 것입니다."

이에 왕은 말을 태관太官의 손에 넘긴 다음 세상 사람들이 알지 못하게 처리하도록 하였다.

優孟, 故楚之樂人也. 長八尺, 多辯, 常以談笑諷諫. 楚莊王之時, 有所愛馬, 衣以文繡, 置之華屋之下, 席以露牀, 啗以棗脯. 馬病肥死, 使羣臣喪之, 欲以棺槨大夫禮葬之. 左右爭之, 以爲不可. 王下令曰:「有敢以馬諫者, 罪至死.」 優孟聞之, 入殿門, 仰天大哭. 王驚而問其故. 優孟曰:「馬者王之所愛也, 以楚國堂堂之大, 何求不得, 而以大夫禮葬之, 薄, 請以人君禮葬之.」 王曰: 「何如?」 對曰:「臣請以彫玉爲棺, 文梓爲槨, 梗楓豫章爲題湊, 發甲卒爲穿壙, 老弱負土, 齊趙陪位於前, 韓魏翼衛其後, 廟食太牢, 奉以萬戶之邑. 諸侯聞之, 皆知大王賤人而貴馬也.」 王曰:「寡人之過一至此乎! 爲之柰何?」 優孟曰: 「請爲大王六畜葬之. 以壟竈爲槨, 銅歷爲棺, 齋以薑棗, 薦以木蘭, 祭以糧稻, 衣以火光, 葬之於人腹腸.」 於是王乃使以馬屬太官, 無令天下久聞也.

⊛ 손숙오의 아들

초나라 재상 손숙오孫叔敖는 우맹이 어진 사람임을 알고 극진히 대우하였다. 손숙오는 병으로 죽음에 임박하자 아들에게 이렇게 유언을 남겼다.

"내가 죽거든 너는 반드시 가난하게 될 것이다. 그렇게 되거든 우맹을 만나보고 '저는 손숙오의 아들입니다'라고 말하여라."

그로부터 몇 해가 지나 손숙오의 아들은 몹시 가난해졌다. 땔나무를 지고 다니며 팔아 겨우 입에 풀칠을 할 정도였다. 이에 그는 우맹을 찾아가 이렇게 말하였다.

"저는 손숙오의 아들입니다. 아버지께서 유언하시기를 가난하게 되거든 선생을 만나뵈라 유언하셨습니다."

그러자 우맹이 말하였다.

"그대는 부디 너무 멀리 가는 일이 없도록 하오."

그로부터 우맹은 손숙오가 입던 의관을 만들어 걸치고 손숙오의 손짓이며 말버릇을 흉내내는 연습을 하였다. 1년 남짓 그렇게 하자, 손숙오를 그대로 흉내낼 수 있게 되어 초나라 왕 좌우에 있는 신하들까지도 그가 우맹인지 모를 정도였다. 초나라 장왕이 잔치를 벌였을 때 우맹이 나아가 왕에게 축배를 올리자 장왕은 깜짝 놀랐다. 장왕은 손숙오가 다시 살아 온 것으로 착각하고 그를 재상으로 앉히려 하였다. 그러자 우맹은 말하였다.

"집으로 돌아가 아내와 상의해 보고 사흘 뒤에 말씀드리겠습니다."

장왕莊王은 이를 승낙하였다. 사흘 뒤에 우맹이 다시 들어오자 왕이 물었다.

"경의 아내는 뭐라고 하던가?"

우맹이 대답하였다.

"아내가 이렇게 말하였습니다. '신중히 생각하여 재상은 하지 말라구요. 초나라 재상 자리는 할 것이 못 된다구요. 손숙오 같은 분은 그가 재상으로 있을 때, 그토록 충성을 다하고 청렴과 결백으로 초나라를 다스려 초나라 왕을 패자霸者로 만들었으나, 그러한 손숙오가 죽은 뒤로 그의 아들에게는 송곳 하나 세울 땅도 없어, 땔나무를 지고 다니며 팔아서 겨우 입에 풀칠을 하고 있는 실정이라구요. 손숙오 같은 꼴이 될 바에는 차라리 목숨을 끊는 편이 나을 것입니다'라고 말입니다."

그리고는 이렇게 노래를 불렀다.

산골에 살면서 고생하며 밭 갈아도
먹을 것을 얻기 어렵네.
몸을 일으켜 관리가 되기만 하면
탐욕스럽고 비루한 자가 되어

재물을 모으고 치욕을 돌보지 않는다면
몸은 죽어도 집은 넉넉해지네.
그러나 두려운 것은
뇌물을 받고 법을 어겨
악한 일을 저지르다 큰 죄를 지어
형을 받아 죽고 패가망신한다네.
그러니 탐욕스런 관리가 되어서야 되겠는가!
청렴한 관리가 되리라.
법을 따르고 직분을 지키며
죽을 때까지 나쁜 일 하지 않도록.
청렴한 관리 또한 어찌 될 수 있겠는가!
초나라 재상 손숙오는 평생 청렴하였건만
지금 처자들은 가난하여
땔나무 지고 팔아 풀칠한다네.
슬프고 가엾어라.
그러니 청렴한 재상이 되어서야 되겠는가!

이에 장왕은 우맹에게 고마움을 표시하고, 손숙오의 아들을 불러들여 그에게 침구寢丘 땅 400호에 봉하여 아버지 제사를 받들도록 하였다. 그 자손은 10대 뒤까지 끊어지지 않았다.

이는 우맹이 말해야 할 시기를 알고 있었기 때문에 그렇게 된 것이다.

그 뒤 200년 지나 진秦나라에 우전이 나타났다.

楚相孫叔敖知其賢人也, 善待之. 病且死, 屬其子曰:「我死, 汝必貧困. 若往見優孟, 言我孫叔敖之子也.」居數年, 其子窮困負薪, 逢優孟, 與言曰: 「我, 孫叔敖子也. 父且死時, 屬我貧困往見優孟.」優孟曰:「若無遠有所之.」 卽爲孫叔敖衣冠, 抵掌談語. 歲餘, 像孫叔敖, 楚王及左右不能別也. 莊王置酒, 優孟前爲壽. 莊王大驚, 以爲孫叔敖復生也, 欲以爲相. 優孟曰:「請歸與 婦計之, 三日而爲相.」莊王許之. 三日後, 優孟復來. 王曰:「婦言謂何?」

孟曰:「婦言愼無爲, 楚相不足爲也. 如孫叔敖之爲楚相, 盡忠爲廉以治楚,
楚王得以霸. 今死, 其子無立錐之地, 貧困負薪以自飮食. 必如孫叔敖, 不如
自殺.」因歌曰:「山居耕田苦, 難以得食. 起而爲吏, 身貪鄙者餘財, 不顧恥辱.
身死家室富, 又恐受賕枉法, 爲姦觸大罪, 身死而家滅. 貪吏安可爲也! 念爲
廉吏, 奉法守職, 竟死不敢爲非. 廉吏安可爲也! 楚相孫叔敖持廉至死, 方今
妻子窮困負薪而食, 不足爲也!」於是莊王謝優孟, 乃召孫叔敖子, 封之寢丘
四百戶, 以奉其祀. 後十世不絶. 此知可以言時矣.

　其後二百餘年. 秦有優旃.

◉ 키만 크면 뭘해

　우전優旃은 진나라의 난쟁이 배우였다. 우스갯소리를 잘 하였지만 그것은
모두 도리에 맞는 말이었다.

　진나라 시황始皇 때 궁궐 안에서 잔치가 있었다. 그런데 도중에 비가
내리기 시작하여 뜰 아래에서 경호를 담당하고 있던 군사들이 비에 젖어
떨고 있었다. 우전은 이를 보고 딱한 생각이 들어 이렇게 물었다.

　"그대들은 쉬고 싶소?"

　군사들이 말하였다.

　"그렇게만 되면 다행이겠습니다."

　그러자 우전이 말하였다.

　"내가 만일 그대들을 부르거든 즉시 '네' 하고 대답하라."

　그리고 조금 지나자 어전에서는 시황의 장수를 빌며 만세를 외쳤다.
그 기회를 놓치지 않고 우전은 난간으로 가서 큰소리로 불렀다.

　"군사들!"

　군사들이 대답하였다.

　"네."

　그러자 우전은 이렇게 말하였다.

"그대들은 키는 크지만 비를 맞고 있으니 무슨 소용 있단 말인가. 나는 키는 작지만 다행히도 이렇게 쉬고 있다네."

이에 시황은 경호병들을 반씩 교대하여 쉬게 하였다.

優旃者, 秦倡侏儒也. 善爲笑言, 然合於大道. 秦始皇時, 置酒而天雨, 陛楯者皆沾寒. 優旃見而哀之, 謂之曰:「汝欲休乎?」陛楯者皆曰:「幸甚.」優旃曰:「我卽呼汝, 汝疾應曰諾.」居有頃, 殿上上壽呼萬歲. 優旃臨檻大呼曰:「陛楯郎!」郎曰:「諾.」優旃曰:「汝雖長, 何益, 幸雨立. 我雖短也, 幸休居.」於是始皇使陛楯者得半相代.

◉ 적이 쳐들어오면 사슴에게 막으라 하지요

어느 날 시황은 대신들과 상의하여 원유苑囿를 크게 넓혀 동쪽은 함곡관까지, 서쪽은 옹雍·진창陳倉까지 확장하려 하였다. 그러자 우전이 말하였다.

"참으로 좋은 일입니다. 그 속에 많은 새와 짐승들을 풀어 놓아두고, 도둑과 적들이 동쪽에서 쳐들어오면 고라니와 사슴으로 하여금 그들을 막게 하면 충분할 것입니다."

시황은 즉시 계획을 중지하고 말았다.

始皇嘗議欲大苑囿, 東至函谷關, 西至雍·陳倉. 優旃曰:「善. 多縱禽獸於其中, 寇從東方來, 令麋鹿觸之足矣.」始皇以故輟止.

◉ 성벽에 옻칠을 한다면

2세 황제가 즉위하자 성벽에 옻칠을 할 생각을 비쳤다. 그러자 우전이 말하였다.

"참으로 좋습니다. 폐하께서 말씀하시지 않더라도 신이 청하려던 참이었습니다. 성벽에다 옻칠을 하게 되면, 백성들은 그 일로 인해 세금을 내게 되지 않을까 걱정들을 하겠지만, 그러나 실상 훌륭한 일입니다. 옻칠을 한 성벽은 한없이 번쩍거리게 될 것이며 도적과 적군이 쳐들어오더라도 기어오를 수 없을 것입니다. 다만 그 일을 한다면 칠하는 것은 쉬운 일이지만 그 옻칠을 말릴 건조실을 만들기가 힘들 것 같습니다.”

이 말을 듣자 2세 황제는 웃으며 즉시 계획을 중지하였다. 그로부터 얼마 지나지 않아 2세는 피살되었다. 우전은 한漢나라에 귀순하였다가 몇 해 뒤에 죽었다.

二世立, 又欲漆其城. 優旃曰:「善. 主上雖無言, 臣固將請之. 漆城雖於百姓愁費, 然佳哉! 漆城蕩蕩, 寇來不能上. 卽欲就之, 易爲漆耳, 顧難爲蔭室.」於是二世笑之, 以其故止. 居無何, 二世殺死, 優旃歸漢, 數年而卒.

❀ 사마천의 평어

나 태사공은 이렇게 생각한다.

순우곤이 하늘을 우러러보며 크게 웃자 제나라 위왕은 비로소 뜻을 얻었고, 우맹이 머리를 흔들어 가며 노래를 부르자 땔나무를 지던 자가 봉토封土를 받게 되었다. 우전이 난간에서 큰 소리로 외치자 경호원들은 반씩 교대해 가며 쉴 수 있었다. 이 역시 장한 일이 아니겠는가!

太史公曰: 淳于髡仰天大笑, 齊威王橫行. 優孟搖頭而歌, 負薪者以封. 優旃臨檻疾呼, 陛楯得以半更. 豈不亦偉哉!

❀ 골계전의 보충

저선생褚先生(褚少孫)은 이렇게 말하였다.

나는 다행히도 경술經術을 배워 낭관郎官이 되었으나, 정사正史 이외의 사전史傳과 기록을 즐겨 읽었다. 이에 외람되이 새로 골계滑稽에 관한 옛 이야기 6장六章을 지어 아래에 붙인다. 이를 읽어보면, 견문을 넓힐 수 있고, 후세에 전해 호사가들로 하여금 읽게 하면, 마음이 즐거워지고 귀를 놀라게 할 것으로 생각된다. 이에 앞에 읽은 태사공의 3장에 이어 덧붙인다.

褚先生曰: 臣幸得以經術爲郞, 而好讀外家傳語. 竊不遜讓, 復作故事滑稽之語六章, 編之於左. 可以覽觀揚意, 以示後世好事者讀之, 以游心駭耳, 以附益上方太史公之三章.

〈4〉곽사인郭舍人

◉ 무제의 대유모

무제武帝 때 황제에게 사랑을 받은 배우로서 곽사인郭舍人이란 사람이 있었다. 그가 늘어놓는 말들이 도리에는 맞지 않았지만, 황제의 마음을 화평하고 즐겁게 해 주었다. 무제가 어렸을 때 동무후東武侯의 어머니가 무제를 길렀다. 황제가 장년이 되자 동무후의 어머니는 대유모大乳母라 불리며 대개 한 달에 두 번은 대궐에 들었다. 황제는 조서를 내려 총신 마유경馬游卿에게 명령하여 비단 50필을 내리게 하는 한편 음식을 내어 유모를 봉양하도록 하였다. 언젠가 유모가 글을 올려 청하였다.

"아무 곳에 공전公田이 있는데 그것을 빌리고 싶습니다."

그러자 황제가 반문하였다.

"유모는 그것을 가지고 싶소?"

황제는 그 땅을 유모에게 주었다.

황제는 유모가 말한 것을 들어 주지 않았던 적은 한 번도 없었다.

마침내 유모는 수레를 탄 채 치도馳道를 지나가도 좋다는 조칙이 내려졌다. 이렇게 대우를 하자 당시 공경·대신들은 모두 유모를 존경하고 소중히 여겼다. 그러자 유모의 집 자손들과 하인들이 방자해져서 장안 거리를 휩쓸고 다니며 난폭한 짓을 함부로 하였다. 길에서 남의 수레나 말을 세우고 남의 옷을 빼앗기도 하였다.

그런 소문이 궁중에까지 알려지게 되었으나, 황제는 차마 이를 법으로 다스리지 못하였다. 그러나 담당관리가 유모의 집을 변경으로 옮겨 살게 할 것을 청해 오자, 이를 재가하지 않을 수 없었다.

유모는 대궐로 들어가 황제 앞에 하직 인사를 드리게 되었다. 그때 유모는 먼저 곽사인을 만나 보고 눈물을 흘렸다. 곽사인은 말하였다.

"어전에 나아가 배알한 다음 하직하고 물러날 때 빨리 걸으면서 자꾸 뒤를 돌아보시오."

유모는 작별 인사를 마치고 떠나갈 때 그가 시킨 대로 빠른 걸음으로 걸으면서 연신 뒤를 돌아보았다. 그러자 곽사인은 큰소리로 꾸짖어 말하였다.

"쯧쯧, 저 늙은 여자! 어찌하여 빨리 가지 않고 있소? 폐하께서는 이미 장년이 되셨는데 아직도 그대의 젖이 있어야만 살아가실 것으로 여기시오? 무엇 때문에 자꾸만 뒤돌아보시오?"

이리하여 유모를 불쌍히 여긴 황제는 이별을 슬퍼하여 곧 조칙을 내렸다. 유모의 이주를 중지시키고 유모를 비방한 자들을 귀양보냈다.

武帝時有所幸倡郭舍人者, 發言陳辭雖不合大道, 然令人主和說. 武帝少時, 東武侯母常養帝, 帝壯時, 號之曰「大乳母」. 率一月再朝. 朝奏入, 有詔使幸臣馬游卿以帛五十匹賜乳母, 又奉飲糒飧養乳母. 乳母上書曰:「某所有公田, 願得假倩之.」帝曰:「乳母欲得之乎?」以賜乳母. 乳母所言, 未嘗不聽. 有詔得令乳母乘車行馳道中. 當此之時, 公卿大臣皆敬重乳母. 乳母家子孫奴從者橫暴長安中, 當道掣頓人車馬, 奪人衣服. 聞於中, 不忍致之法. 有司請徙乳母家室, 處之於邊. 奏可. 乳母當入至前, 面見辭. 乳母先見郭舍人, 爲下泣. 舍人曰:「卽入見辭去, 疾步數還顧.」乳母如其言, 謝去, 疾步數還顧. 郭舍人疾言罵之曰:「咄! 老女子! 何不疾行! 陛下已壯矣, 寧尚須汝乳而活邪? 尚何還顧!」於是人主憐焉悲之, 乃下詔止無徙乳母, 罰讕譖之者.

〈5〉동방삭東方朔

❀ 금마문에서 세상을 피해 사네

무제 때 제나라 사람으로 동방선생東方先生이란 자가 있었다. 이름을 동방삭東方朔이라 하였다. 예부터 전해 내려오는 책들을 좋아하고 경학經學을 사랑하여 경사經史 이외의 잡서雜書며 역사, 전기까지도 널리 읽었다.

동방삭은 처음 장안으로 들어왔을 때 공거公車에 나아가 글을 올렸다. 그것은 모두 3천 장의 주독奏牘에 쓴 것으로 공거의 관리 두 사람이 마주

들어야 겨우 들 수 있을 정도였다. 황제는 처음부터 차례로 이를 읽기 시작하여 쉴 때마다 그곳에다 을자乙字 표를 해 두었다. 두 달이 걸려서야 다 읽을 수 있었다.

황제는 조칙을 내려 동방삭을 낭관에 임명하였다. 동방삭은 항상 황제를 가까이에서 모시고 있어 자주 말상대가 되곤 하였다. 그 때마다 황제는 마음이 즐겁지 않은 때가 없었다. 또 가끔 황제는 조서를 내려 동방삭을 어전에서 음식을 들게 하였다. 먹기를 마치면 동방삭은 남은 고기를 모조리 품속에 넣어가지고 나와 그로 인해 옷이 더러워졌다. 이에 자주 합사合絲로 짠 비단을 내렸으며 동방삭은 그것을 어깨에 메고 돌아갔다.

그리고 하사받은 돈과 비단을 함부로 쓰며 장안의 미녀 가운데서 젊은 여자를 아내로 맞이하곤 하였다. 그러다가 대체로 1년만 되면 버리고 새 여자를 맞는 것이었다. 이처럼 하사받은 돈과 재물을 모조리 여자를 위해 써버렸다. 그러자 황제의 좌우에 있는 낭관들은 그를 반미치광이로 취급하게 되었다. 황제는 그런 이야기를 듣고 이렇게 말하곤 하였다.

"동방삭에게 일을 맡기면서 이 같은 행동을 하지 못하게 막는다면 그대들이 어찌 그에게 미칠 수 있겠소?"

동방삭이 그의 아들을 추천하자 아들은 낭관에 채용되었다. 이윽고 그의 아들은 시알자侍謁者에 전임되어 항상 부절을 지니고 사신으로 밖으로 나가게 하였다.

동방삭이 궁궐 안을 거닐고 있을 때 낭관 한 사람이 그에게 말하였다.

"사람들은 모두 선생을 미치광이로 생각하고 있습니다."

그러자 동방삭이 이렇게 대답하였다.

"나 같은 사람은 이른바 세상을 피해서 조정 안에 머물고 있는 것이오. 옛 사람들은 산 속에서 속세를 피하였지만 말이오."

그는 또 가끔 여러 사람이 모인 연회석에서 술이 거나해지면 두 손으로 땅을 짚고 노래를 불렀다.

세속에 묻혀 살며
세상을 금마문金馬門에서 피하네.

궁전 속은 세상을 피하고
몸을 온전히 해주는 곳이거늘.
하필이면 깊은 산골
쑥대움막 밑으로 피해야 하리오!

금마문金馬門은 내시들이 있는 관청 문으로 그 문 옆에 구리로 만든 말이 있기 때문에 금마문이라 부르게 된 것이다.

武帝時, 齊人有東方生名朔, 以好古傳書, 愛經術, 多所博觀外家之語. 朔初入長安, 至公車上書, 凡用三千奏牘. 公車令兩人共持擧其書, 僅然能勝之. 人主從上方讀之, 止, 輒乙其處, 讀之二月乃盡. 詔拜以爲郎, 常在側侍中. 數召至前談語, 人主未嘗不說也. 時詔賜之食於前. 飯已, 盡懷其餘肉持去, 衣盡汚. 數賜縑帛, 檐揭而去. 徒用所賜錢帛, 取少婦於長安中好女. 率取婦一歲所者卽弃去, 更取婦. 所賜錢財盡索之於女子. 人主左右諸郎半呼之「狂人」. 人主聞之, 曰:「令朔在事無爲是行者, 若等安能及之哉!」朔任其子爲郎, 又爲侍謁者, 常持節出使. 朔行殿中, 郎謂之曰:「人皆以先生爲狂.」朔曰:「如朔等, 所謂避世於朝廷間者也. 古之人, 乃避世於深山中.」時坐席中, 酒酣, 據地歌曰:「陸沈於俗, 避世金馬門. 宮殿中可以避世全身, 何必深山之中, 蒿廬之下.」金馬門者, 宦[者]署門也, 門傍有銅馬, 故謂之曰「金馬門」.

◉ 시대가 안정되면 영웅이 나올 수 없는 법

당시 마침 학궁學宮 모임에서 박사와 선생들이 서로 논의하던 끝에 다같이 동방삭을 비난하였다.

"옛날 소진蘇秦과 장의張儀는 만승의 제후를 한 번 만나게 되자, 경상의 자리에 올라 그 은택이 후세에까지 미쳤소. 그런데 지금 선생께서는 선왕先王의 도를 닦고, 성인聖人의 의의義義를 사모하고 이루 다 헤아릴 수 없을 만큼 많은 《시》, 《서》 백가百家의 말들을 외우고, 문장을 짓는 데도 스스로 천하에 나를 따를 사람이 없다고 자부하고 있소. 이처럼 들은 것이 많고 사물을 판단하는 데 밝으며, 변설과 지혜가 뛰어난 선비라 말할 수 있소. 그런데 그런 당신이 전력을 기울이고 충성을 다해 성스러운 황제를 섬기고 있으나, 수십 년이 지났는데도 벼슬은 시랑侍郞에 지나지 않고 지위는 집극執戟에 불과하오. 아무래도 아직은 부족한 점이 있기 때문이 아니겠소? 대체 어찌된 까닭이오?"

그러자 동방삭은 이렇게 말하였다.

"그건 참으로 당신들이 잘 모르고 하는 소리요. 그때를 한 시대로 본다면, 지금도 한 시대인데, 어찌 같을 수 있겠소. 대체로 장의와 소진의 시대에는 주나라 왕실은 쇠약해지고 천하의 질서는 크게 허물어져 제후들이 조회에 들지 않았을 때였소. 공격과 정벌에만 힘써 권력을 다투며 병력을 가지고 서로 침략하고 서로 겸병하며 열두 나라로 되었으나 여전히 자웅을 결정짓지 못한 채 인재를 얻은 나라는 강성해지고 인재를 잃은 나라는 망하였소. 그러므로 유세하는 사람의 의견이 받아들여지고 행하고자 하는 것이 실행되었으며, 자신의 몸은 높은 지위에 오르고 은택은 후세에까지 미쳐 자손들까지 부귀하게 되었던 것이오. 하지만 지금은 그런 시대가 아니오. 성스러운 황제가 위에 계시어 그 덕은 천하에 고루 펼쳐져 있소. 제후들은 복종하여 위엄은 사방 오랑캐에까지 떨쳐 있으며, 사해四海 밖까지 한 장의 자리 모양으로 이어져 있어서 엎어놓은 대접보다도 안정되어 있소. 천하는 다같이 태평하여 하나로 합해서 한집을 이루고 있는 것이오. 계획하여 사업을 일으키는 것은 아주 쉬운 일이니 그 가운데에서는 어질고 어리석은 사람의 차이가 없소. 지금 천하는 넓고 사람은 많아 지혜를 짜고 변설을 전개하며 앞을 다투어 모여드는 사람이 헤아릴 수 없을 정도요. 있는 힘을 다해 의를 사모하더라도 입고 먹는 데 고통을 느끼거나 나아갈 문을 잃고 헤매고 있는 자가 있소. 만일 장의나 소진이 나와 함께 지금 세상에 태어나 살고 있다면, 장고掌故 벼슬에도 오르지 못하였을 거요. 하물며 상시常侍나 시랑 같은 것을 바랄 수 있겠소? 옛말에도 '천하에 재난이 없으면 성인聖人이 있어도 그 재주를 펼 곳이 없고, 상하가 화목해 있으면 어진 사람이 있어도 공을 세울 수 없다'라 하였소. 또한 '시대가 다르면 일도 달라진다'고 하였소. 그렇다고는 하지만, 어찌 몸을 닦는 데

힘쓰지 않을 수 있겠소? 《시》에서도

　궁전 안에서 쇠북을 치면
　소리가 밖에까지 들린다.
　높은 언덕에서 학鶴이 울면
　소리는 하늘까지 들린다.

라고 하였소.
　진실로 능히 몸을 닦을 수 있다면 어찌 영달을 얻지 못할까 걱정하겠소. 태공망太公望 여상은 오로지 몸소 인의仁義를 행하여, 72세에 주나라 문왕文王을 만나 자기 포부를 실행하게 되어 제나라에 봉해졌고, 자손이 700년 동안이나 끊어지지 않았소. 이야말로 뜻 있는 선비가 밤낮으로 애써 학문을 닦으며 도를 실천하기를 멈추지 않은 까닭이 아니겠소? 지금의 나 같은 처사處士는 이 시대에 쓰이지 못한다 해도 우뚝 홀로 서고 괴연塊然히 홀로 처하면서 위로는 허유許由를 보고, 아래로는 접여接輿를 살핌으로써, 계책은 범려范蠡에, 충성은 오자서伍子胥에 필적하지만, 천하가 태평한 시대에는 자신을 닦으면서 정의를 행할 뿐이오. 상종하는 사람과 따르는 무리가 적은 것은 참으로 당연한 일이오. 그대들은 어찌 나를 이상하게 생각하시오!"
　이에 모든 선생들은 묵연히 아무런 응답을 하지 못하였다.

　　時會聚宮下博士諸先生與論議, 公難之曰:「蘇秦·張儀一當萬乘之主, 而都卿相之位, 澤及後世. 今子大夫修先王之術, 慕聖人之義, 諷誦《詩書》百家之言, 不可勝數. 著於竹帛, 自以爲海內無雙, 卽可謂博聞辯智矣. 然悉力盡忠以事聖帝, 曠日持久, 積數十年, 官不過侍郎, 位不過執戟, 意者尚有遺行邪? 其故何也?」東方生曰:「是固非子所能備也. 彼一時也, 此一時也, 豈可同哉! 夫張儀·蘇秦之時, 周室大壞, 諸侯不朝, 力政爭權, 相禽以兵, 幷爲十二國, 未有雌雄, 得士者彊, 失士者亡, 故說聽行通, 身處尊位, 澤及後世, 子孫長榮. 今非然也. 聖帝在上, 德流天下, 諸侯賓服, 威振四夷, 連四海之外以爲席, 安於覆盂, 天下平均, 合爲一家, 動發擧事, 猶如運之掌中. 賢與不肖, 何以異哉? 方今以天下之大, 士民之衆, 竭精馳說, 並進輻湊者, 不可勝數.

悉力慕義, 困於衣食, 或失門戶. 使張儀·蘇秦與僕並生於今之世, 曾不能得
掌故, 安敢望常侍侍郎乎! 傳曰:『天下無害菑, 雖有聖人, 無所施其才; 上下
和同, 雖有賢者, 無所立功.』故曰時異則事異. 雖然, 安可以不務修身乎?
《詩》曰:『鼓鍾于宮, 聲聞于外. 鶴鳴九皐, 聲聞于天.』苟能修身, 何患不榮!
太公躬行仁義七十二年, 逢文王, 得行其說, 封於齊, 七百歲而不絶. 此士之
所以日夜孜孜, 修學行道, 不敢止也. 今世之處士, 時雖不用, 崛然獨立, 塊然
獨處, 上觀許由, 下察接輿, 策同范蠡, 忠合子胥, 天下和平, 與義相扶, 寡偶
少徒, 固其常也. 子何疑於余哉!」於是諸先生默然無以應也.

⚙ '추아'라는 길한 짐승

건장궁建章宮 후각의 이중 난간 안에 이상한 짐승이 나타났는데 모양은
고라니와 비슷하였다. 이 일이 황제에게 보고되자, 무제는 친히 와서
이를 구경하고는 좌우·군신들 중에 아는 것이 많고 경학經學에 능통한
자에게 물었으나 아무도 아는 자가 없었다. 이에 동방삭을 불러들여
살펴보도록 하였더니 동방삭은 이렇게 설명하였다.

"신은 알고 있습니다. 바라건대 신에게 좋은 술과 기름진 쌀밥을 실컷
먹게 해 주십시오. 그러면 말씀드리겠습니다."

황제가 말하였다.

"좋소."

이리하여 바라던 음식을 먹고 나자 동방삭이 또 이렇게 말하였다.

"아무 곳에 공전公田 100이랑과, 물고기 기르는 못과, 부들과 갈대가
우거져 있는 땅이 있습니다. 폐하께서 그것을 신에게 하사해 주십시오.
그러면 말씀을 드리겠습니다."

황제는 그것도 "좋다"라 허락하였다. 그러자 동방삭은 마음에 흡족한
듯 말하였다.

"그것은 이른바 추아騶牙라는 짐승입니다. 먼 나라 사람이 의義를 사모하여
귀속하려 할 때 추아가 먼저 나타나게 됩니다. 그 짐승의 이빨은 앞니와
속니가 거의 같아서 한 줄로 나란히 줄지어 있고 어금니가 없습니다.

이에 추아라 부릅니다."

그 뒤 1년쯤 지나자, 흉노의 혼야왕渾邪王이 과연 10만의 군사를 거느리고 한나라에 투항해 왔다. 황제는 다시 동방삭에게 많은 돈과 재물을 하사하였다.

建章宮後閤重櫟中有物出焉, 其狀似麋. 以聞, 武帝往臨視之. 問左右羣臣習事通經術者, 莫能知. 詔東方朔視之. 朔曰:「臣知之, 願賜美酒粱飯大飱臣, 臣乃言.」詔曰:「可.」已又曰:「某所有公田魚池薄葦數頃, 陛下以賜臣, 臣朔乃言.」詔曰:「可.」於是朔乃肯言, 曰:「所謂騶牙者也. 遠方當來歸義, 而騶牙先見. 其齒前後若一, 齊等無牙, 故謂之騶牙.」其後一歲所, 匈奴混邪王果將十萬衆來降漢. 乃復賜東方生錢財甚多.

☻ 새는 죽을 때 그 울음이 슬프고

동방삭이 늙어 죽음에 이르자 그는 황제에게 이렇게 간언하였다. 《시》에 이런 말이 있습니다.

잉잉거리며 파리가
울타리에 앉네.
화락和樂한 군자君子여
참소하는 말을 듣지 말라.
참소하는 말은 한도 없으며
사방의 나라들을 어지럽힌다네.

바라건대 폐하께서는 교활하고 아첨하는 무리들은 멀리하시고, 참소하는 말을 물리쳐 주시옵소서."

이 말을 들은 황제는 괴이하게 여겼다.

"이상하게도 요즘 동방삭이 착한 말을 많이 하는구나."

그리고 얼마 지나지 않아 동방삭은 병으로 죽고 말았다. 옛말에 '새가 장차 죽으려 할 때에는 그 울음소리가 구슬프고, 사람이 장차 죽으려 할 때에는 하는 말이 착하다'고 하였는데 이를 두고 하는 말이리라.

至老, 朔且死時, 諫曰：「《詩》云『營營靑蠅, 止于蕃. 愷悌君子, 無信讒言.
讒言罔極, 交亂四國』. 願陛下遠巧佞, 退讒言.」帝曰：「今顧東方朔多善言？」
怪之. 居無幾何, 朔果病死. 傳曰：「鳥之將死, 其鳴也哀; 人之將死, 其言也善.」
此之謂也.

〈6〉동곽선생東郭先生

◉ 하사금 반을 내놓으시오

무제 때 대장군 위청衛靑은 위황후衛皇后의 오빠로서 장평후長平侯에 봉해
졌다. 위청은 전장에 나가 흉노를 쳐서 여오수余吾水 부근까지 공격해
들어갔다가 돌아왔다. 그는 적의 머리를 베고 포로로 하는 등 공이 컸다.
승리하고 돌아오자 조서를 내려 금 1천 근이 하사되었다.

장군이 대궐 문을 나서자, 공거公車에서 황제의 조서를 기다리고 있던
제나라 사람 동곽선생東郭先生이란 자가 방술方術이 있는 선비라 칭하면서
위청 장군의 수레를 가로막고 절한 다음 이렇게 말하였다.

"꼭 드리고 싶은 말씀이 있습니다."

장군은 수레를 멈추고 동곽선생을 가까이 오도록 하였다. 선생은 수레
옆으로 다가와 이렇게 말하였다.

"왕부인王夫人이 새로 폐하의 사랑을 받고 있지만 부인의 집이 몹시
가난합니다. 지금 장군께서는 금 1천 근을 하사받으셨으니, 청컨대 그
반을 왕부인의 모친에게 주십시오. 폐하께서 이 일을 아시면 틀림없이
기뻐하실 것입니다. 이것이 바로 기이한 계책이란 것으로 장군을 위해서도
유리할 것입니다."

위장군이 말하였다.

"선생은 고맙게도 이로운 계책을 일러 주셨습니다. 어김없이 가르침에
따르겠습니다."

그리고는 500금을 가지고 가서 왕부인 모친의 장수를 빌었다. 왕부인이
그 일을 황제에게 들려주자 무제는 이렇게 말하였다.

"대장군은 그 같은 일을 할 줄 모를 텐데."

그리고는 대장군에게 물었다.

"누구로부터 그런 계책을 듣고 한 것인가?"

대장군이 대답하였다.

"공거에서 폐하의 조서를 기다리고 있는 동곽선생입니다."

황제는 조서를 내려 동곽선생을 불러 군郡의 도위都尉에 임명하였다.

동곽선생은 공거에서 오랫동안 조서를 기다리고 있었다. 그러다 보니 곤궁해져 굶주리고 추위에 떨며, 옷은 다 해지고 신은 낡아 있었다. 눈 속을 걸어가면 신은 위만 있고 바닥이 없어 맨발 그대로 땅을 디뎠다. 길 가던 사람들이 이를 보고 웃자 동곽선생은 그들에게 이렇게 말하였다.

"신을 신고 눈 속을 가는데, 사람들이 보았을 때 위는 신이지만 그 밑은 사람의 발처럼 보이게 누가 능히 해낼 수 있겠소?"

군 도위로 임명되어 2천 석의 신분이 되자, 푸른색 인수印綬를 차고 궁궐 문을 나온 동곽선생은 객사집 주인에게 하직 인사를 하러 갔다. 옛날 친구로서 함께 조서를 기다리던 사람들이 성문 밖에 늘어서서 도조신道祖神에게 제사를 드리고 출발을 축하하는 등 떠들썩 하였다. 이로써 동곽선생의 이름이 세상에 알려지게 되었다.

그는 이른바 '헌 베옷 입고 보물을 품은 사람'으로서, 곤궁하였을 때는 사람들이 거들떠보지도 않더니 신분이 존귀해지자 사람들은 앞다투어 아부하였다. 속담에 "말을 감정할 때는 여윈 것 때문에 실수하기 쉽고, 선비의 상을 볼 때는 가난 때문에 잘못 보기 쉽다"라 하였는데 이런 경우를 두고 한 말일 것이다.

武帝時, 大將軍衛青者, 衛后兄也, 封爲長平侯. 從軍擊匈奴, 至余吾水上而還, 斬首捕虜, 有功來歸, 詔賜金千斤. 將軍出宮門, 齊人東郭先生以方士待詔公車, 當道遮衛將軍車, 拜謁曰:「願白事.」將軍止車前, 東郭先生旁車言曰:「王夫人新得幸於上, 家貧. 今將軍得金千斤, 誠以其半賜王夫人之親, 人主聞之必喜. 此所謂奇策便計也.」衛將軍謝之曰:「先生幸告之以便計, 請奉教.」於是衛將軍乃以五百金爲王夫人之親壽. 王夫人以聞武帝. 帝曰:

「大將軍不知爲此.」問之安所受計策, 對曰:「受之待詔者東郭先生.」詔召
東郭先生, 拜以爲郡都尉. 東郭先生久待詔公車, 貧困飢寒, 衣敝, 履不完.
行雪中, 履有上無下, 足盡踐地. 道中人笑之, 東郭先生應之曰:「誰能履行
雪中, 令人視之, 其上履也, 其履下處乃似人足者乎?」及其拜爲二千石, 佩靑
緺出宮門, 行謝主人. 故所以同官待詔者, 等比祖道於都門外. 榮華道路,
立名當世. 此所謂衣褐懷寶者也. 當其貧困時, 人莫省視; 至其貴也, 乃爭附之.
諺曰:「相馬失之瘦, 相士失之貧.」其此之謂邪?

❀ 낙양에는 왕을 두지 않습니다

왕부인의 병이 몹시 무거웠다. 임금은 몸소 가서 문병을 하며 말하였다.
"그대가 낳은 자식은 당연히 왕이 되오. 어느 나라에 두고 싶소?"
왕부인이 말하였다.
"바라건대 낙양에 있게 해 주십시오."
무제가 말하였다.
"그건 안 되오. 낙양 근처에는 무기고武器庫와 오창敖倉이 있고, 관문의
출입구에 해당하니 천하의 목구멍이라 할 수 있는 곳이오. 선제 때부터
오늘에 이르기까지 대대로 왕은 두지 않기로 되어 있소. 그러나 그곳을
제외하면 관동關東의 나라로서 제나라보다 큰 나라는 없소. 제나라 왕으로
하는 것이 좋을 듯하오."
왕부인은 손으로 머리를 두드리며 "참으로 다행입니다"라고 외쳤다.
이에 왕부인이 죽자 '제나라 왕의 태후太后께서 서거하셨다'라고 표현해
주었다.

王夫人病甚, 人主至自往問之曰:「子當爲王, 欲安所置之?」對曰:「願居
洛陽.」人主曰:「不可. 洛陽有武庫・敖倉, 當關口, 天下咽喉. 自先帝以來,
傳不爲置王. 然關東國莫大於齊, 可以爲齊王.」王夫人以手擊頭, 呼「幸甚」.
王夫人死, 號曰「齊王太后薨」.

● 고니를 날려보내고

　옛날 제나라 왕이 순우곤으로 하여금 고니를 초나라에 바치는 임무를 맡겼다. 순우곤은 제나라 성문을 나서자 도중에 그 고니를 날려보내 버리고는 빈 새장만 들고 초나라 왕을 뵙고 이렇게 말하였다.

　"제나라 왕께서는 신으로 하여금 대왕께 고니를 바치도록 명하셨습니다. 그런데 물가를 지나오게 되었을 때 고니가 목이 말라 애타는 것을 차마 보고만 있을 수 없어 새장에서 꺼내 물을 마시게 하였더니 그만 날아가 버리고 말았습니다. 신은 스스로 배를 가르고 목을 베어 죽을까 생각하였으나, 사람들이 새 때문에 선비를 자살하게 만들었다고 우리 왕을 비난하지 않을까 두려워서 그만두었습니다. 고니는 새 종류로서 그와 비슷한 것들이 많으므로 그것 하나를 사서 대신 가져올까 생각하였으나, 그것은 참되지 못한 행위로서 우리 임금을 속이는 것이 된다고 여겨 그만두었습니다. 또 다른 나라로 도망쳐 버릴까 생각하였으나, 나 때문에 우리 두 나라 임금들 사이의 사신 길이 막히게 될 것이라 두려워 그것도 그만두었습니다. 그러므로 이렇게 와 뵈옵고 잘못을 저지른 죄를 자백하면서 머리를 조아려 대왕으로부터 벌을 받고자 하는 것입니다."

　그러자 초나라 왕이 말하였다.

　"잘한 일이오. 제나라 왕에게 이처럼 진실한 선비가 있었다니!"

　그리고는 손우곤에게 후한 상을 주었다. 그가 받은 상품은 고니를 무사히 갖다 바쳤을 경우보다 두 곱절이나 되는 것이었다.

　昔者, 齊王使淳于髡獻鵠於楚. 出邑門, 道飛其鵠, 徒揭空籠, 造詐成辭, 往見楚王曰:「齊王使臣來獻鵠, 過於水上, 不忍鵠之渴, 出而飲之, 去我飛亡. 吾欲刺腹絞頸而死, 恐人之議吾王以鳥獸之故令士自傷殺也. 鵠, 毛物, 多相類者, 吾欲買而代之, 是不信而欺吾王也. 欲赴佗國奔亡, 痛吾兩主使不通. 故來服過, 叩頭受罪大王.」楚王曰:「善, 齊王有信士若此哉!」厚賜之, 財倍鵠在也.

❀좋은 말은 남에게 팔아야 한다

무제 때 북해北海 태수를 소환하여 행재소行在所로 나오게 하였다. 그때 문학졸사文學卒史로 왕선생王先生이란 사람이 있었다. 그는 태수에게 이렇게 청하였다.

"제가 가면 그대에게 도움이 될 것이니 함께 가도록 허락해 주십시오."

태수부太守府의 속관들이 말하였다.

"왕선생은 술이 지나치고 말만 많지 실속이 적습니다. 데리고 가지 않는 것이 좋을 것입니다."

그러나 태수는 이렇게 말하였다.

"선생이 함께 가기를 원하고 있으니 거절할 수도 없는 일이오."

그리하여 왕선생은 동행하여 행재소에 이른 다음 문 밖에서 조서를 기다리게 되었다. 왕선생은 품 속에 지니고 있던 돈으로 되는 대로 술을 사서 위졸衛卒 및 복야僕射와 술을 마시면서 매일 취해 있을 뿐, 태수와는 얼굴도 대하는 일이 없었다. 그런데 태수가 행재소로 들어가 황제를 배알할 때가 되자, 왕선생은 호랑戶郎에게 이렇게 부탁하였다.

"청컨대 우리 태수를 문 안으로 불러내어 멀리서라도 좋으니 나와 이야기를 할 수 있게 해 주시오."

호랑이 태수를 불러냈다. 태수가 나와 왕선생을 바라보자 왕선생은 말하였다.

"천자께서 만일 '어떻게 북해군을 다스렸기에 도적을 없게 하였느냐'고 물으시면 태수께서는 어떻게 대답하시겠습니까?"

태수가 말하였다.

"그것은 '현명한 인재를 뽑아 각각 그 재능에 따라 관직을 맡기고, 남달리 뛰어난 자에겐 상을 주고, 못한 자에게는 벌을 주었기 때문이었습니다' 라고 대답하겠소."

그러자 왕선생이 말하였다.

"그 같이 대답을 하게 되면 그것은 나 자신을 칭찬하고 스스로 공을 자랑하는 것이니 좋지 않습니다. 부디 태수께서는 '신의 힘이 아니오라 모든 것이 폐하의 신령神靈과 위무威武가 그렇게 변화시킨 것입니다'라고 대답하십시오."

태수가 말하였다.

"알겠소."

태수가 어전 아래로 불리어 나가자 황제가 물었다.

"어떻게 북해군을 다스렸기에 도적이 일어나지 않도록 하였소?"

태수는 머리를 조아려 대답하였다.

"신의 힘이 아니옵니다. 모두가 폐하의 신령과 위무가 그렇게 변화시킨 것입니다."

무제는 크게 웃으며 이렇게 말하였다.

"훌륭하오. 어디에 있는 유덕자有德者의 말을 얻어 그리 말하는 것이오? 그 말을 일러 준 자가 누구요?"

태수는 사실대로 말하였다.

"실은 문학졸사가 일러 주었습니다."

무제가 물었다.

"그 사람은 지금 어디에 있소?"

태수가 말하였다.

"문 밖에 있습니다."

이리하여 황제는 조서를 내려 왕선생을 수형水衡 속관에, 북해 태수는 수형도위水衡都尉에 각각 임명하였다.

옛말에도 이렇게 말하였다.

"듣기 좋은 말은 남에게 팔아야 좋고, 고귀한 행실은 남에게 베풀어야 좋다. 군자는 좋은 말을 서로 보내고, 소인은 재물을 서로 보낸다."

武帝時, 徵北海太守詣行在所. 有文學卒史王先生者, 自請與太守俱, 「吾有益於君」, 君許之. 諸府掾功曹白云:「王先生嗜酒, 多言少實, 恐不可與俱.」太守曰:「先生意欲行, 不可逆」遂與俱. 行至宮下, 待詔宮府門. 王先生徒懷錢沽酒, 與衛卒僕射飮, 日醉, 不視其太守. 太守入跪拜. 王先生謂戶郎曰:「幸爲我呼吾君至門内遙語.」戶郎爲呼太守. 太守來, 望見王先生.
王先生曰:「天子卽問君何以治北海令無盜賊, 君對曰何哉?」對曰:「選擇
賢材, 各任之以其能, 賞異等, 罰不肖.」王先生曰:「對如是, 是自譽自伐功,
不可也. 願君對言, 非臣之力, 盡陛下神靈威武所變化也.」太守曰:「諾.」
召入, 至于殿下, 有詔問之曰:「何於治北海, 令盜賊不起?」叩頭對言:「非臣
之力, 盡陛下神靈威武之所變化也.」武帝大笑, 曰:「於呼! 安得長者之語而
稱之! 安所受之?」對曰:「受之文學卒史.」帝曰:「今安在?」對曰:「在宮府
門外.」有詔召拜王先生爲水衡丞, 以北海太守爲水衡都尉. 傳曰:「美言可
以市, 尊行可以加人. 君子相送以言, 小人相送以財.」

⟨8⟩ 서문표西門豹

⚙ 하백에게 처녀를 바쳐야

위魏나라 문후文侯 때 서문표西門豹가 업현鄴縣의 현령이 되었다. 서문표는
업현에 도착하자마자 장로들을 불러 놓고 백성들이 어떤 일로 고통을
겪고 있는지에 대하여 물었다. 장로들이 대답하였다.

"하수河水, 黃河의 신 하백河伯에게 신부감을 바치는 일로 고통을 받고
있습니다. 그 때문에 가난하게 삽니다."

서문표가 다시 그 까닭을 묻자 그들은 이렇게 대답하였다.

"업현의 삼로三老와 정연廷掾 들은 해마다 백성들에게 세금을 부과하여
수백만 전을 거두게 됩니다. 그 중에서 2, 3만 전은 하백에게 바치는
여자에게 쓰이고 나머지 돈은 무당들이 나눠서 가지고 갑니다. 그때가
되면 무당들이 돌아다니며 남의 집 어여쁜 딸을 발견하면 이 처녀야말로
하백의 아내가 될 만하다고 합니다. 그리고 폐백을 보내어 주고 그 처녀를
데려다가 목욕을 시킨 다음 갖가지 비단으로 새 옷을 지어 입히고는
조용한 곳에 머물면서 재계齋戒를 시키기 위해 재궁齋宮을 물가에 세웁니다.
그리고는 두꺼운 비단으로 만든 붉은 색깔의 장막을 쳐서 그 안에 머물게
합니다. 처녀에게는 쇠고기·술·밥 등을 제공합니다. 열흘 남짓 지나면
여럿이서 화장을 해 주고, 시집갈 때의 상석床席 같은 것을 만들어 처녀를

그 위에 앉힌 다음 이것을 하수에다 띄웁니다. 처음에는 물에 떠 있다가도 수십 리쯤 떠내려가면 물 속으로 빠져 버립니다. 아름다운 딸을 둔 집에서는 큰무당이 하백을 위해 자기 딸을 데려가지나 않을까 두려운 나머지 딸을 데리고 먼 곳으로 달아나 버립니다. 그런 까닭으로 성 안은 갈수록 사람이 줄어들고 또 가난하게 삽니다. 이 일은 그 유래가 아주 오래 되었습니다. 민간에는 만일 하백에게 아내를 보내주지 않으면, 물이 범람하여 백성들이 모두 빠져 죽게 된다고 전해오고 있습니다."

이에 서문표가 말하였다.

"하백에게 아내를 보낼 시기가 되어, 삼로·무당·부로父老들이 처녀를 하수로 보낼 때에 부디 나에게 알려 주시오. 나도 나가 처녀를 전송하겠소."

그러자 모두들 말하였다.

"알았습니다."

魏文侯時, 西門豹爲鄴令. 豹往到鄴, 會長老, 問之民所疾苦. 長老曰: 「苦爲河伯娶婦, 以故貧.」豹問其故, 對曰:「鄴三老·廷掾常歲賦斂百姓, 收取其錢得數百萬, 用其二三十萬爲河伯娶婦, 與祝巫共分其餘錢持歸. 當其時, 巫行視小家女好者, 云是當爲河伯婦, 卽娶取. 洗沐之, 爲治新繒綺 縠衣, 閒居齋戒; 爲治齋宮河上, 張緹絳帷, 女居其中. 爲具牛酒飯食, (行)十 餘日. 共粉飾之, 如嫁女床席, 令女居其上, 浮之河中. 始浮, 行數十里乃沒. 其人家有好女者, 恐大巫祝爲河伯取之, 以故多持女遠逃亡. 以故城中益空 無人, 又困貧, 所從來久遠矣. 民人俗語曰『卽不爲河伯娶婦, 水來漂沒, 溺其人民』云.」西門豹曰:「至爲河伯娶婦時, 願三老·巫祝·父老送女河上, 幸來告語之, 吾亦往送女.」皆曰:「諾.」

❀ 차례로 들어가 하백에게 아뢰고 오라

그 날이 되었다. 서문표가 물가로 나가 보니 삼로와 관속과 호족, 마을 부로들이 모두 모여 있었다. 그밖에 구경 온 사람들도 2, 3천 명이나 되었다. 큰무당은 이미 70이 넘은 할미로, 제자 무녀들을 10명쯤 데리고 있었다. 제자들은 모두 비단 홑옷을 입고 큰무당 뒤에 서 있었다. 서문표가 말하였다.

"하백의 신부를 이리 불러오너라. 신부가 아름다운지 어떤지를 내가 직접 보리라."

그러자 장막 속에서 처녀를 데리고 나왔다.

서문표는 처녀를 슬쩍 한 번 바라보고 나서 삼로·무당·부로들을 돌아보며 이렇게 말하였다.

"이 처녀는 아름답지 않소. 큰무당 할멈이 수고스럽지만 하수로 들어가다시 아름다운 처녀를 얻어서 다음날 보내 드리겠다고 하백에게 여쭙고 오도록 하시오."

그리고는 당장 사졸들을 시켜서 함께 큰무당을 안아 하수에 집어던졌다. 그리고 나서 얼마 지나자 서문표는 말하였다.

"할멈이 왜 이다지도 꾸물대고 있는 걸까? 제자 중에 누가 가서 빨리 불러 오너라!"

그리고는 또 제자 한 사람을 강물 속에 던졌다. 또 얼마가 지나자 서문표가 말하였다.

"제자마저 어찌 이토록 늦는 걸까? 한 사람 더 들어가서 빨리 오라고 일러라!"

그리고는 또다시 제자 하나를 강물 속에 던졌다. 이리하여 모두 제자 세 사람을 물 속에 던지고 나서 서문표는 말하였다.

"할멈이나 제자들은 여자들이라서 사정을 제대로 아뢰지 못하는 모양이구나. 그렇다면 번거롭지만 삼로들께서 물 속으로 들어가 하백에게 아뢰어야 하겠군."

이번에는 삼로들을 강물 속에 던졌다. 그리고 서문표는 비녀를 관 앞에 찌르고 몸을 경쇠처럼 굽혀 절을 한 번 한 다음, 공손히 강물을 바라보고 서서 한동안 기다렸다. 옆에서 보고 있던 장로와 아전들은 모두 놀라고 두려워하였다. 서문표가 돌아보며 말하였다.

"무당도 삼로도 돌아오지 않으니 어찌하면 좋겠소?"

그리고는 다시 관리와 호족 한 사람씩 강물로 들어가 재촉을 하도록 하려 하자 모두들 머리를 찧었다. 머리를 찧어 이마가 깨어져서 피가 땅바닥에 흘러내리고 얼굴은 꺼진 잿빛처럼 되었다. 서문표가 말하였다.

"그럼, 잠시만 더 기다려 보기로 하지."

얼마가 지난 다음 서문표는 말하였다.

"관리들은 일어나라. 아무래도 하백은 찾아간 손님들을 붙들어 두고 좀처럼 돌려보내지 않는 모양이니 너희들은 그만 돌아가도록 하라."

업현의 관리와 백성들은 크게 놀라고 두려워하여 그 뒤부터는 하백을 위해 신부를 보낸다는 따위의 소리는 아무도 입 밖에 내지 못하였다.

至其時, 西門豹往會之河上. 三老·官屬·豪長者·里父老皆會, 以人民往觀之者三二千人. 其巫, 老女子也, 已年七十. 從弟子女十人所, 皆衣繒單衣, 立大巫後. 西門豹曰:「呼河伯婦來, 視其好醜」卽將女出帷中, 來至前. 豹視之, 顧謂三老·巫祝·父老曰:「是女子不好, 煩大巫嫗爲入報河伯, 得更求好女, 後日送之.」卽使使卒共抱大巫嫗投之河中. 有頃, 曰:「巫嫗何久也? 弟子趣之!」復以弟子一人投河中. 有頃, 曰:「弟子何久也? 復使一人趣之!」復投一弟子河中. 凡投三弟子. 西門豹曰:「巫嫗弟子是女子也, 不能白事, 煩三老爲入白之.」復投三老河中. 西門豹簪筆磬折, 嚮河立待良久. 長老·吏傍觀者皆驚恐. 西門豹顧曰:「巫嫗·三老不來還, 柰之何?」欲復使廷掾與豪長者一人入趣之. 皆叩頭, 叩頭且破, 額血流地, 色如死灰. 西門豹曰:「諾, 且留待之須臾.」須臾, 豹曰:「廷掾起矣. 狀河伯留客之久, 若皆罷去歸矣.」鄴吏民大驚恐, 從是以後, 不敢復言爲河伯娶婦.

◉ 백성은 성과만 누리면 된다

서문표는 즉시 백성들을 동원하여 12개의 하천을 파고 하수를 끌어들여 백성들의 논에 물을 댈 수 있도록 해 주었다. 논은 구석구석까지 물을 댈 수 있었다. 당시 백성들은 하천을 만드는 데 약간의 수고를 하는 게 싫어서 이것을 하지 않았던 것이다. 서문표는 말하였다.

"백성들은 일이 이루어진 것을 누릴 줄은 알아도 함께 일을 시작할 수는 없다. 지금 부로와 자제들은 나를 원망하겠지만 100년 뒤에 그 부로의 자손들이 내가 한 말을 생각하게 될 것이다."

이리하여 오늘에 이르기까지 모두 수리水利의 혜택을 받아 백성들은 자급자족하며 부유하게 살고 있다.

이 12 하천은 천자의 치도馳道를 가로지르고 있다. 한나라가 일어나자 고을의 장리長吏는 12 하천의 다리가 치도를 가로질러 근접해 있는 것은 좋지 못하다고 여겨 하천 물을 합치려 하였다. 또 치도 있는 곳에서 하천 세 개를 하나로 합쳐 다리 한 개를 놓으려 하였다. 그러나 업현의 백성들과 부로들은 끝까지 장리의 의견을 듣지 않고 이 하천은 서문군西門君이 만든 것이며 어진 사람의 법식은 고칠 수 없다 하였다. 장리도 마침내 그들의 주장을 받아들여 그대로 두었다.

이리하여 서문표는 업현의 현령으로서 그 이름이 천하에 알려졌고 은택은 후세까지 흘러 끊어지지 않았다. 어찌 어진 대부大夫라 하지 않을 수 있겠는가!

西門豹卽發民鑿十二渠, 引河水灌民田, 田皆漑. 當其時, 民治渠少煩苦, 不欲也. 豹曰:「民可以樂成, 不可與慮始. 今父老子弟雖患苦我, 然百歲後期令父老子孫思我言.」至今皆得水利, 民人以給足富. 十二渠經絶馳道, 到漢之立, 而長吏以爲十二渠橋絶馳道, 相比近, 不可. 欲合渠水, 且至馳道合三渠爲一橋. 鄴民人父老不肯聽長吏, 以爲西門君所爲也, 賢君之法式不可更也. 長吏終聽置之. 故西門豹爲鄴令, 名聞天下, 澤流後世, 無絶已時, 幾可謂非賢大夫哉!

◉ 어느 것이 똑똑한 것인가

전해 오는 말에 "정나라 재상 자산子産이 정나라를 다스리자 그 백성들은 그를 속이지 못하였고, 공자 제자 자천子賤, 宓不齊이 선보單父를 다스리자 그 백성들은 차마 그를 속이지 못하였으며, 서문표가 업 땅을 다스리자 백성들은 감히 그를 속이지 못하였다"라 하였다.

이 세 사람의 재능 가운데 누가 가장 어질까? 다스리는 길을 아는 사람이라면 능히 분별할 수 있으리라.

傳曰:「子産治鄭, 民不能欺; 子賤治單父, 民不忍欺; 西門豹治鄴, 民不敢欺.」三子之才能誰最賢哉? 辨治者當能別之.

史記列傳

067(127) 일자 열전日者列傳

사마계주司馬季主

⊙ 점으로 미래를 예측하는 것은

예부터 천명天命을 받은 사람만이 왕이 되었지만, 왕자王者가 일어남에 있어 일찍이 복서卜筮에 의해 천명을 판단하지 않은 사람이 있었던가! 복서는 주나라에서 가장 성행하였고, 진秦나라로 들어와서도 행해진 증거를 볼 수 있다. 대왕代王이 한나라 조정에 들어가 천자가 된 것도 복자卜者에게 점을 치게 해서 결정하였던 것으로, 태복太卜은 한나라가 일어날 당시부터 있었다.

自古受命而王, 王者之興何嘗不以卜筮決於天命哉! 其於周尤甚, 及秦可見. 代王之入, 任於卜者. 太卜之起, 由漢興而有.

⊙ 송충과 가의가 사마계주를 찾아가다

사마계주司馬季主는 초나라 사람으로서 장안 동쪽 저잣거리에서 점을 치고 있었다. 당시 송충宋忠은 중대부中大夫였고 가의賈誼는 박사博士였는데, 언젠가 같은 날 휴가를 얻어 물러 나오게 되었다.

두 사람은 걸으면서 이야기하던 끝에 《역易》이 선왕先王과 성인聖人의 도술道術로서 인간의 감정에 통하고 있음을 논하고, 그러다가 서로 얼굴을 마주보며 감탄하였다. 가의가 말하였다.

"듣건대 옛 성인들은 조정에 있지 않으면, 반드시 점쟁이나 의원 가운데 있었다고 하오. 지금 내가 삼공三公·구경九卿을 비롯하여 조정의 사대부들을 본 바로는 모두 성인이 아니오. 어디 한번 복술가 가운데 성인 같은 사람이 있는지 찾아보아 그 풍모와 도량을 시험해 보지 않겠소?"

두 사람은 즉시 같은 수레를 타고 저잣거리로 가서 점치는 집으로 들어갔다. 마침 비가 내려 길에는 오가는 사람들도 적었다. 사마계주는 한가롭게 자리에 앉아 옆에 있는 서너 명의 제자들과 천지의 도와 일월의 운행, 음양·길흉의 근본을 논하고 있었다.

두 사람이 두 번 절하였다. 사마계주는 두 사람의 용모와 태도로 보아 학식이 있는 듯하여 정중히 답례한 뒤, 제자들로 하여금 자리로 맞아들이게 하였다. 두 사람이 자리에 앉자, 사마계주는 다시금 하던 이야기를 계속하여 천지의 끝과 처음, 일월성신의 운행 규칙을 밝히고, 인의의 단계를 질서 있게 설명하며 길흉의 징험을 열거하였다. 그 말이 수천 마디에 이르렀지만 이치에 벗어난 것은 한 마디도 없었다.

송충과 가의는 놀라움과 깨닫는 바가 있어 관을 고쳐 쓰고 옷깃을 여민 다음 자리를 바로 하고 말하였다.

"선생의 모습을 뵈옵고 말씀을 들으니, 저희들이 가만히 세상을 살펴보건대 일찍이 뵈온 적이 없는 분이옵니다. 그런데 지금 어떻게 이런 낮은 처지에 계시면서 점쟁이라는 천한 일을 하고 계십니까?"

司馬季主者, 楚人也. 卜於長安東市.

宋忠爲中大夫, 賈誼爲博士, 同日俱出洗沐, 相從論議, 誦易先王聖人之道術, 究徧人情, 相視而歎. 賈誼曰:「吾聞古之聖人, 不居朝廷, 必在卜醫之中. 今吾已見三公九卿朝士大夫, 皆可知矣. 試之卜數中以觀采.」二人卽同輿而之市, 游於卜肆中. 天新雨, 道少人, 司馬季主閒坐, 弟子三四人侍, 方辯天地之道, 日月之運, 陰陽吉凶之本. 二大夫再拜謁. 司馬季主視其狀貌, 如類有知者, 卽禮之, 使弟子延之坐. 坐定, 司馬季主復理前語, 分別天地之終始, 日月星辰之紀, 差次仁義之際, 列吉凶之符, 語數千言, 莫不順理.

宋忠·賈誼瞿然而悟, 獵纓正襟危坐, 曰:「吾望先生之狀, 聽先生之辭, 小子竊觀於世, 未嘗見也. 今何居之卑, 何行之汙?」

🌀 사마계주라는 점장이

사마계주는 배를 안고 크게 웃으며 말하였다.

"보아하니 공들은 학문이 있는 분들 같은데 이 또 무슨 고루하고 천박한 말씀들을 하시오! 대체 그대들이 어질다고 하는 것은 어떤 것이고, 높다고 보는 사람은 어떤 사람입니까? 또 무엇으로 나를 낮고 천하다고 생각하시오?"

두 사람은 말하였다.

"높은 벼슬, 후한 봉록은 세상 사람들이 높다고 여기는 것이니 어진 사람은 그 같은 지위에 있습니다. 그런데 선생은 그런 지위에 계시지 않으므로 낮다고 말한 것입니다. 점쟁이가 하는 말은 미덥지가 못하고 행동은 본받을 것이 없으며, 부당한 돈을 받고 있기 때문에 천한 일을 하고 있다고 말한 것입니다. 대체로 점이란 것은 세상에서 천하게 여기는 것입니다. 세상 사람들은 모두 '무릇 점쟁이는 말이 많고, 인간의 약점을 노려 과장된 말을 꾸미며 사람들의 감정에 맞추고, 공연히 남의 운명을 높여 말하여 사람의 마음을 기쁘게 하고, 멋대로 환난이 있다고 떠벌여 사람의 마음을 상하게 하며, 귀신의 노염을 샀다고 꾸며대고는 그 액풀이를 한답시고 남의 재산을 알겨먹고 많은 사례금을 요구하여 사복을 채우고 있다'고들 말합니다. 이 같은 일은 우리들이 부끄러워하는 것입니다. 이에 낮고 천하다고 한 것입니다."

司馬季主捧腹大笑曰:「觀大夫類有道術者, 今何言之陋也, 何辭之野也! 今夫子所賢者何也? 所高者誰也? 今何以卑汙長者?」

二君曰:「尊官厚祿, 世之所高也, 賢才處之. 今所處非其地, 故謂之卑. 言不信, 行不驗, 取不當, 故謂之汙. 夫卜筮者, 世俗之所賤簡也. 世皆言曰: 『夫卜者多言誇嚴以得人情, 虛高人祿命以說人志, 擅言禍災以傷人心, 矯言鬼神以盡人財, 厚求拜謝以私於己.』此吾之所恥, 故謂之卑汙也.」

◉ 어진 자와 어질지 못한 자

사마계주는 말하였다.

"공들은 편안히 앉아 천천히 들어 주시오. 공들께서는 저 더벅머리 아이들을 보셨지요? 해와 달이 그들을 환히 비쳐 주면 밖에 나가 놀고 비쳐 주지 않으면 나가 놀지 않습니다. 그 아이들에게 일식이나 월식, 그리고 그 길흉에 대해 물어 보면 이치를 알고 있는 것은 아닙니다. 이것으로도 알 수 있듯이 세상에는 어진 자와 어질지 못한 자를 분별하는 사람이 흔치 않은 것입니다.

어진 자가 하는 일은 도를 바르게 행하여 바르게 충고하고, 세 번 충고해도 듣지 않을 때는 물러나는 것입니다. 남을 칭찬함에 있어 보상이 있기를 바라지 않으며, 남을 미워할 때에는 원망을 살 것을 염두에 두지 않으며, 나라에 편리하고 대중에 이익이 있도록 하는 것을 임무로 삼습니다. 그러므로 자기가 적임이 아니라고 생각되는 관직에는 나아가지 않으며, 자기 공로에 알맞지 않다고 생각되는 봉록은 받지 않습니다. 바르지 못한 사람을 보면, 그가 높은 지위에 있더라도 존경하지 않으며, 오점이 있는 사람을 보면 그가 높은 신분을 가진 사람이라도 굽히지 않습니다. 벼슬을 얻어도 기쁨으로 삼지 않고, 벼슬을 잃어도 원통해하지 않습니다. 자신이 죄를 범하지 않았으면 몸이 묶이는 치욕을 당해도 부끄러워하지 않습니다.

司馬季主曰:「公且安坐. 公見夫被髮童子乎? 日月照之則行, 不照則止, 問之日月疵瑕吉凶, 則不能理. 由是觀之, 能知別賢與不肖者寡矣. 賢之行也, 直道以正諫, 三諫不聽則退. 其譽人也不望其報, 惡人也不顧其怨, 以便國家利衆爲務. 故官非其任不處也, 祿非其功不受也; 見人不正, 雖貴不敬也; 見人有汚, 雖尊不下也; 得不爲喜, 去不爲恨; 非其罪也, 雖累辱而不愧也.

◉ 속임과 술수가 곧 어진 것인 양

그런데 지금 공들께서 말한 어진 자란 모두 부끄러워해야 할 존재들입니다. 그들은 너무도 몸을 낮추어 나아가고, 너무도 겸손하게 말하며, 권세로써 서로가 끌어들이고, 이익을 가지고 서로가 유도하며, 도당을 만들어 올바른 사람을 배척하고, 그렇게 함으로써 영달을 구하고, 나라의 봉록을 받으면서 사사로운 이익만을 도모하고, 나라의 법을 굽혀 농민들로부터 무거운 세금을 거둬들이며, 관직을 위세부리는 수단으로 삼고 법을 무기로 하여 이익을 찾아 포악하게 행동하니, 비유하면 예리한 칼날을 잡고 사람을 위협하는 것과 조금도 다를 것이 없습니다.

처음 벼슬에 임명되었을 때에는 교묘히 거짓을 부려 실력을 두 배로 보여주며, 있지도 않은 공적을 말하고, 있지도 않은 일로써 임금을 속입니다. 윗자리에 있는 것을 좋은 것으로 여겨 어진 자에게 자리를 양보하려 하지 않습니다. 공적을 말할 때에는 거짓 보고를 하기도 하고, 사실을 과장하기도 하며, 없는 것을 있는 것으로 하기도 하고, 적은 것을 많은 것으로 하기도 하여, 자기에게 유리한 권세와 높은 자리를 구합니다. 그리고 좋은 술, 좋은 음식으로, 수레와 말을 타고 놀러 다니며 미녀와 노래하는 여자를 좇느라 부모를 돌보지 않고, 법을 어겨가며 백성들을 해치며 나라를 축나게 합니다. 이 같은 무리들은 도둑질을 하되 창과 활을 가지지 않았다는 것뿐이며, 공격을 하되 활과 칼을 쓰지 않은 것뿐입니다. 부모를 속이고도 아직 그 죄를 받지 않고, 임금을 죽였으나 아직 그 벌을 받지 않은 것뿐입니다. 어떻게 그들을 높고도 어진 자라고 말할 수 있겠습니까?

今公所謂賢者, 皆可爲羞矣. 卑疵而前, 孅趨而言; 相引以勢, 相導以利; 比周賓正, 以求尊譽, 以受公奉; 事私利, 枉主法, 獵農民; 以官爲威, 以法爲機, 求利逆暴: 譬無異於操白刃劫人者也. 初試官時, 倍力爲巧詐, 飾虛功執空文以調主上, 用居上爲右; 試官不讓賢陳功, 見僞增實, 以無爲有, 以少爲多, 以求便勢尊位; 食飮驅馳, 從姬歌兒, 不顧於親, 犯法害民, 虛公家: 此夫爲盜不操矛弧者也, 攻而不用弦刃者也, 欺父母未有罪而弑君未伐者也. 何以爲高賢才乎?

❂ 재주가 있는데도 쓰지 않는 것은

도적이 일어나도 막지 못하고, 오랑캐가 복종하지 않아도 그들을 누를 수 없으며, 간악한 일이 일어나도 막을 수 없고, 관리가 부패하고 타락해도 다스릴 수 없으며, 사철 기후가 불순해도 조절할 수 없고, 흉년이 들어 식량이 부족해도 적당한 대책을 강구할 줄을 모릅니다.

재주와 능력이 있는데도 이를 행치 않는 것은 불충입니다. 재주도 능력도 없이 관직에 앉아 위에서 주는 봉록을 탐하며 어진 자의 출세를 방해하는 것은, 벼슬자리를 도둑질하고 있는 것입니다. 무리를 거느리고 있는 자가 등용되고 재물이 있는 자를 대우하는 것은 거짓된 것입니다.

두 분께서는 올빼미와 봉황이 함께 나는 것을 보지 못하였다고 하십니까? 올빼미가 제멋대로 날뛰면 봉황은 자취를 감춥니다. 마찬가지로 난蘭·지芷·

궁궁·궁궁과 같은 향기로운 풀은 벌판에 버려져 있고, 호蒿·소蕭와 같은 잡초가 숲을 이루게 됩니다. 군자가 물러나 세상에 다시 나타나지 못하게 한 것은 바로 공들께서 말한 어진 자니, 높은 자니 하는 그 무리들입니다.

盜賊發不能禁, 夷貊不服不能攝, 姦邪起不能塞, 官耗亂不能治, 四時不和不能調, 歲穀不孰不能適. 才賢不爲, 是不忠也; 才不賢而託官位, 利上奉, 妨賢者處, 是竊位也; 有人者進, 有財者禮, 是偏也. 子獨不見鴟梟之與鳳皇翔乎? 蘭芷芎藭弃於廣野, 蒿蕭成林, 使君子退而不顯衆, 公等是也.

❀ 옛 성인이 정한 역의 괘상

옛 일을 서술할 뿐 저술하지 않는 것이 군자의 의리라는 것입니다. 대개 복자卜者는 반드시 천지의 규범에 따르고, 사계절을 본뜨며, 인의에 순응하여 책策을 나눠 괘卦를 정하고, 식式을 굴려 기棋를 바로잡은 뒤에 비로소 천지의 이해와 사물의 성패를 말하게 되는 것입니다.

옛날 선왕께서 나라를 정할 때에는 반드시 먼저 해와 달을 점치고, 하늘을 대신하여 천하를 다스렸고, 길한 날을 정한 뒤에 도읍을 옮기셨습니다. 자식을 낳으면 반드시 먼저 길흉을 점친 다음 기를 것을 결정하였습니다.

복희씨伏羲氏는 '팔괘'를 만들었고, 주나라 문왕文王은 이것을 부연하여 '64괘'로 만든 다음 '3백 84효爻'를 만들어 운용함으로써 천하가 바로잡혔습니다. 월왕越王 구천句踐은 문왕의 팔괘에 따라 점을 쳐서 그 결과로 적국을 깨뜨리고 천하의 패권을 잡았습니다.

이로써 보건대 복서가 어찌하여 이치를 거스른다 하겠습니까!

述而不作, 君子義也. 今夫卜者, 必法天地, 象四時, 順於仁義, 分策定卦, 旋式正棋, 然後言天地之利害, 事之成敗. 昔先王之定國家, 必先龜策日月, 而後乃敢代; 正時日, 乃後入家; 産子必先占吉凶, 後乃有之. 自伏羲作《八卦》, 周文王演三百八十四《爻》而天下治. 越王句踐放文王《八卦》以破敵國, 霸天下. 由是言之, 卜筮有何負哉!

◉ 큰 덕을 덕으로 보이지 않는다

그리고 복자는 깨끗이 청소하고 자리를 정한 다음 의관을 바르게 하여 비로소 일의 길흉과 성패를 말하는데, 이것은 곧 예의가 갖춰져 있는 것입니다. 일의 길흉과 성패를 묻게 되면 귀신이 이에 응하고, 그에 의해 충신은 그 군주를 섬기고, 효자는 그 어버이를 받들게 되며, 어버이는 그 자식을 양육하게 되나니, 이는 곧 덕이 있는 것입니다.

그리고 점을 부탁하는 사람은 의무적으로 수십 전 내지는 100전을 치릅니다. 점을 친 결과 아픈 사람이 낫기도 하고, 죽어 가던 자가 되살아나기도 하며, 환난을 면하는 자도 있고, 사업에 성공하는 사람도 있으며, 자식을 시집 보내고 또 며느리를 맞아들이기도 하여 인생을 온전하게 누립니다. 그 은덕으로 말하면 어찌 수십 전이나 100전의 가치만 있겠습니까! 이것이야말로 저 노자老子가 말한 '최상의 덕德은 얼른 보아 덕과 같지 않다. 그러므로 덕이 있는 것이다'라는 것입니다. 자금 무릇 복서卜筮는 천하에 베푸는 이익은 크고 받는 사례는 적으니 노자가 말할 것이 어찌 이에 다른 것이겠습니까!

且夫卜筮者, 埽除設坐, 正其冠帶, 然後乃言事, 此有禮也. 言而鬼神或以饗, 忠臣以事其上, 孝子以養其親, 慈父以畜其子, 此有德者也. 而以義置數十百錢, 病者或以愈, 且死或以生, 患或以免, 事或以成, 嫁子娶婦或以養生: 此之爲德, 豈直數十百錢哉! 此夫老子所謂『上德不德, 是以有德』. 今夫卜筮者利大而謝少, 老子之云豈異於是乎?

◉ 점이란 없을 수 없는 것

장자莊子도 '군자는 안으로 늘 굶주리고 떨 염려가 없고, 밖으로는 약탈당할 걱정이 없으며, 윗자리에서는 존경을 받고, 아랫자리에서는 사람을 해치지 않으니 이것이 군자의 도이다'라고 하였습니다.

지금 복서는 몇 개 안 되는 서죽筮竹과 산목算木이 필요할 뿐으로 쌓아 올려도 부풀 것이 없고, 간직하는 데 창고가 필요치 않으며, 옮기는 데 짐수레가 쓰이지 않고, 짐을 꾸려 짊어져도 무겁지 않습니다. 그런데도 어느 곳에 머물러 쓰게 되든 다함이 없습니다. 다함이 없는 물건을 가지고 끝없는 세상에서 놀게 되니, 장자의 자유로운 행동도 이보다 더하지는 못할 것입니다. 두 분께서는 어째서 점을 업으로 하는 것을 할 짓이 못된다고 하십니까?

하늘은 서북쪽에 모자라는 곳이 있으므로 별이 서북쪽으로 옮겨가고, 땅에는 동남쪽에 모자라는 곳이 있으므로 물이 동남쪽으로 흘러 바다로써 못을 만드는 것입니다. 해는 중천에 오르면 반드시 옮겨가고, 달은 차면 반드시 이지러지며, 선왕의 도는 때로는 있다가도 때로는 없어집니다. 그런데 두 분께서 점치는 사람에게 대해서만 '말은 반드시 미더워야 한다'고 하시니 이 역시 미혹한 것이 아니겠소이까!

莊子曰:『君子內無飢寒之患, 外無劫奪之憂, 居上而敬, 居下不爲害, 君子之道也.』今夫卜筮者之爲業也, 積之無委聚, 藏之不用府庫, 徙之不用輜車, 負裝之不重, 止而用之無盡索之時. 持不盡索之物, 游於無窮之世, 雖莊氏之行未能增於是也, 子何故而云不可卜哉? 天不足西北, 星辰西北移; 地不足東南, 以海爲池; 日中必移, 月滿必虧; 先王之道, 乍存乍亡. 公責卜者言必信, 不亦惑乎!

◉ 유세가가 옛일을 들추어 설명하듯이

공들께서는 저 유세가들을 보셨습니까? 일을 생각하고 계책을 정하는 것은 반드시 그들입니다. 그러나 그들은 말 한 마디로 임금의 마음을 기쁘게 하지는 못합니다.

그러므로 반드시 선왕을 일컫고 상고上古를 말하게 됩니다. 즉 일을 생각하고 계책을 정할 때, 선왕의 공적을 들추어 내는가 하면, 그 실패와 폐해를 말함으로써 임금의 마음을 두렵게도, 기쁘게도 하여 자신의 욕망을 이룩하려 하는 것입니다. 말이 많고 과장된 점에서는 그들보다 더 심한 사람이 없습니다. 그러나 나라를 강하게 하고 일을 성공시켜 임금에게 충성을 다하려 할 경우에는 이렇게 하지 않으면 안 됩니다.

그런데 복자는 미혹한 사람을 인도하고 어리석은 사람을 가르쳐 주는 것입니다. 대체로 어리석은 사람과 미혹한 사람을 어찌 말 한마디로 이해시킬 수가 있겠습니까! 그러므로 복자의 말 많은 것을 싫어하지 못하는 것입니다.

公見夫談士辯人乎? 慮事定計, 必是人也, 然不能以一言說人主意, 故言必稱先王, 語必道上古; 慮事定計, 飾先王之成功, 語其敗害, 以恐喜人主之志, 以求其欲. 多言誇嚴, 莫大於此矣. 然欲彊國成功, 盡忠於上, 非此不立. 今夫卜者, 導惑敎愚也. 夫愚惑之人, 豈能以一言而知之哉! 言不厭多.

◉ 천리마와 나귀를 짝지을 수 없듯이

그러므로 기기騏驥는 비쩍 말라 지친 나귀와 함께 수레를 끄는 사마駟馬가 될 수 없으며, 봉황은 제비나 참새와 무리를 지을 수 없습니다. 마찬가지로 어진 자는 어리석은 자와 항렬을 함께 하지 않습니다.

그러므로 군자는 몸을 낮게 하여 사람 눈에 띄지 않는 곳에 살며 무리들을 피하고, 스스로 숨어 사람을 피하며, 드러나지 않는 곳에서 덕을 보여 주고, 많은 재해를 제거시켜 사람의 천성을 밝혀 주며, 윗사람을 돕고 아랫사람을 길러 세상의 공로와 이익을 많게 하지만, 자신의 존귀나 명예를 구하지 않습니다. 공들은 부화뇌동하는 사람에 불과하니 어찌 장자의 도리를 알 수 있겠습니까!"

故騏驥不能與罷驢爲駟, 而鳳皇不與燕雀爲羣, 而賢者亦不與不肖者同列. 故君子處卑隱以辟衆, 自匿以辟倫, 微見德順以除羣害, 以明天性, 助上養下, 多其功利, 不求尊譽. 公之等喁喁者也, 何知長者之道乎!」

◉ 도덕은 높을수록 편안하지만

송충과 가의는 망연자실하여 넋을 잃을 지경이었다. 얼굴이 창백해지고 말도 하지 못했다. 이에 옷을 여미고 일어나 두 번 절하고 하직 인사를 하였다. 그리고는 정신 없이 돌아다니다가 시문市門을 나와서야 겨우 정신을 차리고 수레에 올랐다. 그러나 수레 횡목의 손잡이에 엎드려 머리를 축 늘어뜨린 채 끝내 기운을 차릴 수 없었다.

그로부터 사흘 뒤, 송충과 가의가 궁궐 문 밖에서 마주쳤다. 두 사람은 서로 끌어당기며 남의 눈을 피해 가만히 말을 주고받으며 탄식하였다.

"도덕은 높을수록 더욱 편안하고, 권세는 높을수록 더욱 위태롭다. 혁혁한 권세 속에 있으면 몸을 망치게 될 날이 올 것이다. 점치는 사람은 점을 쳐서 맞지 않는 일이 있어도 복채를 돌려주는 일은 없지만, 임금을 위해 방책을 세울 때 정확하지 않으면 몸둘 곳이 없게 된다. 이것의 차이는 머리에 쓰는 관과 발에 신는 신의 차이만큼이나 크다. 노자가 말한 '무명無名은 만물의 시작'이라는 말일 것이다. 하늘과 땅은 넓고 크며, 만물은 너무 많아 안전한 곳도 있고 위험한 곳도 있다. 그러나 어디에 있어야 할지 모르겠다. 나와 그대가 어찌 저 사람처럼 살 수 있겠는가! 그는 오래도록 편안히 살 수 있을 것이다. 증씨曾氏, 莊子가 말한 본래의 뜻도 이와 다르지 않을 것이다."

宋忠·賈誼忽而自失, 芒乎無色, 悵然噤口不能言. 於是攝衣而起, 再拜而辭. 行洋洋也, 出門僅能自上車, 伏軾低頭, 卒不能出氣.

居三日, 宋忠見賈誼於殿門外, 乃相引屛語相謂自歎曰:「道高益安, 勢高益危. 居赫赫之勢, 失身且有日矣. 夫卜而有不審, 不見奪糈; 爲人主計而不審, 身無所處. 此相去遠矣, 猶天冠地屨也. 此老子之所謂『無名者萬物之始』也. 天地曠曠, 物之熙熙, 或安或危, 莫知居之. 我與若, 何足預彼哉! 彼久而愈安, 雖曾氏之義未有以異也.」

❀ 송충과 가의의 뒷날

오랜 뒤에 송충은 사신이 되어 흉노로 가다가 도중에 되돌아온 일 때문에 죄를 짓게 되었다. 가의는 양나라 회왕懷王의 태부太傅가 되었지만, 왕이 말에서 떨어져 죽자, 그 일로 인해 회한에 젖은 나날을 보내다가 음식을 끊어 죽고 말았다. 그들은 영화를 얻으려고 애쓰다가 도리어 삶의 뿌리를 끊은 것이다.

久之, 宋忠使匈奴, 不至而還, 抵罪. 而賈誼爲梁懷王傅, 王墮馬薨, 誼不食, 毒恨而死. 此務華絶根者也.

⊛ 사마천의 평어

나 태사공은 이렇게 생각한다.

옛날 복자에 관하여 기록하지 않은 것은, 다른 서적들에 거의 기록되어 있지 않았기 때문이다. 사마계주의 경우는 사적이 뚜렷하므로 내가 기록한 것이다.

太史公曰: 古者卜人所以不載者, 多不見于篇. 及至司馬季主, 余志而著之.

⊛ 저소손褚少孫의 추가 기록

저선생褚先生은 이렇게 말하였다.

내가 낭관郎官이었을 때, 장안을 돌아다니다 복서를 업으로 하는 어진 대부를 만난 일이 있었다. 그가 기거하는 모습과 행동을 보면, 단정하게 의관을 차려 입고 시골 사람들과 말을 주고받는 것이 진실로 군자의 기풍이 있었다. 그는 사람의 성품을 보고 풀기를 잘하였다. 또 부인들이 찾아와 점을 칠 경우에는, 엄숙한 얼굴로 대하고 이빨을 드러내어 웃는 일이 한 번도 없었다.

예로부터 어진 자가 세상을 피해 살 경우에는 잡초가 무성한 숲에 숨어사는 사람도 있고, 민간에 숨어서 입을 다물고 말을 하지 않는 사람도 있으며, 복자들 사이에 숨어서 한 몸을 보전한 사람도 있었다. 사마계주는 본래 초나라의 어진 대부로서 장안에 유학하고 있었다. 그는 《역경》에 통하였고, 황제黃帝와 노자의 학설을 전술하였으며, 들은 것이 많고 앞을 내다보는 달견을 가진 사람이었다. 그가 저 두 대부와 주고받은 이야기만 보더라도 그 말 가운데에 옛날의 현명한 왕과 성인聖人의 도를 인용하고 있다. 이것은 학문이 옅은 술수로서는 도저히 될 수 없는 일이다. 복서를 업으로 하여 천리 밖까지 그 명성을 떨친 사람이 가끔 있다.

옛 글에 전하기로 "부富가 첫째이고 귀貴가 그 다음이다. 이미 귀해졌으면 각각 한 가지 재주를 배워 몸을 세워야 한다"라 하였다.

황직黃直은 대부이고 진군부陳君夫는 그 부인이었다. 이 두 사람은 말이 좋고 나쁜 것을 감별하는 것으로 천하에 이름을 날렸다. 제나라 장중張仲과 곡성후曲成侯는 검술을 배워 이름을 천하에 떨쳤다. 유장유留長孺는 돼지를 감정하는 것으로 이름을 날렸다. 형양滎陽의 저씨褚氏는 소를 감정하는 것으로 이름을 천하에 드러냈다.

이같이 재주를 가지고 이름을 드러낸 사람은 대단히 많으며, 모두 한 시대에 뛰어나 멀리 뭇 사람을 능가하는 풍격이 있었으나, 이러한 사람들을 일일이 열거할 수는 없다. 그러므로 "맞는 땅이 아니면 나무를 심어도 나지 않는다. 그 뜻이 아니면 가르쳐도 소용이 없다"라 한 것이다.

집에서 자손을 가르칠 경우에는 당연히 그들이 좋아하는 것을 알고서 할 일이다. 좋아하는 것과 싫어하는 것을 고르는 것이 참으로 삶의 길이 되는 것이다. 그러니 좋아하는 것을 따라 가르쳐 이룩할 수 있도록 해주어야 한다. 그러므로 "한 집안을 이끌어 가고 자식을 가르치는 모습을 보면 그 사람의 인물됨을 알 수 있다. 자식들이 자신에게 맞는 일에 종사하고 있으면 그 어버이는 훌륭한 사람이라 할 수 있다"라고 말하는 것이다.

내가 낭관이었을 때, 전에 태복太卜이던 사람으로 낭관이 되려고 황제의 조서를 기다리던 사람과 같은 관청에서 일한 적이 있었다. 그런데 그는 이렇게 말하였다.

"무제 때 점복가占卜家들을 한방에 모아놓고, 어느 모일에 며느리를 맞아들여도 좋겠는가라고 물었지요. 이에 대해 오행가五行家는 '좋습니다'라고 말하였고, 감여가堪輿家, 風水家는 '안 됩니다'라고 말하고, 건제가建除家, 역시 점술가의 하나는 '불길합니다'라고 말하고, 총신가叢辰家, 占星家는 '아주 흉합니다'라고 말하였으며, 역가曆家, 曆占家는 '약간 흉합니다'라고 말하였고, 천인가天人家, 天一家는 '조금 길합니다'라고 말하였으며, 태일가太一家, 太乙家는 '크게 길합니다'라고 하였습니다. 각각 자기 주장을 내세워 논쟁을 벌이며 결론이 나지 않았습니다. 이에 황제께 사실대로 아뢰자 '모든 상서롭지 못한 것을 피하는 데는 오행五行을 위주로 하라. 사람은 오행에 의해 태어나고 살아가기 때문이다'라는 조칙이 있었습니다."

褚先生曰: 臣爲郞時, 游觀長安中, 見卜筮之賢大夫, 觀其起居行步, 坐起自動, 誓正其衣冠而當鄕人也, 有君子之風. 見性好解婦來卜, 對之顏色嚴振, 未嘗見齒而笑也. 從古以來, 賢者避世, 有居止舞澤者, 有居民閒閉口不言, 有隱居卜筮閒以全身者. 夫司馬季主者, 楚賢大夫, 游學長安, 通《易經》, 術黃帝・老子, 博聞遠見. 觀其對二大夫貴人之談言, 稱引古明王聖人道, 固非淺聞小數之能. 及卜筮立名聲千里者, 各往往而在. 傳曰: 「富爲上, 貴次之; 旣貴各各學一伎能立其身.」黃直, 大夫也; 陳君夫, 婦人也: 以相馬立名天下. 齊張仲・曲成侯以善擊刺學用劍, 立名天下. 留長孺以相彘立名. 滎陽褚氏以相牛立名. 能以伎能立名者甚多, 皆有高世絶人之風, 何可勝言. 故曰: 「非其地, 樹之不生; 非其意, 敎之不成.」夫家之敎子孫, 當視其所以好, 好含苟生活之道, 因而成之. 故曰: 「制宅命子, 足以觀士; 子有處所, 可謂賢人.」

臣爲郞時, 與太卜待詔爲郞者同署, 言曰: 「孝武帝時, 聚會占家問之, 某日可取婦乎? 五行加曰可, 堪輿家曰不可, 建除家曰不吉, 叢辰家曰大凶, 曆家曰小凶, 天人家曰小吉, 太一家曰大吉. 辯訟不決, 以狀聞. 制曰: 『避諸死忌, 以五行爲主.』」人取於五行者也.

史記列傳

068(128) 귀책 열전龜策列傳

🟤 사마천의 평어

나 태사공은 이렇게 생각한다.

예로부터 성스러운 왕이 나라를 세우고 천명을 받아 왕업을 일으키려 할 때, 점치는 일을 소중히 여겨 바른 정치를 돕지 않은 적이 없었다. 요堯·순舜 이전은 복서에 관한 기록이 부족한 탓으로 기록할 수 없으나, 하·은·주 삼대가 일어난 뒤로는 각각 복서에 나타난 상서로운 징조에 의해 나라의 기반을 닦았다.

하나라 시조 우禹임금은 도산씨塗山氏의 딸을 아내로 맞이할 때 친 점이 길하여 그 아들 계啓가 대를 이어 천자가 되었고, 은나라 시조 설契의 어머니 간적簡狄은 날아다니는 제비의 알을 먹고 친 점이 길하였기 때문에 은나라가 흥하였으며, 주나라 시조 후직后稷은 어릴 때부터 농사일을 좋아하여 즐겨 백곡을 심었는데 그 점괘가 길하였기 때문에 주나라가 천하의 왕자王者가 되었던 것이다.

왕들은 여러 의심스런 일이나 어려운 일을 결정할 때마다, 복서를 참고로 하여 시초蓍草나 귀갑龜甲으로 판단을 내렸으니 이것은 바꿀 수 없는 규칙이다.

만蠻·이夷·저氐·강羌 등 이민족들은 비록 군신의 차례는 없었지만, 의심스러운 문제를 풀거나 결정할 때 역시 점을 쳤다. 그들은 쇠와 돌을 써서 점을 치기도 하고, 혹은 풀과 나무를 써서 점을 치는 등 나라에 따라 각각 그 풍습이 달랐다. 그러나 모두 그것에 의해 전쟁을 일으키고 공격을 하고, 군사를 나아가게 하여 승리를 얻었다. 각자 그들의 신령을 믿고 점에 의해 장차 닥칠 일들을 알 수 있다고 생각하였기 때문이다.

太史公曰: 自古聖王將建國受命, 興動事業, 何嘗不寶卜筮以助善! 唐虞以上, 不可記已. 自三代之興, 各據禎祥. 塗山之兆從而夏啓世, 飛燕之卜順故殷興, 百穀之筮吉故周王. 王者決定諸疑, 參以卜筮, 斷以蓍龜, 不易之道也.

蠻夷氐羌雖無君臣之序, 亦有決疑之卜. 或以金石, 或以草木, 國不同俗. 然皆可以戰伐攻擊, 推兵求勝, 各信其神, 以知來事.

✸ 점치는 일에 대한 기록과 실제

대략 들어본 바로는, 하나라와 은나라에서는 점을 칠 시기가 되어야만 비로소 시초蓍草나 귀갑龜甲을 마련하였고, 끝난 뒤에는 곧 그것을 버렸다. 귀갑은 오래 간직해 두면 영험이 없고, 시초는 오래 보관해 두면 신통함을 잃게 된다고 여겼기 때문이다. 그런데 주나라에 와서는 왕실의 복관卜官이 항상 시초와 귀갑을 소중하게 간직해 두게 되었다. 물론 그것들의 크기나 사용 순서 따위를 중시하는 데에는 차이가 있었지만 언제나 그 목적은 같았다.

한편 성왕聖王은 어떤 일을 당하면, 어떻게 처리할 것인가를 반드시 길흉을 가려서 결정하지 않은 적이 없으며, 의심나는 점을 결정하는 것 역시 그러하였다. 성왕이 시초와 귀갑에 의해 신에게 묻고, 의심나는 점을 푸는 방법을 만들어 내게 된 것은, 뒤에 오는 세상이 점점 쇠미해져 어리석은 사람이 지혜로운 사람을 스승으로 받들지 않게 되고, 사람들이 각각 자기 편한 대로 생각하며, 가르침이 백가百家로 나뉘어 서로 다투게 되고, 성왕의 도가 난잡해지기 때문에, 도리와 관계된 것을 가장 심오하고 미묘함에 이르는 점에서 추론하여 정신을 깨끗이 하려는 것이라고 여겼다.

또 한편으로는 거북의 뛰어난 점, 즉 영묘한 점에 있어서는 성인도 미칠 수 없고, 거북이 길흉을 보여 주고 옳고 그름을 분별하는 것이 인간의 일상에도 적중하는 일이 많기 때문이라고 여겼다.

고조 때에 이르러 진秦나라 태복관太卜官을 그대로 이어받았다. 당시 천하는 겨우 안정을 찾았으나, 전란은 아직 완전히 가시지 않았다. 혜제는 재위 기간이 짧았고, 여태후呂太后는 여제女帝가 되었다. 문제와 경제 시대에는 오로지 선례에 따랐을 뿐 복서의 이치를 강구하거나 시험할 겨를이 없었다.

담당관인 주관疇官은 부자가 대를 이어 왔으나, 복서의 정미하고 심묘한 점을 많이 잃게 되었다. 그러나 지금의 황제武帝께서 즉위한 뒤로는 널리 예능의 길을 열어 백가의 학문을 두루 채용하게 되었다. 따라서 한 가지 재주에 통해 있는 선비는 모두 자신의 능력을 발휘할 수 있었다. 그리하여 뭇 사람보다 월등히 능력이 뛰어난 사람은 높은 지위에 올라 남에게 아부하거나 사사로움에 치우치지 않아도 되었기 때문에 몇 해 사이에 태복太卜 벼슬은 훨씬 충실해졌다.

마침 무제는 흉노를 치고 서쪽으로는 대완大宛을 물리치며 남쪽으로는 백월百越을 손아귀에 넣고자 하였다. 따라서 복서가 미리 길흉의 징조를 예견하여 이익을 도모할 수 있게 되었으며, 또한 맹장들이 적진으로 쳐들어 가고, 천자의 사신이 부절을 받들고 전쟁터에서 승리를 얻은 데에도 시초와 귀갑으로 친 점이 크게 도움을 주었다.

이에 황제는 더욱더 복자卜者를 중시하여 하사품만 해도 수천만 전에 달할 정도였다. 따라서 구자명丘子明과 같은 무리들은 부귀영화를 누렸을 뿐더러, 황제의 은총으로 그 권세가 조정 대신들을 압도하였다.

남을 해치고자 푸닥거리하는 것을 점으로 알아맞혀, 무고巫蠱 사건 때에는 크게 공을 세우기도 하였다. 그러나 그들은 점괘를 이용하여 평소의 사소한 원한이나 못마땅한 일을 공사公事와 관련시켜 죄를 덮어씌우고, 또 사람을 멋대로 모함하기 일쑤였다. 그 때문에 일족 일문이 멸족을 당한 예는 이루 다 헤아릴 수 없을 정도였다. 이에 크게 두려워한 백관들은 모두 귀갑과 시초가 능히 말을 할 줄 안다라고 하였다. 그러나 그 뒤 그들 역시 간악한 짓이 발각되어 삼족이 멸하는 화를 당하였다.

略聞夏殷欲卜者, 乃取蓍龜, 已則弃去之, 以爲龜藏則不靈, 蓍久則不神. 至周室之卜官, 常寶藏蓍龜, 又其大小先後, 各有所尚, 要其歸等耳. 或以爲 聖王遭事無不定, 決疑無不見, 其設稽神求問之道者, 以爲後世衰微, 愚不 師智, 人各自安, 化分爲百室, 道散而無垠, 故推歸之至微, 要絜於精神也. 或以爲昆蟲之所長, 聖人不能與爭. 其處吉凶, 別然否, 多中於人. 至高祖時, 因秦太卜官. 天下始定, 兵革未息. 及孝惠享國日少, 呂后女主, 孝文・孝景 因襲掌故, 未遑講試, 雖父子疇官, 世世相傳, 其精微深妙, 多所遺失. 至今上 卽位, 博開藝能之路, 悉延百端之學, 通一伎之士咸得自效, 絶倫超奇者爲右,無所阿私, 數年之閒, 太卜大集. 會上欲擊匈奴, 西攘大宛, 南收百越, 卜筮至 預見表象, 先圖其利. 及猛將推鋒執節, 獲勝於彼, 而著龜時日亦有力於此. 上尤加意, 賞賜至或數千萬. 如丘子明之屬, 富溢貴寵, 傾於朝廷. 至以卜筮 射蠱道, 巫蠱時或頗中. 素有眥睚不快, 因公行誅, 恣意所傷, 以破族滅門者, 不可勝數. 百僚蕩恐, 皆曰龜策能言. 後事覺姦窮, 亦誅三族.

☯ 복서卜筮가 중요하기는 하지만

무릇 시초를 배열하여 길흉을 점치고, 거북 등딱지를 구워 좋고 나쁜 징조를 보는 것에는 그 변화가 무궁무진하다. 그 때문에 어진 자를 뽑아 점을 치게 하는 것인데 점이야말로 성인에게는 신중해야 할 일이라고 할 수 있으리라!

예컨대 주나라 무왕이 병들었을 때, 주공周公은 삼귀三龜로써 점을 쳐 무왕의 병을 완쾌시켰고, 상商나라 주왕紂王이 포학한 짓을 행하자, 원귀元龜는 길하다는 점괘를 나타내지 않았다. 또 진晉나라 문공文公은 주나라 양왕襄王의 왕위를 정하고자 점을 치자, 황제가 판천阪泉에서 싸운다는 길조를 얻은 뒤에 양왕으로부터 동궁彤弓을 하사받았다. 진晉나라 헌공獻公이 여희驪姬의 색을 탐내어 여융驪戎을 공격하기 전에 점을 치자, 이빨에 화가 미친다는 흉조가 나타나, 그 화는 그로부터 5대까지 미쳤다. 초나라 영왕靈王이 주나라 왕실을 배반하고자 점을 쳤을 때 흉조를 보였다. 영왕은 마침내 건계乾谿 싸움에서 패하여 죽고 말았다.

이같이 길흉의 징조와 응험은 점괘에 사실대로 나타나 보였고, 당시 사람들은 점괘가 제대로 맞는 것을 똑똑히 보았으니, 점괘의 징조와 응험이 가히 사릴과 맞지 않는다고 말할 수 있겠는가!

군자는 대체로 복서를 가볍게 여기고, 신명을 업신여기는 자는 사람의 도리에도 어긋나는 것이지만, 사람의 도리를 거스르면서 상서로움만을 믿으려 하는 자는 귀신도 바르게 알려 주지 않을 때가 있다라고 말하였다. 그러므로 《서》의 '홍범洪範'에는 의심나는 일을 생각하고 결정하는 방법 으로서, 오모五謀가 있는데 복卜과 서筮는 다섯 가운데 둘을 차지하고 있어, 일을 하려면 이 다섯 사람이 각각 점을 쳐서 그 중에서 찬성이 많은 사람의 판단을 따른다라 하였다. 이로써 복서를 소중히 여기기는 하였지만, 오로지 그것에만 의지하지는 않았음을 알 수 있다.

夫搉策定數, 灼龜觀兆, 變化無窮, 是以擇賢而用占焉, 可謂聖人重事者乎! 周公卜三龜, 而武王有瘳. 紂爲暴虐, 而元龜不占. 晉文將定襄王之位, 卜得黃帝之兆, 卒受彤弓之命. 獻公貪驪姬之色, 卜而兆有口象, 其禍竟流五世. 楚靈將背周室, 卜而龜逆, 終被乾谿之敗. 兆應信誠於內, 而時人明察見之於外, 可不謂兩合者哉! 君子謂夫輕卜筮, 無神明者, 悖; 背人道, 信禎祥者, 鬼神不得其正. 故《書》建稽疑, 五謀而卜筮居其二, 五占從其多, 明有而不專之道也.

◉ 강남 지역의 거북에 대한 인식

내가 강남江南에 갔을 때, 그곳 사람들이 점치는 것을 보고 그 중 나이 많은 이에게 물었더니 그는 '거북은 천 년이 되면 연잎 위에서 놀고, 시초는 한 뿌리에 백 개의 줄기가 올라온다. 또 시초가 나 있는 곳에는 호랑이·이리 등 맹수들이 살지를 않고, 독초가 나지 않는다. 장강 근방에 있는 사람들은 늘 거북을 길러 피를 마시고 고기를 먹는데, 그리함으로써 능히 혈액 순환을 좋게 하고, 기운을 도와 늙고 병드는 것을 막는 데 도움이 된다고 믿고 있다'고 하였다. 어찌 믿지 않을 수 있겠는가!

余至江南, 觀其行事, 問其長老, 云龜千歲乃遊蓮葉之上, 蓍百莖共一根. 又其所生, 獸無虎狼, 草無毒螫. 江傍家人常畜龜飲食之, 以爲能導引致氣, 有益於助衰養老, 豈不信哉!

◉ 저소손의 추가 기록

저선생은 말하였다.
나는 경학에 통달하고, 박사博士에게서 학업을 받아 배우고, 《춘추》를 공부하여 좋은 성적으로 낭관이 되었다. 다행히도 궁궐을 수비하는 숙위宿衛로서 대궐을 드나든 지 10여 년이 되었는데 그 동안 〈태사공전〉을 좋아하여 읽었다. 〈태사공전〉에는 "하·은·주 삼대의 왕이 다 같이 거북점을 쳤으나 그 방법이 달랐으며, 사방의 이민족들 역시 점치는 방법이 각각 달랐다. 그러나 복서로써 길흉을 판단한 점은 같다. 이에 대충 그 요지를 살펴 〈귀책열전〉을 지었다"라 하였다.

이에 나는 장안 시내를 오가며 〈귀책열전〉을 찾으려 하였으나 찾을 수 없었다. 태복관太卜官을 찾아가 장고掌故·문학文學의 장로들 중에서 모든 일에 능통한 사람들에게 물어 귀책·점복에 관한 일을 기록하여 아래와 같이 편술한다.

褚先生曰: 臣以通經術, 受業博士, 治《春秋》, 以高第爲郞, 幸得宿衛, 出入宮殿中十有餘年. 竊好《太史公傳》.《太史公之傳》曰:「三王不同龜, 四夷各異卜, 然各以決吉凶, 略窺其要, 故作《龜策列傳》. 臣往來長安中, 求《龜策列傳》不能得, 故之大卜官, 問掌故文學長老習事者, 寫取龜策卜事, 編于下方.

◎ 여덟 가지 명귀名龜

옛날 오제와 삼왕三王이 거사하여 일을 시작하려 할 때는 반드시 먼저 시초와 거북에 의해 길흉을 결정하였다 한다. 전해 오기로는 "아래 복령伏靈이 있으면 그 위에 토사兎絲가 있고, 위에 시초가 나면 그 밑에 신귀神龜가 있다"라 하였다. 이른바 복령이란 토사 밑에서 성장하는 것으로 그 모양은 나는 새와 같다. 봄비가 그친 뒤 하늘이 맑고 고요하여 바람이 없는 날 밤중에, 토사를 베어 내고 횃불로 그곳을 비추어 본다. 만일 땅 속에서 내뿜는 기운 때문에 횃불이 꺼지면 그곳에 표시를 하고, 길이 4장丈의 새 천으로 주위를 둘러싸 두었다가 이튿날 새벽에 그곳을 판다. 깊이 넉 자에서 일곱 자까지를 파면 복령을 얻을 수가 있다. 일곱 자를 지나면 얻지 못한다. 복령은 천년 묵은 노송의 소나무 진이며 그것을 먹으면 불로장생한다.

듣건대 시초가 나서 줄기가 백 개 이상이 되면, 그 밑에는 틀림없이 신령스런 거북이 있어서 이를 지키고, 그 위에는 항상 푸른 구름이 덮여 있다 한다. 옛글에 전해 오기를 "천하가 태평하여 왕도王道가 행해지면 시초의 줄기는 열 자의 길이가 되고, 한 뿌리에서 백 줄기 이상이 난다"라 하였다. 그러나 오늘날 시초를 얻어 보아도 옛날 법도에 맞는 것은 없어서, 줄기가 100개 이상이고, 그 길이가 열 자가 되는 것은 얻을 수 없다. 줄기가 80개 이상으로 길이가 여덟 자 되는 것마저 얻기 어렵다. 시초로 점 치기를 좋아하는 사람들은 줄기가 60개 이상으로 길이가 여섯 자 되는 것이면 쓸 만한 것이라고 여긴다.

기록에는 "명귀名龜를 얻어 가진 사람에게는 재물이 모여들고, 그 집은 반드시 천만 전을 모을 수 있는 부자가 된다. 명귀는 첫째 북두귀北斗龜, 둘째 남진귀南辰龜, 셋째 오성귀五星龜, 넷째 팔풍귀八風龜, 다섯째 28수귀 二十八宿龜, 여섯째 일월귀日月龜, 일곱째 구주귀九州龜, 여덟째 옥귀玉龜라 하여 모두 여덟 종류가 있다. 거북은 각각 배 밑에 무늬가 있는데, 그 생긴 무늬에 의해 그 이름을 달리 부른다"라 하였다. 여기서는 그 대충만을 기록하고 그 그림은 옮겨 그리지 않았다.

거북을 잡으면 반드시 한 자 두 치가 안 되는데 사람들은 길이 7, 8치 되는 거북을 얻더라도 보배로 여긴다. 대체로 주옥이나 보기寶器는 깊이 감추어져 있어도 그 빛을 드러내고 반드시 그 신명함을 나타낸다는 것은 이를 두고 말한 것이리라!

그러므로 산에 옥이 있으면 초목이 기름지고, 못에 구슬이 있으면 언덕의 물이 마르지 않는 것은, 구슬과 옥의 윤택하게 하는 신령한 힘이 가해져 있기 때문이다. 강과 바다에서 나는 명월주明月珠는 조개 속에 감춰져 있고 그 밑에는 교룡蛟龍이 엎드려 숨어 있다. 왕이 이를 얻으면 길이 천하를 보존하며 사방 오랑캐들이 복종하게 된다. 줄기가 백 개 있는 시초를 얻고 동시에 그 밑에 숨어 있는 신귀神龜까지 얻어 점을 치는 사람은 그가 말하는 것이 백발백중이어서 충분히 길흉을 판정할 수 있다.

聞古五帝·三王發動擧事, 必先決著龜. 傳曰:「下有伏靈, 上有兔絲; 上有擣蓍, 下有神龜.」所謂伏靈者, 在兔絲之下, 狀似飛鳥之形. 新雨已, 天淸靜無風, 以夜捎兔絲去之, 卽以籠燭此地燭之, 火滅, 卽記其處, 以新布四丈環置之, 明卽掘取之, 入四尺至七尺, 得矣, 過七尺不可得. 伏靈者, 千歲松根也, 食之不死. 聞蓍生滿百莖者, 其下必有神龜守之, 其上常有靑雲覆之. 傳曰:「天下和平, 王道得, 而蓍莖長丈, 其叢生滿百莖.」方今世取蓍者, 不能中古法度, 不能得滿百莖長丈者, 取八十莖已上, 蓍長八尺, 卽難得也. 人民好用卦者, 取滿六十莖已上, 長滿六尺者, 卽可用矣. 記曰:「能得名龜者, 財物歸之, 家必大富至千萬.」一曰「北斗龜」, 二曰「南辰龜」, 三曰「五星龜」, 四曰「八風龜」, 五曰「二十八宿龜」, 六曰「日月龜」, 七曰「九州龜」, 八曰「玉龜」: 凡八名龜. 龜圖各有文在腹下, 文云云者, 此某之龜也. 略記其大指, 不寫其圖. 取此龜不必滿尺二寸, 民人得長七八寸, 可寶矣. 今夫珠玉寶器, 雖有所深藏, 必見其光, 必出其神明, 其此之謂乎! 故玉處於山而木潤, 淵生珠而岸不枯者, 潤澤之所加也. 明月之珠出於江海, 藏於蚌中, 蛟龍伏之. 王者得之, 長有天下, 四夷賓服. 能得百莖蓍, 并得其下龜以卜者, 百言百當, 足以決吉凶.

◉ 귀실龜室을 마련하여

신귀는 장강長江, 楊子江 물 속에서 난다. 여강군廬江郡에서는 길이 한 자두 치 되는 살아 있는 거북을 20마리씩 해마다 태복관太卜官으로 실어보낸다. 태복관에서는 좋은 날을 가려, 그 배 밑의 딱지를 떼어 낸다. 거북은 천 년이 되어야 길이가 한 자 두 치가 된다.

왕이 군대를 일으켜 장군을 내보내게 될 때에는 반드시 종묘의 당상堂上에서 귀갑龜甲으로 길흉을 점친다. 고묘高廟 안에는 귀실龜室이 있고 그 안에 귀갑을 보관해 두고 신령스런 보물로 삼았다.

神龜出於江水中, 廬江郡常歲時生龜長尺二寸者二十枚輸太卜官, 太卜官因以吉日剔取其腹下甲. 龜千歲乃滿尺二寸. 王者發軍行將, 必鑽龜廟堂之上, 以決吉凶. 今高廟中有龜室, 藏內以爲神寶.

◉ 거북에 대한 신비한 기록

옛글에는 "거북의 앞발 뼈를 얻어 구멍을 뚫고 이것을 몸에 지니거나 또 거북을 얻어 방 서북쪽에 걸어 두면 깊은 산이나 숲 속으로 들어가도 길을 잃지 않는다"라 하였다.

내가 낭관으로 있을 때 〈만필석주방萬畢石朱方〉을 본 일이 있다. 거기에는 이렇게 적혀 있었다.

"신귀는 강남의 가림嘉林 속에 살고 있다. 가림이란 그 속에 범과 이리 같은 맹수가 없고, 부엉이나 올빼미와 같은 나쁜 새도 없으며, 사람을 해치는 독초도 나지 않고, 들불도 미치지 못하며, 도끼도 낫도 여기에는 들어오지 못한다. 그러므로 좋은 숲이란 뜻으로 '가림'이라 부르는 것이다. 신귀는 이 속에서 항상 연잎 위에 자리잡고 산다. 신귀의 왼쪽 옆구리에는 '갑자甲子 중광重光에 나를 얻는 자는, 필부라면 임금이 되거나 봉토가 있는 제후가 될 것이고 또 제후라면 제왕이 될 것이다'라는 글이 씌어 있다. 백사白蛇가 몸을 도사리고 있는 숲 속에서 신귀를 구하는 자는 목욕재계하고 그것이 나타나기를 기다리게 된다. 이때는 신귀의 비밀을 알려 주는 이를 기다리기라도 하는 듯이 몸가짐을 공손히 해야 한다. 그리고 술을 땅에 부어 제사를 지내고 머리를 풀어뜨리고 사흘 낮과 밤을 찾아 헤매면 얻을 수 있다."

이 기록에 의하면, 신귀의 영묘함은 참으로 위대한 바가 있도다! 어찌 그러한 거북을 공경치 않을 수 있겠는가?

傳曰:「取前足臑骨穿佩之, 取龜置室西北隅懸之, 以入深山大林中, 不惑.」臣爲郞時, 見《萬畢石朱方》, 傳曰:「有神龜在江南嘉林中. 嘉林者, 獸無虎狼, 鳥無鴟梟, 草無毒螫, 野火不及, 斧斤不至, 是爲嘉林. 龜在其中, 常巢於芳蓮之上. 左脅書文曰:『甲子重光, 得我者匹夫爲人君, 有土正, 諸侯得我爲帝王.』求之於白蛇蟠杅林中者, 齋戒以待, 凝然, 狀如有人來告之, 因以醮酒佗髮, 求之三宿而得.」由是觀之, 豈不偉哉! 故龜可不敬與?

🌀 서민이라면 거북을 죽여서는 안 된다

남쪽 땅의 한 노인이 거북으로 침상의 다리를 받쳐 두었다. 그로부터 20여 년이 지난 뒤 노인이 죽어 침상을 옮기게 되었는데 거북은 그 때까지 살아 있었다. 거북은 제 스스로 기운을 돌려 몸 속으로 끌어들일 수 있기 때문이다. 누군가 이렇게 물었다.

"거북은 이같이 신령한 것인데 어찌하여 태복관은 살아 있는 거북을 얻으면 곧 죽여 그 딱지를 취합니까?"

최근에 장강 근처에 사는 사람이 명귀名龜를 얻어 기르게 되었다. 그로부터 그 집안은 큰 부자가 되었다. 그는 친구와 상의하여 거북을 놓아주려 하였으나 친구가 말렸다.

"죽이는 것이 좋다. 놓아주는 것은 좋지 못하다. 놓아 보내면 그대 집은 망하게 되리라."

그러자 거북이 꿈에 나타나서 말하였다.

"나를 물 속으로 보내 주시오. 죽이지는 마십시오."

그러나 결국 거북을 죽이고 말았다. 거북이 죽자 집주인도 죽고 집안에는 불행이 잇달았다.

백성과 임금과는 길을 달리한다. 백성이 명귀를 얻었을 때는 아무래도 죽이지 않는 쪽이 좋은 것 같다. 그러나 고사에 따르면 옛날 현명한 왕과 성스러운 군주는 모두 거북을 죽여서 썼다.

南方老人用龜支牀足, 行二十餘歲, 老人死, 移牀, 龜尚生不死. 龜能行氣導引. 問者曰:「龜至神若此, 然太卜官得生龜, 何爲輒殺取其甲乎?」近世江上人有得名龜, 畜置之, 家因大富. 與人議, 欲遣去. 人敎殺之勿遣, 遣之破人家. 龜見夢曰:「送我水中, 無殺吾也.」其家終殺之. 殺之後, 身死, 家不利. 人民與君王者異道. 人民得名龜, 其狀類不宜殺也. 以往古故事言之, 古明王聖主皆殺而用之.

❀ 장강의 사자로 하수의 신에게 심부름 가던 거북

송나라 원왕元王 때는 신귀神龜를 얻었는데, 역시 죽여서 점치는 데 썼다. 삼가 그 일을 아래에 기록하여 옛 이야기 듣기를 좋아하는 사람들에게 도움이 되었으면 한다.

송나라 원왕 2년, '장강의 신'이 신귀를 '황하의 신'에게 사자로 보내었다. 신귀가 천양泉陽에 이르렀을 때, 예저豫且라는 어부가 그물로 이 신귀를 잡아 바구니 속에 넣어 두었다. 밤중에 거북은 원왕의 꿈에 나타나 이렇게 말하였다.

"나는 장강의 신의 명령을 받고 하수河水, 黃河의 신에게 사신으로 가던 길이었습니다. 내가 가는 길목에 그물이 쳐져 있어서 천양의 예저에게 잡혀 있습니다. 도망칠 수도 없고, 도움을 청할 만한 상대도 없습니다. 대왕께서는 덕과 의리가 있으신 분이라 이렇게 찾아와 도움을 청합니다."

원왕은 깜짝 놀라 깨어 박사 위평衛平을 불러 물었다.

"지금 과인은 꿈 속에서 한 남자를 만났소. 목을 길게 늘이고 머리가 길쭉한 남자로서, 수놓은 검은색 옷을 입고 검은 수레를 타고, 과인에게 나타나 '나는 장강의 신의 명령을 받고 황하의 신에게로 가는 길이었는데, 내 가는 길목에 그물이 쳐져 있어서 천양의 예저에게 잡혀 있습니다. 도망칠 수도 없고, 도움을 청할 만한 상대도 없습니다. 왕께서는 덕과 의리가 있는 분이므로 이렇게 찾아와 도움을 청합니다'라고 하던데 이것이 무슨 뜻이오?"

위평은 점치는 도구인 식式을 들고 일어나 하늘을 우러러 보았다. 달빛을 보고 북두성이 가리키는 곳을 살펴 태양이 그때 있는 곳을 추정하고, 규規를 잡은 동방신東方神, 구矩를 잡은 서방신西方神, 권權을 잡은 남방신南方神, 형衡을 잡은 북방신北方神의 도움을 빌려 사방의 방위를 바르게 맞추고, 사유四維의 위치를 정하고, 8괘가 바르게 서로 바라보게 하였다. 그리고 그 길흉을 헤아리자, 거북 형상이 나타났다. 이에 위평은 원왕에게 이렇게 말하였다.

"어젯밤은 임자일壬子日로 달은 견우牽牛에서 차고, 하수의 물은 크게 불어 귀신들이 서로 의논하고 있었습니다. 은하수가 남북으로 바로 위치하여 장강과 하수는 사철의 정상을 잃지 않았습니다. 남풍이 새로 불어와 장강의 사자가 먼저 왔습니다. 흰 구름이 은하수를 덮으면 만물이 모두 제자리에 멈추고, 북두성의 두병斗柄이 해 있는 방향을 가리키고 있으니, 장강신의 사자가 갇히게 된 것입니다. 검은 옷을 입고 검은 수레에 탄 것은 거북입니다. 왕께서는 급히 사람을 보내 찾도록 하십시오."

왕이 대답하였다.

"훌륭하오."

宋元王時得龜, 亦殺而用之. 謹連其事於左方. 令好事者觀擇其中焉.

宋元王二年, 江使神龜使於河, 至於泉陽, 漁者豫且擧網得而囚之, 置之籠中. 夜半, 龜來見夢於宋元王曰:「我爲江使於河, 而幕網當吾路. 泉陽豫且得我, 我不能去. 身在患中, 莫可告語. 王有德義, 故來告訴.」元王惕然而悟. 乃召博士衛平而問之曰:「今寡人夢見一丈夫, 延頸而長頭, 衣玄繡之衣而乘輜車, 來見夢於寡人曰:『我爲江使於河, 而幕網當吾路. 泉陽豫且得我, 我不能去. 身在患中, 莫可告語. 王有德義, 故來告訴.』是何物也?」衛平乃援式而起, 仰天而視月之光, 觀斗所指, 定日處鄕. 規矩爲輔, 副以權衡. 四維已定, 八卦相望. 視其吉凶, 介蟲先見. 乃對元王曰:「今昔壬子, 宿在牽牛. 河水大會, 鬼神相謀. 漢正南北, 江河固期, 南風新至, 江使先來. 白雲壅漢, 萬物盡留. 斗柄指日, 使者當囚. 玄服而乘輜車, 其名爲龜. 王急使人問而求之」王曰:「善.」

◉ 예저가 잡은 거북을 찾아내어

이에 왕은 사자를 급히 천양령泉陽令에게로 보내어 이렇게 묻도록 하였다.

"어부의 집은 몇 집이나 되는가? 예저라는 이름을 가진 자는 누구인가? 예저가 잡은 거북이 왕의 꿈 속에 나타났기 때문에 왕은 나를 시켜 그 거북을 찾으라고 명령하셨다."

천양령은 관속들을 시켜 호적을 조사하고 지도를 살피도록 하였다. 강가에 있는 어부의 집은 모두 쉰 다섯이었는데, 상류에 있는 움막에 예저라는 자가 살고 있음을 알아내고 천양령이 말하였다.

"이 사람입니다."

천양령은 사자와 함께 달려가 예저에게 물었다.

"어젯밤 고기를 잡으러 가서 무엇을 잡았는가?"

예저가 대답하였다.

"한밤중에 그물을 올려 거북을 잡았습니다."

사자가 말하였다.

"거북은 지금 어디 있느냐?"

예저가 대답하였다.

"바구니 속에 있습니다."

사자가 말하였다.

"왕께서는 네가 거북을 잡은 것을 알고 계시다. 이에 내게 그것을 찾아오도록 명령하셨다."

그러자 예저가 대답하였다.

"알았습니다."

예저는 곧 거북을 바구니 속에서 꺼내 묶어 사자에게 바쳤다.

於是王乃使人馳而往問泉陽令曰:「漁者幾何家? 名誰爲豫且? 豫且得龜, 見夢於王, 王故使我求之.」泉陽令乃使吏案籍視圖, 水上漁者五十五家, 上流之廬, 名爲豫且. 泉陽令曰:「諾.」乃與使者馳而問豫且曰:「今昔汝漁何得?」豫且曰:「夜半時舉網得龜.」使者曰:「今龜安在?」曰:「在籠中.」使者曰:「王知子得龜, 故使我求之.」豫且曰:「諾.」卽系龜而出之籠中, 獻使者.

◉ 거북의 행동을 알아내다

사자는 거북을 수레에 싣고 천양 성문을 나왔다. 대낮인데도 깜깜하여 아무것도 보이지 않았고 심하게 비바람이 치며, 구름이 수레 위를 덮어 오색으로 빛나며, 번개와 비가 함께 일어나며 바람이 뒤에서 불어왔다. 사자는 단문端門에서 왕궁으로 들어와 정전 동쪽 방에서 원왕을 뵈었다. 거북의 몸은 흐르는 물처럼 번쩍이고 있었고, 멀리 원왕을 보자 목을 늘이고 세 걸음 나아가 멈추더니 목을 움츠리고 물러나 본래의 위치로 돌아갔다. 원왕은 이를 보고 이상히 여겨 위평에게 물었다.

"거북은 과인을 보자 목을 늘이고 앞으로 나왔소. 대체 무엇을 바라는 것입니까? 또 목을 움츠리고 본래의 위치로 돌아갔는데 이것은 또 무슨 뜻이오?"

위평이 말하였다.

"거북은 걱정 속에 하룻밤을 꼬박 갇혀 있었습니다. 그런데 왕께서는 덕과 의가 있어 사자를 보내 이를 구해 내셨던 것입니다. 지금 목을 내밀고 나아간 것은 감사하다는 뜻을 나타낸 것이며, 목을 움츠리고 물러난 것은 속히 떠나고 싶다는 뜻을 보인 것입니다."

왕이 말하였다.

"거북이 그토록 신령하단 말이오? 오래 머물게 해서는 안 되겠소. 수레를 재촉하여 거북을 보내 주어 기한에 늦지 않게 해 주시오."

使者載行, 出於泉陽之門. 正晝無見, 風雨晦冥. 雲蓋其上, 五采青黃; 雷雨並起, 風將而行. 入於端門, 見於東箱. 身如流水, 潤澤有光. 望見元王, 延頸而前, 三步而止, 縮頸而卻, 復其故處. 元王見而怪之, 問衛平曰:「龜見寡人, 延頸而前, 以何望也? 縮頸而復, 是何當也?」衛平對曰:「龜在患中, 而終昔囚, 王有德義, 使人活之. 今延頸而前, 以當謝也, 縮頸而卻, 欲亟去也.」元王曰: 「善哉! 神至如此乎, 不可久留; 趣駕送龜, 勿令失期.」

◉ 거북을 놓아주지 마시오

그러자 위평은 말하였다.

"이 거북은 천하의 보물입니다. 먼저 이 거북을 얻은 사람이 천자가 됩니다. 또 이 거북에 의해 점을 치면 열 번 말해서 열 번 맞히고, 열 번 싸워 열 번 이깁니다. 이 거북은 깊은 못에서 나서 황토黃土에서 자랐습니다. 하늘의 도를 알고 상고의 일에 밝습니다. 물 속에 살기를 3천 년, 자신에게 정해진 구역을 벗어나지 않으며, 편안하고 얌전하고 조용하고 바르며 움직이는 데 힘을 쓰지 않습니다. 그 수명은 천지의 것과 같아서 그 끝을 아는 사람이 없습니다. 사물과 함께 변화하여 사철마다 빛깔이 달라져서 가만히 숨어서 살며, 엎드려 먹지도 않습니다. 즉, 봄엔 푸른색, 여름엔 누런 색, 가을엔 흰색, 겨울엔 검은색으로 달라져 음양에 밝고 형덕^{刑德}에 정통해 있으며, 먼저 이해를 알고 화복을 살핍니다. 그러므로 이 거북에 의해 점을 쳐서 말하면 맞고 싸우면 이깁니다. 왕께서 이것을 보물로 가지고 계시면 제후들은 모두 복종하게 될 것입니다. 왕께서는 이를 놓아 보내지 마시고 이 거북으로 사직을 편안히 하십시오.”

衛平對曰:「龜者是天下之寶也, 先得此龜者爲天子, 且十言十當, 十戰十勝. 生於深淵, 長於黃土. 知天之道, 明於上古. 游三千歲, 不出其域. 安平靜正, 動不用力. 壽蔽天地, 莫知其極. 與物變化, 四時變色. 居而自匿, 伏而不食. 春倉夏黃, 秋白冬黑. 明於陰陽, 審於刑德. 先知利害, 察於禍福. 以言而當, 以戰而勝, 王能寶之, 諸侯盡服. 王勿遣也, 以安社稷.」

◉ 어찌 놓아주지 않을 수 있겠는가

원왕이 말하였다.

“이 거북은 심히 신령하여 하늘에서 내려와 깊은 못으로 떨어졌소. 환난에 처해 있는 가운데 과인을 어진 사람으로 생각하고 후덕하고 충과 신의가 있다고 믿었기 때문에 찾아와 과인에게 도움을 청한 것이오. 과인이 만일 놓아주지 않는다면 어부와 무엇이 다르겠소? 어부는 거북의 고기를 이익으로 알고, 과인은 그 신묘한 힘을 탐내는 것뿐이오. 이것은 아랫사람은 어질지 못한 일을, 윗사람은 덕이 없는 일을 행하는 것이 되오. 군신이 다같이 예가 없으면 어떻게 복을 받을 수 있겠소? 과인은 이 거북을 붙들어 두는 일을 차마 하지 못하겠소. 어찌 놓아주지 않을 수 있겠소!”

元王曰:「龜甚神靈, 降于上天, 陷於深淵. 在患難中. 以我爲賢. 德厚而忠信, 故來告寡人. 寡人若不遣也, 是漁者也. 漁者利其肉, 寡人貪其力, 下爲不仁, 上爲無德. 君臣無禮, 何從有福? 寡人不忍, 柰何勿遣!」

◉ 놓아줄 수 없습니다

위평이 말하였다.

"그렇지 않습니다. 들기로 '큰 덕은 갚지 않아도 되고, 귀중한 것을 맡긴 것은 돌려주지 않아도 된다. 하늘이 주는 것을 받지 않으면 하늘은 그의 보물을 도로 빼앗는다'라 하였습니다. 지금 이 거북은 천하를 두루 돌아다니며 본래 있던 곳으로 돌아가, 위로는 푸른 하늘에 이르고, 아래로는 진흙에 다다라, 구주九州를 골고루 돌아다니며 아직 한 번도 욕된 일을 당하거나 오래 붙들려 있거나 한 일이 없습니다. 그런데 지금 이 세상 천지에 이르자, 어부에게 욕되게 잡혀 갇혔습니다. 왕께서 놓아주시더라도 장강의 신과 황하의 신은 반드시 노하여 원수를 갚으려 하며, 모욕을 당하였다고 해서 다른 신들과 의논하게 될 것입니다. 그 결과 장마는 그칠 줄을 모르고 홍수는 막을 길이 없을 것입니다. 그렇지 않으면 큰 가뭄이 들고, 바람이 불어 먼지를 일으키며, 메뚜기 떼가 뜻밖에 휩쓸고 와 백성들은 농사철을 잃게 될 것입니다. 왕께서 거북을 놓아주는 인의仁義를 행하여도 그 벌은 반드시 내려지고 맙니다. 그것은 다른 데 까닭이 있는 것이 아니고 신벌神罰의 빌미가 거북에게 있는 까닭입니다. 뒤에 후회해도 도저히 미치지 못합니다. 바라건대 왕께서는 이 거북을 놓아주지 마십시오."

衛平對曰:「不然. 臣聞盛德不報. 重寄不龜; 天與不受, 天奪之寶. 今龜周流天下, 還復其所, 上至蒼天, 下薄泥塗. 還徧九州, 未嘗愧辱, 無所稽留. 今至泉陽, 漁者辱而囚之. 王雖遣之, 江河必怒, 務求報仇. 自以爲侵, 因神與謀. 淫雨不霽, 水不可治. 若爲枯旱, 風而揚埃, 蝗蟲暴生, 百姓失時. 王行仁義, 其罰必來. 此無佗故, 其祟在龜. 後雖悔之, 豈有及哉! 王勿遣也.」

◉ 인의가 우선이다

원왕은 개연히 탄식하며 말하였다.

"대체로 남의 사자를 가로막고 남의 계획을 망치는 것이 난폭한 짓이 아니고 무엇이겠소? 남의 물건을 빼앗아 자기 것으로 만드는 짓은 횡포가 아니겠소? 과인이 듣건대 '폭력으로 얻은 자는 반드시 폭력에 의해 그것을 잃게 되고, 강제로 빼앗은 자는 반드시 뒤에 빈털터리가 된다'라 하였소. 걸왕과 주왕은 난폭하고 횡포하였기 때문에 몸은 죽고 나라는 망하였던 것이오. 지금 과인이 경의 말을 받아들이면 인의를 잃게 되고, 강포의 도리만이 남게 되오. 그렇게 되면 장강의 신과 황하의 신은 탕왕과 무왕의 위치에 서고, 과인은 걸왕과 주왕이 되는 것이니 이득은 하나도 없이 예기치 않은 재앙이 닥칠지도 모르는 일이오. 과인은 몹시 의심스럽고 불안한데 어찌 보물에만 마음을 둘 수 있단 말이오. 오래 머무르게 하는 일이 없도록 수레를 재촉하여 거북을 보내 주시오."

元王慨然而歎曰:「夫逆人之使, 絶人之謀, 是不暴乎? 取人之有, 以自爲寶, 是不彊乎? 寡人聞之, 暴得者必暴亡, 彊取者必後無功. 桀紂暴彊, 身死國亡. 今我聽子, 是無仁義之名而有暴彊之道. 江河爲湯武, 我爲桀紂. 未見其利, 恐離其咎. 寡人狐疑, 安事此寶, 趣駕送龜, 勿令久留.」

❀옥을 그대로 두지 않고 다듬듯이

위평이 말하였다.

"그렇지 않습니다. 왕께서는 걱정하지 마십시오. 천지 사이에는 돌이 쌓여 산을 이루고 있으나, 산은 아무리 높아도 무너지지 않으며, 땅은 산으로 인해 안정을 유지하고 있습니다. 그러므로 물건은 위태로운 듯이 보이면서도 도리어 편안한 것이 있고, 가벼워 보여도 옮길 수 없는 것이 있으며, 사람은 충신忠信한 인물이라도 충신한 것 때문에 방종한 사람만 못한 경우도 있고, 못난 얼굴을 가지고 있어도 못난 탓에 큰 벼슬에 적당하며, 아름답고 좋은 얼굴을 하고 있어도 아름답고 좋은 것 때문에 많은 사람의 화근이 되기도 한다라고 하는 것입니다. 신인神人이나 성인이 아니면 사물의 이치를 다 알 수는 없습니다. 봄·여름·가을·겨울은 혹은 덥고 혹은 춥기도 합니다. 추위와 더위가 서로 조화되지 않으면 나쁜 기운이 사물을 해치게 됩니다. 일 년 중 절기가 있어 그때마다 각각 다른 것은 때가 그렇게 만드는 것입니다. 그러므로 봄에는 만물이 나고, 여름에는 자라며, 가을에는 거두어들이고, 겨울에는 저장하게 되는 것입니다. 사람도 마찬가지입니다. 어떤 자는 인의를 행하고 어떤 자는 난폭한 행동을 합니다. 난폭한 행동도 때로는 행하는 까닭이 있으며, 인의도 행하는 때가 있습니다. 만물은 모두가 이런 것이어서 똑같이 다스릴 수는 없습니다.

대왕께서 허락신다면 이 점에 대해 모두 말씀드리겠습니다.

먼 옛날 하늘은 오색을 나타내어 흑백을 분간하고, 땅은 오곡을 낳아 선악을 알게 되었습니다. 그러나 백성들 중에는 그것을 알아 분간하는 사람이 없고, 짐승과 같이 골짜기에 굴을 찾아 살며 농사를 지을 줄을 몰랐습니다. 천하에는 화란禍亂이 일어나고, 음양이 서로 뒤섞여도 백성들은 모두 불안에 떨 뿐 나쁜 것을 멀리하고 좋은 것으로 나아갈 줄을 몰랐습니다. 그러므로 그대로 전해 가며 미개한 세상으로 이어져 내려왔던 것입니다. 이에 성인은 생명이 있는 것들의 이치를 분별하여 서로 잡아먹는 일이 없도록 하였습니다. 짐승에게는 암수의 구별이 있으므로 적당히 산과 벌판에 있게 하고, 새에게도 암수가 있으므로 적당히 숲과 못에 흩어져 있게 하고, 딱딱한 껍데기가 있는 동물은 물이 흐르는 골짜기에 두었습니다. 또 백성들을 다스리는 데는 성곽으로 구역을 정하여 그 안에 여閭·술術 등의 횡정 구역을 정하고, 성 밖에는 천阡·맥陌을 만들어 부부인 남녀에게 집과 논밭을 나누어 주고, 그 집을 연결지어 지적도와 호적을 만들어 구별하였습니다. 관청을 세워 관리를 두고, 작위와 봉록을 주는 것으로써 그들을 권장하며, 명주와 삼베옷을 지어 입히고 오곡을 먹도록 하였습니다. 따라서 백성들은 논밭을 갈아 씨를 흙으로 덮고, 김을 매어 잡초를 없애며, 입으로는 맛있는 것을 먹고, 눈으로는 아름다운 것을 보며, 몸은 이익을 받았습니다. 위에 말한 것으로 판단하면 강彊하지 않고서는 여기까지 이르지 못합니다. 그러므로 밭갈이하는 사람이 강하지 못하면 창고가 차지 않으며, 장사꾼이 강하지 못하면 이익을 얻지 못하며, 부녀들이 강하지 못하면 포백布帛이 정교하지 못하고, 관리가 강하지 못하면 위세가 성립될 수 없으며, 대장이 강하지 못하면 군사들은 명령대로 움직이지 않고, 제후나 왕이 강하지 못하면, 명성을 떨치지 못한다'라고 말한 것입니다. 또 강彊이란 모든 일의 처음이며, 분별하는 도리요, 사물의 기강이 되나니 강한 것을 통해 찾는다면 얻지 못하는 것이 없으리라 라고 말한 것입니다.

왕께서 그렇지 않다고 생각하신다면, 왕께서만 유독 저 옥독玉櫝·척치隻雉라는 아름다운 옥이 곤륜산崑崙山에서 나고, 명월주가 사해에서 난다는 것을 모르십니까? 돌을 깨고 조개를 갈라 그것들을 꺼낸 다음 시장에 내다 팔게 됩니다. 성인은 그것을 얻어 큰 보물로 삼고, 큰 보물을 가지고 있는 사람은 천자가 됩니다. 지금 폐하께서는 거북을 붙들어 두는 것을 포학하다고 하지만 조개를 바다에서 쪼개는 것만 못하고, 강포하다 하지만 곤륜산에서 돌을 깨는 쪽만 못합니다. 이것을 갖는 사람에게는 허물이 없으며 보물로 삼는다 하여 그 사람에게 화가 될 수 없습니다. 지금 거북은 사자로서 찾아와 그물에 걸림으로써 어부에게 잡혔지만, 폐하의 꿈에 나타나 도움을 청하였던 것이니 이는 나라의 보물입니다. 폐하께서는 어찌 걱정하십니까?"

衛平對曰:「不然, 王其無患. 天地之間, 累石爲山. 高而不壞, 地得爲安. 故云物或危而顧安, 或輕而不可遷; 人或忠信而不如誕謾, 或醜惡而宜大官, 或美好佳麗而爲衆人患. 非神聖人, 莫能盡言. 春秋冬夏, 或暑或寒. 寒暑不和, 賊氣相奸. 同歲異節, 其時使然. 故春生夏長, 秋收冬藏. 或爲仁義, 或爲暴彊. 暴彊有鄕, 仁義有時. 萬物盡然. 不可勝治. 大王聽臣, 臣請悉言之. 天出五色, 以辨白黑. 地生五穀, 以知善惡. 人民莫知辨也, 與禽獸相若. 谷居而穴處, 不知田作. 天下禍亂, 陰陽相錯. 悤悤疾疾, 通而不相擇. 妖孽數見, 傳爲單薄. 聖人別其生, 使無相獲. 禽獸有牝牡, 置之山原; 鳥有雌雄, 布之林澤; 有介之蟲, 置之谿谷. 故牧人民, 爲之城郭, 內經閭術, 外爲阡陌. 夫妻男女, 賦之田宅, 列其室屋. 爲之圖籍, 別其名族, 立官置吏, 勸以爵祿. 衣以桑麻, 養以五穀. 耕之耰之, 鉏之耨之. 口得所嗜, 目得所美, 身受其利. 以是觀之, 非彊不至. 故曰田者不彊, 囷倉不盈; 商賈不彊, 不得其贏; 婦女不彊, 布帛不精; 官御不彊, 其勢不成; 大將不彊, 卒不使令; 侯王不彊, 沒世無名. 故云彊者, 事之始也, 分之理也, 物之紀也. 所求於彊, 無不有也. 王以爲不然, 王獨不聞玉櫝隻雉, 出於昆山; 明月之珠, 出於四海; 鑴石拌蚌, 傳賣於市: 聖人得之,

以爲大寶. 大寶所在, 乃爲天子. 今王自以爲暴, 不如拌蚌於海也; 自以爲彊,
不過礛石於昆山也. 取者無咎, 寶者無患. 今龜使來抵網, 而遭漁者得之,
見夢自言, 是國之寶也, 王何憂焉?」

● 덕을 쌓지 않고 유혹에 이끌리다 보면

원왕이 말하였다.

"그렇지 않소. 과인이 듣건대 간언은 복이 되고, 아첨은 화가 되니
임금이 아첨을 받아들이는 것은 어리석고 유혹에 휩쓸리기 때문이라
하였소. 그렇기는 하지만 화禍는 함부로 이르는 것이 아니고 복은 공연히
오는 것이 아니오. 천지의 기운이 화합해서 비로소 모든 재물이 생기고,
기운에는 음양의 나눔이 있고, 사철은 차례로 바뀌며, 열두 달은 동지와
하지를 기한으로 하여 번갈아 바뀌오. 성인은 여기에 이를 통철해 있으므로
몸에 재앙이 없었고, 명왕明王은 이 이치로써 다스리기 때문에 아무도
속이지 못하는 것이오. 그러므로 복이 이르는 것은 사람이 스스로 낳는
것이요, 화가 이르는 것은 사람이 스스로 불러오는 것이라고 말하였던
것이오. 화와 복은 같은 것이며 형刑과 덕德은 한 쌍이며, 성인은 이것을
꿰뚫어 보고 길흉을 아는 것이오.

걸왕과 주왕 때에는 하늘과 공을 다투고, 귀신은 길을 막아 사람과
서로 통하지 못하도록 하였었소. 이것만으로도 이미 무도한 일이었는데
거기에 또 아첨하는 신하가 많이 있었소. 걸왕에게 조량趙梁이라는 아첨하는
신하가 있었소. 그는 걸왕으로 하여금 무도한 일을 행하게 하고, 탐욕스런
짓을 부추기며, 탕왕을 붙들어 하대夏臺의 옥에다 가두고, 관용봉關龍逢을
죽이게 하였소. 좌우에 있는 신하들은 죽음을 두려워하여 걸왕을 옆에서
모시면서도 그날그날을 아첨으로 일관하였소. 나라는 계란을 쌓아 올린
것보다도 위험한 상태에 있었는데도 모두 걱정 없다고 말하고 성수聖壽
만세를 외치며 즐거워하였고, 개중에는 즐거움은 아직 반에도 미치지
못하였다고 선동하는 사람마저 있었소. 결국 걸왕의 귀와 눈을 가리고
함께 속이며 미쳐 날뛰었던 것이오. 그 결과 탕왕이 드디어 걸왕을 치게

되어 그의 몸은 죽고 나라는 망하였소. 아첨하는 신하의 말을 받아들였기 때문에 재앙을 입은 것이오. 역사는 이 사실을 기록에 남겨 오늘날까지 전해지게 되었소.

주왕에게도 아첨하는 신하가 있었소. 주강朱彊이라 자로써 그는 눈짐작으로 측량할 수 있는 것을 자랑하며, 주왕으로 하여금 상랑象郞을 짓게 하였는데 그 높이는 하늘에 닿을 정도였소. 또 주왕은 옥으로 만든 침상이 있었고, 코뿔소의 뿔이나 옥으로 만든 그릇, 상아로 만든 젓가락 등으로 국을 먹었소. 성인 비간比干은 심장을 갈라보도록 하였고, 겨울 아침에 내를 건넌 사내의 종아리를 갈라보도록 하였소. 기자箕子는 죽는 것이 두려워 머리를 풀어 흩뜨리고 미치광이처럼 가장하였소. 주나라 태자 역歷을 죽이고, 문왕 창昌을 돌집에 처넣어 저녁서부터 아침까지 버려두었소. 음긍陰兢이 그를 구출해서 함께 달아나 주나라 땅으로 들어간 다음, 태공망을 자기편으로 만들어 군사를 모아 주왕을 공격하였소.

문왕이 병으로 죽자, 주나라 군사는 그의 시체를 수레에 싣고 전진하며, 태자 발發이 대신 장수가 되어 무왕武王이라 불렀소. 그들은 목야牧野에서 싸워 주왕을 화산華山 남쪽에서 깨뜨렸소. 주왕은 싸움에 패해 도망하다가 상랑에서 포위를 당하자 선실宣室에서 목숨을 끊었소. 이리하여 주왕은 죽었어도 장사를 치르지 못하고 그의 머리는 네 마리 말이 끄는 수레 뒤의 횡목에 매달려 끌려갔던 것이오. 과인은 이 같은 일들을 생각하면 창자가 뒤틀리는 것만 같소. 주왕과 걸왕은 천하의 부를 지녔고 천자라는 귀한 자리에 올라 있었소. 그런데도 크게 거만을 부리고 욕심은 끝이 없었으며, 일을 일으켜 지위가 올라가는 것을 좋아하고 탐욕스런 늑대처럼 교만하였소. 충성스럽고 신의가 있는 신하는 쓰지 않고 아첨하는 신하의 말만 받아들여 천하의 웃음거리가 되었소. 지금 우리나라는 제후국들 사이에 끼어 미약하기가 추호秋毫와 같소. 일을 일으켜 실패하는 날에는 어디로 도망치겠소!"

元王曰:「不然, 寡人聞之, 諫者福也, 諛者賊也. 人主聽諛, 是愚惑也. 雖然, 禍不妄至, 福不徒來. 天地合氣, 以生百財. 陰陽有分, 不離四時, 十有

二月, 日至爲期. 聖人徹焉, 身乃無災. 明王用之, 人莫敢欺. 故云福之至也,
人自生之; 禍之至也, 人自成之. 禍與福同, 刑與德雙. 聖人察之, 以知吉凶.
桀紂之時, 與天爭功, 擁遏鬼神, 使不得通. 是固已無道矣, 諫臣有衆. 桀有諫臣,
名曰趙梁. 教爲無道, 勸以貪狼. 繫湯夏臺, 殺關龍逢. 左右恐死, 偸諫於傍.
國危於累卵, 皆曰無傷. 稱樂萬歲, 或曰未央. 蔽其耳目, 與之詐狂. 湯卒伐桀,
身死國亡. 聽其諫臣, 身獨受殃.《春秋》著之, 至今不忘. 紂有諫臣, 名爲左彊.
誇而目巧, 教爲象郎. 將至於天, 又有玉牀. 犀玉之器, 象箸而羹. 聖人剖其心,
壯士斬其胕. 箕子恐死, 被髮佯狂. 殺周太子歷, 囚文王昌. 投之石室, 將以昔
至明. 陰兢活之, 與之俱亡. 入於周地, 得太公望. 興卒聚兵, 與紂相攻. 文王
病死, 載尸以行. 太子發代將, 號爲武王. 戰於牧野, 破之華山之陽. 紂不勝敗
而還走, 圍之象郎. 自殺宣室, 身死不葬. 頭懸車軫, 四馬曳行. 寡人念其如此,
腸如滫湯. 是人皆富有天下而貴至天子, 然而大傲. 欲無猒時, 擧事而喜高,
貪很而驕. 不用忠信, 聽其諫臣, 而爲天下笑. 今寡人之邦, 居諸侯之間, 曾不
如秋毫. 擧事不當, 又安亡逃!」

⚫ 덕으로 다스리도록 천명을 받은 자는

위평이 대답하였다.

"그렇지 않습니다. 하수의 신이 아무리 신령하고 현명하더라도 곤륜산의
신에 미치지 못합니다. 장강의 원류가 멀고 흐르는 물길이 길다 하더라도
사해四海만 못합니다. 그런데 사람들은 곤륜산과 사해로부터 오히려 그
보물을 빼앗아 취합니다. 그리고 제후는 그 보물을 다투어 전쟁을 일으켜
작은 나라는 망하고 큰 나라는 위태롭게 되며, 남의 부형을 죽이며 처자를
포로로 삼고, 나라를 해치고 종묘를 없애기까지 하며, 이 보물을 놓고
싸우고 공격하여 서로 나뉘어 다투고 있습니다. 이것이 강포强暴한 것입니다.
그러므로 천하를 강포하게 취하더라도 다스리기는 문덕文德으로써 하고,
사계절의 질서에 따라 일을 행하며, 반드시 어진 선비를 친애하며, 음양의
기운과 더불어 변화하고, 귀신을 사자로 천지와 통하게 하여 더불어 벗이
되면, 제후들은 기꺼이 복종하고, 백성들 또한 크게 기뻐하게 되어, 나라는

편안하고 세상과 더불어 제도를 고치고 새로워질 것이라 말 한 것입니다. 탕왕과 무왕은 이를 행하였으므로 천자의 귀한 지위를 차지하였고, 역사는 이를 기록하여 법칙으로 삼았던 것입니다.

그런데 왕께서는 탕왕과 무왕을 찬양하지 아니하고 스스로 걸왕과 주왕에 비교하려고만 하십니까? 걸왕과 주왕은 처음부터 강포를 행하여 그것을 떳떳한 것인 줄로 여겼습니다.

걸왕은 사치한 기와집을 짓고, 주왕은 상랑을 지어 백성들로부터 실絲을 거두어 장작 대신 이를 땔감으로 사용하는 등 애써 백성들의 힘을 소모시켰습니다. 부세賦稅는 한도가 없었고 살육은 멋대로였습니다. 남의 육축六畜을 죽여 가죽을 벗기고, 그것으로 자루를 만들어 죽인 육축의 피를 담은 다음 그것을 매달아 놓고, 화살로 이를 쏘아 상제上帝와 힘을 겨뤘으며, 사시의 법칙을 거슬러 행동하여 계절의 차례를 어지럽히고, 백신百神에게 올리기 전에 먼저 햇곡식을 먹었습니다. 간언하는 자는 즉시 죽이고, 아첨하는 자만 곁에 두었습니다. 성인은 숨어살고 백성은 착한 일을 하지 않게 되었습니다.

자주 가뭄이 들어 나라에는 이상한 일들이 많았습니다. 곡식을 해치는 명충螟蟲이 해마다 생겨 오곡은 제대로 여물지 못하였습니다. 백성들은 편히 살지 못하고 귀신은 제사를 받지 못하였습니다. 회오리바람은 매일같이 일어나 대낮에도 캄캄하였고, 일식과 월식이 함께 일어나 숨을 죽인 듯 빛이 없고, 뭇 별들이 어지럽게 흐르며 모든 것이 기강에서 벗어났습니다. 이러한 일을 생각해 보더라도 어떻게 걸왕과 주왕이 오래 지속될 수 있었겠습니까? 탕왕과 무왕이 나타나지 않았더라도 당연히 망해야 될 때였습니다. 그러므로 탕왕이 걸왕을 치고 무왕이 주왕을 깨뜨린 것도 때가 그렇게 시킨 것입니다. 이리하여 탕왕과 무왕은 천자가 되었고, 자손들 또한 대를 이어 천자가 됨으로써 종신토록 허물이 없었기에 후세 사람들은 오늘날까지 칭찬을 그칠 줄 모르는 것입니다. 이것은 다 때에 맞추어 행할 일을 행하고 형세를 보아 강하게 나가야 할 때는 강하게 나갔기 때문에 비로소 제왕이 될 수 있었던 것입니다.

지금 이 거북은 큰 보물입니다. 성인의 사자로서 뜻을 현왕賢王에게 전하러 온 것입니다. 거북이 손발을 쓰지 않아도 우레와 번개가 인도하고 비바람이 이를 보내고, 흐르는 물이 이를 흘려 보낸 것입니다. 후왕侯王에게 덕이 있으면, 이 거북을 받을 자격이 있습니다. 지금 왕께서는 덕을 지니고 계십니다. 이 보물을 받아 마땅한데도 굳이 받지 않으시려 하니 걱정됩니다. 왕께서 이를 놓아 보내시면, 송나라에는 틀림없이 재앙이 있을 것입니다. 뒤에 후회를 하셔도 그때는 이미 돌이킬 수 없을 것입니다."

衛平對曰:「不然. 河雖神賢, 不如崑崙之山; 江之源理, 不如四海, 而人尙奪取其寶, 諸侯爭之, 兵革爲起. 小國見亡, 大國危殆, 殺人父兄, 虜人妻子, 殘國滅廟, 以爭此寶. 戰攻分爭, 是暴彊也. 故云取之以暴彊而治以文理, 無逆四時, 必親賢士; 與陰陽化, 鬼神爲使; 通於天地, 與之爲友. 諸侯賓服, 民衆殷喜. 邦家安寧, 與世更始. 湯武行之, 乃取天子;《春秋》著之, 以爲經紀. 王不自稱湯武, 而自比桀紂. 桀紂爲暴彊也, 固以爲常. 桀爲瓦室, 紂爲象郞. 徵絲灼之, 務以費(民)[呡]. 賦斂無度, 殺戮無方. 殺人六畜, 以韋爲囊. 囊盛其血, 與人縣而射之, 與天帝爭彊. 逆亂四時, 先百鬼嘗. 諫者輒死, 諛者在傍. 聖人伏匿, 百姓莫行. 天數枯旱, 國多妖祥. 螟蟲歲生, 五穀不成. 民不安其處, 鬼神不享. 飄風日起, 正晝晦冥. 日月並蝕, 滅息無光. 列星奔亂, 皆絶紀綱. 以是觀之, 安得久長! 雖無湯武, 時固當亡. 故湯伐桀, 武王剋紂, 其時使然. 乃爲天子, 子孫續世; 終身無咎, 後世稱之, 至今不已. 是皆當時而行, 見事而彊, 乃能成其帝王. 今龜, 大寶也, 爲聖人使, 傳之賢(士)[王]. 不用手足, 雷電將之; 風雨送之, 流水行之. 侯王有德, 乃得當之. 今王有德而當此寶, 恐不敢受; 王若遣之, 宋必有咎. 後雖悔之, 亦無及已.」

◉ 송나라가 가장 강한 것은 거북의 힘

원왕은 크게 기뻐하였다. 이리하여 원왕은 하늘이 내린 물건에 대하여 태양을 향해 감사하고 두 번 절하며 거북을 받았다. 그리고 택일을 위하여 재계한 뒤 점을 보았더니 갑을일甲乙日이 가장 좋은 날이었다. 이에 그 날 흰 꿩과 검은 양을 잡아 그 피를 거북에게 붓고, 제단 위에서 칼로 거북의 등딱지를 벗겨 냈다. 거북의 몸에는 긁힌 상처 하나 없이 온전하였다.

포와 술로 예를 올리고 창자에 넣었다.

귀갑은 싸리나무를 태워 점을 치는데 반드시 거북의 등딱지 위에 어떤 틀이 나타났다. 즉 불로 구운 거북 등딱지에 갈라진 줄이 떠오르고, 그것이 서로 엇갈려 무늬는 조화를 이루었다. 복공卜工에게 이를 점치게 하면 말하는 것마다 모두 적중하였다. 이에 귀갑을 나라의 귀한 보물로 간직하였으며, 그 평판은 가까운 이웃 나라에도 알려졌다. 또 소를 죽여서 그 가죽을 벗겨 정나라에서 나는 오동나무에 씌워 군고軍鼓를 만들면, 초목이 각각 흩어져 무장한 군사로 변하였고, 그리하여 싸워 이기고 쳐서 취하는 데는 원왕을 따를 자가 없었다. 원왕 때 위평은 송나라 재상이 되었다. 송나라가 그 무렵 가장 강하였던 것은, 거북의 힘에 의한 것이었다.

元王大悅而喜. 於是元王向日而謝, 再拜而受. 擇日齋戒, 甲乙最良. 乃刑白雉, 及與驪羊; 以血灌龜, 於壇中央. 以刀剶之, 身全不傷. 脯酒禮之, 橫其腹腸. 荊支卜之, 必制其創. 理達於理, 文相錯迎. 使工占之, 所言盡當. 邦福重寶, 聞于傍鄉. 殺牛取革, 被鄭之桐. 草木畢分, 化爲甲兵. 戰勝攻取, 莫如元王. 元王之時, 衛平相宋, 宋國最彊, 龜之力也.

◉ 거북 자신은 똑똑하지 못하였다

그러므로 이렇게 말하는 것이다.

"거북은 대단히 신령스러워서 원왕의 꿈 속에 나타날 수 있었지만, 스스로 어부의 바구니에서 빠져나오지는 못하였다. 열 번 말해서 모두 적중시킬 수는 있었으나, 사자로서 명령을 황하의 신에게 전하고 돌아가 장강의 신에게 복명할 수는 없었다. 대단히 현명하여 사람으로 하여금 싸우면 이기고 치면 취할 수 있게 하였지만, 스스로는 칼날을 벗어나 등이 벗겨지는 화를 면할 수 없었다. 탁월한 지혜로 용케 자신의 위기를 미리 알고 재빨리 왕의 꿈에 나타나기는 하였으나, 위평의 입을 막을 수는 없었다. 하는 말마다 다 맞혔으나, 그의 몸은 잡히고 말았다. 만난 시운時運이 불리하면 제아무리 현명해도 그 현명함을 활용하지 못한다. 현명한 사람은 항상 어질지만 선비도 가끔은 똑똑할 수가 있다.

그러므로 밝은 눈에도 보이지 않는 것이 있고, 밝은 귀에도 들리지 않는 것이 있다. 사람은 아무리 현명해도 왼손으로 네모를 그리고 동시에 오른손으로 동그라미를 그리지는 못한다. 저 밝은 해와 달도 때로는 뜬구름에 가려지는 때가 있다. 예羿는 활을 잘 쏘기로 이름이 높았으나, 웅거雄渠와 봉문蜂門에게는 미치지 못하였다. 우임금은 지혜가 밝은 것으로써 유명하였지만, 귀신을 이기지는 못하였다. 지축地軸이 부러지는 바람에 서까래가 없어져 하늘도 동남쪽으로 기우는데, 하물며 사람에게 어찌 완전치 못하다고 꾸짖을 수가 있겠는가?"

故云:「神至能見夢於元王, 而不能自出漁者之籠. 身能十言盡當, 不能通使於河, 還報於江. 賢能令人戰勝攻取, 不能自解於刀鋒, 免剝刺之患. 聖能先知亙見, 而不能令衛平無言. 言事百全, 至身而攣; 當時不利, 又焉事賢! 賢者有恆常, 士有適然. 是故明有所不見, 聽有所不聞; 人雖賢, 不能左畫方, 右畫圓; 日月之明, 而時蔽於浮雲. 羿名善射, 不如雄渠‧蜂門; 禹名爲辯智, 而不能勝鬼神. 地柱折, 天故毋椽, 又奈何責人於全?」

◉ 그 뼈는 속절없이 말라갈 뿐

공자가 이 말을 듣고 말하였다.

"신령스런 거북은 길흉을 알고 있으나, 그 뼈는 그저 속절없이 말려질 뿐이다."

해는 덕의 상징으로 천하에 군림하고 있으나 세 발 까마귀에게 욕된 꼴을 당하고, 달은 형刑의 상징으로서 덕德인 해를 보좌하고 있으나 두꺼비에게 먹혀 월식이 된다. 호랑이를 꼼짝 못하게 하는 고슴도치는 까치에게 욕을 당한다. 등사騰蛇가 신령스럽다 하나 지네에게는 위협을 당한다. 대나무의 겉은 마디가 있으나 속은 텅 비어 있을 뿐이다. 송백松柏은 모든 나무의 으뜸이지만 베어져서 문을 만드는 재목이 된다.

십간의 일진日辰이 완전치 못하기 때문에 십이 지지地支의 남는 두 개인 고孤와 허虛의 나쁜 날이 생긴다. 황금에도 흠이 생길 수 있고, 백옥에도 티가 있을 수 있다.

일에는 빨리 행해야 할 것과 서서히 행해야 할 것이 있다. 사물에는 단점에 구속되는 경우와 장점에 의지하는 경우가 있다. 그물에는 촘촘한 것과 성긴 것이 있다. 마찬가지로 사람에게는 잘하는 점도 있고 못하는 점도 있다. 어떻게 한결같이 옳을 수 있으며 사물 또한 완전할 수 있겠는가? 하늘도 오히려 완전치는 못하다. 그러므로 집을 지을 때는 기와를 석 장 모자라게 이어 하늘의 완전치 못한 것에 맞춘다. 천하에는 등급이 있고, 만물은 완전하지 못한 채로 나온다.

孔子聞之曰:「神龜知吉凶, 而骨直空枯. 日爲德而君於天下, 辱於三足之烏. 月爲刑而相佐, 見食於蝦蟆. 蝟辱於鵲, 騰蛇之神而殆於卽且. 竹外有節理, 中直空虛; 松柏爲百木長, 而守門閭. 日辰不全, 故有孤虛. 黃金有疵, 白玉有瑕. 事有所疾, 亦有所徐. 物有所拘, 亦有所據. 罔有所數, 亦有所疏. 人有所貴, 亦有所不如. 何可而適乎? 物安可全乎? 天尚不全, 故世爲屋, 不成三瓦而陳之, 以應之天. 天下有階, 物不全乃生也.」

🐢 거북으로 점치는 법을 기록으로 남기고자

저선생褚先生이 말하였다.

어부가 그물을 들어 신령스런 거북을 잡았고, 거북은 스스로 송나라 원왕의 꿈에 나타났다. 원왕은 박사 위평을 불러 꿈에 본 거북의 모양을 일러주었다. 위평은 말뚝을 박아 해와 달의 위치를 정하고, 형과 도에 의해 방위를 바로잡아 길흉을 판단한 다음 물건의 빛깔로써 그것이 거북임을 알았다. 위평은 왕을 달래어 신령스런 거북을 붙들어 두어 나라의 중한 보물로 삼도록 하였으니 잘한 일이다. 옛날부터 복서를 행할 경우 반드시 거북을 일컫게 되는 것은 이름이 전해 내려온 지 오래되었기 때문이다. 나는 이를 찬술하여 전달하고자 한다.

褚先生曰: 漁者擧網而得神龜, 龜自見夢宋元王, 元王召博士衛平告以夢龜狀, 平運式, 定日月, 分衡度, 視吉凶, 占龜與物色同, 平諫王留神龜以爲國重寶, 美矣. 古者筮必稱龜者, 以其令名, 所從來久矣. 余述而爲傳.

◉ 거북의 모양

3월, 2월, 정월, 12월, 11월은 가운데는 닫히고 안은 높고 밖은 낮다.
4월은 머리는 쳐들고 발을 펴며, 발은 오므리기도 하고 펴기도 한다.
5월은 등에 머리를 숙여 큰 모양이 된다.
6월, 7월, 8월, 9월, 10월은 가로의 길상 무늬橫吉가 생기며, 머리 숙여
큰 모양을 한다.

三月 二月 正月 十二月 十一月 中關內高外下 四月 首仰 足開 胎開
首俛大 五月 橫吉 首俛大 六月 七月 八月 九月 十月

◉ 거북점을 치는 방법

거북점의 금기 사항은 다음과 같다.

자子·해亥·술戌일이다. 이날에는 점을 쳐서는 안 되며 거북을 죽여서도
안 된다. 이때 한낮이면 식사가 끝나고 쳐야 한다. 저녁이면 거북이 잘
가르쳐 주지 않으니 점을 쳐서는 안 된다. 경庚·신辛일은 거북을 죽여도
좋고 거북의 등딱지를 벗겨도 된다.

항상 그 달의 초하룻날 거북에게 빌며, 이 때에는 먼저 맑은 물로 깨끗이
씻고, 새의 알로 문질러 상서롭지 못한 것을 없앤다. 그리고 나서 귀갑을
구워 점을 친다. 이것으로써 원칙을 삼는다.

만일 점을 쳐도 맞지 않을 때에는 다시 알로써 씻어 깨끗이 하고, 동쪽을
향하고 서서 싸리나무 또는 단단한 나무를 굽는다. 그때 흙으로 만든
알로 귀갑을 세 번 가리킨 다음 그 귀갑을 손에 들고 알로써 어루만지면서
이렇게 이 빈다.

"오늘은 길일입니다. 삼가 기장과 알, 그리고 제燦로써 옥령玉靈의 상서롭지
못한 것을 씻어 깨끗이 하였습니다. 옥령은 반드시 믿음과 정성으로써
만사의 진실을 알려 주십시오. 그러면 길흉의 징조에 의하여 모든 것을
점칠 수 있습니다. 믿음도 정성도 없다면 옥령을 태워 그 재를 날려보낸
다음 거북의 징계로 삼겠습니다."

이리하여 점을 칠 때는 반드시 북쪽을 향한다. 귀갑의 크기는 반드시 한 자 두 치이어야 한다.

卜禁曰: 子亥戌不可以卜及殺龜. 日中如食已卜. 暮昏龜之徹也, 不可以卜. 庚辛可以殺, 及以鑽之. 常以月旦祓龜, 先以淸水澡之, 以卵祓之, 乃持龜而遂之, 若常以爲祖. 人若已卜不中, 皆祓之以卵, 東向立, 灼以荊若剛木, 土卵指之者三, 持龜以卵周環之, 祝曰:「今日吉, 謹以粱卵焗黃祓去玉靈之不祥.」 玉靈必信以誠, 知萬事之情, 辯兆皆可占. 不信不誠, 則燒玉靈, 揚其灰, 以徵後龜. 其卜必北向, 龜甲必尺二寸.

◉ 거북에게 비는 축문

점을 칠 때는 먼저 떼어 낸 귀갑을 아궁이에 구워 그 한복판에 구멍을 뚫은 다음 다시 굽는다. 다시 거북의 머리 부분에 구멍을 내어 세 번 굽는다. 처음 구워 가운데 부분에 구멍을 뚫고 다시 굽는 것을 정신正身이라고 하고, 머리를 굽는 것을 정수正首라고 하며, 발 쪽을 굽는 것을 정족正足이라고 한다. 이를 각각 세 번씩 굽는다. 그런 다음 곧 아궁이에서 세 번 귀갑을 어루만져 돌리고 이렇게 빈다.

"그대 옥령부자玉靈夫子에게 비나이다. 옥령부자이시여, 싸리나무로 그대의 가슴을 구워 그대에게 먼저 알립니다. 그대는 위로 하늘까지 오르고, 아래로는 못에 들어가십니다. 모든 신령한 것들이 책策을 헤아려 점을 치더라도 그대의 믿음직함을 따르지는 못합니다. 오늘은 길일, 참으로 점을 치기에 알맞은 때입니다. 저는 이러이러한 일을 점치려 하오니 과연 희망하는 바를 얻으면 기뻐할 것이고, 얻지 못하면 후회할 것입니다. 만일 바라던 바를 얻게 되면, 일어나서 나를 보고 몸을 길게 하여 목과 발은 위로 향하게 하십시오. 바라던 바를 얻지 못할 것 같으면 일어나서 나를 보고 몸을 굽혀 안과 밖이 서로 응하지 않게 하고 목과 발은 움츠려 주십시오."

卜先以造灼鑽, 鑽中已, 又灼龜首, 各三; 又復灼所鑽中曰正身, 灼首曰正足, 各三. 卽以造三周龜, 祝曰:「假之玉靈夫子. 夫子玉靈, 荊灼而心, 令而先知.

而上行於天, 下行於淵, 諸靈數策, 莫如汝信. 今日良日, 行一良貞. 某欲卜某, 卽得而喜, 不得而悔. 卽得, 發鄕我身長大, 首足收人皆上偶. 不得, 發鄕我身挫折, 中外不相應, 首足滅去.」

⊛ 지극히 신령한 신귀神龜

신령스런 거북으로써 점을 칠 때는 이렇게 같이 빈다.

"그대 신령스런 거북에게 비나이다. 오무五巫 오령五靈의 신령함도 그대 신귀의 신령함에 미치지 못하나이다. 어떤 사람이 몸을 곧고 바르게 지니고, 이러이러한 것을 얻고자 하오니, 만일 희망하는 것을 얻을 수 있다면 머리는 내밀고, 발은 펴서 안팎이 서로 응하게 하고, 만일 얻을 수 없다면 머리는 쳐들고, 발은 움츠려 안팎이 서로 응하지 말고 각각 내리게 하십시오. 점을 칠 수 있도록 해 주십시오."

靈龜卜祝曰:「假之靈龜, 五巫五靈, 不如神龜之靈, 知人死, 知人生. 某身良貞, 某欲求某物. 卽得也, 頭見足發, 內外相應; 卽不得也, 頭仰足胅, 內外自垂. 可得占.」

⊛ 여러 가지 점치는 방법과 비는 말

○ 병든 자를 놓고 점칠 때에는 이렇게 말한다.

"지금 아무개는 중한 병에 걸려 있소. 그가 죽을 것 같으면 머리를 쳐들고 발을 안과 밖이 서로 다르게 하여 몸은 꺾으시오. 그가 죽지 않을 것이면 머리를 쳐들고 발을 움츠리시오."

卜占病者祝曰:「今某病困. 死, 首上開, 內外交駭, 身節折; 不死, 首仰足胅.」

○ 환자에게 귀신이 씌었는지의 여부를 점칠 때에는 이렇게 빈다.

"지금 환자가 귀신에 씌었거든 징조를 보이지 마시고, 귀신에 씌지 않았으면 징조를 보이시오. 집 안 귀신에 씌었거든 징조를 안에 보이고, 바깥 귀신에 씌었으면 징조를 밖에 보이시오."

卜病者祟曰:「今病有祟無呈, 無祟有呈. 兆有中祟有內, 外祟有外.」

○ 감옥에 갇힌 사람이 나올 수 있는지의 여부를 점칠 때는 이렇게 빈다.

"출옥할 수 없으면 횡길橫吉을 방해하시오. 만일 출옥할 수 있으면 발을 펴고 머리를 쳐들어 징조를 밖으로 보이시오."

卜繫者出不出.「不出, 橫吉安; 若出, 足開首仰有外.」

○ 재물을 구하면서 그것이 얻어질까의 여부를 점칠 때는 이렇게 빈다.

"얻을 수 있으면 머리를 쳐들고 발을 펴 안팎이 서로 응하게 하고, 얻을 수 없으면 머리를 쳐들고 발을 움츠리시오."

卜求財物, 其所當得.「得, 首仰足開, 內外相應; 卽不得, 呈兆首仰足肣.」

○ 신첩이나 마소를 매매하는 것을 점칠 때에는 이렇게 빈다.

"매매가 될 수 있으면 머리를 쳐들고 발을 펴 안팎이 서로 응하게 하고, 매매가 될 수 없으면 머리를 쳐들고 발을 움츠려 징조를 보여 횡길을 방해하시오."

卜有賣若買臣妾馬牛.「得之, 首仰足開, 內外相應; 不得, 首仰足肣, 呈兆若橫吉安.」

○ 도적이 몇 명 모여 있는 곳을 치러 가기 위해 점칠 때는 이렇게 빈다.

"지금 우리 장수가 군사 몇 명을 이끌고 도적을 치러 나가오. 이길 수 있으면 머리를 쳐들고 발을 펴 몸을 바르게 하여, 안은 높이고 밖은 낮게 하시오. 이기지 못할 것이면 발을 움츠리고 머리를 쳐들고, 몸은 안이 낮고 밖이 높게 하시오."

卜擊盜聚若干人, 在某所,「今某將卒若干人, 往擊之. 當勝, 首仰足開身正, 內自橋, 外下; 不勝, 足肣首仰, 身首內下外高.」

○ 가야 할 것인가 가지 말아야 할 것인가를 점칠 때는 이렇게 빈다.

"가도 괜찮으면 머리와 발을 펴고, 가지 말아야 할 것이면 발을 움츠려 머리를 들든가 횡길을 방해하시오. 방해하면 가지 않겠소."

卜求當行不行.「行, 首足開; 不行, 足肣首仰, 若橫吉安, 安不行.」

○ 도적을 치러 나갈 때, 제대로 만나게 될 것인지의 여부를 점칠 때는 이렇게 빈다.

"만나서 잡을 수 있을 것이면 머리는 쳐들고 발은 움츠려 징조를 밖으로 보이시오. 만나지 못할 것 같으면 발을 펴고 머리를 쳐드시오."

卜往擊盜, 當見不見.「見, 首仰足肣有外; 不見, 足開首仰.」

○ 도적의 동정을 살피러 갈 경우, 제대로 만날 수 있을지의 여부를 점칠 때는 이렇게 빈다.

"만날 수 있으면 머리는 쳐들고 발은 움츠려 징조를 밖으로 보이시오. 만날 수 없으면 발을 펴고 머리를 쳐드시오."

卜往候盜, 見不見.「見, 首仰足肣, 肣勝有外; 不見, 足開首仰.」

○ 도적이 일어났다는 소리를 듣고, 그들이 쳐들어올 것인지의 여부를 점칠 때는 이렇게 빈다.

"쳐들어올 것 같으면 밖은 높고 안은 낮게 하며, 발은 움츠려 머리를 쳐드시오. 쳐들어오지 않을 것 같으면 발을 펴고 머리를 쳐들든가 횡길을 가로막으시오. 그에 따라 기다리고 있든지 나가든지 하리다."

卜聞盜來不來.「來, 外高內下, 足肣首仰; 不來, 足開首仰, 若橫吉安, 期之自次.」

○ 전임을 명령받았을 때, 벼슬을 그만둘 것인지의 여부를 점칠 때는 이렇게 빈다.

"그만두는 편이 좋으면 발을 펴고 머리를 쳐드시오. 그대로 있는 편이 좋으면 발을 움츠려 횡길을 보이시오. 그러면 편안히 있으리다."

卜遷徙去官不去.「去, 足開有胗外首仰; 不去, 自去, 卽足胗, 呈兆若橫吉安.」

○ 관직에 있는 것이 좋은가의 여부를 점칠 때는 이렇게 빈다.

"좋으면 징조를 보여 몸을 바르게 하든지 횡길을 나타내고, 좋지 못하면 몸을 구부리고 머리를 쳐들어 발을 펴시오."

卜居官尙吉不.「吉, 呈兆身正, 若橫吉安; 不吉, 身節折, 首仰足開.」

○ 집에 머물러 있는 것이 좋은가의 여부를 점칠 때는 이렇게 빈다.

"좋으면 몸을 바르게 하거나 횡길을 나타내고, 좋지 못하면 몸을 구부려 머리를 쳐들고 발을 펴시오."

卜居室家吉不吉.「吉, 呈兆身正, 若橫吉安; 不吉, 身節折, 首仰足開.」

○ 그 해 농사의 풍년 여부를 점칠 때는 이렇게 빈다.

"풍년이면 머리를 쳐들고 발을 펴고 안은 스스로 높이고 밖은 스스로 아래로 늘어지게 하시오. 흉년이면 발을 움츠리고 머리를 쳐드시오."

卜歲中禾稼孰不孰「孰, 首仰足開, 內外自橋外自垂; 不孰, 足胗首仰有外.」

○ 그 해 전염병의 유행 여부를 점칠 때는 이렇게 빈다.

"전염병이 돌 것 같으면 머리를 쳐들고 발을 움츠리며, 몸이 굳어지는 징조를 밖으로 보이시오. 돌지 않으면 몸은 바르게 하고, 머리는 쳐들고 발을 펴시오."

卜歲中民疫不疫.「疫, 首仰足胗, 身節有彊外; 不疫, 身正首仰足開.」

○ 그 해 병란兵亂이 일어날지의 여부를 점칠 때는 이렇게 빈다.

"병란이 일어나지 않을 것 같으면 징조를 보이거나 횡길을 나타내시오. 병란이 일어날 것 같으면 머리를 쳐들고 발을 펴며, 몸이 밖으로 굳어지게 하시오."

卜歲中有兵無兵.「無兵, 呈兆若橫吉安; 有兵, 首仰足開, 身作外彊情.」

○ 귀인貴人을 만나는 것이 좋은가의 여부를 점칠 때는 이렇게 빈다.

"좋으면 발을 펴고 머리를 들고 몸은 바로 하여 안이 절로 높게 하시오. 좋지 못하면 머리를 쳐들어 몸을 꺾고, 발을 움츠려 고기 잡는 시늉漁 없이 하시오."

卜見貴人吉不吉.「吉, 足開首仰, 身正, 內自橋; 不吉, 首仰, 身節折, 足胎有外, 若無漁.」

○ 남에게 부탁할 일이 있을 경우, 그 일의 성사 여부를 점칠 때는 이렇게 빈다.

"잘 될 것이면 머리는 들고 발은 펴서 안이 절로 높아지게 하고, 잘 안 될 것 같으면 머리를 쳐들고 발을 움츠려 징조를 밖으로 보이시오."

卜請謁於人得不得.「得, 首仰足開, 內自橋; 不得, 首仰足胎有外.」

○ 도망친 사람을 뒤쫓아가 잡을 수 있을지의 여부를 점칠 때는 이렇게 빈다.

"잡을 수 있으면 머리를 쳐들고 발을 움츠려 안팎이 서로 응하게 하고, 잡을 수 없으면 머리를 쳐들고 발을 펴거나 횡길을 나타내시오."

卜追亡人當得不得.「得, 首仰足胎, 內外相應; 不得, 首仰足開, 若橫吉安.」

○ 고기잡이나 사냥을 나갈 때 소득이 있을지의 여부를 점칠 때는 이렇게 빈다.

"잡을 수 있을 것이면 머리를 쳐들고 발을 펴서 안팎이 서로 응하게 하고, 없을 것 같으면 발을 움츠리고 머리를 쳐들거나 횡길을 나타내시오."

卜漁獵得不得.「得, 首仰足開, 內外相應; 不得, 足肣首仰, 若橫吉安.」

○ 길을 가다가 도적을 만나지나 않을까의 여부를 점칠 때는 이렇게 빈다.

"길을 가다가 도적을 만나게 될 것 같으면 머리를 쳐들고 발을 펴서 몸을 꺾되 밖이 높고 안이 낮게 하시오. 만나지 않을 것 같으면 징조를 보이시오."

卜行遇盜不遇.「遇, 首仰足開, 身節折, 外高內下; 不遇, 呈兆.」

○ 비가 올지의 여부를 점칠 때는 이렇게 빈다.

"비가 올 것이면 머리를 쳐들어 밖이 높고 안은 낮게 하시고, 비가 오지 않을 것이면 머리를 들고 발을 벌리거나 횡길을 나타내시오."

卜天雨不雨.「雨, 首仰有外, 外高內下; 不雨, 首仰足開, 若橫吉安.」

○ 내리고 있는 비가 갤지의 여부를 점칠 때는 이렇게 빈다.

"갤 것 같으면 발을 펴고 머리를 쳐드시고, 개지 않을 것 같으면 횡길로 하시오."

卜天雨霽不霽.「霽, 呈兆足開首仰; 不霽, 橫吉.」

● 거북 징조를 보고 판단하기

나타난 징조의 명命을 보고 이렇게 판단한다.

○ 횡길이 나타나게 되면:

병을 점쳤을 때 중한 병자라도 그 날은 죽지 않는다.

중환자가 아니면 점친 날에 쾌히 낫고 죽지 않는다.

감옥에 갇힌 사람 중 중죄인은 출옥하지 못한다.

가벼운 죄를 지은 사람은 출옥하는데 만일 그 날이 지나도 나오지 못한다면 오래 옥에 갇혀 있어도 상하는 일은 없다.

재물을 구하고 노비나 마소를 사는 데는 그 날 중이라면 얻을 수 있지만, 그 날을 넘기면 원만히 되지 않는다.

길을 떠나야 할 것인지의 여부에 관한 것이라면 떠나지 말아야 한다.

기다리는 사람이 올 것인가의 여부에 관한 것이라면 온다. 그러나 밥 먹을 때가 지나도 오지 않는 사람은 오지 않는다.

도적을 치러 갈 것인지의 여부에 관한 것이라면 가지 말아야 한다. 가더라도 도적을 만나지는 못한다.

도적이 일어났다고 들어도 쳐들어오지 않는다.

전임을 수락할 것인지의 여부에 관한 것이라면 전임에 나서지 말아야 한다.

관직에 있거나 집에 있는 것은 모두 좋다.

그 해의 농사는 풍년이 아니다.

전염병은 유행하지 않는다.

이 해에는 병란이 일어나지 않는다.

사람을 찾아볼 것인가의 여부에 관한 것이라면 찾아갈 일이다. 찾아가지 않으면 기쁜 일은 없다.

다른 사람에게 부탁을 하는 것은 가서 부탁하지 않으면 얻을 수 없다.

도망간 사람을 뒤쫓아도 잡을 수가 없고, 고기잡이나 사냥을 나가도 수확은 없다.

길을 나서도 도적은 만나지 않는다.

비가 올지의 여부에 관한 것이라면 비가 오지 않는다.

날씨가 갤지의 여부에 관한 것이라면 개지 않는다.

命曰横吉安. 以占病, 病甚者一日不死; 不甚者卜日瘳, 不死. 繋者重罪不出, 輕罪環出; 過一日不出, 久毋傷也. 求財物買臣妾馬牛, 一日環得; 過一日不得. (不得)行者不行. 來者環至; 過食時不至, 不來. 擊盜不行, 行不遇; 聞盜不來. 徙官不徙. 居官家室皆吉. 歲稼不孰 民疾疫無疾. 歲中無兵. 見人行, 不行不喜. 請謁人不行不得. 追亡人漁獵不得. 行不遇盜. 雨不雨. 霽不霽.

○ 좋은 징조를 보였을 경우:

병자는 죽지 않는다. 감옥에 갇힌 자는 나오게 된다.
가야 할지의 여부에 관한 것이라면 가야 한다.
기다리는 사람이 올지의 여부라면 그는 온다.
장사를 하면 이익을 얻고, 도망한 사람을 뒤쫓으면 잡을 수 있다. 그러나 하루 지나면 잡지 못한다.
나간 사람은 찾아오지 않는다.

命曰呈兆 病者不死. 繋者出. 行者行. 來者來. 市買得. 追亡人得, 過一日不得. 問行者不到.

○ 기둥이 서 있을 경우:

환자를 점치면 죽지 않는다.
감옥에 갇힌 자는 감옥에서 나온다.
가야 할지 말아야 할지는 가야 한다.
올지 안 올지는 온다.
장사를 하면 이익이 있다.
걱정이 있는 사람은 걱정이 사라진다.
도망간 사람은 뒤쫓아도 잡지 못한다.

命曰柱徹. 卜病不死. 繋者出. 行者行. 來者來. (而)市買不得. 憂者毋憂. 追亡人不得.

○ 거북이 머리를 쳐들고 발을 움츠리고 안으로 변화가 있고 밖으로 변화가 없을 경우:

병을 점치면 무거운 병이라도 죽지 않는다.

감옥에 갇힌 사람은 석방된다.

재물을 구하고 노비나 마소를 사는 것은 잘 되지 않는다.

가야 할지의 여부에 관한 것이라면 가는 것이 좋다고 들었더라도 가지 말아야 한다.

전임이 될지의 여부에 관한 것이라면 전임이 된다.

기다리는 사람이 올지의 여부에 관한 것이라면 그는 오지 않는다.

도적이 일어났다고 들었더라도 쳐들어오지 않는다. 쳐들어온다는 소문이 나 있어도 쳐들어오지 않는다.

전임을 할 것인지의 여부라면 전임한다는 소문이 있어도 전임하지 않는다.

관직에 나아가 있으면 걱정되는 일이 있다.

집에 있으면 재난이 많다.

이 해의 농사는 중간 정도 되고 전염병이 유행한다.

이 해 안에 병란이 일어난다. 그러나 공격을 당한다는 소문이 있어도 공격을 당하지는 않는다.

귀인을 만나는 것은 좋다.

청탁은 이루어지지 않으며, 부탁하러 가지 않는 것이 좋다. 가도 시원한 대답을 얻지 못한다.

도망간 사람은 쫓아가도 잡지 못한다.

고기잡이나 사냥을 해도 잡히는 것이 없다.

길을 가다가 도적은 만나지 않는다.

비가 올지의 여부에서는 전혀 비가 오지 않는다.

갤지의 여부라면 비는 개지 않는다.

원래 귀갑에 나타나는 자형字形 '막莫'자는 모두 수엄首儼으로 풀이된다. 엄儼이란 '우러러본다'는 뜻이다. 그러므로 '머리를 쳐들고'라 해석하였다. 이것은 사사로운 기록이다.

命曰首仰足朕有內無外. 占病, 病甚不死. 繫者解. 求財物買臣妾馬牛不得. 行者聞言不行. 來者不來. 聞盜不來. 聞言不至. 徙官聞言不徙. 居官有憂. 居家多災. 歲稼中孰. 民疾疫多病. 歲中有兵, 聞言不開. 見貴人吉. 請謁不行, 行不得善言. 追亡人不得. 漁獵不得. 行不遇盜. 雨不雨甚. 霽不霽. 故其莫字皆爲首備. 問之曰, 備者仰也, 故定以爲仰. 此私記也.

○ 머리를 쳐들고 발을 움츠리고 안으로 변화가 있고 밖으로 변화가 없을 경우:

병을 점치면 중병이라도 죽지 않는다.

감옥에 갇혀 있는 사람은 나오지 못한다.

재물을 구하고 노비를 사는 것은 잘 되지 않는다.

가야 할지의 여부에 관한 것이라면 가서는 안 된다.

올지의 여부에 관한 것이라면 그는 오지 않는다.

도적을 치러 나가도 도적을 만나지 못한다. 도적이 쳐들어온다는 말만 들어도 마음으로 놀라지만 쳐들어오지는 않는다.

전임이 될지의 여부라면 전임되지 않는다.

관직에 있고 집에 있는 것은 좋다.

이 해 농사는 흉작이다. 전염병은 크게 유행한다.

이 해에는 병란이 일어나지 않는다.

귀인을 만나는 것은 좋다.

부탁하는 일은 해도 잘 되지 않는다.

도망간 사람은 뒤쫓아도 잡지 못한다.

재물을 잃으면 되찾지 못한다.

고기를 잡고 사냥을 해도 얻는 것은 없다.

길을 나서도 도적은 만나지 않는다.

비가 올지의 여부라면 비는 오지 않는다.

날씨가 갤지의 여부에 관한 것이라면 개지 않는다.

이러한 징조는 흉하다.

命曰首仰足肸有內無外. 占病, 病甚不死. 繫者不出. 求財買臣妾不得.
行者不行. 來者不來. 擊盜不見. 聞盜來, 內自驚, 不來. 徙官不徙. 居官家室吉.
歲稼不孰. 民疾疫有病甚. 歲中無兵. 見貴人吉. 請謁追亡人不得. 亡財物,
財物不出得. 漁獵不得. 行不遇盜. 雨不雨. 霽不霽. 凶.

○ 징조를 보이되 머리를 쳐들고 발을 움츠릴 경우:

병을 점치면 죽지 않는다.

감옥에 갇혀 있는 사람은 아직 출옥하지 못한다.

재물을 구하고 노비나 마소를 사는 것은 잘 되지 못한다.

가야 할지의 여부는 가지 말아야 한다.

올지의 여부는 오지 않는다.

도적을 치러 나가도 만나지 못한다. 도적이 쳐들어온다고 들었어도 쳐들어
오지 않는다.

전임할지의 여부라면 전임되지 않는다.

오래 관직에 있는 사람은 걱정이 많다.

이 해 안에 집에 있는 것은 좋지 못하다.

이 해의 농사는 흉작이다.

전염병이 유행한다.

이 해 안에 병란은 일어나지 않는다.

귀인을 만나는 것은 좋지 않다.

부탁하는 일은 해도 잘 되지 않는다.

고기를 잡고 사냥을 해도 얻는 것은 없다.

길을 나서도 도적은 만나지 않는다.

비의 여부라면 오지 않는다.

날씨가 갤지의 여부라면 개지 않는다.

흉하다.

命曰呈兆首仰足肸. 以占病, 不死. 繫者未出. 求財物買臣妾馬牛不得.
行不行. 來不來. 擊盜不相見. 聞盜來不來. 徙官不徙. 居官久多憂. 居家室不吉.

歲稼不孰. 民病疫. 歲中毋兵. 見貴人不吉. 請謁不得. 漁獵得少. 行不遇盜.
雨不雨. 霽不霽. 不吉.

○ 조짐을 보이되 머리를 쳐들고 발을 폈을 경우:

병을 점치는 사람 중 중환자는 죽는다.

감옥에 갇힌 사람은 출옥한다.

재물을 구하고 노비나 마소를 사는 것은 잘 되지 않는다.

갈지의 여부라면 가야 한다.

올지의 여부라면 온다.

도적을 치러 나가도 도적을 만나지 못한다. 도적이 쳐들어온다고 들었어도
쳐들어오지 않는다.

전임의 여부라면 전임되지 않는다.

관직에 머물러 있으려 해도 오래 있지는 못한다.

집에 있는 것은 좋지 못하다.

이 해의 농사는 흉작이다.

전염병이 유행해도 대단치는 않다.

이 해에는 병란이 일어나지 않는다.

귀인을 만나는 것은 만나지 않는 쪽이 낫다.

부탁하는 일은 해도 잘 되지 않는다.

도망자는 뒤쫓아도 잡지 못한다.

고기를 잡고 사냥을 해도 잡는 것은 없다.

길을 나서면 도적을 만난다.

비는 오지 않는다.

날씨는 개지 않는다.

약간 좋다.

命曰呈兆首仰足開. 以占病, 病篤死. 繫囚出. 求財物買臣妾馬牛不得. 行者行.
來者來. 擊盜不見盜. 聞盜來不來. 徙官徙. 居官不久. 居家室不吉. 歲稼不孰. 民疾
疫有而少. 歲中毋兵. 見貴人不見吉. 請謁追亡人漁獵不得. 行遇盜. 雨不雨. 霽小吉.

○ 머리를 쳐들고 발을 움츠릴 경우:

병을 점치면 죽지 않는다.
감옥에 갇힌 사람은 오래 지나도 상하는 일은 없다.
재물을 구하고 노비나 마소를 사는 것은 잘 되지 않는다.
가야 할지에 대하여는 가지 말아야 한다.
도적을 치는 것은 나가지 않는 편이 좋다.
기다리는 사람은 온다.
도적이 쳐들어온다고 들려오면 쳐들어온다.
전임의 여부는 전임의 소문이 나도 전임되지 않는다.
집에 있는 것은 좋지 않다.
이 해의 농사는 흉작이다. 전염병은 대단치 않다.
이 해에는 병란이 일어나지 않는다.
귀인은 만나는 편이 좋다.
부탁하는 일은 해도 잘 되지 않는다.
도망자를 추적해도 잡을 수가 없다.
고기잡이와 사냥을 해도 얻는 것은 없다.
길을 나서면 도적을 만난다.
비는 오지 않는다.
날씨는 개지 않는다.
길하다.

命曰首仰足肦. 以占病, 不死. 繫者久, 毋傷也. 求財物買臣妾馬牛不得.
行者不行. 擊盜不行. 來者來. 聞盜來. 徙官聞言不徙. 居家室不吉. 歲稼不孰
民疾疫少. 歲中毋兵. 見貴人得見. 請謁追亡人漁獵不得. 行遇盜. 雨不雨.
霽不霽. 吉.

○ 머리를 쳐들고 발을 펴고 안에 조짐이 있을 경우:

병자를 점치면 죽는다.
감옥에 갇힌 사람은 출옥한다.

재물을 구하고 노비나 마소를 사는 것은 잘 되지 않는다.

가야 할 곳은 가야 한다.

기다리는 사람이 온다.

도적을 치기 위해 나가도 도적을 만나지 못하고, 도적이 쳐들어온다고 들려와도 쳐들어오지는 않는다.

전임의 여부라면 전임한다.

관직에 머물러 있으려 해도 오래 있지 못한다.

집에 있는 것은 좋지 못하다.

이 해의 농사는 풍작이다.

전염병이 유행해도 대단치는 않다.

이 해에는 병란이 일어나지 않는다.

귀인을 만나는 것은 좋지 않다.

부탁하는 일은 해도 잘 되지 않는다.

도망간 사람을 쫓아도 잡지 못한다.

고기 잡고 사냥을 해도 얻는 것은 없다.

길을 나가도 도적을 만나지 않는다.

비는 갠다. 개면 조금 좋고, 개지 않으면 더욱 좋다.

命曰首仰足開有內. 以占病者, 死. 繫者出. 求財物買臣妾馬牛不得. 行者行. 來者來. 擊盜行不見盜. 聞盜來不來. 徙官徙. 居官不久. 居家室不吉. 歲孰民疾疫有而少. 歲中毋兵. 見貴人不吉. 請謁追亡人漁獵不得. 行不遇盜. 雨霽. 霽小吉, 不霽吉.

○ 횡길로서 안팎의 징조가 절로 높을 경우:

병자를 점치게 되면 쾌히 낫지 않고 죽는다.

감옥에 갇힌 사람은 무죄 판결로 출옥한다.

재물을 구하고 노비나 마소를 사는 것은 잘 된다.

가야 할 곳은 가야 한다.

기다리는 사람은 온다.

도적을 치면 서로 힘이 비슷하다.

도적이 쳐들어온다는 소문이 들리면 쳐들어온다.

전임의 여부라면 전임된다.

집에 있는 것은 좋다.

이 해 농사는 풍작이다.

전염병은 유행하지 않는다.

이 해 안에 병란은 일어나지 않는다.

귀인을 만나고, 부탁을 하고, 도망자를 뒤쫓고, 고기 잡고 사냥하는 것은 모두 잘 되지 않는다.

길을 나서면 도적을 만난다.

비는 온다. 날씨는 갠다.

아주 길하다.

命曰橫吉內外自橋. 以占病, 卜日毋瘳死. 繫者毋罪出. 求財物買臣妾馬牛得. 行者行. 來者來. 擊盜合交等. 聞盜來來. 徙官徙. 居家室吉. 歲孰. 民疫無疾. 歲中無兵. 見貴人請謁追亡人漁獵得. 行遇盜. 雨霽, 雨霽. 大吉.

○ 횡길로서 안팎의 징조가 절로 길할 경우:

병을 점치면 병자는 죽는다.

감옥에 갇힌 사람은 출옥하지 못한다.

재물을 구하고 노비나 마소를 사고 도망자를 뒤쫓고 고기 잡고 사냥하는 것은 모두 잘 되지 않는다.

갈지의 여부라면 가면 돌아오지 못한다.

도적을 치러 나가도 만나지 못한다.

도적이 쳐들어온다고 들려와도 쳐들어오지 않는다.

전임의 여부라면 전임하게 된다.

관직에 머물러 있으면 걱정되는 일이 있다.

집에 있거나 귀인을 만나거나 부탁을 하는 일은 모두 잘 안 된다.

이 해의 농사는 흉작이고 전염병이 돈다.

이 해에는 병란이 일어나지 않는다.

길을 나서도 도적을 만나지 않는다.

비는 오지 않는다.

날씨는 개지 않는다.

불길하다.

命曰橫吉內外自吉. 以占病, 病者死. 繫不出. 求財物買臣妾馬牛追亡人
漁獵不得. 行者不來. 擊盜不相見. 聞盜不來. 徙官徙. 居官有憂. 居家室見貴
人請謁不吉. 歲稼不孰. 民疾疫. 歲中無兵. 行不遇盜. 雨不雨. 霽不霽. 不吉.

○ 어인漁人일 경우:

병자를 점치면 중환자도 죽지 않는다.

감옥에 갇힌 사람은 출옥한다.

재물을 구하고, 노비나 마소를 사고, 도적을 치고, 부탁을 하고, 도망간
사람을 뒤쫓고, 고기 잡고 사냥하는 것은 모두 잘 되지 않는다.

가야 할 곳이라면 가야 한다.

기다리는 사람은 온다.

도적이 쳐들어온다고 들려도 쳐들어오지 않는다.

전임의 여부라면 전임되지 않는다.

집에 있는 것은 좋다.

이 해의 농사는 흉작이다.

전염병이 유행한다.

이 해에 병란은 일어나지 않는다.

귀인을 만나는 것은 좋다.

길을 나서도 도적을 만나지 않는다.

비는 오지 않는다.

날씨는 개지 않는다.

길하다.

命曰漁人. 以占病者, 病者甚, 不死. 繫者出. 求財物買臣妾馬牛擊盜請謁追
亡人漁獵得. 行者行來. 聞盜來不來. 徙官不徙. 居家室吉. 歲稼不孰. 民疾疫.
歲中毋兵. 見貴人吉. 行不遇盜. 雨不雨. 霽不霽. 吉.

○ 머리를 들고 발을 움츠리고 안을 높게 밖을 낮게 할 경우:

병을 점치면 중환자라도 죽지 않는다.

옥에 갇힌 사람은 출옥하지 못한다.

재물을 구하고, 노비나 마소를 사고, 도망간 사람을 뒤쫓고, 고기 잡고
사냥하는 것은 모두 잘 된다.

가야 할 곳이라도 가서는 안 된다.

기다리는 사람은 온다.

도적을 치면 이긴다.

전임의 여부라면 전임되지 않는다.

관직에 머물러 있으면 걱정은 있어도 손해는 없다.

집에 있으면 걱정과 병이 많다.

이 해의 농사는 큰 풍작이다.

전염병이 유행한다.

이 해에 병란이 일어나지만 쳐들어오지는 않는다.

귀인을 만나거나 부탁을 하는 것은 좋지 않다.

나가면 도적을 만난다.

비는 오지 않는다.

날씨는 개지 않는다.

길하다.

命曰首仰足肣內高外下. 以占病, 病者甚, 不死. 繫者不出. 求財物買臣妾
馬牛追亡人漁獵得. 行不行. 來者來. 擊盜勝. 徙官不徙. 居官有憂, 無傷也.
居家室多憂病. 歲大孰. 民疾疫. 歲中有兵不至. 見貴人請謁不吉. 行遇盜.
雨不雨. 霽不霽. 吉.

○ 길로서 위로 앙仰이, 아래로 주柱가 있을 경우:

병은 오래 끌어도 죽지 않는다.
감옥에 갇힌 사람은 나오지 못한다.
재물을 구하고, 노비나 마소를 사고, 도망자를 추적하고, 고기 잡고 사냥하는 것은 모두 잘 되지 않는다.
가야 할 곳이라도 가지 말아야 한다.
도적을 치는 것은 나가지 않는 편이 좋다. 나간다 해도 만나지 못한다.
도적이 쳐들어온다고 들려와도 쳐들어오지 않는다.
전임의 여부라면 전임되지 않는다.
집에 있거나 귀인을 만나거나 하는 것은 좋다.
이 해의 농사는 크게 풍작이다.
전염병이 유행한다.
이 해에 병란은 일어나지 않는다.
길을 나서도 도적을 만나지 않는다.
비는 오지 않는다.
날씨는 개지 않는다.
아주 길하다.

命曰橫吉上有仰下有柱. 病久不死. 繫者不出. 求財物買臣妾馬牛追亡人漁獵不得. 行不行. 來不來. 擊盜不行, 行不見. 聞盜來不來. 徙官不徙. 居家室見貴人吉. 歲大孰. 民疾疫. 歲中毋兵. 行不遇盜. 雨不雨. 霽不霽. 大吉.

○ 횡길로서 유앙楡仰의 경우:

병을 점치면 죽지 않는다.
감옥에 갇힌 사람은 출옥하지 못한다.
재물을 구하고 신첩과 마소를 사는 것은 나가 보아도 여의치 못하다.
가야 할 곳이라도 가지 말아야 한다.
기다리는 사람은 오지 않는다.
도적을 치는 것은 나가지 않는 편이 좋다.

나가도 만나지 못한다. 도적이 쳐들어온다고 들려와도 쳐들어오지 않는다.

전임의 여부라면 전임되지 않는다.

관직에 머물러 있거나 집에 있거나 귀인을 만나거나 하는 것은 좋다.

이 해의 농사는 풍작이다.

이 해에는 전염병이 유행하나 병란은 일어나지 않는다.

부탁을 하거나 도망자를 뒤쫓거나 하는 것은 여의치 못하다.

고기 잡고 사냥하는 것은 나가도 얻는 것이 없고 잘 되지 않는다.

나가도 도적을 만나지 않는다.

비는 온다. 날씨는 개지 않는다.

조금 길하다.

命曰橫吉楡仰. 以占病, 不死. 繫者不出. 求財物買臣妾馬牛至不得. 行不行. 來不來. 擊盜不行, 行不見. 聞盜來不來. 徙官不徙. 居官家室見貴人吉. 歲孰 歲中有疾疫, 毋兵. 請謁追亡人不得. 漁獵至不得. 行不得. 行不遇盜. 雨霽 不霽. 小吉.

○ 횡길로서 아래에 기둥이 있을 경우:

병을 점치면 중병이라도 쾌히 낫고 죽지 않는다.

감옥에 갇힌 사람은 출옥한다.

재물을 구하고 노비나 마소를 사고, 부탁을 하고, 도망자를 뒤쫓고, 고기 잡고 사냥하는 것은 모두 여의치 않다.

가야 할 곳이라면 가야 한다.

기다리는 사람은 오지 않는다.

도적을 치러 나가도 만나지 못한다.

도적이 쳐들어온다는 소문이 들리면 쳐들어온다.

전임을 하거나 관직에 머물러 있거나 하는 것은 좋으나 오래 가지 못한다.

집에 있는 것은 좋지 못하다.

이 해의 농사는 흉작이다.

전염병은 유행하지 않는다.

이 해에 병란은 일어나지 않는다.

귀인을 만나는 것은 좋다.

길을 나서도 도적은 만나지 않는다.

비는 오지 않는다.

날씨는 갠다.

약간 길하다.

命曰橫吉下有柱. 以占病, 病甚不環有瘳無死. 繫者出. 求財物買臣妾馬
牛請謁追亡人漁獵不得 行來不來. 擊盜不合. 聞盜來來. 徙官居官吉, 不久.
居家室不吉. 歲不孰. 民毋疾疫. 歲中毋兵. 見貴人吉. 行不遇盜. 雨不雨. 霽.
小吉.

○ 재소재所의 경우:

병을 점치면 완쾌되고 죽지 않는다.

감옥에 갇힌 사람은 출옥한다.

재물을 구하고 노비나 마소를 사고, 부탁을 하고, 도망자를 추적하고,
고기 잡고 사냥하는 것은 모두 뜻대로 된다.

가야 할 곳이라면 가야 한다.

올 사람은 온다.

도적을 치는 경우 마주치게 되나 싸움까지는 이르지 않는다.

도적이 쳐들어온다고 들리면 쳐들어온다.

전임된다.

집에 있으면 걱정이 있다.

귀인을 만나는 것은 좋다.

이 해의 농사는 풍작이다.

전염병은 유행하지 않는다.

이 해에 병란은 일어나지 않는다.

길에 나서도 도적을 만나지 않는다.

비는 오지 않는다.

날씨는 갠다.

길하다.

命曰載所. 以占病, 環有瘳無死. 繫者出. 求財物買臣妾馬牛請謁追亡人
漁獵得. 行者行. 來不來. 擊盜相見不相合. 聞盜來來. 徙官徙. 居家室憂.
見貴人吉. 歲孰. 民毋疾疫. 歲中毋兵. 行不遇盜. 雨不雨. 霽霽. 吉.

○ 근격根格의 경우:

병자를 점치면 죽지 않는다.

옥에 갇힌 사람이 오래 되어도 해가 없다.

재물을 구하고 노비나 마소를 사고, 부탁을 하고, 도망자를 뒤쫓고,
고기 잡고 사냥하는 것은 모두 뜻대로 되지 않는다.

가야 할 곳일지라도 가지 말아야 한다.

올 사람이 오지 않는다.

도적을 치는 경우 나가도 싸움에는 이르지 않는다.

도적이 쳐들어온다고 들려도 쳐들어오지 않는다.

전임되지 않는다.

집에 있는 것이 좋다.

이 해의 농사는 평년작이다.

전염병이 유행하나 죽는 사람은 없다.

귀인을 만나려 해도 만날 수 없다.

길을 나서도 도적을 만나지 않는다.

비는 오지 않는다.

아주 길하다.

命曰根格. 以占病者, 不死. 繫久毋傷. 求財物買臣妾馬牛請謁追亡人漁
獵不得. 行不行. 來不來. 擊盜盜行不合. 聞盜不來. 徙官不徙. 居家室吉.
歲稼中. 民疾疫無死. 見貴人不得見. 行不遇盜. 雨不雨. 大吉.

○ 머리를 쳐들고 발을 움츠려 밖이 높고 안이 낮을 경우:

걱정이 있는 사람을 점치면 해가 없다.

갔다가는 돌아오지 못한다.

오래 앓는 병자는 죽는다.

재물을 구하는 것은 뜻대로 안 된다.

귀인을 만나는 것은 좋다.

命曰首仰足胗外高內下. 卜有憂, 無傷也. 行者不來. 病久死. 求財物不得. 見貴人者吉.

○ 밖이 높고 안이 낮은 경우:

병자를 점치면 죽지는 않으나 탈이 난다.

매매는 뜻대로 안 된다.

관직에 머물러 있거나 집에 있거나 하는 것은 좋지 못하다.

가야 할 곳일지라도 가지 말아야 한다.

올 사람이 오지 않는다.

감옥에 갇힌 사람은 오래 되어도 해가 없다.

길하다.

命曰外高內下. 卜病不死, 有祟. (而)市買不得. 居官家室不吉. 行者不行. 來者不來. 繫者久毋傷. 吉.

○ 머리를 쳐들고 발을 펴며, 안팎이 서로 응할 경우:

병자를 점치면 회복한다.

감옥에 갇힌 사람은 출옥한다.

가야 할 곳이라면 가야 된다.

올 사람은 온다.

재물을 구하는 것은 뜻대로 된다.

길하다.

命曰頭見足發有內外相應. 以占病者, 起. 繫者出. 行者行. 來者來. 求財物得. 吉.

○ 징조를 보이되 머리를 쳐들고 발이 퍼진 상태일 경우:

병을 점치면 악화되어 죽는다.

감옥에 갇힌 사람은 출옥은 하나 걱정이 있다.

재물을 구하고 노비나 마소를 사고, 부탁을 하고, 도망자를 뒤쫓고, 고기 잡고 사냥하는 것은 모두 뜻대로 되지 않는다.

가야 할 곳일지라도 가지 말아야 한다.

올 사람이 오지 않는다.

도적을 쳐도 싸움까지는 안 간다.

도적이 쳐들어온다고 하면 쳐들어온다.

전임을 하거나, 관직에 머물러 있거나, 집에 있거나 하는 것은 좋지 못하다.

이 해의 농사는 흉작이다.

전염병은 유행하나 죽는 사람은 생기지 않는다.

이 해 안에 병란은 일어나지 않는다.

귀인을 만나는 것은 좋지 못하다.

밖에 나서도 도적을 만나지 않는다.

비는 오지 않는다.

날씨는 갠다.

불길하다.

命曰呈兆首仰足開. 以占病, 病甚死. 繫者出, 有憂. 求財物買臣妾馬牛請謁追亡人漁獵不得. 行(行)不行. 來不來. 擊盜不合. 聞盜來來. 徙官居官家室不吉. 歲惡. 民疾疫無死. 歲中毋兵. 見貴人不吉. 行不遇盜. 雨不雨. 霽. 不吉.

○ 징조를 보이되 머리를 쳐들고 발을 펴고, 밖이 높고 안이 낮을 경우:

병자를 점치면 죽지는 않으나 다른 탈이 생긴다.

감옥에 갇힌 사람은 출옥은 하나 걱정이 있다.

재물을 구하고 노비나 마소를 사는 것은 만나려 해도 만나지 못한다.

가야 할 곳이라면 가야 한다.

올 사람은 온다는 소문이 들려도 오지 않는다.

도적을 치면 이긴다.

도적이 쳐들어온다고 들려와도 쳐들어오지 않는다.

전임하거나, 관직에 머물러 있거나, 집에 있거나, 귀인을 만나거나 하는 것은 좋지 못하다.

이 해의 농사는 평년작이 되고, 전염병이 유행한다.

이 해에 병란이 일어난다.

부탁을 하거나 도망자를 추적하거나 고기 잡고 사냥하는 것은 모두가 뜻대로 되지 않는다.

길을 나서면 도적을 만난다.

비는 오지 않는다.

날씨는 갠다.

흉하다.

命曰呈兆首仰足開外高內下. 以占病, 不死, 有外祟. 繫者出, 有憂. 求財物買臣妾馬牛, 相見不會. 行行. 來聞言不來. 擊盜勝. 聞盜來不來. 徙官居官家室見貴人不吉. 歲中. 民疾疫有兵. 請謁追亡人漁獵不得. 聞盜遇盜. 雨不雨. 霽. 凶.

○ 머리를 쳐들고 발을 움츠리고 몸을 구부려 안팎이 서로 응할 경우:

병을 점쳐 보면 중병이라도 죽지 않는다.

감옥에 갇힌 사람은 오래 지나도 출옥하지 못한다.

재물을 구하고 노비와 마소를 사고, 고기 잡고 사냥하는 것은 모두 뜻대로 되지 않는다.

가야 할 곳일지라도 가지 말아야 한다.

올 사람이 오지 않는다.

도적을 치면 이긴다.

도적이 쳐들어온다고 들리면 쳐들어온다.

전임되지 않는다.

관직에 머물러 있거나, 집에 있거나 하는 것은 좋지 않다.

이 해의 농사는 흉작이다.

전염병이 유행한다.

이 해 안에 병란이 있으나 쳐들어오지는 않는다.

귀인을 만나면 기쁨이 있다.

부탁을 하거나, 도망자를 추적하거나 하는 것은 뜻대로 되지 않는다.

길을 나서면 도적을 만난다.

흉하다.

命曰首仰足肣身折內外相應. 以占病, 病甚不死. 繫者久不出. 求財物買臣妾馬牛漁獵不得. 行不行. 來不來. 擊盜有用勝. 聞盜來來. 徙官不徙. 居官家室不吉. 歲不孰. 民疾疫. 歲中. 有兵不至. 見貴人喜. 請謁追亡人不得. 遇盜. 凶.

○ 내격외수內格外垂인 경우:

외출하고자 하는 사람은 외출하지 않는 것이 좋다.

올 사람이 오지 않는다.

병자는 모두 죽는다.

감옥에 갇힌 자는 석방되지 않는다.

재물을 얻고자 하나 얻지 못한다.

사람을 만나려 하나 만날 수 없다.

아주 길하다.

命曰內格外垂. 行者不行. 來者不來. 病者死. 繫者不出. 求財物不得. 見人不見. 大吉.

○ 횡길로서, 안팎이 서로 응하여 절로 높고, 유楡가 상주上柱를 쳐다보고 발을 오므리고 있을 경우:

병을 점치면 중병이라도 죽지 않는다.

감옥에 갇힌 사람은 오래 있으나 죄는 되지 않는다.

재물을 구하고 노비나 마소를 사고, 부탁을 하고, 도망자를 추적하고, 고기 잡고 사냥하는 것은 모두 뜻대로 되지 않는다.

가야 할 곳일지라도 가서는 안 된다.

올 사람이 오지 않는다.

관직에 머물러 있거나, 집에 있거나, 귀인을 만나거나 하는 것은 좋다.

전임되지 않는다.

이 해의 농사는 큰 풍작이라고 할 수 없다.

전염병이 유행한다.

이 해에 병란이 일어나기는 하나 전쟁의 재앙은 없다.

길을 나서면 도적을 만난다고 들어도 실제로는 만나지 않는다.

비는 오지 않는다.

날씨는 아주 갠다.

아주 길하다.

命曰橫吉內外相應自橋楡仰上柱(上柱足)足胻. 以占病, 病甚不死. 繫久, 不抵罪. 求財物買臣妾馬牛請謁追亡人漁獵不得. 行不行. 來不來. 居官家室見貴人吉. 徙官不徙. 歲不大孰. 民疾疫有兵. 有兵不會. 行遇盜. 聞言不見. 雨不雨. 霽霽. 大吉.

○ 머리를 쳐들고 발을 움츠리고 안팎이 자연히 드리워질 경우:

병으로 근심하는 사람을 점치면 중병이라도 죽지 않는다.

관직에 머물러 있고 싶어도 있을 수 없다.

가야 할 곳이라면 가야 한다.

올 사람이 오지 않는다.

재물을 구하는 것은 뜻대로 되지 않는다.

사람을 구하는 것도 뜻대로 되지 않는다.
길하다.

命曰頭仰足肣內外自垂. 卜憂病者甚, 不死. 居官不得居. 行者行. 來者不來.
求財物不得. 求人不得. 吉.

○ 횡길로서, 아래에 기둥이 있을 경우:

올 사람은 올 것이나 점친 그 날 오지 않으면 당분간 오지 않는다.
병자를 점쳤는데 하루를 지나도 쾌유하지 못하면 낫지 않고 죽는다.
가야 할 곳일지라도 가지 않는 편이 좋다.
재물을 구하는 것은 여의치 못하다.
감옥에 갇힌 사람은 출옥하게 된다.

命曰橫吉下有柱. 卜來者來. 卜日卽不至, 未來. 卜病者過一日毋瘳死.
行者不行. 求財物不得. 繫者出.

○ 횡길로서, 안팎이 절로 들려 있을 경우:

병자를 점치면 오랜 병이라도 죽지 않는다.
감옥에 갇힌 사람은 오래 지나도 출옥하지 못한다.
재물을 구하는 것이 뜻대로 되기는 하나 얻는 것이 적다.
가야 할 곳일지라도 가지 말아야 한다.
올 사람이 오지 않는다.
귀인은 만나는 편이 좋다.
길하다.

命曰橫吉內外自擧. 以占病者, 久不死. 繫者久不出. 求財物得而少. 行者
不行. 來者不來. 見貴人見. 吉.

○ 안이 높고 밖이 낮으며 빨리 가볍게 발이 펴진 경우:

재물을 구하는 일은 뜻대로 되지 않는다.

가야 할 곳이라면 가야 한다.

병자는 완쾌된다.

감옥에 갇힌 사람은 출옥하지 못한다.

올 사람이 오지 않는다.

귀인은 만나지 않는 편이 좋다.

길하다.

命曰內高外下疾輕足發. 求財物不得. 行者行. 病者有瘳. 繫者不出. 來者來. 見貴人不見. 吉.

○ 외격外格의 경우:

재물을 구하는 것은 뜻대로 되지 않는다.

가야 할 곳일지라도 가지 말아야 한다.

올 사람이 오지 않는다.

감옥에 갇힌 사람은 출옥하지 못하며 불길하다.

병자는 죽는다.

귀인은 만나는 편이 좋다.

길하다.

命曰外格. 求財物不得. 行者不行. 來者不來. 繫者不出. 不吉. 病者死. 求財物不得. 見貴人見. 吉.

○ 안이 저절로 들리고, 밖에서 오는 것이 바르고 발이 펴질 경우:

가야 할 곳이라면 가야 한다.

올 사람이 온다.

재물을 구하는 것은 뜻대로 된다.

병자는 병이 오래 가나 죽지 않는다.

감옥에 갇힌 사람은 출옥하지 못한다.

귀인을 만나는 편이 좋다.

길하다.

命曰內自擧外來正足發. [行]者行. 來者來. 求財物得. 病者久不死. 繫者不出. 見貴人見. 吉.

◉ 거북 등딱지에 나타난 조짐

○ 이것이 횡길로서, 상주上柱 외내外內가 절로 들리고, 발은 움츠려 있을 경우:

구하는 것을 점치면 뜻대로 된다.

병자는 죽지 않는다.

감옥에 갇힌 사람은 해를 입는 일은 없으나 아직 출옥은 못한다.

가야 할 곳일지라도 가지 말아야 한다.

올지 안 올지는 오지 않는다.

사람을 만나려 해도 만나지 못한다.

모든 일이 다 좋다.

此橫吉上柱外內(內)自擧足胅. 以卜有求得. 病不死. 繫者毋傷, 未出. 行不行. 來不來. 見人不見. 百事盡吉.

○ 이것이 횡길로서, 상주上柱 내외가 절로 들리고, 주족柱足은 만들어져 있을 경우:

구하는 것을 점치면 뜻대로 된다.

병자는 거의 죽게 되었어도 병이 낫고 회복된다.

감옥에 갇힌 사람은 상하는 일이 없이 출옥한다.

가야 할 곳일지라도 가지 말아야 한다.

올 사람이 오지 않는다.

사람을 만나야 할 경우라도 만나지 않는 편이 좋다.

모든 일이 다 좋다.
군사를 일으키는 것도 괜찮다.

此橫吉上柱外內自擧柱足以作. 以卜有求得. 病死環起. 繫留毋傷, 環出. 行不行. 來不來. 見人不見. 百事吉. 可以擧兵.

○ 이것이 정사挺詐로서 밖으로 조짐이 있을 경우:

구하는 것을 점치면 뜻대로 되지 않는다.
병자는 죽지 않고 가끔 회복될 때도 있다.
감옥에 갇힌 사람은 죄가 있으나 말로만 그럴 뿐 해는 입지 않는다.
가야 할 곳일지라도 가지 말아야 한다.
올 사람이 오지 않는다.

此挺詐有外. 以卜有求不得. 病不死, 數起. 繫禍罪. 聞言毋傷. 行不行. 來不來.

○ 이것이 정사로서, 안으로 조짐이 있을 경우:

구하는 것을 점치면 뜻대로 되지 않는다.
병자는 죽지 않고 종종 회복한다.
감옥에 갇힌 사람은 죄가 있으나 해를 입지 않고 출옥한다.
가야 할 곳일지라도 가지 말아야 한다.
올 사람이 오지 않는다.
사람을 만나는 것은 만나지 않는 편이 좋다.

此挺詐有內. 以卜有求不得. 病不死, 數起. 繫留禍罪無傷出. 行不行. 來者不來. 見人不見.

○ 이것이 정사로서, 내외는 저절로 들려 있을 경우:

구하는 것을 점치면 뜻대로 된다.

병자는 죽지 않는다.

옥에 갇힌 사람은 무죄이다.

가야 할 곳이라면 가야 한다.

기다리는 사람이 온다.

농사와 매매·고기잡이·사냥은 모두 뜻대로 된다.

此挺詐內外自擧. 以卜有求得. 病不死. 繫毋罪. 行行. 來來. 田賈市漁獵盡喜.

○ 이것이 호학狐狢일 경우:

구하는 것을 점치면 뜻대로 되지 않는다.

병자는 죽고 회복하기 어렵다.

감옥에 갇힌 사람은 무죄라도 나오기 어렵다.

집에 있는 것은 좋다.

남녀의 혼인은 잘 성사된다.

가야 할 곳일지라도 가지 말아야 한다.

올 사람이 오지 않는다.

사람을 만나야 할 경우라도 만나지 않는 편이 좋다.

근심거리는 생각하지 말아야 한다.

此狐狢. 以卜有求不得. 病死, 難起. 繫留毋罪難出. 可居宅. 可娶婦嫁女. 行不行. 來不來. 見人不見. 有憂不憂.

○ 이것이 호철狐徹일 경우:

구하는 것을 점치면 뜻대로 되지 않는다.

병자는 죽는다.

감옥에 갇힌 사람은 죄를 받게 된다.

가야 할 곳일지라도 가지 말아야 한다.

기다리는 사람이 오지 않는다.

사람을 만나야 할 경우라도 만나지 않는 편이 좋다.

할 말이 정해져 있어 핑계는 댈 수가 없다.
모든 일이 다 불길하다.

此狐徹. 以卜有求不得. 病者死. 繫留有抵罪. 行不行. 來不來. 見人不見. 言語定. 百事盡不吉.

○ 이것이 머리를 숙이고 발을 움츠려 몸이 굽어 있을 경우:

구하는 것을 점치면 뜻대로 되지 않는다.
병자는 죽는다.
감옥에 갇힌 사람은 유죄로 판정되고, 원망을 듣는다.
간 사람은 오지 않는다.
가야 할 곳이라면 가야 한다.
기다리는 사람이 오지 않는다.
사람을 만나는 것은 만나지 않는 편이 좋다.

此首俯足胅身節折. 以卜有求不得. 病者死. 繫留有罪. 望行者不來. 行行. 來不來. 見人不見.

○ 이것이 정挺의 안팎이 저절로 늘어져 있을 경우:

구하는 것을 점치면 뜻대로 되지 않는다.
병자는 회복하기 어려우며 죽는다.
감옥에 갇힌 사람은 무죄이나 출옥하기 어렵다.
가야 할 곳일지라도 가지 말아야 한다.
올 사람이 오지 않는다.
사람을 만나야 할 경우라도 만나지 않는 편이 좋다.
불길하다.

此挺內外自垂. 以卜有求不晦. 病不死, 難起. 繫留毋罪, 難出. 行不行. 來不來. 見人不見. 不吉.

○ 이것이 횡길로서 유앙楡仰이며 머리를 숙이고 있을 경우:

구하는 것을 점치면 뜻대로 되지 않는다.
병자는 회복하기 어려우나 죽지 않는다.
감옥에 갇힌 사람은 출옥하기 어려우나 해는 입지 않는다.
집으로 가야 하며, 며느리를 맞고 딸을 시집 보내는 것이 좋다.

此横吉楡仰首俯. 以卜有求難得. 病難起, 不死. 繋難出, 毋傷也. 可居家室, 以娶婦嫁女.

○ 이것이 횡길로서, 상주上柱는 바르고, 몸은 굽고, 안팎은 절로 들려 있을 경우:

병자를 점치면 점친 날에는 죽지 않고 그 이튿날에 죽는다.

此横吉上柱載正身節折內外自擧. 以卜病者, 卜日不死, 其一日乃死.

○ 이것이 횡길로서, 상주 발이 움츠려들고, 안이 절로 들리고 밖이 절로 드리워져 있을 경우:

병자를 점치면 점친 날에는 죽지 않고 그 이튿날에 죽는다.

此横吉上柱足肣內自擧外自垂. 以卜病者, 卜日不死, 其一日乃死.

○ 머리를 숙이고 발을 감추며, 바깥 징조는 있고 안 징조는 없을 경우:

병자는 귀갑의 점이 끝나기도 전에 급히 죽는다.
복경실대卜輕失大는 하루만에 죽지는 않는다.

爲人病首俯足詐有外無內. 病者占龜未已, 急死. 卜輕失大, 一日不死.

○ 머리는 들고 발은 움츠려 있을 경우:

구하는 것을 점치면 뜻대로 되지 않는다.

감옥에 갇힌 사람은 유죄로 판결된다. 그 죄에 대해 사람들이 운운하는 것은 두려운 일이나 그로 인해 해를 입지는 않는다.

가야 할 곳일지라도 가서는 안 된다.

사람을 만나야 할 경우라도 만나지 않는 편이 좋다.

首仰足朐. 以卜有求不得. 以繫有罪. 人言語恐之毋傷. 行不行. 見人不見.

🏵 총론

범론汎論으로 이렇게 말할 수 있다.

바깥 징조는 남의 일이며, 안 징조는 자신의 일이다. 바깥 징조는 여자의 일이며, 안 징조는 남자의 일이다. 머리가 숙여 있는 것은 걱정거리가 있는 것이다. 큰 균열은 몸으로, 작은 균열은 가지로 판단한다.

그것은 대체로 다음과 같다.

병자에 대해서는, 발이 움츠려들면 살고 발이 펴지면 죽는다.

기다리는 사람에 대해서는, 발이 펴지면 오고 발이 움츠려들면 오지 않는다.

가는 사람에 대해서는, 발이 움츠려들면 가서는 안 되고, 발이 펴지면 가야 한다.

구하는 것에 대하여는, 발이 펴지면 뜻대로 되고 발이 움츠려들면 뜻대로 되지 않는다.

옥에 갇힌 사람에 대해서는, 발이 움츠려들면 출옥하지 못하고 펴지면 출옥한다.

병자를 점쳐 발이 펴졌는데도 죽는 것은 안이 높고 밖이 낮기 때문이다.

大論曰: 外者人也, 內者自我也; 外者女也, 內者男也. 首俛者憂. 大者身也, 小者枝也. 大法, 病者, 足朐者生, 足開者死. 行者, 足開至, 足朐者不至.

行者, 足胻不行, 足開行. 有求, 足開得, 足胻者不得. 繫者, 足胻不出, 開出. 其卜病也, 足開而死者, 內高而外下也.

069(129) 화식 열전貨殖列傳

① 범려范蠡 ② 자공子貢 ③ 의돈猗敦

⊛ **자급자족만으로는 불가하다**

노자老子는 "잘 다스려지는 시대는 이웃 나라가 서로 바라볼 수 있을
만큼 가까이 있고, 닭과 개 짖는 소리가 서로 들릴 정도이며, 백성들은
각각 그들의 먹는 것을 맛있다 하고, 그들이 입는 것을 아름답다 하며,
그들의 풍속을 편히 여기고, 그들의 일을 즐기며, 늙어 죽을 때까지 서로
왕래하지 않고도 살 수 있는 것이다"라 하였다. 그러나 이것이 좋다 하여
요즘의 풍속을 돌이켜 백성의 귀와 눈을 막으려 한다면 이것은 거의
실행할 수 없을 것이다.

《老子》曰:「至治之極, 鄰國相望, 雞狗之聲相聞, 民各甘其食, 美其服,
安其俗, 樂其業, 至老死不相往來.」必用此爲務, 輓近世塗民耳目, 則幾
無行矣.

⊛ **사마천의 평어**

나 태사공은 이렇게 생각한다.

신농씨神農氏 이전의 일은 나도 알지 못하지만 《시》, 《서》에서 말하고
있는 우虞·하夏 이후로는 귀와 눈은 아름다운 소리와 아름다운 모습을
좋아하여 모두 즐기려 하고, 입은 소와 양 따위의 좋은 맛을 다 보려
하며, 몸은 편하고 즐거운 것을 좋아하고, 마음은 권세와 유능하다는
영예를 자랑하려 한다. 그 같은 풍속은 백성들의 마음에 스며든 지 오래이다.
아무리 노자의 현묘한 이론을 들고 나와 집집마다 들려주어도 도저히
교화시킬 수는 없다. 그러므로 정치를 가장 잘하는 자는 자연스러움을
따르고, 다음은 이득으로써 백성을 이끌고, 그 다음은 백성을 가르쳐

깨우치고, 또 그 다음은 백성들을 고르게 바로잡는 것이며, 가장 정치를 못하는 자는 백성들과 재산을 가지고 다투는 것이다.

太史公曰: 夫神農以前, 吾不知已. 至若《詩書》所述虞夏以來, 耳目欲極聲色之好, 口欲窮芻豢之味, 身安逸樂, 而心誇矜埶能之榮使. 俗之漸民久矣, 雖戶說以眇論, 終不能化. 故善者因之, 其次利道之, 其次敎誨之, 其次整齊之, 最下者與之爭.

◉ 각지의 산물과 유통

무릇 산서山西에는 목재와 대나무·닥나무穀·산모시纑·검정소旄·옥석 등이 많이 나고, 산동山東 지방에는 물고기·소금·옻·명주실과 미녀가 많다. 강남江南 지방에는 녹나무·가래나무梓·생강·계수나무·금·주석· 납·단사丹砂·무소뿔·대모瑇瑁·주기珠璣·상아·가죽 등을 생산하고, 용문龍門과 갈석碣石, 북쪽에는 말·소·양·모직물·전구旃裘·짐승의 힘줄·뿔 등이 많이 난다. 구리와 철을 산출하는 산은 천 리 사방의 땅 여기저기에 있어서 바둑돌을 놓은 것 같다.

이상이 생산물의 대강이다. 이것들은 모두 중국 사람들이 좋아하는 것으로서 각각 풍속에 따라 의복과 음식에 쓰이며, 산 사람을 먹이고 죽은 사람을 장사지내는 데 쓰이는 것들이다.

그런데 농민들은 먹을 것을 생산하고, 나무꾼·어부·사냥꾼들은 자재를 공급한다. 기술자는 이것으로 물건을 만들고 장사꾼은 이것을 유통시킨다. 이러한 활동이 어찌 정령政令이나 교화, 징발이나 약속에 따라 이루어지는 일이겠는가? 사람들은 각각 저마다의 능력에 따라 그 힘을 다해 원하는 것을 손에 넣는다. 그러므로 물건값이 싼 것은 장차 높아질 징조이며 값이 높은 것은 싸질 징조라 하여 적당히 팔고 사며, 각자가 그 직업에 힘쓰고 일을 즐기는 것은 물이 낮은 곳으로 흐르는 것과 같아 밤낮을 쉬지 않는다. 물건은 부르지 않아도 절로 모여들고, 강제로 구하지 않아도 백성들이 그것을 만들어 내는 것이다. 참으로 도道와 부합되는 것이며 자연의 이치로 되는 것이 아니겠는가?

夫山西饒材·竹·穀·纑·旄·玉石; 山東多魚·鹽·漆·絲·聲色; 江南
出枏·梓·薑·桂·金·錫·連·丹沙·犀·瑇瑁·珠璣·齒革; 龍門·碣石北
多馬·牛·羊·旃裘·筋角; 銅·鐵則千里往往山出棊置: 此其大較也. 皆中
國人民所喜好, 謠俗被服飲食奉生送死之具也. 故待農而食之, 虞而出之,
工而成之, 商而通之. 此寧有政教發徵期會哉? 人各任其能, 竭其力, 以得所欲.
故物賤之徵貴, 貴之徵賤, 各勸其業, 樂其事, 若水之趨下, 日夜無休時, 不召
而自來, 不求而民出之. 豈非道之所符, 而自然之驗邪?

❀ 물자 생산과 유통에 앞서야 패자가 된다

《주서周書》에 "농민이 생산하지 않으면 식량이 모자라고, 기술자가 물건
을 만들어 내지 않으면 제품이 부족하게 되고, 장사꾼이 유통시키지 않으면
이 삼보三寶가 끊어지게 된다. 나무꾼·어부·사냥꾼이 활동을 하지 않으면
자재가 모자란다"라 하였다. 자화가 모자라면 산림이나 하천이 개발되지
않는다. 이 네 가지는 백성들의 입고 먹는 것의 근원이다. 근원이 크면
백성들은 부유해지고 근원이 적으면 백성들은 빈곤해진다. 이 넷은 위로
나라를 부유하게 하고 아래로 가정을 부유하게 하는 것이다. 빈부의 이치란
누군가 밖에서 빼앗거나 주어서 되는 것이 아니고 교묘한 재주가 있는
자는 부유해지고 모자라는 자는 가난한 것이다.

태공망太公望이 영구營丘에 봉해졌을 때, 그 영토는 소금기가 많고 습하였
으며 백성들이 적었다. 이에 태공망은 직조 등 부녀자들의 일을 장려하여
기술을 높이고, 또 각지에 생선과 소금을 옮겨 내어, 있고 없는 것을
서로 유통시켰다. 그러자 사람들과 물건들이 마치 수레바퀴 살이 축으로
향하는 것처럼 모여들었다. 그리하여 제나라는 천하에 관·띠·옷과 신을
공급하게 되었고, 동해와 태산 사이의 제후들은 경의를 표하여, 옷과
관을 바로 갖추고 제나라에 조회하였다. 그 뒤 제나라는 한때 쇠하였으나,
관중管仲이 나라를 다스리면서 재물을 관장하던 아홉 개의 부서인 경중구부
輕重九府를 설치하였으며, 환공桓公은 이것으로써 패자가 되었고, 제후들을
아홉 차례나 회맹시켜 천하를 바로잡았다. 관중 또한 삼귀三歸를 가지고

있어서 후侯의 신분임에도 열국의 왕들보다도 부유하였다. 이리하여 제나라의 부강은 계속해서 위왕威王과 선왕宣王의 대에까지 이르게 되었다.

《周書》曰:「農不出則乏其食, 工不出則乏其事, 商不出則三寶絕, 虞不出則財匱少.」財匱少而山澤不辟矣. 此四者, 民所衣食之原也. 原大則饒, 原小則鮮. 上則富國, 下則富家. 貧富之道, 莫之奪予, 而巧者有餘, 拙者不足. 故太公望封於營丘, 地潟鹵, 人民寡, 於是太公勸其女功, 極技巧, 通魚鹽, 則人物歸之, 繈至而輻湊. 故齊冠帶衣履天下, 海岱之閒斂袂而往朝焉. 其後齊中衰, 管子修之, 設輕重九府, 則桓公以霸, 九合諸侯, 一匡天下; 而管氏亦有三歸, 位在陪臣, 富於列國之君. 是以齊富彊至於威·宣也.

☻ 곳간이 차야 예절을 알듯이

그러므로 "곳간이 차야 예절을 알고, 의식이 풍족해야 영욕榮辱을 안다"라고 한 것이다. 예禮는 재산이 있는데서 생기고 재산이 없는 데서는 사라진다. 그런 까닭에 군자가 부유하면 즐겨 그 덕을 행하고, 소인이 부유하면 그 능력에 맞는 행동을 한다. 못은 깊어야 고기가 있고 산은 깊어야 짐승이 살 듯이, 사람은 부유해야만 인의가 따른다. 부유한 사람이 세력을 얻으면 더욱 세상에 드러나게 되고, 세력을 잃으면 빈객들도 줄어들어 따르지 않게 된다. 이런 것은 만이蠻夷의 나라에서 더욱 심하다.

속담에 "천 금의 부잣집 아들은 기시형은 당하지 않는다"라 하였다. 그것은 허황된 말이 아니다. 그러므로 "천하 사람들은 화희낙락하며 모두 이익을 위해 모여들고, 천하는 모두 들떠서 이익이 있는 곳으로 가게 마련'이라고 하는 것이다. 저 천승千乘의 왕, 1만 호를 지닌 후侯, 100실室을 가진 대부도 오히려 가난을 근심한다. 하물며 아래에 있는 서민들임에랴!

故曰:「倉廩實而知禮節, 衣食足而知榮辱.」禮生於有而廢於無. 故君子富, 好行其德; 小人富, 以適其力. 淵深而魚生之, 山深而獸往之, 人富而仁義附焉. 富者得埶益彰, 失埶則客無所之, 以而不樂. 夷狄益甚. 諺曰:「千金之子,不死於市.」此非空言也. 故曰:「天下熙熙, 皆爲利來; 天下壤壤, 皆爲利往.」
夫千乘之王, 萬家之侯, 百室之君, 尚猶患貧, 而況匹夫編戶之民乎!

❀ 유통과 경제 논리

옛날 월왕 구천은 회계산에서 고통을 겪고, 범려范蠡와 그의 스승
계연計然을 등용하였다. 계연이 월왕에게 이렇게 말하였다.

"전쟁이 있을 것을 알면 미리 군비를 정돈할 것이며, 때와 쓰임을 알면
그때에 필요한 물건을 알게 됩니다. 이 두 가지를 잘 알면 모든 재화財貨의
실정을 제대로 알 수 있습니다. 세성歲星이 서쪽 금金의 방향에 있는 해는
풍년이 들고, 북쪽 수水의 방향에 있는 해는 수해가 들며, 동쪽 목木의
방향에 있는 해는 기근이 들고, 남쪽 화火의 방향에 있는 해는 가뭄이
듭니다. 가뭄이 든 해에는 미리 배를 준비해 두고, 수해가 있는 해에는
미리 수레를 준비해 두는 것이 사물의 이치입니다. 6년마다 한 차례 풍년이
들고, 6년마다 한 차례 가뭄이 들고, 12년마다 한 차례 큰 기근이 찾아옵니다.

무릇 쌀값이 한 말에 20전이면 농민이 고통을 겪고, 90전으로 오르게
되면 반대로 장사꾼이 고통을 받습니다. 장사꾼이 고통을 받으면 상품이
유통되지 않고, 농민이 고통을 받으면 논밭이 황폐해집니다. 쌀값은 비싸도
80전을 넘지 않고 헐해도 30전 아래로 떨어지지 않게 하면, 농민과 상인이
함께 이롭게 됩니다. 가격이 일정하도록 물가를 조정하고 시장 공급이
적당하여 부족하지 않게 하는 것이 나라를 다스리는 길입니다.

물자를 축적하는 원칙은, 물건을 온전한 채로 보존하는 것이지 물건을
정체시키는 것은 아닙니다. 물자는 서로 교역하고 상하기 쉬운 것은 팔지
않고 남겨 두어서는 안 되며, 쌓아두고 값이 오르기를 기다려서도 안 됩니다.
물건이 남아도는지 모자라는지를 알면, 값이 오를지 내릴지를 압니다.
높은 값이 극도에 다다르면 낮은 값으로 돌아오고, 낮은 값이 극도에
이르면 높은 값으로 되돌아갑니다. 비싼 물건은 오물을 배설해 내듯 내다
팔고, 싼 물건은 구슬을 손에 넣듯 사들입니다. 물건과 돈은 흐르는 물처럼
원활하게 유통시켜야 하는 것입니다."

이리하여 구천이 계연의 방법대로 10년간 행하자, 나라는 부강하게 되고 병사들은 풍족하게 금품을 받았다. 이로 인해 병사들은 목마른 사람이 마실 물을 얻은 것처럼, 적의 화살과 돌을 향해 용맹하게 달려나가게 되어, 구천은 드디어 강한 오나라에 보복하여 군대의 위세를 중원에 떨치고 오패五霸의 하나가 되었다.

昔者越王句踐困於會稽之上, 乃用范蠡·計然. 計然曰:「知闘則修備, 時用則知物, 二者形則萬貨之情可得而觀已. 故歲在金, 穰; 水, 毀; 木, 饑; 火, 旱. 旱則資舟, 水則資車, 物之理也. 六歲穰, 六歲旱, 十二歲一大饑. 夫糶, 二十病農, 九十病末. 末病則財不出, 農病則草不辟矣. 上不過八十, 下不減三十, 則農末俱利, 平糶齊物, 關市不乏, 治國之道也. 積著之理, 務完物, 無息幣. 以物相貿易, 腐敗而食之貨勿留, 無敢居貴. 論其有餘不足, 則知貴賤. 貴上極則反賤, 賤下極則反貴. 貴出如糞土, 賤取如珠玉. 財幣欲其行如流水.」修之十年, 國富, 厚賂戰士, 士赴矢石, 如渴得飲, 遂報彊吳, 觀兵中國, 稱號「五霸」.

◉ 천하의 부자 도주공 범려

범려는 회계산의 치욕을 씻고 나서 이렇게 탄식하였다.

"계연의 계책은 일곱이 있는데, 월나라는 그 중 다섯 가지를 써서 목적을 달성하였다. 이미 나라에 써 보았으니 나는 이제 이를 집에 써 보리라."

그리하여 작은 배를 타고 강호로 떠나 성명을 바꾸었다. 제나라로 가서는 치이자피鴟夷子皮라 불렀고, 도陶 땅으로 가서는 주공朱公이라 불렀다. 주공은 도 땅은 천하의 중앙이며 사방의 제후국에 통해 있어 물자의 교역이 빈번한 곳이라고 생각하고, 생업에 종사하여 물자를 축적해 두었다가 시기를 보아 내다 팔아 이익을 거두었으나, 사람의 노력에 의지하지 않았다. 이같이 생업을 잘 운영하는 사람은 거래 상대를 고른 다음에야 자연의 시세에 맡기는 것이다.

도주공은 19년 동안 세 번이나 천금을 모았다. 그 중 두 번의 것은 가난한 친구들과 형제들에게 나누어 주었다. 이것이 이른바 부유하면 즐겨 그 덕을 행하는 것이라는 것이다.

도주공은 연로하자 집안일을 자손에게 맡겼다. 자손들이 가업을 잘 관리하여 재산을 불려 거만 금의 부자가 되었다. 그런 까닭에 부자를 말하는 사람은 모두 도주공을 일컫게 된다.

范蠡旣雪會稽之恥, 乃喟然而歎曰:「計然之策七, 越用其五而得意. 旣已施於國, 吾欲用之家.」乃乘扁舟浮於江湖, 變名易姓, 適齊爲鴟夷子皮, 之陶爲朱公. 朱公以爲陶天下之中, 諸侯四通, 貨物所交易也. 乃治産積居, 與時逐而不責於人. 故善治生者, 能擇人而任時. 十九年之中三致千金, 再分散與貧交疏昆弟. 此所謂富好行其德者也. 後年衰老而聽子孫, 子孫脩業而息之, 遂至巨萬. 故言富者皆稱陶朱公.

❀ 돈을 모은 공자 제자 자공

자공子贛, 子貢은 일찍이 공자에게서 배운 다음, 스승을 하직하고 위衛나라로 가서 벼슬을 하였다. 그는 조曹나라와 노나라 사이에서 물자를 사기도 하고 내다 팔기도 하여 재산을 모았다. 공자의 70여 제자들 중에 자공端木賜는 가장 부유하였고, 원헌原憲은 술지게미나 쌀겨도 제대로 먹지 못하며 궁벽한 골목에서 쓸쓸히 살고 있었다.

자공이 사두 마차를 타고 기마 수행원들을 거느리며 비단 뭉치를 폐백으로 들고 다니면서 제후들과 교제하였다. 그가 찾아가는 나라의 왕들은 몸소 뜰로 내려와 그에게 대등한 예를 행하지 않는 자가 없었다. 무릇 공자의 이름이 천하에 골고루 알려지게 된 것은, 실상 자공이 공자를 모시고 다녔기 때문이다. 이야말로 이른바 세력을 얻어 더욱 세상에 드러나는 것이 아니겠는가?

子贛旣學於仲尼, 退而仕於衛, 廢著鬻財於曹·魯之閒, 七十子之徒, 賜最爲饒益. 原憲不厭糟糠, 匿於窮巷. 子貢結駟連騎, 束帛之幣以聘享諸侯, 所至, 國君無不分庭與之抗禮. 夫使孔子名布揚於天下者, 子貢先後之也. 此所謂得埶而益彰者乎?

◉ 치부는 아무나 하는 것이 아니다

백규白圭는 주나라 사람이다. 위문후魏文侯 때의 일이다. 당시 이극李克은 농경을 중히 여겨 토지의 생산력을 높이는 데 힘을 기울였으나, 백규는 시세의 변화에 따른 물가의 변동을 살피기를 좋아하였다. 그러므로 백규는 세상 사람들이 버리고 돌아보지 않을 때 사들이고, 세상 사람들이 사들일 때는 이를 팔았다. 즉 풍년이 들면 곡식을 사들이는 대신 실과 옻을 팔아 넘기고, 흉년이 들어 누에고치가 나돌 때면 비단과 솜을 사들이는 대신 곡식을 팔아 넘겼던 것이다.

태음太陰의 두 별이 동쪽 묘卯의 위치에 있는 해는 풍년이 들고, 그 이듬해는 흉년이 든다. 또 남쪽 오午에 있는 해는 큰 가뭄이 있고, 그 이듬해에는 풍년이 든다. 또한 서쪽 유酉에 있는 해는 풍년이 들고, 그 이듬해에는 흉년이 든다. 북쪽 자子에 있는 해는 큰 가뭄이, 그 이듬해는 풍년이 든다. 그리고 홍수가 나는 해가 있으면, 태음이 다시 묘 자리로 돌아오므로, 이 때는 풍년이 들어 물건이 많아져 값이 떨어지므로 물건을 평소보다 두 배를 사들였다. 가격을 올리려면 하품의 곡식을 사들이고, 자신이 파는 곡식의 질을 높이려면 상품의 곡식을 사들였다. 백규는 거친 음식을 달게 먹고 욕심을 억제하며, 의복을 검소히 하고 일을 시키는 노복과 고락을 함께 하였으며, 시기를 보아 행동하는 데는 사나운 짐승과 새처럼 빨랐다. 백규는 이렇게 말하였다.

"내가 사업을 운영하는 것은, 마치 이윤伊尹과 여상呂尙이 계책을 도모하여 펴듯, 손자孫子와 오자吳子가 군사를 부려 쓰듯, 상앙商鞅이 법法을 시행하듯이 하였다. 따라서 임기 응변의 지혜도 없고, 일을 결단하는 용기도 없으며, 주고받는 어짊도 없고, 지킬 바를 끝까지 지킬 수 없는 사람은 나의 방법을 배우고 싶어해도 가르쳐 주지 않았다."

생각건대 천하의 사업을 말하는 사람들이 백규를 그 원조로 일컫는 것은, 백규가 직접 경험하고 시험해 보았고 남보다 뛰어났음이 입증되었기 때문이다. 이는 아무나 한다고 되는 일이 아니다.

白圭, 周人也. 當魏文侯時, 李克務盡地力, 而白圭樂觀時變, 故人弃我取, 人取我與. 夫歲孰取穀, 予之絲漆; 繭出取帛絮, 予之食. 太陰在卯, 穰; 明歲衰惡. 至午, 旱; 明歲美. 至酉, 穰; 明歲衰惡. 至子, 大旱; 明歲美, 有水. 至卯, 積著率歲倍. 欲長錢, 取下穀; 長石斗, 取上種. 能薄飲食, 忍嗜欲, 節衣服, 與用事僮僕同苦樂, 趨時若猛獸摯鳥之發. 故曰:「吾治生産, 猶伊尹· 呂尚之謀, 孫吳用兵, 商鞅行法是也. 是故其智不足與權變, 勇不足以決斷, 仁不能以取予, 彊不能有所守, 雖欲學吾術, 終不告之矣.」蓋天下言治生祖 白圭. 白圭其有所試矣, 能試有所長, 非苟而已也.

◉ 재력은 제후와 같은 대우를 받는다

의돈猗頓은 염지鹽池의 소금으로 그 몸을 일으켰고 한단邯鄲의 곽종郭縱은 철광을 개발해서 사업에 성공하였다. 다같이 부유한 점에 있어서는 왕들과 어깨를 겨루었다.

오씨烏氏 땅의 나倮라는 사람은 목축을 하였다. 생산되는 가축의 수가 불어나면, 이를 팔아 진기한 비단을 사서 융왕戎王에게 바쳤다. 융왕은 보상으로 그에게 열 배의 가축을 주었다. 이로 인해 그의 가축은 골짜기마다 가득 차서 골짜기를 단위로 마소를 셀 정도가 되었다.

진秦나라 시황始皇은 그를 군君에 봉해진 자들과 동격으로 대우하여 봄가을에는 제후들과 함께 조정에 들게 하였다.

또 파촉에 사는 청淸이라는 과부는 조상이 단사丹沙가 나는 동굴을 발견하여 여러 대에 걸쳐 그 이익을 독점하여 그 재산이 헤아릴 수 없을 정도로 많았다. 청은 과부이기는 하였으나 그 가업을 잘 지키고 재물의 힘으로 스스로를 보호하며 사람들로부터 침범당하지 않았다.

진나라 시황은 청을 정조 있는 부인으로 인정하여 빈객으로 대우하며 청을 위해 여회청대女懷淸臺라는 누대를 지어 주었다.

이같이 나倮씨는 시골뜨기 목장의 주인에 불과하며, 청은 산골 과부에 지나지 않았는데도 천자와 대등한 예를 나누고, 그 이름을 천하에 드러낸 것은 오직 재력에 의한 것이 아니겠는가?

猗頓用鹽鹽起. 而邯鄲郭縱以鐵冶成業, 與王者埒富.

烏氏倮畜牧, 及衆, 斥賣, 求奇繒物, 閒獻遺戎王. 戎王什倍其償, 與之畜, 畜至用谷量馬牛. 秦始皇帝令倮比封君, 以時與列臣朝請. 而巴(蜀)寡婦淸, 其先得丹穴, 而擅其利數世, 家亦不訾. 淸, 寡婦也, 能守其業, 用財自衛, 不見侵犯. 秦皇帝以爲貞婦而客之, 爲築女懷淸臺. 夫倮鄙人牧長, 淸窮鄉寡婦, 禮抗萬乘, 名顯天下, 豈非以富邪?

◉ 물자 유통을 마음대로

한漢나라가 일어나 천하를 통일하자, 관문과 교량의 통행 제한을 폐지하고, 산림과 소택에서 땔나무하거나 고기 잡지 못하게 한 금령을 풀어 주었다. 이에 따라 부상富商과 대상大商 들은 천하를 두루 돌게 되었고, 교역하는 물자가 유통되지 않는 것이 없어 원하는 물건은 무엇이든 얻을 수 있게 되었다. 이 무렵 한나라는 지방의 호걸들과 제후국의 권문 세족들을 경사京師로 이주시켰다.

漢興, 海內爲一, 開關梁, 弛山澤之禁, 是以富商大賈周流天下, 交易之物莫不通, 得其所欲, 而徙豪傑諸侯彊族於京師.

◉ 관중이 천하의 중심이 되는 이유

관중關中은 견汧・옹雍 지역으로부터 동쪽으로 황하・화산에 이르기까지 천 리에 걸친 땅은 비옥하다. 이에 우虞・하夏 시대의 공부貢賦에서도 상등의 전지田地로 인정받았다. 또 주나라 공류公劉는 빈邠으로 갔고, 태왕大王 고공단보와 왕계王季는 기산岐山에서 살았고, 문왕은 풍酆을 새로운 도읍지로 하였으며, 무왕은 호경鎬京을 다스렸다. 그러므로 이 땅에 사는 백성들은 아직도 선왕 때의 풍습을 이어받아 즐겨 오곡을 심고 땅을 소중히 여기며 사악한 일을 하지 않았다.

진秦나라 문공文公・덕공德公・목공穆公이 옹雍에 도읍하자, 그곳에는 농隴・촉蜀의 재화와 물건들이 모이고 장사꾼들도 많아졌다. 헌공獻公・효공은 역읍檪邑으로 도읍을 옮겼다. 역읍은 북쪽에 융적戎翟이 있고, 동쪽은 삼진三晉과 통해 있어서 또한 큰 장사꾼들이 많았다. 무왕武王과 소왕昭王은 함양咸陽에 도읍을 정하였고, 한漢나라는 그곳에 가까운 장안長安에 도읍을 정하였다. 장안 부근에 여러 능침까지 마련하자, 이곳에는 사방에서 사람들과 물자가 모여들었다. 그로 인해 좁은 땅에 인구가 많아지자, 그곳 주민들은 점점 약아져서 상업에 종사하는 일이 많아졌다.

관중 남쪽은 파·촉이다. 파·촉 또한 들이 비옥하여 치자·생강·단사·구리·쇠와 대나무 그릇, 나무 그릇 등이 많이 생산되어 그 남쪽에 있는 전滇·북僰을 능가한다. 북僰으로부터는 노비를 많이 보내고 있으며, 서쪽은 공邛과 작筰에 가깝다. 작에서는 말과 모우旄牛를 생산한다. 파·촉 땅은 사방이 산으로 둘러싸여 있으나, 그 산에는 천 리에 걸쳐 잔도棧道가 부설되어 있어 통하지 않는 곳이 없다. 다만 포襃·야斜 땅은 각지에서 관중으로 통하는 도로를 집중시킴으로써, 여기서 파·촉의 풍부한 물자와 부족한 물자가 교환된다.

천수天水·농서隴西·북지北地·상군上郡은 관중 지방과 같은 풍속을 가지고 있다. 그러나 서쪽으로는 강중羌中과의 교역에 이득이 있고, 북쪽에는 융적의 풍부한 가축이 있어서, 목축이 성하기로 천하에서 손꼽힐 만하다. 이곳은 한쪽에 구석져 있는데다가 험난한 곳이어서 겨우 장안으로만 길이 통해 있을 뿐이다.

관중 땅은 파·촉 및 위의 여러 고을을 합치면 천하의 3분의 1을 차지하고, 인구는 10분의 3에 불과하다. 그러나 그 부를 계산해 보면 10분의 6에 이른다.

關中自汧·雍以東至河·華, 膏壤沃野千里, 自虞夏之貢以爲上田, 而公劉適邠, 大王·王季在岐, 文王作豊, 武王治鎬, 故其民猶有先王之遺風, 好稼穡, 殖五穀, 地重, 重爲邪. 及秦文·(孝)[德]·繆居雍, 隙隴蜀之貨物而多賈. 獻(孝)公徙櫟邑, 櫟邑北卻戎翟, 東通三晉, 亦多大賈. (武)[孝]·昭治咸陽, 因以漢都, 長安諸陵, 四方輻湊並至而會, 地小人衆, 故其民益玩巧而事末也. 南則巴蜀. 巴蜀亦沃野, 地饒巵·薑·丹沙·石·銅·鐵·竹·木之器. 南御滇僰, 僰僮. 西近邛筰, 筰馬·旄牛. 然四塞, 棧道千里, 無所不通, 唯襃斜綰

毂其口, 以所多易所鮮. 天水·隴西·北地·上郡與關中同俗, 然西有羌中
之利, 北有戎翟之畜, 畜牧爲天下饒. 然地亦窮險, 唯京師要其道. 故關中之地,
於天下三分之一, 而人衆不過什三; 然量其富, 什居其六.

⚫ 하남 낙양과 주위의 풍속

옛날 당요唐堯는 하동河東에 도읍하였고, 은나라의 반경盤庚은 하내河內에
도읍하였으며, 주나라의 평왕平王은 하남河南에 도읍하였다. 무릇 이 삼하
三河는 천하의 중앙에 위치하여 솥의 세 발처럼 갈라져 제왕들이 번갈아
도읍한 곳이다. 그 왕조는 제각기 수백 년에서 수천 년에 걸쳐 내려왔고,
땅은 좁고 백성들은 많았다. 게다가 그 도읍지는 제후들이 모여드는 곳이었
으므로, 풍속은 영리에 밝고 인색하였으며 세상 물정에 밝았다.

양楊·평양平陽은 서쪽으로 진秦나라·백적白翟과 거래하고, 북쪽으로는
종種·대代와 교역하였다. 종·대는 석석石의 북쪽에 있어 흉노와 경계를 맞대고
있기 때문에 자주 흉노의 침범을 당하였다. 그 백성들은 자존심이 강하여
지기를 싫어하며 싸움을 좋아하고 유협의 기풍이 있었다. 그들은 간악한
일을 행하면서 농사나 장사는 하지 않았다. 그러나 북쪽 만이蠻夷와 인접하고
있어서 토벌 군대가 자주 출동하면서 중국에서 자주 물자를 위탁하므로
때로는 큰 이익을 남길 때도 있었다. 그곳 사람들은 들에 사는 여러 종류의
양처럼 복잡하고 성격이 강포하여 진晉이 아직 한韓·초楚·조趙로 갈라지기
전부터 진晉나라의 골칫거리였다. 그러나 조나라 무령왕武靈王이 더욱
그들의 포악한 기질을 장려하였으므로 이곳 풍속에는 아직도 조나라의
풍속이 남아 있다. 이에 양과 평양의 백성들은 이러한 조건을 잘 이용하여
원하는 것을 얻었다.

온溫·지軹 지역은 서쪽으로는 상당上黨과 거래하고 북쪽으로는 조趙·중산
中山과 거래하였다. 중산은 땅이 메마르고 인구가 많다. 또 은나라 주왕紂王이
멋대로 음란한 짓을 하던 사구沙丘 일대는 아직도 주왕의 자손들이 산다.
그들의 풍속은 경박하고 잔인할 뿐 아니라 생활조차도 교활한 수단에
의지하고 있다. 남자들은 서로 어울려 놀고 희롱하며 슬픈 노래를 불러

울분을 터뜨리고, 활동을 할 때는 떼지어 강도 짓을 하고, 쉬고 있을 때는 무덤을 파헤쳐 물건을 훔쳐내며, 교묘한 방법으로 사람들에 아부하고, 악기를 다루며 배우 노릇을 하기도 한다. 여자들은 소리가 좋은 비파를 타고 작은 신을 신으며 귀인과 부호들에게 꼬리쳐서 후궁으로 들어가 여러 제후국에 두루 퍼져 있다.

昔唐人都河東, 殷人都河內, 周人都河南. 夫三河在天下之中, 若鼎足, 王者所更居也, 建國各數百千歲, 土地小狹, 民人衆, 都國諸侯所聚會, 故其俗纖儉習事. 楊·平陽陳西賈秦·翟, 北賈種·代. 種·代, 石北也, 地邊胡, 數被寇. 人民矜懻忮, 好氣, 任俠爲姦, 不事農商. 然迫近北夷, 師旅亟往, 中國委輸時有奇羨. 其民羯羠不均, 自全晉之時固已患其僄悍, 而武靈王益厲之, 其謠俗猶有趙之風也. 故楊·平陽陳掾其間, 得所欲. 溫·軹西賈上黨, 北賈趙·中山. 中山地薄人衆, 猶有沙丘紂淫地餘民, 民俗懁急, 仰機利而食. 丈夫相聚游戲, 悲歌忼慨, 起則相隨椎剽, 休則掘冢作巧姦冶, 多美物, 爲倡優. 女子則鼓鳴瑟, 跕屣, 游媚貴富, 入後宮, 徧諸侯.

◉ 한단과 복양 지역

그러나 한단邯鄲은 장수漳水와 하수河水 사이에 자리잡고 있는 큰 고을로서 북쪽으로는 연燕·탁涿에 통하고, 남쪽에는 정鄭·위衛나라가 자리잡고 있다. 정나라와 위나라의 풍습은 조나라와 비슷하나, 양나라와 노나라에 가까우므로 다소 중후하고 절조를 숭상하는 면이 있다.

복양濮陽은 야왕野王으로 옮겨갔다. 야왕 사람들은 기개를 소중히 알고 유협의 기풍을 지녔다. 그것은 위衛나라의 유풍이다.

然邯鄲亦漳·河之閒一都會也. 北通燕·涿, 南有鄭·衛. 鄭·衛俗與趙相類, 然近梁·魯, 微重而矜節. 濮上之邑徙野王, 野王好氣任俠, 衛之風也.

☸ 연나라와 조선의 교역

무릇 연나라는 발해勃海와 갈석산碣石山 사이에 있는 큰 고을이다. 남쪽은
제·조나라에 통하고, 동북쪽은 흉노와 경계를 접한다. 상곡上谷으로부터
요동遼東에 이르는 변두리 땅은 아주 먼 곳에 있어서 백성들이 적고 자주
침범을 당하였다. 풍속은 조·대나라와 대단히 닮아 있으나, 이곳 백성들은
아직도 독수리처럼 강인하면서 사려가 얕다. 물고기·소금·대추·밤 등이
많이 난다. 북쪽은 오환烏桓·부여夫餘와 이웃해 있고, 동쪽은 예맥穢貉,
滅貊·조선朝鮮·진번眞番과의 교역에서 이득을 독점하고 있다.

夫燕亦勃·碣之閒一都會也. 南通齊·趙, 東北邊胡. 上谷至遼東, 地踔遠,
人民希, 數被寇, 大與趙·代俗相類, 而民雕捍少慮, 有魚鹽棗栗之饒. 北鄰
烏桓·夫餘, 東綰穢貉, 朝鮮·眞番之利.

☸ 낙양의 사방

낙양洛陽은 동쪽으로 제·노나라와 거래하고 남쪽으로 양·초나라와
거래하고 있다. 진산秦山 남쪽은 노나라이며, 북쪽은 제나라이다.

洛陽東賈齊·魯, 南賈梁·楚. 故泰山之陽則魯, 其陰則齊.

☸ 제나라 임치

제나라는 산과 바다로 둘러싸인 기름진 들이 천 리에 걸쳐 있으므로
뽕과 삼이 잘 되고 사람은 많으며, 아름다운 무늬의 옷감이며, 베·비단·
생선·소금 등을 생산한다.

임치臨菑는 동해東海와 태산 사이에 있는 큰 고을이다. 이곳 풍속은
너그럽고 활달하며 지혜가 있고 의논하길 좋아한다. 게다가 성격이 진중해서
남에게 휩쓸려 따라가는 일이 없다. 무리지어 싸우는 데는 겁이 많지만
개인끼리의 싸움에는 용감하다. 따라서 남을 협박하는 사람이 많다. 대체로
대국풍大國風의 기질이 있고 오민五民, 土農商工賈이 두루 어울려 산다.

齊帶山海, 膏壤千里, 宜桑麻, 人民多文綵布帛魚鹽. 臨菑亦海岱之間一
都會也. 其俗寬緩闊達, 而足智, 好議論, 地重, 難動搖, 怯於衆鬪, 勇於持刺,
故多劫人者, 大國之風也. 其中具五民.

☸ 추로 지역

추鄒·노나라는 수수洙水·사수泗水를 끼고 있어 지금도 주공周公의 풍습이
남아 있다. 풍속은 유학儒學을 좋아하고 예를 잘 지키기 때문에 사람들은
행동이 조심스럽고 신중하다. 뽕·삼을 재배하는 산업이 성하나, 숲이나
못에서 나는 산물은 적다. 게다가 땅은 좁고 사람은 많기 때문에 사람들은
검소하게 생활하며, 죄를 두려워하여 사악하지가 않다. 그러나 노나라가
쇠한 뒤로는 그곳 백성들이 장사를 좋아하게 되어서 이익을 좇는 점은
주나라 사람들보다도 심하다.

而鄒·魯濱洙·泗, 猶有周公遺風, 俗好儒, 備於禮, 故其民齪齪. 頗有桑麻
之業, 無林澤之饒. 地小人衆, 儉嗇, 畏罪遠邪. 及其衰, 好賈趨利, 甚於周人.

☸ 홍구와 거야 지역

무릇 홍구鴻溝에서 동쪽, 망산芒山·탕산碭山에서 북쪽은 거야鉅野까지
양·송나라의 땅이다. 도陶·수양睢陽도 역시 이곳의 도시이다. 옛날 요임금은
이궁離宮을 성양成陽에 세우고, 순임금은 뇌택雷澤에서 고기를 잡았고,
은나라 탕왕은 박亳에서 거주하였다. 그러므로 그들 지역의 풍속에는
아직 선왕의 유풍이 남아 있어 사람들은 대체로 중후해서 군자가 많고
농사짓기를 좋아한다. 산과 물에서 나오는 산물은 풍부하지 않으나 남루한
옷과 거친 음식을 달게 여기며, 재물을 모아 간직하고 있다.

夫自鴻溝以東, 芒·碭以北, 屬巨野, 此梁·宋也. 陶·睢陽亦一都會也.
昔堯作(游)[於]成陽, 舜漁於雷澤, 湯止于亳. 其俗猶有先王遺風, 重厚多
君子, 好稼穡, 雖無山川之饒, 能惡衣食, 致其蓄藏.

월나라와 초나라 지역

월나라와 초나라 땅에는 세 가지 풍습이 있다. 회수 북쪽에서 패沛·진陳·여남汝南·남군南郡까지는 서초西楚이다. 이곳 풍습은 사납고 경솔하여 성을 잘 내고, 땅은 척박해서 물자를 축적하기가 어렵다. 강릉江陵은 원래 초나라 도읍지인 영郢으로, 서쪽으로는 무巫·파巴로 통하고, 동쪽에는 운몽雲夢의 풍요한 산물이 있다. 진陳은 초·하夏의 중간에 있어 주로 생선·소금 등의 물자를 교역하고, 그곳 백성들 중에는 장사꾼이 많다. 서徐·동僮·취려取慮의 백성들은 청렴하기는 하나 까다롭고 약속을 중하게 아는 것을 자랑으로 삼고 있다.

越·楚則有三俗. 夫自淮北沛·陳·汝南·南郡, 此西楚.也. 其俗剽輕, 易發怒, 地薄, 寡於積聚. 江陵故郢都, 西通巫·巴, 東有雲夢之饒. 陳在楚夏之交, 通魚鹽之貨, 其民多賈. 徐·僮·取慮, 則清刻, 矜己諾.

오나라 땅

팽성彭城에서 동쪽으로 발해·오吳·광릉廣陵까지는 동초東楚이다. 이곳 풍습은 서·동과 비슷하다. 또 구胸·증繒으로부터 그 북쪽의 풍습은 제나라와 비슷하고, 절강浙江 남쪽은 월나라와 비슷하다. 오나라는 오왕 합려闔廬·춘신군春申君·오왕 비濞 세 사람이 이곳을 근거지로 하여 각각 놀기를 좋아하는 젊은이들을 불러모았다. 동쪽으로는 풍요한 물고기와 소금, 장산章山의 구리, 삼강三江·오호五湖에서 나는 산물의 이득이 있다. 오吳는 또한 강동江東의 대도시이다.

彭城以東, 東海·吳·廣陵, 此東楚也. 其俗類徐·僮. 胸·繒以北, 俗則齊. 浙江南則越. 夫吳自闔廬·春申·王濞三人招致天下之喜游子弟, 東有海鹽之饒, 章山之銅, 三江·五湖之利, 亦江東一都會也.

🌑 남초 사람들

형산衡山·구강九江과 강수江水 남쪽의 예장豫章·장사長沙는 남초南楚이다. 이곳 풍습은 서초와 아주 비슷하다. 옛날 초나라는 도읍을 영郢에서 수춘壽春으로 옮겼다. 수춘도 또한 큰 도시이다. 합비合肥는 강수와 회수의 조수를 남북으로 받으며, 피혁·건어물·목재 등의 집산지이다. 풍습에는 민중閩中과 우월于越의 것이 섞여 있기 때문에 남초南楚 주민의 말은 아무리 듣기 좋아도 믿을 수가 없다. 강수 남쪽은 땅이 저습하여 남자는 일찍 죽는다. 대나무나 목재가 많다. 예장은 금을 생산하고 장사는 납·주석을 생산한다. 그러나 양이 극히 적어 캐내어도 이득이 없다.

구의산九疑山과 창오군蒼梧郡에서 남쪽 담이儋耳에 이르기까지는 강수 남쪽과 풍습이 거의 같으나 그 지역에는 양월楊越 사람이 많다. 반우番禺 또한 이곳의 큰 도시로 보옥과 서각·대모·과실·갈포 등의 집산지이다.

衡山·九江·江南·豫章·長沙, 是南楚也, 其俗大類西楚. 郢之後徙壽春, 亦一都會也. 而合肥受南北潮, 皮革·鮑·木輸會也. 與閩中·干越雜俗, 故南楚好辭, 巧說少信. 江南卑濕, 丈夫早夭. 多竹木. 豫章出黃金, 長沙出連·錫, 然菫菫物之所有, 取之不足以更費. 九疑·蒼梧以南至儋耳者, 與江南大同俗, 而楊越多焉. 番禺亦其一都會也, 珠璣·犀·瑇瑁·果·布之湊.

🌑 하나라의 유풍

영천潁川·남양南陽은 옛 하나라 사람들이 살던 곳이다. 하나라 사람들은 충실하고 소박한 정치를 숭상하였으므로, 이곳에는 지금도 아직 선왕의 유풍이 있다. 영천 사람들은 후덕하고 조심성이 많다. 진秦나라 말기에는 명령에 굴복하지 않는 사람들을 남양에 이주시키기도 하였다. 남양은 서쪽으로는 무관武關·운관鄖關에 통하고, 동남쪽으로는, 한수漢水·장강·회수가 흐르고 있다. 완宛 또한 큰 도시 중의 하나이다. 주민의 풍습은 여러 가지가 뒤섞여 있으며, 일을 좋아하고 장사꾼이 많고, 유협의 기풍이 이곳 영천까지 통해 있으므로 이곳 사람들은 지금도 그들을 '하나라 사람'으로 부르고 있다.

潁川·南陽, 夏人之居也. 夏人政尙忠朴, 猶有先王之遺風. 潁川敦愿. 秦末世, 遷不軌之民於南陽. 南陽西通武關·鄖關, 東南受漢·江·淮. 宛亦一都會也. 俗雜好事, 業多賈. 其任俠, 交通潁川, 故至今謂之「夏人」.

◉ 각지의 소금 생산

무릇 천하에는 물자가 적은 곳도 있고 풍부한 곳도 있다. 그리고 백성들의 풍속은 그것에 영향을 받는다. 소금의 경우를 예로 보면, 산동 지방에서는 바다소금을 먹고, 산서 지방에서는 호수에서 나는 소금을 먹으며, 영남嶺南·사북沙北 지방에서도 원래부터 곳곳에 소금을 생산하는 곳이 있어 그곳 백성들은 그것을 식용하고 있다. 물건과 사람과의 관계는 대체로 이런 것이다.

夫天下物所鮮所多, 人民謠俗, 山東食海鹽, 山西食鹽鹵, 領南·沙北固往往出鹽, 大體如此矣.

◉ 풍부하기 때문에 배고픈 자도 부자도 없는 곳

총괄하여 말한다면 초나라와 월나라는 땅은 넓지만 인구가 적으며, 쌀을 주식으로 하고 생선을 국으로 하여 먹는다. 농사짓는 방법은 거둬들인 다음 논의 마른 풀을 태우고 갈며, 여름이면 논에 물을 대고 김을 매는 방법을 취하고 있다. 초목의 열매와 생선, 조개 따위는 장사꾼을 기다리지 않아도 충분하며, 지형상 식량이 풍부해서 기근의 염려가 없다. 그런 까닭에 백성들은 게을러 그럭저럭 살아가며 따라서 모은 것도 없는 가난뱅이가 많다. 이 때문에 강수와 회수 이남에는 춥고 배고픈 사람도 없지만 천금을 가진 부잣집도 없다.

기수沂水·사수泗水의 북쪽은 오곡과 뽕·삼을 심고 육축을 기르기에 적당하나, 땅은 좁고 사람은 많은데다 자주 수해와 가뭄이 들므로, 주민들이 자진해서 저축을 한다. 그러므로 진·하·양·노의 땅에서는 농사에 힘을 기울이며 농민을 소중히 여기고 있다.

삼하三河·완宛·진陳의 땅도 그와 같으나 상업에 힘을 기울이고 있다. 제나라와 조나라 지역 사람들은 재주를 부리고 기회를 보아 이익을 도모하며,

연나라와 대나라 지역에서는 농사와 목축을 주업으로 하는 한편 양잠에도 힘쓰고 있다.

總之, 楚越之地, 地廣人希, 飯稻羹魚, 或火耕而水耨, 果隋蠃蛤, 不待賈而足, 地埶饒食, 無飢饉之患, 以故呰窳偸生, 無積聚而多貧. 是故江淮以南, 無凍餓之人, 亦無千金之家. 沂·泗水以北, 宜五穀桑麻六畜, 地小人衆, 數被水旱之害, 民好畜藏, 故秦·夏·梁·魯好農而重民. 三河·宛·陳亦然, 加以商賈. 齊·趙設智巧, 仰機利. 燕·代田畜而事蠶.

◉ 인간의 모든 행동은 부를 위한 것이다

이로 말미암아 보건대, 어진 사람이 조정에 들어가 일을 깊게 도모하거나, 논의하고 믿음을 지켜 절개에 죽는 것이나, 세상을 피해 숨은 고사高士가 명성을 높이 천하에 알리는 것도 결국은 무엇을 위한 때문이겠는가? 결국은 부귀를 위한 것이다.

그러므로 청렴한 관리도 오랫동안 일하는 가운데 승진되어 보다 부유하게 되고, 폭리를 탐하지 않는 장사꾼도 마침내 부유하게 된다. 부富는 사람의 타고난 본성으로서 배우지 않아도 누구나 추구할 수 있는 것이다.

따라서 용감한 병사가 전쟁에 임하여 성을 공격해서 먼저 오르고, 적진을 무찔러 적을 물리치며, 적장을 목베고 적의 깃발을 빼앗으며, 자진해서 화살과 돌을 무릅쓰고 전진하며, 끓는 물과 불의 어려움도 피하지 않는 것은, 그 목적이 후한 상을 받는 데 있기 때문이다.

또 마을의 젊은 사람들이 강도질을 일삼고, 사람을 쳐 죽인 다음 묻어 버리고, 협박하며 나쁜 짓을 되풀이하고, 무덤을 파헤쳐 물건을 훔치고, 돈을 위조하고 협객인 체 강탈하며, 같은 패들을 대신해서 목숨을 걸고 원수를 갚으며, 후미진 곳에서 물건을 빼앗고 사람을 내쫓는 등, 법과 금지하는 법령을 아랑곳없이 달리는 말처럼 죽을 곳에 뛰어드는 것도, 실은 모두 재물을 얻기 위해 하는 것일 뿐이다.

그런가 하면 저 조趙나라와 정鄭나라의 미녀들이 얼굴을 아름답게 꾸미고, 소리 고운 거문고를 연주하고 긴소매를 나부끼며 경쾌한 발놀림으로 춤을

추어, 보는 이들을 눈으로 이끌고 마음으로 불러서 천 리를 멀다 않고 나아가, 나이의 많고 적음을 가리지 않는 것도 큰 부富를 얻기 위해 그토록 분주한 것일 뿐이다. 여가가 남아도는 귀공자들이, 관과 칼을 꾸며 차고 수행하는 거마를 따르게 하는 것도, 부귀를 과시하기 위한 것이다.

주살로 고기를 잡고 활을 쏘아 사냥하기 위해 새벽 일찍 나가 밤 깊어 돌아오며, 서리도 눈도 아랑곳 않고 깊은 동굴과 골짜기를 돌아다니며 맹수의 위험도 피하지 않는 것도, 맛있는 것을 먹기 위해서이다.

도박이나 경마·닭싸움·개싸움 등으로 얼굴빛을 변해 가며 서로 과시하고 싸워 꼭 이기려는 것은, 짐으로써 돈을 잃고 싶지 않기 때문이다.

의술이나 그 밖의 여러 기술을 생업으로 삼고 있는 사람이 노심초사하며 재능을 다하는 것도, 막대한 수입을 얻으려 하기 때문이다.

관리가 교묘하게 농간을 부리며 법문을 비뚤어지게 해석하기도 하고, 도장과 문서를 위조해 가며 형벌을 받는 것마저 피하지 않는 것은, 뇌물에 탐닉해 있기 때문이다.

농·공·상·고賈 들이 재물을 모으고 키우는 것도 부를 구하고 재산을 불리려 하기 때문이다. 이들은 부를 쌓는 일이라면 있는 지혜와 능력을 다할 뿐 힘을 남겨 재물을 남에게 넘겨주는 일은 없다.

由此觀之, 賢人深謀於廊廟, 論議朝廷, 守信死節隱居巖穴之士設爲名高 老安歸乎? 歸於富厚也. 是以廉吏久, 久更富, 廉賈歸富. 富者, 人之情性, 所不學而俱欲者也. 故壯士在軍, 攻城先登, 陷陣卻敵, 斬將搴旗, 前蒙矢石, 不避湯火之難者, 爲重賞使也. 其在閭巷少年, 攻剽椎埋, 劫人作姦, 掘冢鑄幣, 任俠幷兼, 借交報仇, 篡逐幽隱, 不避法禁, 走死地如騖者, 其實皆爲財用耳. 今夫趙女鄭姬, 設形容, 揳鳴琴, 揄長袂, 躡利屣, 目挑心招, 出不遠千里, 不擇老少者, 奔富厚也. 游閑公子, 飾冠劍, 連車騎, 亦爲富貴容也. 弋射漁獵, 犯晨夜, 冒霜雪, 馳阬谷, 不避猛獸之害, 爲得味也. 博戲馳逐, 鬪雞走狗, 作色相矜, 必爭勝者, 重失負也. 醫方諸食技術之人, 焦神極能, 爲重糈也. 吏士舞文弄法, 刻章僞書, 不避刀鋸之誅者, 沒於賂遺也. 農工商賈畜長, 固求富益貨也. 此有知盡能索耳, 終不餘力而讓財矣.

◉ 돈 없이 말로 인의를 읊어보았자

속담에 "100리 먼 곳에 나가 땔나무를 팔지 말며, 천 리 먼 곳에 나가 쌀을 팔지 말라"라 하였다. 따라서 1년 살려거든 곡식을 심고 10년을 살려거든 나무를 심고, 100년을 살려거든 덕을 베풀어야 한다. 덕이란 사람과 물건을 두고 하는 말이다.

지금 관직에 따른 봉록도 없고, 지위나 식읍에 의한 수입도 없지만, 이것들을 가진 사람들과 같은 낙을 가지고 사는 사람이 있다. 이것을 봉록 없는 직위라는 뜻의 소봉素封이라 부른다.

봉封이란 영지로부터 조세를 거두는 것이다. 예를 들어 때마다 한 호에서 2백 전을 거둔다고 하면, 1천 호의 영지를 가진 군주는 연간 수입이 20만 전이나 된다. 입조入朝의 비용이며 제후들과의 교제비를 그 수입에서 염출할 수 있다. 서민인 농·공·상·고賈의 경우 원금 1만 전에 대한 한 해 이식은 2천 전이니, 100만 전의 자산이 있는 집이라면, 이식은 20만 전이 되어, 병역·요역傜役을 대신해 줄 요금이나 토지세·인두세가 이 중에서 지출된다. 물론 이들은 그것을 치르고도 입고 먹는 것은 욕구대로 할 수 있다.

그러므로 연간 말 50마리, 또는 소 167마리, 양 250마리를 키울 수 있는 목장, 돼지 250마리를 키울 수 있는 습지대, 연간 1천 석石의 고기를 양식할 수 있는 못, 1천 장章을 벌채할 수 있는 산림, 안읍安邑의 대추나무 1천 그루, 연·진나라의 밤나무 1천 그루, 촉한·강릉의 귤나무 1천 그루, 회북·상산에서 남쪽 하수·제수 사이의 가래나무萩 1천 그루, 진陳·하나라의 1천 묘畝의 옻나무 밭, 제·노의 뽕나무밭 또는 삼밭 1천 묘, 위천 유역의 대나무 숲 1천 묘, 거기에 각국 1만 호 이상 도시의 교외에서 1무에 1종鍾의 수확이 있는 밭 1천 묘, 혹은 겨자·꼭두서니밭 1천 묘, 생강·부추밭 1천 고랑, 이상에서 어느 하나라도 가지고 있는 자는 모두 수입에 있어서 봉지 1천 호를 가진 제후와 같다고 하였다.

이것들은 확실히 필요하고도 충분한 부의 자원이다. 그것을 가진 사람들은 저잣거리를 기웃거릴 필요도 없다. 또 다른 마을로 나가 장사를 하지 않아도 되며, 가만히 앉아 수입만을 기다리면 된다. 처사處士와 같은 편한 마음과 몸가짐으로 유유히 생활할 수 있다.

　만일 집이 가난하고, 어버이는 늙고, 처자는 어리고, 때가 되어도 조상의 제사도 지내지 못하며, 음식과 옷가지까지 자기로서는 어떻게 해 볼 수 없는 사람, 친척과 친구들에게 신세를 지고 있으면서 이를 부끄러운 줄 모르는 사람은 더 이상 어쩔 수 없는 사람이다. 이에 재물이 없는 사람들은 힘써 일하고, 약간의 재물이 있는 사람들은 지혜를 써서 더 불리려 하고, 이미 많은 재산을 가진 사람은 시기를 노려 더 큰 비약을 꾀하려 한다. 이것이 삶의 진리이다.

　생활을 꾸려 나가면서 자신을 위태롭지 않게 하고 수입을 얻으려 하는 것은, 현명한 사람이 한결같이 힘쓰는 것이다. 그러므로 농업으로 부를 얻는 것이 가장 훌륭한 계책이고, 상업에 의하는 것이 그 다음이요, 간악한 수단으로 치부하려는 것이 가장 낮은 계책이다.

　또한 세상을 등지고 초야에 묻혀 사는 것도 아니면서 벼슬도 하지 않으려 하는 자나, 오랫동안 가난하고 천하게 살면서 말로만 인의를 운운함도 역시 부끄러운 일이라 할 것이다.

諺曰:「百里不販樵, 千里不販糴.」居之一歲, 種之以穀; 十歲, 樹之以木; 百歲, 來之以德. 德者, 人物之謂也. 今有無秩祿之奉, 爵邑之入, 而樂與之比者, 命曰「素封」. 封者食租稅, 歲率戶二百. 千戶之君則二十萬, 朝覲聘享出其中. 庶民農工商賈, 率亦歲萬息二千(戶), 百萬之家則二十萬, 而更傜租賦出其中. 衣食之欲, 恣所好美矣. 故曰陸地牧馬二百蹄, 牛蹄角千, 千足羊, 澤中千足彘, 水居千石魚陂, 山居千章之材. 安邑千樹棗; 燕·秦千樹栗; 蜀·漢·江陵千樹橘; 淮北·常山已南, 河濟之間千樹萩; 陳·夏千畝漆; 齊·魯千畝桑麻; 渭川千畝竹; 及名國萬家之城, 帶郭千畝畝鍾之田, 若千畝卮茜, 千畦薑韭: 此其人皆與千戶侯等. 然是富給之資也, 不窺市井, 不行異邑, 坐而待收, 身有處士之義而取給焉. 若至家貧親老, 妻子軟弱, 歲時無以祭祀進醵, 飲食被服不足以自通, 如此不慙恥, 則無所比矣. 是以無財作力, 少有鬪智, 旣饒爭時, 此其大經也. 今治生不待危身取給, 則賢人勉焉. 是故本富爲上, 末富次之, 姦富最下. 無巖處奇士之行, 而長貧賤, 好語仁義, 亦足羞也.

☺ 자신보다 만 배의 부자라면 즐겨 그 집 하인이 된다

대개 서민들은 상대편의 재산이 자기 것의 열 배가 되면 몸을 낮추고, 백 배가 되면 두려워하며, 천 배가 되면 그가 시키는 심부름을 달게 여기며, 만 배가 되면 그의 하인이 되는데 이것은 사물의 이치이다.

대체로 가난을 벗어나 부자가 되는 길에는 농農은 공工에 미치지 못하고, 공은 상商에 미치지 못한다. 비단에 수를 놓기보다는 시장에 나가 장사를 하라는 말은, 상업이 가난한 사람들에게 부를 얻는 가까운 길이기 때문이다.

교통이 편리한 대도시에서는 한 해에 술 1천 독, 식초 1천 병, 간장 1천 독, 음료 1천 병, 소·양·돼지의 털가죽 1천 장, 쌀 1천 종, 1천 수레 또는 길이가 장장 1천 장이 되는 배에 실은 땔감이나 짚, 목재 1천 장, 대나무 간짓대 1만 개, 초거軺車 100대, 우거牛車 1천 대, 칠기 1천 개, 구리 그릇 1천 균鈞, 나무 그릇·쇠그릇 또는 겨자·꼭두서니 1천 섬, 말 200마리, 소 500마리, 양·돼지 2천 마리, 노비 100명, 힘줄·뿔·단사 1천 근, 비단·풀솜·세포細布 1천 균, 무늬 있는 비단 1천 필, 가죽 1천 섬, 옻 1천 말斗, 누룩·메주 1천 홉, 복어와 갈치 1천 근, 건어물 1천 섬, 절인 생선 1천 균, 대추·밤 3천 섬, 여우·담비의 갖옷 1천 장, 염소·양의 갖옷 1천 석, 털자리旃席 1천 장, 과일·야채 1천 종 등, 이들 물건을 이자를 받고 빌려주면 1천 관貫을 얻게 된다. 욕심 많은 상인은 이자를 높게 받아 본전의 10분의 3을 벌지만, 큰 욕심을 부리지 않는 상인은 공정하게 장사를 하고 신용을 얻어 결국 10분의 5를 번다. 어느 쪽이 됐든 이들의 수입은 1천 호의 영지를 가진 제후와 같은 수준에 이른다. 이상이 대강의 상황이지만, 다른 잡일에 종사하면서 2할의 이익을 올리지 못하므로 이는 나의 재물이라고 말할 수 없다.

凡編戶之民, 富相什則卑下之, 伯則畏憚之, 千則役, 萬則僕, 物之理也. 夫用貧求富, 農不如工, 工不如商, 刺繡文不如倚市門, 此言末業, 貧者之資也. 通邑大都, 酤一歲千釀, 醯醬千瓨, 漿千甔, 屠牛羊彘千皮, 販穀糶千鍾, 薪稿 千車, 船長千丈, 木千章, 竹竿萬个, 其軺車百乘, 牛車千兩, 木器髤者千枚,銅器千鈞, 素木鐵器若巵茜千石, 馬蹄躈千, 牛千足, 羊彘千雙, 僮手指千, 筋角丹沙千斤, 其帛絮細布千鈞, 文采千匹, 榻布皮革千石, 漆千斗, 糱麴鹽豉千荅, 鮐鮆千斤, 鮿千石, 鮑千鈞, 棗栗千石者三之, 狐貂裘千皮, 羔羊裘千石, 旃席千具, 佗果菜千鍾, 子貸金錢千貫, 節駔會, 貪賈三之, 廉賈五之, 此亦比千乘之家, 其大率也. 佗雜業不中什二, 則非吾財也.

◉ 탁씨의 재물관

다음에는 그때에 도성에서 천 리 이내에 살았던 현명한 사람들이 어떤 방법으로 부를 쌓았는가를 말해 둠으로써 후세 사람들이 선택하여 참고로 삼을 수 있도록 한다.

촉 땅의 탁왕손卓王孫은 조상이 조나라 사람이다. 탁씨는 제철업을 경영하여 부호가 되었다. 처음 진秦나라가 조나라를 깨뜨렸을 때 탁씨에게 이주를 명령하였다. 포로가 된 탁씨는 재물을 모두 빼앗겼으므로 부부가 손수레를 끌고 이주지로 떠나게 되었다. 함께 옮겨간 포로들 중 돈이 다소 남은 사람들은 앞을 다투어 진나라 관리에게 뇌물을 바치고 가까운 곳을 요구해 가맹葭萌에 자리를 잡았다. 그러나 탁씨만은 "가맹은 땅이 좁고 척박하다. 들리는 소문으로는 민산汶山 아래에는 기름진 들이 있어 큰 감자가 나기 때문에 죽을 때까지 굶지 않으며, 주민들은 장사에 능숙해서 교역을 하고 있다더라"라 하고는 멀리 옮겨 달라고 요구하였다. 이에 임공臨邛으로 가게 되었다. 그는 대단히 기뻐하며 철광이 있는 산으로 들어가 쇠를 녹여서 그릇을 만들었다. 그리고 여러 모로 꾀를 써서 교역을 하였다. 어느 정도 부유해지자, 전滇·촉 땅의 백성들을 기술자로 썼다. 그 결과 그의 부는 노비 천 명을 부리게까지 되었을 뿐 아니라 사냥과 고기잡이하는 즐거움이 임금의 그것에 비교될 정도였다.

請略道當世千里之中, 賢人所以富者, 令後世得以觀擇焉.

蜀卓氏之先, 趙人也, 用鐵冶富. 秦破趙, 遷卓氏. 卓氏見虜略, 獨夫妻推輦, 行詣遷處. 諸遷虜少有餘財, 爭與吏, 求近處, 處葭萌. 唯卓氏曰:「此地狹薄.

吾聞汶山之下, 沃野, 下有蹲鴟, 至死不飢. 民工於市, 易賈.」乃求遠遷.
致之臨邛, 大喜, 卽鐵山鼓鑄, 運籌策, 傾滇蜀之民, 富至僮千人. 田池射獵之樂,
擬於人君.

◉ 산동에서 온 포로

정정程鄭은 산동에서 옮겨온 포로였다. 그 또한 제철을 업으로 하며
머리를 상투 모양으로 틀어 올린 서남이西南夷 백성들과 교역하였다. 그
결과 탁씨처럼 부유해진 그는 함께 임공에서 살았다.

程鄭, 山東遷虜也, 亦冶鑄, 賈椎髻之民, 富埒卓氏, 俱居臨邛.

◉ 대범한 공씨

완宛 땅의 공씨孔氏 조상은 양나라 사람이다. 공씨는 제철을 업으로
삼았다. 처음 진秦나라가 위魏나라를 쳤을 때, 공씨는 남양으로 이주하였다.
공씨는 쇠를 많이 녹여 그릇을 만들었다. 그는 큰 못池을 가지고 있었다.
거기 車騎를 거느리고 제후들과 교제하며 그것을 기회로 장사를 하여 이익을
거두었다. 공씨가 제후들에게 보내는 선물은 언제나 대단한 것이었으므로
'유한공자游閑公子'라는 이름이 붙었다. 공씨는 장사의 이득만 챙겨 인색하고
통이 좁게 구는 장사꾼보다 훨씬 치부하였다. 그 결과 그는 집에다 수천
금의 부를 쌓았으므로 남양의 장사꾼들은 모두 공씨의 대범함을 본받았다.

宛孔氏之先, 梁人也, 用鐵冶爲業. 秦伐魏, 遷孔氏南陽. 大鼓鑄, 規陂池,
連車騎, 游諸侯, 因通商賈之利, 有游閑公子之賜與名. 然其贏得過當, 愈於
纖嗇, 家致富數千金, 故南陽行賈盡法孔氏之雍容.

◉ 엎드린 김에 물건이라도 주워라

노나라 사람들에게는 검소하고 절약하는 풍습이 있었다. 조曹 땅의
병씨邴氏는 그 중에서도 더욱 심하였다. 그는 대장장이로부터 일어나

거만 금의 부를 쌓은 뒤에도 그 집안의 부형과 자손들과 함께 엎드리면 물건을 줍고, 우러러보면 물건을 취하라는 신조 아래 생활하였고, 행상을 하며 모든 군국郡國에 돈을 빌려 주었다. 그 때문에 추鄒·노魯에서는 학문을 버리고 돈벌이에 좇아 나서는 사람이 많았다. 이것은 오로지 조 땅의 병씨 영향을 받은 탓이었다.

魯人俗儉嗇, 而曹邴氏尤甚, 以鐵冶起, 富至巨萬. 然家自父兄子孫約, 俛有拾, 仰有取, 賈貸行賈徧郡國. 鄒·魯以其故多去文學而趨利者, 以曹邴氏也

◉ 거친 노예를 활용

제나라 사람의 풍속은 노예를 천대하였지만, 조간刀間만은 노예를 사랑하고 정중히 대하였다. 거칠고 교활한 노예는 사람들이 싫어하게 마련인데 조간만은 이들을 발탁하여 생선과 소금 장사를 시켜 돈을 벌어들이게 하였다. 조간은 거기車騎를 거느리고 다니며 고을 태수나 나라의 재상과 서로 교제하기도 하였지만, 특히 노예들을 신임하여 드디어는 그들의 협력으로 수천만 금의 부를 쌓았다. 이에 '벼슬살이를 하느니보다 차라리 조간의 노예가 되겠다'는 말까지 나올 정도였다. 이것은 조간이 거칠고 교활한 노예를 잘 이끌어 부유하게 해 주고, 주인을 위해 그들의 힘을 다 바치게 한 것을 칭찬한 것이리라.

齊俗賤奴虜, 而刀閒獨愛貴之. 桀黠奴, 人之所患也, 唯刀閒收取, 使之逐漁鹽商賈之利, 或連車騎, 交守相, 然愈益任之. 終得其力, 起富數千萬. 故曰「寧爵毋刀」, 言其能使豪奴自饒而盡其力.

◉ 인색함도 부자가 될 수 있는 길 중의 하나

주나라 사람은 검소하고 인색하지만 그 중에서도 사사師史는 더욱 심하였다. 그는 수백 대의 수레를 이끌고 군국으로 나가 장사를 하면서 다니지 않은 곳이 없었다. 낙양 거리는 제·초·조나라의 중심지였다. 그곳의 가난한 자들은 장사 일을 부자들에게서 배워, 오랜 세월 동안 행상을 하면서 산 것을 서로 자랑하며 가끔 고향 마을을 지나가도 자기 집에는 들르지 않았다. 사사는 이런 패들에게도 맡겨 장사를 시킨 결과 능히 7천만의 재산을 쌓았다.

周人旣纖, 而師史尤甚, 轉轂以百數, 賈郡國, 無所不至. 洛陽街居在齊秦楚趙之中, 貧人學事富家, 相矜以久賈, 數過邑不入門, 設任此等, 故師史能致七千萬.

◉ 물건이 귀해질 것을 미리 예상한 임씨

선곡宣曲에 사는 임씨任氏는 그 조상이 독도督道의 창고지기였다. 진나라가 패하였을 때, 호걸들은 모두 앞을 다투어 금과 옥을 취하였으나, 임씨만은 창고의 곡식을 굴속에 감추었다. 그 뒤 초나라와 한나라가 형양滎陽에서 서로 대치하고 있는 동안, 백성들이 농사를 지을 수 없어서 쌀 한 섬에 1만 전까지 뛰어올랐다. 그로 인해 앞서 호걸들이 차지하였던 금과 옥은 모두 임씨의 것이 되어 임씨는 부유해졌다.

부유한 사람은 사치를 부리는 것이 보통이지만, 임씨는 절약 검소하게 지내며 농사와 목축에 힘썼다. 사람들은 농사와 목축에 필요한 물건을 살 때 싼 것을 택하였지만, 임씨만은 값이 비싸도 물건이 좋은 것을 골랐다. 이리하여 임씨 집안은 부호로서 여러 대가 지났음에도 지금도 이 집안 사람들은 '내 집의 농사와 목축에서 얻은 것이 아니면 먹지도 입지도 않고, 공사公事가 끝나기 전에는 술과 고기를 입에 대지 않는다'는 가풍을 지키고 있다. 이런 까닭으로 임씨는 향리의 모범으로 우러러보게 되었고, 집안은 더욱 부유해졌으며, 천자도 이들을 소중히 여겼다.

宣曲任氏之先, 爲督道倉吏. 秦之敗也, 豪傑皆爭取金玉, 而任氏獨窖倉粟. 楚漢相距滎陽也, 民不得耕種, 米石至萬, 而豪傑金玉盡歸任氏, 任氏以此起富. 富人爭奢侈, 而任氏折節爲儉, 力田畜. 田畜人爭取賤賈, 任氏獨取貴善. 富者數世. 然任公家約, 非田畜所出弗衣食, 公事不畢則身不得飮酒食肉. 以此爲閭里率, 故富而主上重之.

◎ 남이 빌려주지 않을 때 투기로 큰 돈을

요새 밖으로 흉노를 쳐서 쫓아버리고 변경의 땅을 안정시켰을 때, 교요橋姚라는 사람만이 그 시기를 놓치지 않고 말 1천 마리, 소 2천 마리, 양 1만 마리, 곡식 수만 종鍾을 얻었다.

오초 7국吳楚七國의 난이 일어났을 때, 장안에 있는 대소 제후들이 토벌군에 가담하기 위해 돈을 빌리려 하였다. 그런데 돈놀이하는 사람들은 모두 제후들의 봉읍은 관동關東에 있다. 관동의 일이 성공할지 실패할지 예측할 수 없다고 생각하고 기꺼이 빌려 주려는 사람이 없었다. 다만 무염씨無鹽氏만은 천금을 풀어 이자를 원금의 10배로 하여 빌려 주었다. 그리고 석 달이 지나 오·초는 평정되었다. 따라서 그는 겨우 1년 동안에 빌린 돈의 10배를 이자로 받게 되었고, 그 바람에 그의 재산은 관중關中 전체의 부와 맞먹었다.

塞之斥也, 唯橋姚已致馬千匹, 牛倍之, 羊萬頭, 粟以萬鍾計. 吳楚七國兵起時, 長安中列侯封君行從軍旅, 齎貸子錢, 子錢家以爲侯邑國在關東, 關東成敗未決, 莫肯與. 唯無鹽氏出捐千金貸, 其息什之. 三月, 吳楚平. 一歲之中, 則無鹽氏之息什倍, 用此富埒關中.

◎ 관중의 부유한 상인들

관중의 부유한 상인이나 큰 장사꾼들은 대체로 전씨田氏 일족이었다. 전색田嗇·전란田蘭 등이 그들이다. 그밖에 위가韋家·율씨栗氏 및 안릉安陵과 두현杜縣의 두씨杜氏도 수만금의 부를 지닌 부자였다.

關中富商大賈, 大抵盡諸田, 田嗇·田蘭. 韋家栗氏, 安陵·杜杜氏, 亦巨萬.

◎ 부자는 부자가 될 이유가 있다

이상의 사람들은 부호들 중에서도 두드러진 사람들이다. 그들은 모두 작읍爵邑이나 봉록을 가지고 있었던 것도 아니고, 교묘한 수단으로 법률을 이용하여 나쁜 짓을 하여 부자가 된 것도 아니다. 모두 사물의 이치를 추측하여 행동하였다. 그리하여 시운에 순응하여 이익을 얻고, 상업에 의해 재물을 쌓고, 부유한 몸이 되어서는 농사일로 돌아가 부를 지켰던 것이다. 즉 그들은 강력한 무武의 방법으로 모든 것을 얻었고, 문文으로써 그것을 지켰던 것이다. 그 변화에는 절도가 있고 순서가 있어 족히 이야기할 만한 것이다.

농사·목축·수공업·벌목·행상 등에 온 힘을 기울여 이익을 올림으로써 부를 이룩한 사람들 가운데는, 크게는 한 군郡을 압도하는 사람이 있는가 하면, 중간으로는 한 현을 압도하는 사람이 있고, 작게는 한 마을을 압도하는 사람도 있었으니 일일이 그 예를 다 들 수는 없다.

무릇 아껴 쓰고 부지런히 일하는 것은 삶의 정도正道이다. 그런데 부자가 된 사람은 반드시 독특한 방법을 썼다. 농사는 재물을 모으는 데에 뛰어난 것이 못되지만, 진양秦揚은 그 농사에 의해 주州에서 제일가는 부호가 되었다.

무덤을 파서 재물을 훔치는 것은 나쁜 일이지만, 전숙田叔은 그것을 발판으로 몸을 일으켰다. 도박은 나쁜 놀이지만 환발桓發은 그것에 의해 부자가 되었다. 행상은 남자에게 천한 일이지만, 옹낙성雍樂成은 그것으로써 부자가 되었다. 연지脂를 파는 것은 부끄러운 일이긴 하지만, 옹백雍伯은 그것으로 천금을 얻었다. 술장사는 하찮은 것이지만, 장씨張氏는 그것으로 천만금을 얻었으며, 칼을 가는 것은 보잘것없는 기술이지만, 질씨郅氏는 그것으로 돈을 벌어 제후들처럼 반찬 솥을 늘어놓고 식사를 즐겼다. 위포胃脯를 파는 것은 단순하고 하찮은 장사였지만, 탁씨濁氏는 그것으로 기마 수행원을 거느리고 다니는 신분이 되었다. 말의 병을 치료하는 것은 대단찮은 의술이지만, 장리張里는 그것으로 돈을 벌어 제후들처럼 종을 쳐서 하인을 부를 정도의 큰 저택에 살았다. 이것은 모두 한결같은 마음으로 돈벌이에 힘쓴 때문이라 할 것이다.

此其章章尤異者也. 皆非有爵邑奉祿弄法犯姦而富, 盡椎埋去就, 與時俯仰, 獲其贏利, 以末致財, 用本守之, 以武一切, 用文持之, 變化有槪, 故足術也. 若至力農畜, 工虞商賈, 爲權利以成富, 大者傾郡, 中者傾縣, 下者傾鄉里者, 不可勝數.

夫纖嗇筋力, 治生之正道也, 而富者必用奇勝. 田農, 掘業, 而秦揚以蓋一州.

掘冢, 姦事也, 而田叔以起. 博戱, 惡業也, 而桓發用(之)富. 行賈, 丈夫賤行也,
而雍樂成以饒. 販脂, 辱處也, 而雍伯千金. 賣漿, 小業也, 而張氏千萬. 洒削,
薄技也, 而郅氏鼎食. 胃脯, 簡微耳, 濁氏連騎. 馬醫, 淺方, 張里擊鍾. 此皆誠
壹之所致.

◉ 재물은 주인이 없다

이로 말미암아 보건대 부자가 되는 데는 일정한 직업이 없고 재물에는
일정한 주인이 없다. 능력이 있는 사람에게는 재물이 모이고, 능력이
없는 사람에게서는 홀연히 흩어지고 만다. 천금 부자는 한 도읍의 군주와
맞먹고 수만금의 부를 지닌 사람은 제왕과 즐거움을 같이 한다. 그들이야말로
이른바 소봉素封이라고 할 만한 사람들이 아니겠는가?

由是觀之, 富無經業, 則貨無常主, 能者輻湊, 不肖者瓦解. 千金之家比一
都之君, 巨萬者乃與王者同樂. 豈所謂「素封」者邪? 非也?

〈播種圖〉 東漢 畵像磚. 1955 四川 德陽縣 출토

070(130) 태사공자서太史公自序

① 사마담司馬談 ② 사마천司馬遷

⊛ 사마씨 조상의 내력

옛날 전욱顓頊은 남정南正 중重에게 천문天文:하늘을 맡기고, 북정北正 여黎에게는 지리地理를 맡도록 명하였다. 당요唐堯·우순虞舜 시대에도 중·여씨의 후손에게 이를 맡게 하여 하夏·상商에 이르렀다. 따라서 중·여씨는 대대로 천문과 지리를 관장해 왔던 것이다.

歸有光과 方苞가 교정하여 출간한 淸刻本《사기》

주대周代에 정백程伯에 봉해졌던 휴보休甫 또한 여씨의 후손이다. 주나라 선왕宣王 때에 이르러 여의 후손들은 관직을 잃고 사마씨司馬氏씨가 그 일을 대신하게 되었다. 사마씨는 대대로 주나라의 역사를 관장하였다. 혜왕惠王과 양왕襄王 사이에 사마씨는 주나라를 버리고 진晉나라로 갔다. 진晉나라 중군中軍이던 수회隨會가 진秦나라로 달아났을 때 사마씨는 소량少梁으로 들어갔다.

昔在顓頊, 命南正重以司天, 北正黎以司地. 唐虞之際, 紹重黎之後, 使復典之, 至于夏商, 故重黎氏世天地. 其在周, 程伯休甫其後也. 當周宣王時, 失其守而爲司馬氏. 司馬氏世典周史. 惠襄之間, 司馬氏去周適晉. 晉中軍隨會奔秦, 而司馬氏入少梁.

◉ 아버지 사마담에 이르러 태사씨가 되다

사마씨가 주나라를 떠나 진晉나라로 간 후, 그 일족들은 분산하여 혹은 위衛나라에서 살고, 혹은 조나라에서 살거나 또는 진秦나라에도 살았다. 위나라에 살던 사람은 중산국中山國의 재상이 되었다. 조나라에 살던 사람은 검술 이론을 전함으로써 세상에 알려졌으며, 괴외蒯聵는 바로 그 후손이다. 진秦나라로 간 사마착司馬錯은 장의張儀와 더불어 혜왕惠王 앞에서 촉蜀과 한韓 중에 어느 나라를 칠 것인가를 놓고 논쟁을 벌였던 인물이다. 이때 혜왕은 사마착에게 촉을 치도록 하였고, 사마착은 촉을 정벌하고 그곳의 태수가 되었다.

사마착의 손자 사마근司馬靳은 무안군武安君 백기白起를 섬겼으며, 이 무렵 소량은 하양夏陽으로 그 이름이 바뀌었다. 사마근은 무안군과 함께 장평長平 싸움에서 조나라 군대를 깨뜨려 모두 구덩이에 생매장시키고 돌아왔으나, 둘 모두 두우杜郵에서 소왕昭王에 의해 사사賜死당하여 화지華池에 매장되었다. 사마근의 손자는 사마창司馬昌으로 그는 진秦나라 시황제始皇帝 때에 주철관主鐵官이 되었다.

시황제 당시 괴외의 현손 사마앙司馬卬은 무신군武信君의 장수가 되어 조가朝歌를 평정하였으며, 이 때는 천하가 어지러워 제후들이 멋대로 왕이 되었는데, 사마앙은 항우項羽에 의해 은왕殷王으로 책봉되었다. 한왕漢王 유방이 초나라를 치자 사마앙은 한나라에 투항하였고, 그의 봉토는 하내군河內郡이 되었다.

사마창은 무택無澤을 낳았다. 무택은 한나라의 시장市長이 되었으며, 그 무택은 사마희司馬喜를 낳았고, 사마희는 오대부五大夫가 되었다. 이들은 죽어서 모두 고문高門 땅에 묻혔다. 사마희가 나의 부친 사마담司馬談을 낳았다. 사마담은 태사공太史公이 되었다.

自司馬氏去周適晉, 分散, 或在衛, 或在趙, 或在秦. 其在衛者, 相中山. 在趙者, 以傳劍論顯, 蒯聵其後也. 在秦者名錯, 與張儀爭論, 於是惠王使錯 將伐蜀, 遂拔, 因而守之. 錯孫靳, 事武安君白起. 而少梁更名曰夏陽. 靳與武

安君阬趙長平軍, 還而與之俱賜死杜郵, 葬於華池. 靳孫昌, 昌爲秦主鐵官,
當始皇之時. 蒯聵玄孫卬爲武信君將而徇朝歌. 諸侯之相王, 王卬於殷.
漢之伐楚, 卬歸漢, 以其地爲河內郡. 昌生無澤, 無澤爲漢市長. 無澤生喜,
喜爲五大夫, 卒, 皆葬高門. 喜生談, 談爲太史公.

◉ 아버지의 학문

나의 부친 태사공 사마담은 천문을 당도唐都에게서 배우고, 주역은
양하楊何에게서 배웠으며, 도가의 이론은 황자黃子에게서 익혔다. 태사공은
무제武帝의 건원建元·원봉元封 연간에 세상에 나와 벼슬을 하였다. 학문하는
사람들이 학문의 본뜻을 깨닫지 못한 채 그들 스승의 뜻에 어긋나 있는
것을 불쌍히 여겨 육가六家의 학문에 대한 요지를 논하여 이렇게 말하였다.

太史公學天官於唐都, 受易於楊何, 習道論於黃子. 太史公仕於建元元封
之間, 愍學者之不達其意而師悖, 乃論六家之要指曰:

◉ 육가六家의 요지

"《역》〈대전大傳〉에 '천하 사람들의 학설은 하나이지만, 거기에 이르는
사고 방법은 100가지가 되며, 귀착되는 곳은 같으나 다른 길로 가려 한다'라
하였다. 음양가·유가·묵가·명가·법가·도가는 다 같이 바른 정치를 힘쓰는
것이지만, 다만 내세우는 이론이 서로 다르므로 해서 배우는 사람으로써
혹자는 잘 살피고, 혹자는 이를 잘 살피지 못할 뿐이다.

일찍이 혼자 음양술陰陽術을 관찰한 일이 있지만, 지나치게 자세하고
온갖 금기들이 많아서 이에 구속을 받아 두려워하는 사람이 많았다. 그러나
봄·여름·가을·겨울의 운행의 큰 법칙을 정해 둔 점은 놓쳐서는 안 된다.

유가儒家의 학설은 크고 넓기는 하지만, 요점은 적어서 번거롭기만 하고
효과가 적다. 그러므로 그대로 그것에 따르기는 어렵다. 그러나 군신·부자
의 예를 바로 세우고 부부와 장유의 구별을 정한 점은 바꿀 수 없다.

묵가墨家의 학설은 지나치게 검약함을 내세워 따르기 어렵다. 그러나

근본을 튼튼히 하고 씀씀이를 절약하는 점은 버릴 수 없다.

법가法家의 학설은 엄혹하면서 은애恩愛의 정이 적다. 그러나 군신·상하의 본분을 바로잡은 점은 고쳐서는 안된다.

명가名家의 학설은 사람의 마음을 명분에만 얽매이게 하여 일의 진실을 알아보지 못하게 한다. 그러나 그 명분과 실질의 관계를 바로잡은 점을 잘 통찰하지 않으면 안 된다.

도가道家의 학문은 사람의 정신을 집중시키고, 행동은 무형無形의 도에 합치시켜 만물을 충족시킨다. 그 학술은 음양가의 천지 자연의 법칙에 따르고, 유가·묵가의 선善을 취하고, 명가·법가가 필요로 하는 점을 취하여 때와 더불어 옮겨가고, 사물에 따라 변화하며 풍속을 바로잡아 일을 베푸니 적절하지 않은 것이 없다. 그 요지는 간략해서 행하기가 쉬우므로 수고는 적게 드나 성과는 많다.

이에 비해 유가의 학설은 그렇지 않다. 군주 된 사람은 천하의 법도이며, 군주가 제창하면 신하가 이에 화답하고, 군주가 앞장서면 신하가 그의 뒤를 따라야 한다고 생각한다. 이렇게 되면, 군주는 수고스럽고 신하는 편안하다. 도가의 이른바 대도大道의 요점은, 강건함과 탐욕을 버리고 지혜를 물리치며, 모든 것을 자연의 법도에 맡기자는 것이다. 정신을 지나치게 쓰면 쇠약해져 메마르고, 육신을 지나치게 혹사하면 못쓰게 된다. 정신과 육신은 빨리 쇠하여 가는데, 천지와 더불어 오래 살기를 바란다는 것은 들은 적이 없다.

易大傳: 「天下一致而百慮, 同歸而殊.」 夫陰陽·儒·墨·名·法·道德, 此務爲治者也, 直所從言之異路, 有省不省耳. 嘗竊觀陰陽之術, 大祥而衆忌諱, 使人拘而多所畏; 然其序四時之大順, 不可失也. 儒者博而寡要, 勞而少功, 是以其事難盡從; 然其序君臣父子之禮, 列夫婦長幼之別, 不可易也. 墨者儉而難遵, 是以其事不可遍循; 然其彊本節用, 不可廢也. 法家嚴而少恩; 然其正君臣上下之分, 不可改矣. 名家使人儉而善失眞; 然其正名實, 不可不察也. 道家使人精神專一, 動合無形, 贍足萬物. 其爲術也, 因陰陽之大順, 采儒墨之善, 撮名法之要, 與時遷移, 應物變化, 立俗施事, 無所不宜,指約而易操, 事少而功多. 儒者則不然. 以爲人主天下之儀表也, 主倡而臣和, 主先而臣隨. 如此則主勞而臣逸. 至於大道之要, 去健羨, 絀聰明, 釋此而任術. 夫神大用則竭, 形大勞則敝. 形神騷動, 欲與天地長久, 非所聞也.

☸ 음양가陰陽家

무릇 음양가는 사시四時·팔위八位, 십이도十二度, 이십사절二十四節마다 각각 그 때를 따라 해야 할 규정을 정해 놓고 있다. 이에 따르는 사람은 일어나고, 이에 역행하는 사람은 죽거나 망한다고 한다. 그러나 반드시 그런 것은 아닌데도 그 때문에 구속되어 두려워하는 자가 많다고 하였다. 그러나 봄에 나고, 여름에 자라고, 가을에 거두고, 겨울에 저장하는 것은 영원히 바뀌지 않을 하늘의 도리이니, 이에 따르지 않는다면 달리 천하의 기강을 세울 수 없다. 그러므로 춘하추동 사계절의 운행의 법칙을 놓칠 수 없는 것이다.

夫陰陽四時·八位·十二度·二十四節各有教令, 順之者昌, 逆之者不死則亡, 未必然也, 故曰「使人拘而多畏」. 夫春生夏長, 秋收冬藏, 此天道之大經也, 弗順則無以爲天下綱紀, 故曰「四時之大順, 不可失也」.

☸ 유가儒家

무릇 유가儒家는 육예六藝를 법도로 하고 있다. 육예의 경전經傳은 이루 헤아릴 수 없을 정도로 많아, 대대로 배워도 그 이치를 통할 수가 없고, 당대로써 그 예를 다 연구할 수도 없다. 그런 까닭에 범위가 광범위하지만 요점이 적고, 애써 연구해 보아도 효과가 적다고 한 것이다. 그러나 군신君臣·부자父子의 예절을 바르게 하고, 부부夫婦·장유長幼의 구분을 정해 놓은 것은 다른 백가百家라 하더라도 이를 바꿀 수 없을 것이다.

夫儒者以六藝爲法. 六藝經傳以千萬數, 累世不能通其學, 當年不能究其禮, 故曰「博而寡要, 勞而少功」. 若夫列君臣父子之禮, 序夫婦長幼之別, 雖百家弗能易也.

🏵 묵가墨家

묵가墨家는 또한 요·순의 도를 숭상하여 그 덕행을 이렇게 찬양하고 있다. '마루의 높이는 석 자, 흙 계단은 삼단으로 아주 낮고, 지붕을 띠풀로 엮고, 처마 끝을 가지런히 자르지 않으며, 통나무 서까래는 다듬지 않은 채 썼으며, 흙으로 빚은 그릇에 밥을 담아 먹고, 흙으로 빚은 국그릇을 사용하였다. 현미나 기장으로 밥을 지어먹고, 명아주와 콩잎으로 국을 끓여 먹으며, 여름에는 갈포의 옷을 입고, 겨울에는 사슴 가죽옷을 입었다.'

묵가는 장례를 치를 때, 세 치밖에 안 되는 오동나무 관을 썼으며, 소리내어 울더라도 그 슬픔을 드러내지 않았다. 상례喪禮를 가르치는 경우에는, 반드시 이와 같이 간략하게 치름으로써 온 백성이 표준으로 삼았다. 그러나 천하 사람이 이같이 하면 존귀·비천의 구별은 없어진다. 세상은 자꾸 달라지고 시대는 움직이며, 사람이 하는 일은 반드시 같지가 않다. 그러므로 '지나치게 검약을 내세우면 따르기가 어렵다'고 한 것이다. 그러나 그 요지로써 근본을 튼튼히 하고 씀씀이를 절약한다는 것은, 사람이나 가정을 함께 충실하게 되는 이치이다. 이것은 묵가 학문의 좋은 점이기 때문에, 다른 백가라 하더라도 이를 버릴 수는 없을 것이다.

墨者亦尚堯舜道, 言其德行曰:「堂高三尺, 土階三等, 茅茨不翦, 采椽不刮. 食土簋, 啜土刑, 糲粱之食, 藜霍之羹. 夏日葛衣, 冬日鹿裘.」其送死, 桐棺三寸, 舉音不盡其哀. 教喪禮, 必以此爲萬民之率. 使天下法若此, 則尊卑無別也. 夫世異時移, 事業不必同, 故曰「儉而難遵」. 要曰彊本節用, 則人給家足之道也. 此墨子之所長, 雖百長弗能廢也.

🏵 법가法家

법가法家는 가깝고 먼 관계를 가리지 않고, 귀천을 구별하지 않으며, 모두 법에 의해 따지고 단죄함으로써 친한 사람을 친하게 대하고, 윗사람을 존경하는 은애의 정이 끊어지고 만다. 그러므로 한때의 계책으로 쓰일 수는 있어도 오래 쓸 수는 없다. 따라서 '엄혹하기만 하고 은애의 정은 적다'라고 하는 것이다. 그러나 임금을 높이고 신하를 낮추어, 직분을 명확히 하고 서로가 그 분수를 넘지 않게 하는 것은 다른 백가라 하더라도 이를 고칠 수 없을 것이다.

法家不別親疏, 不殊貴賤, 一斷於法, 則親親尊尊之恩絶矣. 可以行一時之計, 而不可長用也, 故曰「嚴而少恩」. 若尊主卑臣, 明分職不得相踰越, 雖百家弗能改也.

☸ 명가名家

명가名家는 가혹하게 통찰하다가 뒤엉켜 흐려지게 하며, 사람들이 그 실질에 어긋나지 못하게 하고, 오로지 명분에 의해 결단을 내림으로써 인정을 잃게 한다. 그러므로 '사람의 마음을 명분에만 구속되기 쉽게 하여 진실함을 잃게 한다'라 한 것이다. 그러나 명분에 의해 실질을 비판하고, 명분과 실질을 서로 비교·실증한 점은 살필 만하다.

名家苛察繳繞, 使人不得反其意, 專決於名而失人情, 故曰「使人儉而善失眞」. 若夫控名責實, 參伍不失, 此不可不察也.

☸ 도가道家

도가道家는 작위함이 없다라고 말하면서 다시 작위하지 않음도 없다는 것이다. 각각 그 분수를 지키기 때문에 실행하기는 쉽다 해도 그 말의 뜻은 미묘해서 이해하기 어렵다. 도가의 학술은 허무虛無를 근본으로 하여, 모든 순환을 자연에 맡기고 있으므로 일정하게 만들어진 형세도 없고, 또 일정한 형상도 없다. 그렇기 때문에 만물의 진실을 깊이 연구할 수가 있다. 만물보다 앞서지도 않고, 뒤쳐지지도 않고 만물 그것에 의해 제어해 가기 때문에 만물의 주인이 될 수 있는 것이다. 물론 원칙은 있으나 자연에 순응하므로 원칙으로 삼지 않고, 시대에 따라 일을 이루며 법도는 있으나 일정한 도는 없고, 만물의 형세에 따라 만물과 함께 일어나고 없어진다. 그 때문에 '성인의 사상이 영원히 썩지 않는 것은 성인이 시세의 변화에 순응하였기 때문이다. 허무는 도의 준칙이요, 자연의 법칙은 군주의 강령이다'라고 한 것이다. 여러 신하들이 모두 이르면 군주는 각기 자기의 직분을 밝히도록 한다. 이 때 그 실상이 그 명분에 맞는 것을 단端이라 하고, 그 실상이 명분에 들어맞지 않는 것을 관窾이라 한다. 관언窾言을 받아들이지 않으면 간악한 신하가 생기지 않는다. 어린 자와 어리석은 자가 자연스레 분별되며, 희고 검은 것 역시 절로 명백해진다. 이와 같이 운용하려 한다면 무슨 일인들 이루지 못하겠는가? 이렇게 되면, 천지 자연의 도와 합치되어 무욕의 혼돈 상태 그대로 천하를 밝게 비추어 다시 무명無名의 경지로 돌아가게 한다.

무릇 사람이 살아 있다는 것은 정신이 있다는 것이며 기탁하게 하는 것은 그 육신이다. 정신을 지나치게 사용하여 고갈시키고 육신을 지나치게 부리면 병이 나고 육신과 정신이 분리되면 죽는다. 죽은 사람은 다시 살아나지 못하고, 분리된 정신과 육신은 다시 돌이킬 수 없다. 그런 까닭에 성인은 정신과 육신을 소중히 여기는 것이다. 이런 점에서 보면, 정신은 삶의 근본이요, 육신은 삶의 도구인 것이다. 먼저 그 정신을 안정시키지 않고 '나만이 천하를 다스릴 수 있다'고 말하니 무슨 방법으로 그렇게 할 수 있는 것인가?

道家無爲, 又曰無不爲, 其實易行, 其辭難知. 其術以虛無爲本, 以因循爲用. 無成埶, 無常形, 故能究萬物之情. 不爲物先, 不爲物後, 故能爲萬物主. 有法 無法, 因時爲業; 有度無度, 因物與合. 故曰「聖人不朽, 時變是守. 虛者道之 常也, 因者君之綱」也. 群臣至, 使各自明也. 其實中其聲者謂之端, 實不中 其聲者謂之窾. 窾言不聽, 乃不生, 賢不肖自分, 白黑乃形. 在所欲用耳, 何事不成. 乃合大道, 混混冥冥. 弗 天下, 復反無名. 凡人所生者神也, 所者 形也. 神大用則竭, 形大勞則敝, 形神離則死. 死者不可復生, 離者不可復反, 故聖人重之. 由是觀之, 神者生之本也, 形者生之具也. 不先定其神[形], 而曰「我有以治天下」, 何由哉?

◉ 나 사마천의 유람 경로

부친 태사공 사마담은 천문을 관장하고 있어서 백성을 다스리지는 않았다. 그에게는 나 사마천司馬遷이라고 하는 아들이 태어났다.

사마천은 용문龍門에서 태어나, 황하의 북쪽과 용문산龍門山 남쪽 땅에서 밭갈이하며 가축을 길렀다. 열 살에 벌써 옛 글을 외우고, 스무 살에 남쪽의 장강과 회하를 유력하였다. 회계산會稽山에 올라가서는 그 꼭대기에 있는 우혈禹穴을 더듬고, 구의산九疑山을 찾아보았으며, 원수沅水・상수湘水에 배를 띄워 보았고, 북쪽으로 문수汶水・사수泗水를 건너, 제・노나라의 도읍에서 학업을 닦았다.

공자孔子의 유풍을 살펴보았으며, 추현鄒縣・역산嶧山에서 향사鄕射의 예를 익혔고, 파鄱・설薛・팽성彭城에서 한동안 고통을 겪은 다음, 양나라・초나라를 거쳐 돌아왔다.

이리하여 사마천은 벼슬길에 올라 낭중郎中이 된 뒤 사명을 띠고 서쪽으로 파촉巴蜀 이남을 치고, 남쪽으로 공邛・작筰・곤명昆明을 공략한 다음 돌아와 복명하였다.

太史公旣掌天官, 不治民. 有子曰遷.

遷生龍門, 耕牧河山之陽. 年十歲則誦古文. 二十而南游江・淮, 上會稽, 探禹穴, 九疑, 浮於沅・湘; 北涉汶・泗, 講業齊・魯之都, 觀孔子之遺風, 鄕射鄒・嶧; 戹困鄱・薛・彭城, 過梁・楚以歸. 於是遷仕爲郎中, 奉使西征巴・蜀以南, 南略邛・筰・昆明, 還報命.

◉ 아버지 태사담의 간곡한 부탁

이 해에 천자 무제는 비로소 한나라 황실의 봉선례封禪禮를 행하였다. 태사공 사마담은 주남周南에 머물러 있어서 의식에 참여하지 못하였다. 그 일로 인해 울화병으로 죽을 지경에 이르렀다. 이때 마침 아들 사마천이 사신의 임무를 마치고 돌아오던 중 황하와 낙수洛水 사이에서 아버지를 만났다. 태사공 담은 아들의 손을 잡고 울며 말하였다.

"우리 조상은 주나라 태사太史였다. 우리는 상세上世의 우하虞夏 시대부터 공명을 드러낸 이래, 지금까지 천문에 관한 일을 맡아 왔으나 후세로 내려오면서 쇠해지더니 마침내는 내 대에서 끊어지려는가? 네가 다시 태사가 되거든 우리 조상의 일을 이어다오. 지금 천자는 천세의 황통皇統을 이어 태산泰山에서 봉선례를 행하고 있다. 그런데 나는 그 의식에 참여할 수가 없었다. 아, 이건 천명이리라! 내가 죽으면 반드시 너는 태사가 될 것이다. 태사가 되거든 내가 논하여 저술하려던 바를 잊지 말도록 하라. 또 효孝란 어버이를 섬기는 것이 처음이고, 임금을 섬기는 것이 그 다음이며, 마지막으로 입신立身하는 것이 끝이다. 이름을 후세에까지 날려 부모를 드러나게 하는 것은 효의 으뜸이다. 천하 사람들이 주공周公을 칭송하는 것은 주공이 능히 문왕·무왕의 덕을 노래하고, 주나라 왕실의 근거지 주周와 소邵의 작품을 선양하며, 태왕太王과 왕계王季가 이루려던 것을 성취하고, 다시 거슬러올라가 공류公劉에게 미치고 후직后稷을 존중하였기 때문이다. 주나라 유왕幽王·여왕厲王 이후로 왕도는 무너지고 예악은 쇠하였다.

공자는 옛 것을 닦아 버려진 것을 다시 일으켜 《시》, 《서》를 논하고, 《춘추》를 지었다. 학자들은 지금에 이르도록 이것을 본받고 있다. 획린獲麟에서 지금까지 400여 년이 된다. 제후들은 겸병兼倂에 힘쓰고, 사관史官의 기록은 내버려진 채 끊어지고 말았다. 지금 한나라가 일어나 천하는 통일되었고, 현명한 군주와 어진 임금이 있고, 또 의를 위해 죽은 충신·열사도 있다. 나는 태사로 있으면서 이들을 논하여 기록하지 못하였으니, 천하의 역사 기록을 없애 버리고 말았다. 나는 이 일을 심히 두려워하고 있다. 너는 이 내 마음을 알아다오!"

나 사마천은 고개를 숙이고 눈물을 흘리며 말하였다.

"소자는 불민하옵니다만 선조 대대로 간추려 놓으신 옛 이야기들을 모두 논술하여 감히 빠뜨리는 일이 없도록 하겠습니다."

是歲天子始建漢家之封, 而太史公留滯周南, 不得與從事, 故發憤且卒. 而子遷適使反, 見父於河洛之間. 太史公執遷手而泣曰:「余先周室之太史也. 自上世嘗顯功名於虞夏, 典天官事. 後世中衰, 絶於予乎? 汝復爲太史, 則續

吾祖矣. 今天子接千歲之統, 封泰山, 而余不得從行, 是命也夫, 命也夫! 余死,
汝必爲太史; 爲太史, 無忘吾所欲論著矣. 且夫孝始於事親, 中於事君, 終於
立身. 揚名於後世, 以顯父母, 此孝之大者. 夫天下稱誦周公, 言其能論歌文
武之德, 宣周邵之風, 達太王王季之思慮, 爰及公劉, 以尊稷也. 幽厲之後,
王道缺, 禮樂衰, 孔子脩舊起廢, 論詩書, 作春秋, 則學者至今則之. 自獲麟以
來四百有餘歲, 而諸侯相兼, 史記放絶. 今漢興, 海內一統, 明主賢君忠臣死
義之士, 余爲太史而弗論載, 廢天下之史文, 余甚懼焉, 汝其念哉!」遷俯首
流涕曰:「小子不敏, 請悉論先人所次舊聞, 弗敢闕.」

❀ 황실 도서관의 책들

사마담이 죽은 지 3년이 되자, 나 사마천이 태사령太史令이 되어 사관의
기록과 황실 도서관 석실石室·금궤金匱의 책들을 모아 엮었다. 그로부터
5년이 지나, 태초太初 원년이 되었다. 그 해 11월 갑자甲子 초하루 동짓날에
천력天曆이 비로소 시행되었고, 명당明堂을 세워 각 고을 산천의 모든
신들에게 제사를 지냈다.

卒三歲而遷爲太史令, 紬史記石室金匱之書. 五年而當太初元年, 十一月
甲子朔旦冬至, 天始改, 建於明堂, 諸神受紀.

❀ 아버지의 뜻

나 태사공은 이렇게 생각한다.

"일찍이 선친께서 '주공이 죽고 난 뒤 500년이 지나 공자가 태어났다.
공자가 죽은 지 500년이 되었으니 능히 큰 도가 밝았던 세상을 이어받아
《역易》의 〈계사전繫辭傳〉을 바로잡고, 《춘추》를 이어 쓰고 시·서·예·악
의 근본을 밝히는 자가 나타날 것이 아니겠는가?'라고 하셨는데, 선친의
뜻이 바로 여기에 있지 않았겠는가! 아버지의 뜻이 바로 여기에 있도다!
내가 어찌 감히 그 일을 사양하겠는가?"

太史公曰:「先人有言:『自周公卒五百歲而有孔子. 孔子卒後至於今五百歲, 有能紹明世, 正易傳, 繼春秋, 本詩書禮樂之際?』意在斯乎! 意在斯乎! 小子何敢讓焉?」

⊛ 공자가 《춘추》를 쓴 이유

상대부上大夫 호수壺遂가 나에게 이렇게 물었다.

"옛날 공자는 무엇을 위하여 《춘추》를 지었습니까?"

태사공 사마천이 대답하였다.

"나는 동중서董仲舒에게서 들은 바로는 즉 '주나라의 도가 쇠폐해지고 나서 공자가 노나라 사구司寇가 되었다. 그러나 제후들은 공자를 싫어하고, 대부들은 공자를 방해하였다. 공자는 자기의 주장이 쓰여지지 않고 도가 행해지지 않음을 알고, 242년 동안의 노나라 역사의 옳고 그름을 따져 천하의 본보기로 삼았다. 천자라도 잘못이 있으면 깎아 내리고 제후들의 무도함을 물리치며, 대부라도 의롭지 못하면 성토함으로써 왕이 할 일을 밝히고자 하였다'고 말하였습니다. 또 공자는 '나는 이를 추상적인 말로 기재하려 하였으나, 구체적인 사실로 표현하는 쪽이 훨씬 더 절실하고 명백히 하는 것이라고 여겼다'라고 말하였습니다.

《춘추》는 위로는 삼왕의 도를 분명히 밝히고, 아래로는 인간의 기강을 정하여 의심나는 곳을 풀고, 옳고 그른 것을 밝히며, 아직 결정하지 못한 것을 결정하여, 선善을 선이라 하고 악惡을 악이라 하며, 현賢을 현이라 하여 못난 사람을 천하게 여기며, 망해서는 안 될 나라를 다시 일으키고, 끊어져선 안 될 집안을 다시 잇게 하며, 바른 것이면서 없어진 전통을 보완하여 일으켰으니, 이는 왕도王道의 중요한 것이라 할 것입니다.

《역》은 천지·음양·사시·오행五行의 운행 원리를 분명히 밝혀 놓은 것이기 때문에 변화의 서술이 뛰어납니다. 《예禮》는 인륜의 기강을 다루었기 때문에 사람의 바른 현실에 대한 서술이 뛰어납니다. 《서》는 선왕의 사적을 기록하고 있기 때문에 정치에 대한 서술이 뛰어납니다. 《시》는 산천·계곡·금수·초목·빈모牝牡·자웅에 대해 기록하고 있어 비유에

뛰어납니다. 《악樂》은 음악의 즐거움을 기록하고 있으므로 화합에 대한
서술에 뛰어납니다. 《춘추》는 옳고 그른 것을 분별한 것이므로 사람을
다스리는 데 대한 서술이 뛰어납니다. 이러한 까닭으로 《예》는 사람을
절제시키고, 《악》은 사람의 마음을 화합시켜 주며, 《서》는 사실을 가르
치고, 《시》는 감정을 표현하고, 《역》은 변화를 가르치고 《춘추》는 정의를
가르치고 있습니다. 어지러운 세상을 다스려 이를 바른 길로 이끄는 데에는
《춘추》만 한 것이 없습니다.

　《춘추》는 수만 자로 되어 있으며, 거기에 있는 큰 의미 또한 수 천 가지에
이릅니다. 만물이 모이고 흩어지는 것이 모두 《춘추》에 실려 있습니다.
《춘추》 가운데 시해당한 군주가 36명이며, 나라를 망친 것이 52건, 도망을
쳐서 그 사직을 지키지 못한 제후는 일일이 다 헤아릴 수 없습니다. 어떻게
그렇게 되었는지 이유를 밝혀 보면, 모두 근본을 잃은 점에 귀착됩니다.
그런 까닭에 《역》에는 '터끝 만큼의 작은 잘못이라도 그 결과는 천 리의
오차가 있을 수 있다'라 하였습니다. 그 때문에 '신하가 군주를 시해하고,
자식이 아비를 죽임은 하루 이틀의 원인에서 그렇게 되는 것이 아니고,
오랜 동안에 걸쳐 쌓이고 쌓인 원인이 그런 결과를 가져온다'라고 한 것입니
다. 따라서 나라를 가진 군주는 반드시 《춘추》를 알아야 합니다. 이를
모르면 눈앞에서 참언을 해도 눈치채지 못하고, 뒤에 역적이 있다 해도
알아내지 못합니다. 신하된 자도 마땅히 《춘추》를 알아야 합니다. 이를
모르면, 늘 있는 일을 당해도 의당 지킬 점을 모르며, 알맞은 일을 깨닫지
못하고, 변사를 당해도 그에 알맞은 처리 방법을 모릅니다. 남의 군주나
아비가 되어 《춘추》의 의에 통하지 못하는 자는 반드시 원흉이라는 악명을
듣게 될 것입니다. 남의 신하나 자식된 사람으로 《춘추》의 의에 통해 있지
못한 자는, 반드시 찬탈·시살의 주벌을 받아 죽을 죄에 빠지게 될 것입니다.
실제로 모두 선으로 여기고 행하지만, 그 대의를 모르기 때문에 공연히
악명을 쓰고도 감히 그 죄를 벗어나지 못하는 것입니다.

　무릇 예의의 근본 뜻에 통해 있지 못하면, 군주는 군주답지 못하고,
신하는 신하답지 못하며, 아비는 아비답지 못하고, 자식은 자식답지 못한
상태로 되고 맙니다. 군주가 군주다운 참모습이 없으면 신하에게 침범을

당하고, 신하가 신하다운 참모습이 없으면 군주에게 죽음을 당하고, 아비가 아비다운 참모습이 없으면 무도한 아비가 되고, 자식이 자식다운 참모습이 없으면 효자가 되지 못합니다. 이 네 가지 일은 천하의 가장 큰 잘못입니다. 천하의 큰 잘못으로 비방을 받아도 이것을 받아들이고 벗어나려 하지 않습니다. 그러므로 《춘추》는 예의의 대종大宗입니다. 예禮란 것은 일이 아직 생기기 전에 미리 막아 누르는 것이며, 법法은 이미 생겨난 다음에야 실시하는 것입니다. 법의 효과는 눈에 잘 보이지만 예가 미리 막을 수 있다는 것은 알기 어렵습니다."

上大夫壺遂曰:「昔孔子何爲而作春秋哉?」太史公曰:「余聞董生曰:『周道衰廢, 孔子爲魯司寇, 諸侯害之, 大夫壅之. 孔子知言之不用, 道之不行也, 是非二百四十二年之中, 以爲天下儀表, 貶天子, 退諸侯, 討大夫, 以達王事而已矣.』子曰:『我欲載之空言, 不如見之於行事之深切著明也.』夫春秋, 上明三王之道, 下辨人事之紀, 別嫌疑, 明是非, 定猶豫, 善善惡惡, 賢賢賤不肖, 存亡國, 繼絕世, 補敝起廢, 王道之大者也. 易著天地陰陽四時五行, 故長於變; 禮經紀人倫, 故長於行; 書記先王之事, 故長於政; 詩記山川谷禽獸草木牝牡雌雄, 故長於風; 樂樂所以立, 故長於和; 春秋辯是非, 故長於治人. 是故禮以節人, 樂以發和, 書以道事, 詩以達意, 易以道化, 春秋以道義. 撥亂世反之正, 莫近於春秋. 春秋文成數萬, 其指數千. 萬物之散聚皆在春秋. 春秋之中, 弒君三十六, 亡國五十二, 諸侯奔走不得保其社稷者不可勝數. 察其所以, 皆失其本已. 故易曰『失之豪釐, 差以千里』. 故曰『臣弒君, 子弒父, 非一旦一夕之故也, 其漸久矣』. 故有國者不可以不知春秋, 前有讒而弗見, 後有賊而不知. 爲人臣者不可以不知春秋, 守經事而不知其宜, 遭變事而不知其權. 爲人君父而不通於春秋之義者, 必蒙首惡之名. 爲人臣子而不通於春秋之義者, 必陷篡弒之誅, 死罪之名. 其實皆以爲善, 爲之不知其義, 被之空言而不敢辭. 夫不通禮義之旨, 至於君不君, 臣不臣, 父不父, 子不子. 夫君不君則犯, 臣不臣則誅, 父不父則無道, 子不子則不孝. 此四行者, 天下之大過也. 以天下之大過予之, 則受而弗敢辭. 故春秋者, 禮義之大宗也. 夫禮禁未然之前, 法施已然之後; 法之所爲用者易見, 而禮之所爲禁者難知.」

⊛ 내가 《사기》를 짓는 이유

호수가 말하였다.

"공자 시대에는 위로 현명한 군주가 없어서 아래로는 공자 자신이 임용되지 못하였습니다. 이에 공자는 《춘추》를 지어 효력 없는 문장에 기탁하여 예의를 단정하였으며, 제왕의 법전으로 삼았습니다. 그런데 지금 선생은 위로는 밝은 천자가 계시고 아래로는 공정한 관직을 지

진흙 활자판(泥活字版) 《史記》 版框

키게 되었습니다. 모든 것이 다 갖춰져 있고, 모든 것은 의당 각각의 질서를 유지하고 있습니다. 선생께서 논하여 저술함에서는 무엇을 밝히려 하는 것입니까?"

태사공 사마천이 말하였다.

"네, 네, 하지만 다시 아니오, 아니오 라고 하게 됩니다. 나는 돌아가신 부친으로부터 '복희伏羲는 지극히 순후純厚한 인물로 《역》의 팔괘를 만들었으며, 요·순의 성덕은 《상서尚書》에 실려 있다. 예악은 여기에서 일어난 것이다. 은나라 탕왕과 주나라 무왕의 융성은 시인이 이를 노래하고 있다. 《춘추》는 선을 취하고 악을 물리치며, 하·은·주 삼대의 덕을 추앙하고 주 왕실을 찬양하고 있다. 다만 풍자하고 비방만 한 것은 아니다'라고 들었습니다. 한나라가 일어난 뒤로 밝은 무제에 이르러, 보정寶鼎과 기린을 얻는 상서로운 징조가 나타나, 태산에 봉선 의식을 행하고, 정삭正朔을 다시 정하고, 복색服色을 바꾸고, 하늘로부터 천명을 받아 그 덕택은 끝없이 흘러 넘치고 있습니다. 해외의 이민족들도 몇 번이나 통역을 바꿔가며 변경 땅으로 찾아와서는 조정에 들어 헌상하며 알현할 것을 청한 자가 이루 헤아릴 수 없습니다. 신하 백관들은 애써 황제의 성덕을 찬양하고 있지만, 그러나 그 뜻을 이루 다 말할 수는 없습니다. 또 선비가 총명하고

재능이 있는데도 등용되지 못하는 것은 나라를 지닌 군주의 부끄러움이며, 군주가 밝고 거룩한데도 그 덕이 천하에 유포되어 전하지 못함은 관리들의 잘못입니다. 지금 나는 기록하는 벼슬을 맡고 있거니와, 밝고 거룩한 천자의 성덕을 버려 둔 채 기록하지 않고, 공신·세가世家·현대부賢大夫의 공업을 없앤 채 기술하지 않았으니, 선친께서 이르시던 말씀을 어긴 것으로 이보다 큰 죄는 없습니다. 나는 이른바 고사故事를 적어 대대로 전해 내려오는 것을 간추려 보려는 것이지, 소위 창작을 하려는 것은 아닙니다. 그러니 당신이 이를 《춘추》와 비교하신다면 잘못입니다."

壺遂曰:「孔子之時, 上無明君, 下不得任用, 故作春秋, 垂空文以斷禮義, 當一王之法. 今夫子上遇明天子, 下得守職, 萬事旣具, 咸各序其宜, 夫子所論, 欲以何明?」

太史公曰:「唯唯, 否否, 不然. 余聞之先人曰:『伏羲至純厚, 作易八卦. 堯舜之盛, 尚書載之, 禮樂作焉. 湯武之隆, 詩人歌之. 春秋采善貶惡, 推三代之德, 襃周室, 非獨刺譏而已也.』漢興以來, 至明天子, 獲符瑞, 封禪, 改正朔, 易服色, 受命於穆清, 澤流罔極, 海外殊俗, 重譯款塞, 請來獻見者, 不可勝道. 臣下百官力誦聖德, 猶不能宣盡其意. 且士賢能而不用, 有國者之恥; 主上明聖而德不布聞, 有司之過也. 且余嘗掌其官, 廢明聖盛德不載, 滅功臣世家賢大夫之業不述, 墮先人所言, 罪莫大焉. 余所謂述故事, 整齊其世傳, 非所謂作也, 而君比之於春秋, 謬矣.」

◉ 궁형을 당한 것은 이 책을 쓰게 하기 위한 하늘의 뜻

이리하여 그 사서史書의 문장을 차례대로 논찬하게 되었다.

그리고 7년째 되던 해 태사공 사마천은 이릉李陵의 화禍를 입고 옥에 갇히게 되자 이렇게 깊이 탄식하였다.

"이것은 나의 죄일까! 이것은 나의 죄일까! 이제 내 몸은 망가졌으니 쓸모 없이 되었구나."

그는 물러 나와 깊이 생각한 끝에 이렇게 말하였다.

"무릇 《시》, 《서》의 뜻이 은미隱微하고 말이 간략한 것은 그 마음이 뜻하는 바를 이룩하려 하기 때문이다. 옛날 서백西伯은 은나라 주왕에 의해 유리羑里의 감옥에 갇혔기 때문에 《역》을 풀이하였고, 공자는 진陳·채蔡나라 사이에서 고난을 겪음으로써 《춘추》를 지었으며, 초나라 굴원屈原은 쫓겨나 귀양살이를 함으로써 《이소離騷》를 지었고, 좌구명左丘明은 눈이 멀었기 때문에 《국어國語》를 남겼으며, 손자孫子는 다리의 무릎을 잘림으로써 《병법兵法》을 논하였고, 여불위呂不韋는 촉으로 쫓겨난 뒤 세상에 《여람呂覽》이 전해지게 되었으며, 한비韓非는 진秦나라에서 갇힌 몸이 되어 〈세난說難〉, 〈고분孤憤〉 두 편을 남겼으며 또, 《시》3백 편은 대체로 현인과 성인의 의기가 복받쳐 지은 것이다. 결국 사람은 모두 마음 속에 울분이 맺힌 바가 있어, 그것을 발산시킬 수 없기 때문에 지나간 일을 서술하며 장차 올 일을 생각한 것이다."

그리고 나서 드디어 도당陶唐으로부터 인지麟止에 이르기까지의 역사를 서술하여 마쳤다. 그 기록은 황제黃帝에서 시작된다.

於是論次其文. 七年而太史公遭李陵之禍, 幽於縲紲. 乃喟然而曰:「是余之罪也夫! 是余之罪也夫! 身毀不用矣.」退而深惟曰:「夫詩書隱約者, 欲遂其志之思也. 昔西伯拘羑里, 演周易; 孔子戹陳蔡作春秋; 屈原放逐, 著離騷; 左丘失明, 厥有國語; 孫子臏脚, 而論兵法; 不韋遷蜀, 世傳呂覽; 韓非囚秦, 說難·孤憤; 詩三百篇, 大抵賢聖發憤之所爲作也. 此人皆意有所鬱結, 不得通其道也, 故述往事, 思來者.」於是卒述陶唐以來, 至于麟止, 自黃帝始.

❂ 십이본기十二本紀

○ 옛날에 황제는 하늘과 땅의 이치를 법칙으로 삼았고, 전욱顓頊·제곡帝嚳·요·순 등 네 성인聖人은 차례로 일어나 각각 황제의 법도를 이루었다. 당요唐堯가 천자의 자리를 물려주었을 때, 우순虞舜은 기뻐하지 않았다. 천하는 이들 황제의 공적을 찬미하여 만세 후까지도 이것을 전한다. 이에 〈오제본기五帝本紀〉 제1을 지었다.

維昔黃帝, 法天則地, 四聖遵序, 各成法度; 唐堯遜位, 虞舜不台; 厥美帝功, 萬世載之. 作五帝本紀第一.

○ 우임금의 치수治水 공적은 구주九州가 한결같이 입어, 당唐·우虞 시대를 빛내며 그 공덕이 자손에게까지 미쳤다. 하나라의 걸왕桀王은 음란하고 교만하였기 때문에 명조鳴條로 쫓겨났다. 이에 〈하본기夏本紀〉 제2를 지었다.

維禹之功, 九州攸同, 光唐虞際, 德流苗裔; 夏桀淫驕, 乃放鳴條. 作夏本紀第二.

○ 설契은 상商나라를 세웠고, 성탕成湯에까지 이르렀다. 태갑太甲은 동동에 살았으며, 그의 공덕은 아형阿衡이던 이윤伊尹의 도움으로 융성하게 되었다. 무정武丁은 부열傅說을 재상으로 등용하여 중흥의 고종高宗으로 불리게 되었다. 제신帝辛, 紂은 주색에 빠져 제후들이 섬기지 않았다. 이에 〈은본기殷本紀〉 제3을 지었다.

維契作商, 爰及成湯; 太甲居桐, 德盛阿衡; 武丁得說, 乃稱高宗; 帝辛湛湎, 諸侯不享. 作殷本紀第三.

○ 기棄는 후직后稷을 지냈으며, 그 공덕은 서백 때에 이르러 성하게 되었다. 무왕武王은 목야牧野에서 상商의 주왕紂王을 쳐서 실제로 천하를 위무하였다. 유왕幽王과 여왕厲王은 사리에 어둡고 음란해서, 풍酆·호鎬를

잃고 점차로 약해져 난왕赧王에 이르러 드디어 낙읍洛邑에서 조상의 제사가 끊기고 말았다. 이에 〈주본기周本紀〉 제4를 지었다.

維棄作稷, 德盛西伯; 武王牧野, 實撫天下; 幽厲昏亂, 旣喪酆鎬; 陵遲至赧; 洛邑不祀. 作周本紀第四.

○ 진秦나라의 선조 백예伯翳는 우禹임금을 보좌하였다. 목공穆公은 의를 생각하고 효산殽山에서 전사한 군사들을 애도하였다. 목공이 죽자 사람들도 함께 순장하게 하였다. 《시》의 '진풍秦風 황조편黃鳥篇'은 이에 대하여 읊은 슬픈 노래이다. 소왕昭王과 양왕襄王은 진 왕조의 기초를 쌓았다. 이에 〈진본기秦本紀〉 제5를 지었다.

維秦之先, 伯翳佐禹; 穆公思義, 悼豪之旅; 以人爲殉, 詩歌黃鳥; 昭襄業帝. 作秦本紀第五.

○ 진秦의 시황始皇이 즉위한 다음 6국을 병합하고 병기를 녹여 종을 만들었다. 그리고 방패와 갑옷을 못쓰게 하였으나, 그 후 왕 호칭을 황제로 높이고 무력을 자랑하며 포악하게 굴었다. 2세가 국운을 이어받았으나, 자영子嬰은 한漢나라에 항복하여 포로가 되었다. 이에 〈진시황본기秦始皇本紀〉 제6을 지었다.

始皇旣立, 幷兼六國, 銷鋒鑄鐻, 維偃干革, 尊號稱帝, 矜武任力; 二世受運, 子嬰降虜. 作始皇本紀第六.

○ 진나라가 왕도를 잃자, 호걸들이 사방에서 일어나 천하가 어지러워졌다. 항량項梁이 군사를 일으켰고, 항우項羽가 뒤따라 경자관군慶子冠軍을 죽이고 조나라를 구하였다. 제후들은 그를 우러러보았다. 그러나 항우가 진나라 자영을 죽이고, 초나라의 회왕懷王을 배반하자 천하는 모두 그를 비난하였다. 이에 〈항우본기項羽本紀〉 제7을 지었다.

秦失其道, 豪桀擾; 項梁業之, 子羽接之; 殺慶救趙, 諸侯立之; 誅嬰背懷, 天下非之. 作項羽本紀第七.

○ 항우는 포악하였으나, 한나라 왕 유방은 공덕을 쌓았고 덕을 베풀었다. 한나라 왕은 촉한蜀漢 땅에 봉해진 것에 분노하여 돌아와서는 삼진三秦 땅을 평정한 뒤, 항우를 무찔러 죽이고 제업을 이룩하였다. 천하가 안정되자, 제도를 고치고 풍속을 바꾸었다. 이에 〈고조본기高祖本紀〉 제8을 지었다.

子羽暴虐, 漢行功德; 憤發蜀漢, 還定三秦; 誅籍業帝, 天下惟寧, 改制易俗. 作高祖本紀第八.

○ 혜제惠帝가 일찍 죽자, 여씨 일족들은 백관과 백성들의 미움을 샀다. 여태후가 여록呂祿·여산呂産의 신분을 높여 그들에게 강력한 권세를 주자, 제후들이 모반을 꾀하였다. 여태후가 조나라의 은왕隱王 여의如意를 죽이고, 유왕幽王 유우劉友 또한 가두어 죽이자, 대신들이 의분을 품었다. 그리하여 드디어 여씨 종족宗族은 멸문의 화禍를 당하고 말았다. 이에 〈여태후본기呂太后本紀〉 제9를 지었다.

惠之早霣, 諸呂不台; 崇彊祿·産, 諸侯謀之; 殺隱幽友, 大臣洞疑, 遂及宗禍. 作呂太本紀第九.

○ 한나라가 처음 일어났을 때는 후사를 잇는 일이 분명치 못하였다. 그러나 대왕代王, 文帝을 맞아 천자의 자리에 오르게 하자, 천하 인심이 하나로 돌아왔다. 육형肉刑을 없애고, 관소關所와 교량을 개통시켜 은혜를 널리 베풀었으므로 세상에서는 그를 태종太宗이라 불렀다. 이에 〈효문본기孝文本紀〉 제10을 지었다.

漢既初興, 繼嗣不明, 迎王踐祚, 天下歸心; 蠲除肉刑, 開通關梁, 廣恩博施, 厥稱太宗. 作孝文本紀第十.

○ 제후들이 교만 방자해져서 오왕吳王 비濞가 주동이 되어 반란을 일으켰다. 조정에서는 군대를 보내 주벌을 행하였으니, 오·초 등 7국은 그 죄를 받았다. 천하는 통일되고 크게 안정을 얻어 풍요롭게 되었다. 이에 〈효경본기孝景本紀〉 제11을 지었다.

諸侯驕恣, 吳首爲亂, 京師行誅, 七國伏辜, 天下翕然, 大安殷富. 作孝景本紀第十一.

○ 한나라가 일어난 지 5대, 그 융성은 건원建元 연간에 절정에 달하였다. 밖으로는 만이蠻夷들을 물리치고, 안으로는 법도를 닦았다. 봉선封禪을 거행하였으며, 역법曆法을 정삭正朔으로 고치고 복색을 바꾸었다. 이에 〈금상본기今上本紀, 孝武〉 제12를 지었다.

漢興五世, 隆在建元, 外攘夷狄, 內脩法度, 封禪, 改正朔, 易服色. 作今上本紀第十二.

☯ 십표十表

○ 하·상·주 삼대의 사적은 너무도 멀어서 그 연대기年代紀는 고찰할 수 없다. 짐작하건대 보첩譜牒이나 옛날 문헌에서 취해 온 것이리라. 이에 대강 추정하여 〈삼대세표三代世表〉 제1을 지었다.

維三代尚矣, 年紀不可考, 蓋取之譜牒舊聞, 本于茲, 於是略推, 作三代世表第一.

○ 주나라의 유왕幽王·여왕厲王 이후로 주 왕실은 쇠미해져서 제후들이 정권을 휘둘렀다. 그것에 대해서는 《춘추》에도 기록되지 않은 것이 있다. 그러나 보첩에 기록되어 있는 경략經略의 자취를 더듬어 보면, 오패五霸가 번갈아 성쇠하였다. 이에 주나라 시대의 제후들이, 서로의 선후에 따라 성쇠한 의미를 살펴보고자 〈십이제후연표十二諸侯年表〉 제2를 지었다.

幽厲之後, 周室衰微, 諸侯專政, 春秋有所不紀; 而譜牒經略, 五霸更盛衰, 欲睹周世相先後之意, 作十二諸侯年表第二.

○ 춘추시대 이후로 배신陪臣들이 정권을 잡고 강국들이 서로 왕이 되었다. 진秦나라에 이르러 드디어 중원의 제후국을 병합하여 그들의 봉토를 없애 버리고, 마음대로 황제의 칭호를 사용하였다. 이에 〈육국연표六國年表〉 제3을 지었다.

春秋之後, 陪臣秉政, 彊國相王; 以至于秦, 卒幷諸夏, 滅封地, 擅其號. 作六國年表第三.

○ 진秦나라가 포학하였기 때문에, 초나라 사람. 진승陳勝과 오광吳廣이 반란을 일으켰다. 항우가 드디어 난을 자행하여 의제義帝를 시살하자 한나라가 대의 명분을 들고 일어나 이를 정벌하였다. 8년 동안 천하에는 세 번의 정변이 있었고, 사건은 복잡하고 변화가 많았다. 이에 자세하게 〈진초지제월표秦楚之際月表〉 제4를 지었다.

秦旣暴虐, 楚人發難, 項氏遂亂, 漢乃扶義征伐; 八年之閒, 天下三嬗, 事繁變衆, 故詳著秦楚之際月表第四.

○ 한나라가 일어나 무제의 태초太初 연간에 이르기까지 100년 동안은 제후가 폐립되고, 혹은 분봉되고, 혹은 땅이 깎였지만 그 뒤를 이은 보첩의 기록은 분명치가 않다. 이것은 사관이 서술할 방법이 없어 강약强弱의 원리를 계속 규명하지 못하였기 때문이라 하겠다. 이에 〈한흥이래제후연표漢興以來諸侯年表〉 제5를 지었다.

漢興已來, 至于太初百年, 諸侯廢立分削, 譜紀不明, 有司靡踵, 彊弱之原云以世. 作漢興已來諸侯年表第五.

○ 고조가 창업할 때 고조를 도와 큰 공을 세우고 팔과 다리처럼 보필하였던 신하들은, 부절을 쪼개어 받아 봉토를 받고 작위를 얻어서 그 은택은 자손에게까지 전해졌다. 그런데 어떤 자는 대대로 누린 은혜를 잊고서 혹은 죽음을 당하고 혹은 나라를 망치기도 하였다. 이에 〈고조공신후자연표高祖功臣侯者年表〉 제6를 지었다.

維高祖元功, 輔臣股肱, 剖符而爵, 澤流苗裔, 忘其昭穆, 或殺身隕國. 作高祖功臣侯者年表第六.

○ 혜제와 경제 연간에, 고조의 공신으로서 아직 남아 있는 사람들을 예우하여, 누락된 자와 종속宗屬들에게 작위와 영토를 내려주었다. 이에 〈혜경간후자연표惠景間侯者年表〉 제7을 지었다.

惠景之間, 維申功臣宗屬爵邑, 作惠景間侯者年表第七.

○ 북쪽으로 강대한 흉노를 토벌하고, 남쪽으로 강력한 월나라를 무찔러 만이들을 평정함으로써, 그 무공에 의해 열후에 봉해진 사람이 많다. 이에 〈건원이래후자연표建元以來侯者年表〉 제8을 지었다.

北討彊胡, 南誅勁越, 征伐夷蠻, 武功爰列. 作建元以來侯者年表第八.

○ 제후들이 강성해져서 오·초 등 7국이 연합하여 반란을 일으켰다. 그 뒤 제후들의 자제들은 많아지고 작위와 봉지는 부족하였다. 이에 한 왕조는 은혜를 베풀어 의를 행하였으므로, 그로 인해 제후들의 세력은 약해지고, 위덕威德은 모두 한나라 왕실로 돌아갔다. 이에 〈왕자후자연표王子侯者年表〉 제9를 지었다.

諸侯旣彊, 七國爲從, 子弟衆多, 無爵封邑, 推恩行義, 其執銷弱, 德歸京師. 作王子侯者年表第九.

○ 나라에 현명한 재상과 훌륭한 장군이 있으면 백성의 사표師表가 된다. 한나라가 일어난 뒤의 장將·상相·명신名臣의 연표를 만들어 보이고, 어진 사람에 대해서는 그의 치적을 기록토록 하였으며, 어질지 못한 사람은 그가 한 일을 분명히 밝혔다. 이리하여 〈한흥이래장상명신연표漢興以來將相名臣年表〉 제10을 지었다.

國有賢相良將, 民之師表也. 維見漢興以來將相名臣年表, 賢者記其治, 不賢者彰其事. 作漢興以來將相名臣年表第十.

🏵 팔서八書

○ 하·상·주 삼대의 예는 각각 줄이고 더한 곳이 있는데, 그것은 각각 그 힘쓰는 바를 달리하고 있기 때문이다. 그러나 결국은 사람의 본성에 가깝게 하고, 왕도에 통하는 것을 본뜻으로 삼고 있다. 그런 까닭에 예는 사람의 성품을 바탕으로 절제하여 대략 고금의 시대 변화에 어울리게 하였다. 이에 〈예서禮書〉 제1을 지었다.

維三代之禮, 所損益各殊務, 然要以近性情, 通王道, 故禮因人質爲之節文, 略協古今之變. 作禮書第一.

○ 음악은 풍속을 옮기고 습속을 바꾸는 것이다. 《시》의 〈아雅〉와 〈송頌〉의 소리가 흥성하였을 때부터 사람들은 벌써 정鄭나라·위衛나라의 음악을 좋아하였다. 정·위나라의 음악은 유래된 지가 오래되었는데, 사람의 정감의 흐름은 같아 음악을 사용하면 풍속이 다른 먼 곳 사람들에게도 정답게 들린다. 이에 〈악서樂書〉를 참고하여 전해내려 온 음악을 서술하여 〈악서樂書〉 제2를 지었다.

樂者, 所以移風易俗也. 自雅頌聲興, 則已好鄭衛之音, 鄭衛之音所從來久矣. 人情之所感, 遠俗則懷. 比樂書以述來古, 作樂書第二.

○ 병력이 없으면 나라는 강할 수 없고, 덕망이 없으면 나라는 번창하지 못한다. 황제黃帝·상 탕왕·주 무왕은 병력에 의해 일어나고, 하 걸왕과 상 주왕, 진秦 2세 황제는 악덕에 의해 망하였으니 어찌 신중히 하지 않을 수 있겠는가? 사마법司馬法이 전해 온 지는 오래 되었다. 태공망太公望·손무孫武·오기吳起·왕자 성보成甫 등이 잘 이어받아 이를 밝혀 왔는데 근세로 오며 더욱 절실하여 인사人事의 변화를 깊이 연구하여 다루고 있다. 이에 〈율서律書〉 제3을 지었다.

非兵不彊, 非德不昌, 黃帝·湯·武以興, 桀·紂·二世以崩, 可不慎歟? 司馬法所從來尚矣, 太公·孫·吳·王子能紹而明之, 切近世, 極人變. 作律書第三.

○ 악률樂律은 음陰에 입각하여 양陽을 다스리고, 역법曆法은 양에 입각하여 음을 다스린다. 율력과 역법이 서로 음과 양을 다스리며 조금도 빈틈을 주지 않는다. 황제력黃帝曆·전욱력顓頊曆·하력夏曆·은력殷曆·주력周曆은 각기 서로 어긋나 같지가 않다. 이리하여 태초太初 원년에 제정한 역법이 비교적 정확하므로 이를 기준으로 역을 논하여 〈역서曆書〉 제4를 지었다.

律居陰而治陽, 居陽而治陰, 律更相治, 不容忽. 五家之文怫異, 維太初之元論. 作書第四.

○ 성신星辰과 기상氣象에 관한 글은, 길흉화복에 관한 것을 잡다하게 섞고 있어 믿기 어려운 점이 있다. 그러나 그 글을 추정하여 응용을 고찰해 보면, 그리 특별한 것도 아니다. 이에 그 실례들을 모아 그 행사를 논하고 차례를 세워 성신운행星辰運行의 법도를 조사하여 〈천관서天官書〉 제5를 지었다.

星氣之書, 多雜祥, 不經; 推其文, 考其應, 不殊. 比集論其行事, 驗于軌度以次, 作天官書第五.

○ 천명天命을 받아 왕이 되더라도 상서로운 징조가 있어 봉선을 행하는 일은 드물다. 이를 행하면 만물의 신령이 제사를 받게 된다. 이에 여러 신들, 명산名山·대천大川에 제사지내는 예를 본원까지 거슬러 올라가 고구하여 〈봉선서封禪書〉 제6을 지었다.

受命而王, 封禪之符罕用, 用則萬靈罔不祀. 追本諸神名山大川禮, 作封禪書第六.

○ 우임금은 하천을 통하게 하여 홍수를 다스림으로써 구주九州를 안정시켰다. 선방궁宣防宮을 건립하였을 때 막힌 물을 통하게 하고, 넘치는 물은 둑으로 막고 개천을 끊어 도랑을 통하게 한 것을 말하여 〈하거서河渠書〉 제7을 지었다.

維禹浚川, 九州攸寧; 爰及宣防, 決瀆通溝. 作河渠書第七.

○ 화폐의 유통은 농업과 상업의 교역이 이루어지도록 하기 위한 것이다. 그런데 화폐를 쓰게 된 궁극에 가서는 교활한 꾀를 써서 농간을 부리고, 재산을 증식하며 투기의 이익을 다투는 바람에, 백성들은 농사를 팽개쳐 버리고 장사 쪽으로만 좇아간다. 이에 일의 변천을 살펴보기 위해 〈평준서平準書〉 제8을 지었다.

維幣之行, 以通農商; 其極則玩巧, 并兼茲殖, 爭於機利, 去本趨末. 作平准書以觀事變, 第八.

🌐 삼십세가三十世家

○ 주 태백太伯은 계력季歷을 피해 강남의 오랑캐 땅으로 갔다. 후에 문왕·무왕이 일어나고 고공단보의 왕업을 계승하였다. 합려는 오왕 요僚를 시살하고 형초荊楚를 굴복시켰다. 부차夫差가 제나라와 싸워 이기고, 오자서伍子胥는 말가죽에 싸여 물 속에 던져졌다. 태재太宰 백비伯嚭를 신임하여 월나라와 친함으로써 결국 오나라는 망해 버렸다. 태백이 계력에게 사양한 것을 가상히 여겨 〈오세가吳世家〉 제1을 지었다.

太伯避歷, 江蠻是適; 文武攸興, 古公王迹. 闔廬弒僚, 賓服荊楚; 夫差克齊, 子胥鴟夷; 信嚭親越, 吳國旣滅. 嘉伯之讓, 作吳世家第一.

○ 신申·여呂 두 나라가 쇠약해지자, 상보尙父 강태공太公望 呂尙은 미천해져 드디어 서백西伯, 周 文王에게 의지하였다. 문왕과 무왕은 상보를 스승으로 우러러 모셨다. 상보 태공망의 공적은 많은 사람들 가운데서 가장 뛰어났고, 그가 세운 계획은 치밀하였다. 나이 들어 머리털이 황백색이 되었을 때, 제나라 영구營丘에 봉해졌다. 이 제나라는 가柯의 맹약을 저버리지 않았기 때문에, 환공桓公은 크게 되어 제후들을 아홉 번이나 회맹시켜 패자로서의 공적이 혁혁하였다. 그 후 신하 전상田常과 감지闞止가 임금의 총애를 다투었기 때문에, 강성姜姓의 제나라는 무너져 망하고 말았다. 상보의 꾀를 가상히 여겨 〈제태공세가齊太公世家〉제2를 지었다.

申·呂肖矣, 尙父側微, 卒歸西伯, 文武是師; 功冠群公, 繆權于幽; 番番黃, 爰饗營丘. 不背柯盟, 桓公以昌, 九合諸侯, 霸功顯彰. 田闞爭寵, 姜姓解亡. 嘉父之謀, 作齊太公世家第二.

○ 무왕武王이 죽고 어린 성왕成王이 즉위하자, 어떤 자는 주나라에 복종 하고, 어떤 자는 주나라에 배반하였다. 주공周公 단旦이 이를 평정시킨 뒤 분발하여 문덕을 베풀자, 천하가 이에 화응하였다. 이처럼 주공 단은 성왕을 보좌하였기 때문에, 제후들은 주나라를 종실宗室로서 우러러보게 되었다. 그런데 노나라의 은공隱公·환공桓公 시대에는 어째서 주공 단의 자손이 편안치 못하게 되었을까? 같은 종족인 삼환三桓이 서로 세력을 다투었기 때문에, 노나라가 번영하지 못하였던 것이다. 주공 단의 금등金縢을 아름답게 여겨 〈주공세가周公世家〉 제3을 지었다.

依之違之, 周公綏之; 憤發文德, 天下和之; 輔翼成王, 諸侯宗周. 隱桓之際, 是獨何哉? 三桓爭, 魯乃不昌. 嘉旦金, 作周公世家第三.

○ 무왕이 주왕을 쳐서 이겼으나, 천하의 화합이 이루어지기 전에 죽었다. 성왕成王이 아직 어렸으므로 관숙管叔·채숙蔡叔은 섭정인 주공을 의심하고, 회이淮夷도 배반하였다. 이에 소공召公은 덕치로 왕실을 편케 하는 한편, 동쪽의 여러 나라도 이로써 안정시켰다. 그러나 연나라 왕 쾌噲의 양위는 마침내 화란禍亂을 불러일으켰다. 감당甘棠의 시를 가상히 여겨 〈연세가 燕世家〉 제4를 지었다.

武王克紂, 天下未協而崩. 成王旣幼, 管蔡疑之, 淮夷叛之, 於是召公率德, 安集王室, 以寧東土. 燕(易)[噲]之禪, 乃成禍亂. 嘉甘棠之詩, 作燕世家第四.

○ 관숙과 채숙은 무경武庚을 도와 옛 상商나라의 영토를 안정시키려 하였으나, 주공 단이 섭정이 되자 두 사람은 주나라 왕을 받들지 않았다. 이에 주공 단은 선鮮, 管叔를 죽이고, 도度, 蔡叔를 추방한 다음, 주나라 왕실에 대해 충성을 다하였다. 태임太任에게는 아들이 열이 있었다. 이리하여 주실은 강성해졌다. 중仲이 허물을 뉘우친 것을 가상히 여겨 〈관채세가管蔡世家〉 제5를 지었다.

管蔡相武庚, 將寧舊商; 及旦攝政, 二叔不饗; 殺鮮放度, 周公爲盟; 大任 十子, 周以宗. 嘉仲悔過, 作管蔡世家第五.

○ 무왕이 천하를 평정하고 나서 성왕聖王의 자손을 찾아 후대를 잇게 하니, 지하에서 순임금과 우임금이 기뻐할 일이다. 덕이 크게 밝아 있으면 그 자손은 음덕을 입어 백세 뒤까지도 제사를 받는다. 주나라 때 진陳·기杞가 있었지만 초나라가 없애 버렸다. 그러나 그 때에는 제나라 전씨田氏가 이미 일어나고 있었다. 이처럼 자손에게 은택을 베푼 순임금은 얼마나 덕이 큰 성왕이었던가? 이에 〈진기세가陳杞世家〉 제6을 지었다.

王後不絶, 舜禹是說; 維德休明, 苗裔蒙烈. 百世享祀, 爰周陳杞, 楚實滅之. 齊田旣起, 舜何人哉? 作陳杞世家第六.

○ 무왕은 은나라의 유민들을 거두어 강숙康叔을 위衛의 땅에 봉하였다. 무왕은 은나라 말기의 혼란과 멸망을 들어 강숙을 경계시키고, 〈주고酒誥〉〈재재梓材〉를 인용해 주색의 해독을 타일렀다. 삭朔이 태어난 뒤로 위衛나라는 기울기 시작해서 안정되지 못하였다. 남자南子가 태자 괴외蒯聵를 미워하였기 때문에 괴외는 달아나고, 그의 아들 첩輒이 아버지 대신 임금이 되었다. 주실의 덕이 쇠미해지고 전국戰國시대의 제후들은 강대해졌다. 위衛나라는 약소국이었지만 오히려 각왕角王은 진秦나라 통일 후에 망하였다. 저 강고康誥를 가상히 여겨 〈위세가衛世家〉 제7을 지었다.

收殷餘民, 叔封始邑, 申以商亂, 酒材是告. 及朔之生, 衛頃不寧; 南子惡蒯聵, 子父易名. 周德卑微, 戰國旣彊, 衛以小弱, 角獨後亡. 喜彼康誥, 作衛世家第七.

○ 슬프다, 기자箕子여! 슬프다, 기자여! 바른 말을 해도 받아들여지지 않자, 미치광이로 가장하여 마침내 종이 되었다. 무경武庚이 죽은 다음 주나라는 미자微子를 송宋에 봉하였다. 송나라 양공襄公은 군자의 예를 지키려 하다가 홍수泓水에서 초나라에 패하였다. 예를 지킨 양공을 칭찬하지 않으면 어떤 군자를 칭찬하겠는가? 경공景公이 겸양의 덕을 지켰으므로, 형혹熒惑이 운행을 바꾸어 송나라의 위치에서 물러났다. 척성剔成이 포학하였기 때문에 송나라는 마침내 멸망하였다. 미자가 책봉될 때 태사太師에게 정치의 도리를 물은 것을 가상히 여겨 〈송세가宋世家〉 제8을 지었다.

嗟箕子乎! 嗟箕子乎! 正言不用, 乃反爲奴. 武庚旣死, 周封微子. 襄公傷於泓, 君子孰稱. 景公謙德, 熒惑退行. 剔成暴虐, 宋乃滅亡. 喜微子問太師, 作宋世家第八.

○ 무왕이 죽고 숙우叔虞가 당唐에 봉해졌다. 진晉나라 목공穆公이 태자를 구仇, 막내아들을 성사成師라고 이름을 짓자, 군자들은 태자의 이름에 대해서 비방하였다. 결국은 진晉나라 곡옥曲沃의 무공武公에게 멸망당하였다. 헌공獻公이 여희驪姬와 사랑에 빠진 탓으로 진나라는 5대에 걸쳐 어지러웠다.

중이重耳는 뜻을 얻지 못하고 제후국을 떠돌아다니다가 드디어는 패업을 이룩하였다. 육경六卿이 정권을 멋대로 휘둘렀기 때문에 진晉나라는 쇠약해졌다. 문공이 규珪와 창鬯을 준 것을 가상히 여겨 〈진세가晉世家〉 제9를 지었다.

武王旣崩, 叔虞邑唐. 君子譏名, 卒滅武公. 驪姬之愛, 亂者五世; 重耳不得意, 乃能成霸. 六卿專權, 晉國以耗. 嘉文公錫珪鬯, 作晉世家第九.

○ 중重·여黎가 처음 천문과 지리를 관장하는 남정南正·화정火正의 벼슬에 오르고, 오회吳回가 그것을 이어받았다. 은나라 말엽, 육웅鬻熊이 초나라의 시조가 되자, 초나라는 이 때부터 세계世系의 기술이 이루어졌다. 주나라 성왕成王은 웅역熊繹을 채용하여 황폐한 초나라의 한 지방의 자남子男에 봉하였으며, 웅거熊渠가 그 뒤를 이었다. 장왕莊王은 현명하여 진陳을 없앴다가 다시 일으켜 세워주고, 또 정나라의 항복을 받았으나 정백鄭伯을 용서하였고, 송宋을 포위하였으나 화원華元의 말을 받아들여 군대를 철수시켰다. 회왕懷王은 진秦나라에서 객사하였고, 난蘭은 굴원을 꾸짖었다. 평왕平王은 아첨을 좋아하고 참소하는 말을 믿었기 때문에 초나라는 진秦나라에 병합되었다. 장왕의 의義를 가상히 여겨 〈초세가楚世家〉 제10을 지었다.

重黎業之, 吳回接之; 殷之季世, 粥子牒之. 周用熊繹, 熊渠是續. 莊王之賢, 乃復國陳; 旣赦鄭伯, 班師華元. 懷王客死, 蘭咎屈原; 好諛信讒, 楚幷於秦. 嘉莊王之義, 作楚世家第十.

○ 소강少康의 아들은 무여無餘로, 그는 남해로 쫓겨가서 몸에 먹물을 넣고 머리를 짧게 잘린 뒤 자라와 거북을 벗삼아 살았다. 그 뒤 봉우산封禺山을 지키며 시조인 우임금의 제사를 받들었다. 구천句踐은 회계산에서 고통을 치르고, 마침내 대부大夫 종種과 범려范蠡를 신임하였다. 구천이 만이蠻夷들 속에 있으면서 능히 그 덕을 닦아 강대한 오나라를 멸망시키고 주나라 왕실을 떠받든 것을 가상히 여겨 〈월왕구천세가越王句踐世家〉 제11을 지었다.

少康之子, 實賓南海, 文身斷髮, 黿鱓與處, 旣守封禺, 奉禹之祀. 句踐困彼, 乃用種・蠡. 嘉句踐夷蠻能脩其德, 滅彊吳以尊周室, 作越王句踐世家第十一.

○ 정나라 환공桓公이 동쪽으로 옮길 때 태사太史의 말을 받아들였다. 정나라가 주나라 화禾를 빼앗아가자, 주 왕실 사람들이 이를 비방하였다. 제중祭仲이 송나라 장공莊公의 강요로 맹약을 맺고 말아 정나라는 오래 번영하지 못하였다. 자산子産의 어진 정치에 대해서는 대대로 칭찬이 자자하였다. 삼진三晉이 정나라를 침략하여 정나라는 한韓나라에 병합되었다. 여공厲公이 주나라의 혜왕惠王을 주나라로 돌려보낸 것을 가상히 여겨 〈정세가鄭世家〉 제12를 지었다.

桓公之東, 太史是庸. 及侵周禾, 王人是議. 祭仲要盟, 鄭久不昌. 子産之仁, 紹世稱賢. 三晉侵伐, 鄭納於韓. 嘉厲公納惠王, 作鄭世家第十二.

○ 조보造父는 주周 목왕穆王에게 기驥, 녹이騄耳니 하는 명마를 바쳐 조씨趙氏의 시조가 되었다. 조숙趙夙은 진晉 헌공獻公을 섬겼고, 조숙의 아들 조최趙衰가 그의 뒤를 이어 진 문공을 도와 주나라 왕실을 높이 받들고, 드디어 진晉나라 대신이 되었다. 조양자趙襄子는 곤욕을 당한 끝에 지백智伯을 사로잡았다. 주보主父, 武靈王는 사구궁沙丘宮에서 포위되어 굶주림을 이기지 못하고 참새를 잡아 허기를 채우다 죽었다. 조나라 마지막 왕 천遷은 편협하고 음란하여 어진 장군을 배척하였다. 조앙趙鞅이 주나라의 혼란을 토벌한 것을 가상히 여겨 〈조세가趙世家〉 제13을 지었다.

維驥騄耳, 乃章造父. 趙夙事獻, 衰續厥緒. 佐文尊王, 卒爲晉輔. 襄子困辱, 乃禽智伯. 主父生縛, 餓死探爵. 王遷淫, 良將是斥. 嘉鞅討周亂, 作趙世家第十三.

○ 필만畢萬이 위魏나라에 봉해지면, 후대에 융성하리라는 것을 점술가들은 알고 있었다. 위강魏絳이 양간楊干을 죽이려다 그에게 융적戎狄과 화친을 맺게 하였다. 위나라 문후文侯가 인의를 사모하여 자하子夏를 스승으로

모셨다. 혜왕惠王이 자만심에 빠져 있자, 제나라와 진秦나라가 이를 공격하였다. 안희왕은 신릉군信陵君을 의심하였기 때문에, 제후들은 위魏나라를 돕는 것을 중지하고 군사를 거두어들였다. 마침내 대량大梁을 잃고, 위왕 가假는 진秦나라에 잡혀가 마부가 되었다. 위무자魏武子가 진문공晉文公을 도와 패도霸道를 도운 것을 가상히 여겨 〈위세가魏世家〉 제14를 지었다.

畢萬爵魏, 卜人知之. 及絳戮干, 戎翟和之. 文侯慕義, 子夏師之. 惠王自矜, 齊秦攻之. 旣疑信陵, 諸侯罷之. 卒亡大梁, 王假廁之. 嘉武佐晉文申霸道, 作魏世家第十四.

○ 한궐韓厥의 음덕은 조무趙武를 일어나게 하여, 조나라의 끊어진 제사를 다시 이어주고, 폐지된 제사를 다시 일으켜 진晉나라 사람들은 그를 존경하였다. 한韓나라 소후昭侯가 열후 중에 뛰어난 것은 신불해申不害를 썼기 때문이었다. 한왕韓王 안安은 한비韓非를 의심하여 믿지 않았으므로, 진秦나라의 습격을 받기에 이르렀다. 한궐이 진晉나라를 돕고 주나라 천자의 공부貢賦를 바로잡은 것을 가상히 여겨 〈한세가韓世家〉 제15를 지었다.

韓厥陰德, 趙武攸興. 紹絶立廢, 晉人宗之. 昭侯顯列, 申子庸之. 疑非不信, 秦人襲之. 嘉厥輔晉匡周天子之賦, 作韓世家第十五.

○ 전완田完은 난을 피해 제나라로 가서 환공桓公을 도왔다. 5대에 걸쳐 은밀히 제나라 사람에게 은혜를 베풀어, 제나라 사람들로부터 칭송을 들었다. 전성자田成子가 제나라의 정권을 잡자, 전화田和는 후侯에 봉해졌다. 제나라 왕 건建이 진秦나라의 모략에 넘어가 공共 땅으로 옮겨가게 되었다. 제나라의 위왕威王과 선왕宣王이 능히 탁한 세상을 바로잡아, 홀로 주왕실을 천하의 종주로 받든 것을 가상히 여겨 〈전경중완세가田敬仲完世家〉 제16을 지었다.

完子避難, 適齊爲援, 陰施五世, 齊人歌之. 成子得政, 田和爲侯. 王建動心, 乃遷于共. 嘉威·宣能撥濁世而獨宗周, 作田敬仲完世家第十六.

○ 주나라 왕실은 이미 쇠해지고 제후들은 제멋대로 날뛰었다. 공자孔子는 예가 땅에 떨어지고 음악이 무너지는 것을 슬퍼하여, 경술經術을 정비하고 왕도를 밝혀 어지러운 세상을 정도正道로 이끌고자 하였다. 그리하여 글로 써서 천하를 위해 의법儀法을 만들고, 육예六藝의 기강을 세워 후세에 수범이 되도록 하였다. 이에 〈공자세가孔子世家〉 제17을 지었다.

周室旣衰, 諸侯恣行. 仲尼悼禮廢樂崩, 追脩經術, 以達王道, 匡亂世反之於正, 見其文辭, 爲天下制儀法, 垂六蓺之統紀於後世. 作孔子世家第十七.

○ 하나라 걸왕桀王과 주나라 주왕紂王이 왕도를 잃자 탕왕·무왕이 일어났고, 주나라가 정도를 잃자 공자는 《춘추》를 지었다. 진秦나라가 정도를 잃자 진섭陳涉이 일어나고 제후들은 반란을 일으켰다. 그런데 그 기세는 바람이 일고 구름이 일어나는 것과도 같아서, 드디어는 진나라 일족을 멸망시켰다. 이러한 천하 대사의 발단은 진섭의 거사에서 비롯되었던 것이다. 이에 〈진섭세가陳涉世家〉 제18을 지었다.

桀·紂失其道而湯·武作, 周失其道而春秋作. 秦失其政, 而陳涉發迹, 諸侯作難, 風起云蒸, 卒亡秦族. 天下之端, 自涉發難. 作陳涉世家第十八.

○ 성고成皐의 대臺에서 박희薄姬가 고조高祖의 총애를 받고 박씨는 번영의 기반을 쌓았다. 두태후竇太后는 뜻을 굽혀 대代나라로 갔다. 대왕代王이 황제가 되자, 두씨 일족을 귀하게 만들었다. 율희栗姬는 존귀함만 믿고 교만하였기 때문에 왕씨王氏가 황후가 되었다. 진황후陳皇后는 너무 교만하였기 때문에 한 무제漢武帝는 이를 물리치고 위자부衛子夫를 황후로 삼았다. 위자부의 덕행을 가상히 여겨 〈외척세가外戚世家〉 제19를 지었다.

成皐之臺, 薄氏始基. 詘意適代, 厥崇諸竇. 栗姬偵貴, 王氏乃遂. 陳后太驕, 卒尊子夫. 嘉夫德若斯, 作外戚世家十九.

○ 고조는 거짓 꾀로써 한신韓信을 진陳나라에서 사로잡았다. 월나라와 형초荊楚의 백성들은 사납고 경박하였기 때문에, 고조는 아우 유교劉交를 봉하여 초나라 왕을 삼았다. 초나라 왕은 팽성에 도읍을 정하고 회수淮水·사수泗水의 땅을 튼튼히 하여 한 황실의 종속국이 되었다. 유무劉戊는 사간私奸의 죄에 빠졌으며, 7국 반란에 참여하였다가 죽음을 당하였다. 그의 아들 유례劉禮가 뒤를 이었다. 유游가 고조를 보필한 것을 가상히 여겨 〈초원왕세가楚元王世家〉 제20을 지었다.

漢旣譎謀, 禽信於陳; 越荊剽輕, 乃封弟交爲楚王, 爰都彭城, 以彊淮泗, 爲漢宗藩. 戊溺於邪, 禮復紹之. 嘉游輔祖, 作楚元王世家二十.

○ 고조가 군사를 일으켰을 때, 유가劉賈, 荊王는 이에 가담하였으나 뒤에 경포黥布에게 습격을 당하여 형·오의 땅을 잃었다. 영릉후榮陵侯 유택劉澤은 거짓으로 여태후呂太后를 감격시켜 낭야왕琅邪王이 되었으나, 축오祝午의 유혹에 빠져 제나라를 믿고 그곳으로 갔다가, 자기 나라로 돌아오지 못하였다. 드디어 서진하여 관중으로 들어갔다가 한 황실이 문제孝文帝를 받들었을 때, 다시 연나라 왕이 될 수 있었다. 천하가 아직 통일되지 않았을 때, 유가·유택은 고조와 동족 형제 신분으로 일족을 거느리고 한 왕실의 제후가 되었다. 이에 〈형연세가荊燕世家〉 제21를 지었다.

維祖師旅, 劉賈是與; 爲布所襲, 喪其荊·吳. 營陵激呂, 乃王琅邪; 怵午信齊, 往而不歸, 遂西入關, 遭立孝文, 獲復王燕. 天下未集, 賈·澤以族, 爲漢藩輔. 作荊燕世家第二十一.

○ 천하는 이미 평정되었으나, 고조에게는 친속親屬들이 적었다. 도혜왕悼惠王 유비劉肥는 여러 아들들 가운데 먼저 성인이 되어 제나라에 봉해져 동쪽 제나라를 잘 다스렸다. 그의 아들 애왕哀王은 여씨 일족의 부패에 분노하여 임의로 군사를 일으켰으며, 그의 외숙 사균駟鈞이 난폭하였기 때문에 한 왕실에서는 애왕을 황제로 모시는 것을 허락하지 않았다. 여왕厲王은 그의 누이와 밀통하다가 재상 주보언主父偃에게 들켜 죽음을

맞았다. 유비劉肥가 고조의 수족 같은 신하였음을 가상히 여겨 〈제도혜왕세가齊悼惠王世家〉 제22를 지었다.

天下已平, 親屬旣寡; 悼惠先壯, 實鎭東土. 哀王擅興, 發怒諸呂, 駟鈞暴戾, 京師弗許. 屬之內淫, 禍成主父. 嘉肥股肱, 作齊悼惠王世家第二十二.

○ 초나라 항우의 군사가 한漢나라 왕의 군사를 형양滎陽에서 포위하였으나, 한왕의 군사는 3년 동안 버티었다. 소하蕭何는 산서山西 지방을 안정시킨 뒤 계략을 써서 계속 군대를 보충시키고 양식을 끊어지지 않게 공급하였다. 또한 백성들로 하여금 한나라를 사랑하게 하고 초나라를 배척하도록 만들었다. 이에 〈소상국세가蕭相國世家〉 제23을 지었다.

楚人圍我滎陽, 相守三年; 蕭何塡撫山西, 推計踵兵, 給糧食不絕, 使百姓愛漢, 不樂爲楚. 作蕭相國世家第二十三.

○ 조삼曹參은 한신韓信과 함께 위魏나라를 평정하고 조나라를 깨뜨렸으며, 제나라를 항복시킨 뒤 드디어는 초나라 군사마저 약하게 만들었다. 조삼은 소하의 뒤를 이어 한나라 상국相國이 되었지만, 소하의 법을 그대로 따르고 고치려 하지 않았기 때문에 백성들은 안정을 얻게 되었다. 조삼이 자신의 공과 재주를 자랑하지 않은 것을 가상히 여겨 〈조상국세가曹相國世家〉 제24를 지었다.

與信定魏, 破趙拔齊, 遂弱楚人. 續何相國, 不變不革, 黎庶攸寧. 嘉參不伐功矜能, 作曹相國世家第二十四.

○ 장막 안에서 꾀를 내고 승리를 눈에 띄지 않게 이룩한 것은 자방子房 장량張良이 일의 계책을 꾸몄기 때문이다. 이름이 알려진 일도 없고 용맹을 떨친 공적도 없었으나, 어려운 일을 쉬운 가운데서 도모하고 큰 일을 작은 일 속에서 처리하였던 것이다. 이에 〈유후세가留侯世家〉 제25를 지었다.

運籌帷幄之中, 制勝於無形, 子房計謀其事, 無知名, 無勇功, 圖難於易, 爲大於細. 作留侯世家第二十五.

○ 진평陳平의 여섯 가지 기이한 계책이 고조에 의해 쓰임으로 해서 제후들은 한나라에 복종하였다. 여씨 일족을 토벌한 일도 진평의 모책이었다. 이리하여 드디어 한나라 왕실은 종묘를 편히 받들고 사직을 튼튼히 하였다. 이에 〈진승상세가陳丞相世家〉 제26을 지었다.

六奇旣用, 諸侯賓從於漢; 呂氏之事, 平爲本謀, 終安宗廟, 定社稷. 作陳丞相世家第二十六.

○ 여씨 일족이 연합하여 한 왕실을 약하게 만들고자 일을 도모하였다. 강후絳侯 주발周勃은 정도에는 어긋났으나, 임기 응변으로 한 왕실의 권위를 지킨 것이 시의에 맞았다. 오·초 등 7국이 반란을 일으켰을 때, 주아부周亞夫는 창읍昌邑에 주둔하여 제나라와 조나라를 괴롭혔다. 또 양梁나라에게 출병을 독촉하여 오나라와 상대하게 하였다. 이에 〈강후세가絳侯世家〉 제27을 지었다.

諸呂爲從, 謀弱京師, 而勃反經合於權; 吳楚之兵, 亞夫駐於昌邑, 以厄齊趙, 而出委以梁. 作絳侯世家第二十七.

○ 오·초 등 7국의 반란 때는, 오직 양 효왕梁孝王만이 한나라 왕실의 국가 방위에 임하였다. 그 뒤 양나라는 한 왕실의 사랑을 믿고 공을 뽐내다가 하마터면 화를 당할 뻔하였다. 양 효왕이 오·초 등 7국의 난으로부터 한 왕실을 지킨 것을 가상히 여겨 〈양효왕세가梁孝王世家〉 제28을 지었다.

七國叛逆, 蕃屏京師, 唯梁爲; 愛矜功, 几獲于禍. 嘉其能距吳楚, 作梁孝王世家第二十八.

○ 오종五宗이 이미 왕위에 오르고, 한 왕실의 친속은 서로 융합하여 크고 작은 제후들은 모두 황실을 지키는 번병이 되어 각기 주어진 본분을 다하였다. 이리하여 분수에 벗어나 천자를 본뜨는 일이 없게 되었다. 이에 〈오종세가五宗世家〉 제29를 지었다.

五宗既王, 親屬洽和, 諸侯大小爲藩, 爰得其宜, 僭擬之事稍衰貶矣. 作五宗世家第二十九.

○ 금상今上 무제武帝의 세 아들들이 왕으로 봉해졌는데, 그 책문策文의 문장이 볼 만한 것이었다. 이에 〈삼왕세가三王世家〉 제30을 지었다.

三子之王, 文辭可觀. 作三王世家第三十.

☸ 칠십열전七十列傳

○ 말세에 사람들은 모두 이득을 다투었으나, 오직 백이伯夷·숙제叔齊만은 의를 지켜 나라를 사양하고 수양산首陽山에서 굶주려 죽어 천하가 모두 칭송하였다. 이에 〈백이열전伯夷列傳〉 제1을 지었다.

末世爭利, 維彼奔義; 讓國餓死, 天下稱之. 作伯夷列傳第一.

○ 안자晏子는 검소하였고 관중管仲은 사치하였다. 제환공齊桓公은 관중을 등용하여 패자가 되었고, 경공景公은 안자를 얻어 나라를 잘 다스렸다. 이에 〈관안 열전管晏列傳〉 제2를 지었다.

晏子儉矣, 夷吾則奢; 齊桓以霸, 景公以治. 作管晏列傳第二.

○ 노자老子는 작위를 쓰자 백성들을 선善으로 이끌었고, 청정하며 욕심을 버림으로써 백성들을 올바른 길로 인도할 것을 주장하였다. 한비韓非는 사물의 이치를 헤아려 세상의 추세를 따랐다. 이에 〈노장신한 열전老莊申韓列傳〉 제3을 지었다.

李耳無爲自化, 清淨自正; 韓非揣事情, 循執理. 作老子韓非列傳第三.

○ 옛날 제왕 때부터 사마병법司馬兵法이 있었다. 양저穰苴는 여기에 덧붙여 병법을 더욱 뚜렷이 밝혔다. 이에 〈사마양저 열전司馬穰苴列傳〉 제4를 지었다.

自古王者而有司馬法, 穰苴能申明之. 作司馬穰苴列傳第四.

○ 신信·염廉·인仁·용勇을 갖춘 선비가 아니면, 병법을 전하는 일이나 칼을 논할 수 없다. 병법은 도덕과 부합하여 안으로는 일신一身을 다스리고 밖으로는 변變에 대응한다. 그 때문에 군자는 병법을 도덕에 비유하고 있는 것이다. 이에 〈손자오기 열전孫子吳起列傳〉 제5를 지었다.

非信廉仁勇不能傳兵論劍, 與道同符, 內可以治身, 外可以應變, 君子比德焉. 作孫子吳起列傳第五.

○ 태자 건建이 참소를 당하자, 그 화는 오자사伍子奢에게 미쳤다. 자사子奢의 큰아들 상伍尙은 아버지를 구하려 하고, 상의 아우 오원伍員은 오吳나라로 도망쳤다. 이에 〈오자서 열전伍子胥列傳〉 제6을 지었다.

維建遇讒, 爰及子奢, 尙旣匡父, 伍員奔吳. 作伍子胥列傳第六.

○ 공자孔子는 문文을 서술하고, 제자들은 학문에 힘을 써서 모두 제후들의 스승이 되었으며, 인仁을 숭앙하고 의義를 장려하였다. 이에 〈중니제자 열전仲尼弟子列傳〉 제7을 지었다.

孔氏述文, 弟子興業, 咸爲師傅, 崇仁厲義. 作仲尼弟子列傳第七.

○ 상앙商鞅은 위衛나라를 버리고 진秦나라로 가서 그의 법술法術을 밝게 펴 효공孝公을 패자로 만들었다. 진나라는 후세에도 그의 법술을 따랐다. 이에 〈상군 열전商君列傳〉 제8을 지었다.

鞅去衛適秦, 能明其術, 彊霸孝公, 後世遵其法. 作商君列傳第八.

○ 천하는 연횡連衡을 걱정하고 진秦나라의 침략은 그칠 줄 몰랐다. 이에 소진蘇秦은 능히 제후들을 붙들어 두고, 합종合縱의 맹약을 맺어 진나라를 억제하였다. 이에 〈소진 열전蘇秦列傳〉 제9를 지었다.

天下患衡秦毋饜, 而蘇子能存諸侯, 約從以抑貪. 作蘇秦列傳第九.

○ 6국은 이미 합종合縱을 맹약하고 화친하였다. 이에 장의張儀는 연횡連衡을 밝힘으로써 제후들을 흩어놓아 버렸다. 그리하여 〈장의 열전張儀列傳〉 제10을 지었다.

六國旣從親, 而張儀能明其說, 復散解諸侯. 作張儀列傳第十.

○ 진秦나라가 동쪽 땅을 차지하고 제후들에게 패자 노릇을 하게 된 것은, 저리자樗里子와 감무甘茂의 책략이 있었기 때문이다. 이에 〈저리자·감무 열전樗里子甘茂列傳〉 제11을 지었다.

秦所以東攘雄諸侯, 樗里·甘茂之策. 作樗里甘茂列傳第十一.

○ 하수河水와 화산華山을 장악하고 대량大梁을 포위하여, 제후들로 하여금 손을 잡고 진秦나라를 받들게 한 것은 양후穰侯 위염魏冉의 공적이다. 이에 〈양후열전穰侯列傳〉 제12를 지었다.

苞河山, 圍大梁, 使諸侯斂手而事秦者, 魏冉之功. 作穰侯列傳第十二.

○ 진秦나라가 남쪽으로 초楚나라 언鄢과 영郢을 함락하고, 북쪽으로 조趙나라를 장평長平에서 꺾고 한단邯鄲을 포위한 것은 무안군武安君 백기白起의 지휘였고, 형荊을 무찌르고 조나라를 멸망시킨 것은 왕전王翦의 계책에 힘입은 것이었다. 이에 〈백기왕전 열전白起王翦列傳〉 제13을 지었다.

南拔鄢郢, 北摧長平, 遂圍邯鄲, 武安爲率; 破荊滅趙, 王翦之計. 作白起王翦列傳第十三.

○ 맹자孟子는 유儒·묵墨이 남긴 문헌을 섭렵하고 예의禮義의 기강을 천명하였으며, 양梁나라 혜왕惠王의 욕심을 단절시켰다. 순경荀卿은 과거의 유·묵·도道 3가三家의 성쇠를 함께 논하였다. 이에 〈맹자·순경열전孟子荀卿列傳〉 제14를 지었다.

獵儒墨之遺文, 明禮義之統紀, 絶惠王利端, 列往世興衰. 作孟子荀卿列傳第十四.

○ 맹상군孟嘗君은 빈객을 좋아하여 조그마한 한 가지씩을 하찮은 기예技藝만 있는 선비라도 좋아하여 유사游士들이 설薛로 모여들었다. 이에 〈맹상군 열전孟嘗君列傳〉 제15를 지었다.

好客喜士, 士歸于薛, 爲齊扞楚魏. 作孟嘗君列傳第十五.

○ 조趙나라의 평원군平原君은 풍정馮亭과는 권모술수를 겨루고, 초楚나라의 한단邯鄲을 포위에서 구함으로써 그 임금을 다시 제후로 칭하게 하였다. 이에 〈평원군우경 열전平原君虞卿列傳〉 제16을 지었다.

爭馮亭以權, 如楚以救邯鄲之圍, 使其君復稱於諸侯. 作平原君虞卿列傳第十六.

○ 부귀한 몸으로서 빈천한 선비들에게 자신을 낮추고, 현능한 선비로서 하찮은 사람들에게 무릎을 굽힌 일은 오직 신릉군信陵君만이 행할 수 있었다. 이에 〈위공자 열전魏公子列傳〉 제17을 지었다.

能以富貴下貧賤, 賢能詘於不肖, 唯信陵君爲能行之. 作魏公子列傳第十七.

○ 몸을 던져 임금을 좇음으로써 마침내 강한 진秦나라에서 고열왕考烈王을 탈출시켰고, 세객들을 남쪽의 초楚나라로 달려오게 만든 것은 황헐黃歇의 의기였다. 이에 〈춘신군 열전春申君列傳〉 제18을 지었다.

以身徇君, 遂脫彊秦, 使馳說之士南鄉走楚者, 黃歇之義. 作春申君列傳第十八.

○ 능히 위제魏齊에게서 받은 치욕을 참고 강한 진秦나라의 재상이 되어, 위세를 떨치면서도 어진 사람을 추천하여 자리를 양보한 사람이 둘 있다. 범저范雎와 채택蔡澤이다. 이 두 사람은 서로 상대의 현능함을 추천하며 양보하는 미덕을 지녔다. 이에 〈범저채택 열전范雎蔡澤列傳〉 제19를 지었다.

能忍詢於魏齊, 而信威於彊秦, 推賢讓位, 二子有之. 作睢蔡澤列傳第十九.

○ 악의는 장수로써 자신의 계책을 성공시켜 다섯 나라 군사를 연합하고, 약한 연燕나라를 위해 강한 제齊나라에게 원수를 갚아 그 선군先君의 부끄러움을 씻었다. 이에 〈악의 열전樂毅列傳〉 제20을 지었다.

率行其謀, 連五國兵, 爲弱燕報彊齊之讎, 雪其先君之恥. 作樂毅列傳第二十.

○ 인상여藺相如는 강국 진秦나라를 상대해 자기 뜻대로 행동하고, 스스로 염파廉頗에게 굽혀 그의 임금을 위함으로써 제후들로부터 존경을 받았다. 이에 〈염파·인상여 열전廉頗藺相如列傳〉 제21을 지었다.

能信意彊秦, 而屈體廉子, 用徇其君, 俱重於諸侯. 作廉頗藺相如列傳第二十一.

○ 제齊나라 민왕湣王이 임치를 잃고 거莒로 달아났으나, 오직 전단田單만은 즉묵卽墨을 지켜 기겁騎劫을 패주시킴으로써 끝내 제나라 사직을 온전히 지켰다. 이에 〈전단 열전田單列傳〉 제22를 지었다.

王旣失臨淄而奔莒, 唯田單用卽墨破走騎劫, 遂存齊社稷. 作田單列傳第二十二.

○ 능히 궤변을 꾸며 포위된 조趙나라의 근심을 풀고도, 작위와 봉록을 가볍게 여기고 자기 뜻대로 사는 것을 즐겼다. 이에 〈노중련·추양 열전魯仲連鄒陽列傳〉 제23을 지었다.

能設詭說解患於圍城, 輕爵祿, 樂肆志. 作魯仲連鄒陽列傳第二十三.

○ 굴원은 사부辭賦를 지어 풍간諷諫하였는데, 예를 차례로 들어 의義를 다룬 것으로는 〈이소離騷〉가 있다. 가생은 나라를 위해 충성을 다하였으나, 결국 슬픔만 안고 죽었다. 이에 〈굴원·가생 열전屈原賈生列傳〉 제24를 지었다.

作辭以諷諫, 連類以爭義, 離騷有之. 作屈原賈生列傳第二十四.

○ 공자公子 자초子楚를 진秦나라 왕실과 친하게 하고, 천하의 세력들로 하여금 다투어 진나라를 섬기도록 한 것은 여불위이다. 이에 〈여불위열전呂不韋列傳〉 제25를 지었다.

結子楚親, 使諸侯之士斐然爭入事秦. 作呂不韋列傳第二十五.

○ 노魯나라는 조말曹沫의 비수로써 잃었던 땅을 되찾고, 제齊나라는 그와의 약속을 지켜 주었다. 예양豫讓의 의義는 두 마음을 품지 않았다. 이에 〈자객열전刺客列傳〉 제26을 지었다.

曹子匕首, 魯獲其田, 齊明其信; 豫讓義不爲二心. 作刺客列傳第二十六.

○ 그는 계획을 분명히 하였고, 시류를 타고 진秦나라를 밀어 마침내 진나라로 하여금 천하를 통일하도록 하였으니, 이것은 모두가 이사의 힘이었다. 이에 〈이사 열전李斯列傳〉 제27을 지었다.

能明其畫, 因時推秦, 遂得意於海內, 斯爲謀首. 作李斯列傳第二十七.

○ 몽염은 진秦나라를 위해 땅을 개척하여 인구를 증가시키고, 북쪽으로 흉노를 무찌른 다음 10여 년간 북방을 지키면서 만리장성을 쌓았다. 황하를 요새 삼고 산을 의지하여 방비를 튼튼히 함으로써 유중楡中의 땅을 건설하였다. 이에 〈몽염 열전蒙恬列傳〉 제28을 지었다.

爲秦開地益衆, 北靡匈奴, 據河爲塞, 因山爲固, 建楡中. 作蒙恬列傳第二十八.

○ 장이와 진여는 조나라를 평정하고 상산常山에 들어앉아, 하내河內를 넓히고 초나라의 권세를 약화시켜 한漢나라 왕의 신의를 천하에 분명히 하였다. 이에 〈장이·진여 열전張耳陳餘列傳〉 제29를 지었다.

塡趙塞常山以廣河內, 弱楚權, 明漢王之信於天下. 作張耳陳餘列傳第二十九.

○ 위표는 서하西河·상당上黨의 군사를 거두어 한나라 왕을 따라 팽성에 이르고 팽월은 양梁나라에 침략하여 함께 항우項羽를 괴롭혔다. 이에 〈위표·팽월 열전魏豹彭越列傳〉 제30을 지었다.

收西河·上黨之兵, 從至彭城; 越之侵掠梁地以苦項羽. 作魏豹彭越列傳第三十.

○ 경포는 회남淮南 땅을 차지하고, 초楚나라를 배반하여 한漢나라에 귀속하였다. 그로 인해 한나라는 대사마大司馬 주은周殷을 맞아들여 마침내 항우項羽를 해하垓下에서 무찌를 수 있었다. 이에 〈경포 열전黥布列傳〉 제31을 지었다.

以淮南叛楚歸漢, 漢用得大司馬殷, 卒破子羽于垓下. 作黥布列傳第三十一.

○ 초나라 군이 경京·삭索 사이에서 한漢나라 군을 위협하고 있을 때, 회음후 한신은 위魏·조趙 두 나라 지역을 정복하고, 연燕·제齊 두 나라를 평정하여 천하를 삼분三分하고 그 둘을 한漢나라가 지배할 수 있도록 함으로써 항우를 멸망시켰다. 이에 〈회음후 열전淮陰侯列傳〉 제32를 지었다.

楚人迫我京索, 而信拔魏趙, 定燕齊, 使漢三分天下有其二, 以滅項籍. 作淮陰侯列傳第三十二.

○ 초楚나라와 한漢나라가 공鞏·낙洛 사이에서 공방전을 벌이고 있을 때, 한韓나라 왕 신信은 한漢나라를 위하여 영천潁川을 진압하고, 노관盧綰은 항우項羽의 보급로를 끊었다. 이에 〈한신·노관 열전韓信盧綰列傳〉 제33을 지었다.

楚漢相距鞏洛, 而韓信爲塡潁川, 盧綰絶籍糧餉. 作韓信盧綰列傳第三十三.

○ 제후들이 초왕 항우를 피하였을 때, 오직 제齊나라의 전횡만이 군사를 거느리고 계속 항우와 성양城陽에서 싸웠다. 그 틈을 타서 한漢나라 왕은 마침내 팽성彭城으로 들어갈 수가 있었다. 이에 〈전담 열전田儋列傳〉 제34를 지었다.

諸侯畔項王, 唯齊連子羽城陽, 漢得以閒遂入彭城. 作田儋列傳第三十四.

○ 공성攻城과 야전野戰에서 공을 세우고 돌아와 그것을 보고한 것으로는 번쾌와 역상이 뛰어났다. 단지 채찍을 휘두르며 실전에만 참가한 것이 아니라, 한漢나라 왕과 더불어 위기를 벗어난 적도 있었다. 이에 〈번·역·등·관열전樊酈滕灌列傳〉 제35를 지었다.

攻城野戰, 獲功歸報, 噲·商有力焉, 非獨鞭策, 又與之脫難. 作樊酈列傳第三十五.

○ 한漢 황실은 비로소 안정을 얻었으나, 그 문치文治는 아직 뚜렷하지 못하였다. 장창張蒼은 주계관主計官이 되어 도량형을 정비하고, 율력律曆의 순서를 세웠다. 이에 〈장승상 열전張丞相列傳〉 제36을 지었다.

漢旣初定, 文理未明, 蒼爲主計, 整齊度量, 序律曆. 作張丞相列傳第三十六.

○ 사자使者로서 변설을 통해 제후들을 회유하였다. 제후들은 모두 그와 친해져 한漢나라로 귀속하여 그 번속藩屬·보신輔臣이 되었다. 이에 〈역생· 육가 열전酈生陸賈列傳〉 제37을 지었다.

結言通使, 約懷諸侯; 諸侯咸親, 歸漢爲藩輔. 作酈生陸賈列傳第三十七.

○ 진秦나라와 초楚나라 사이의 자세한 사정은, 오직 항상 고조高祖를 따라다니며 제후들을 평정하였던 주설周緤만이 알 수 있었다. 이에 〈부·근· 괴·성 열전傅靳蒯成列傳〉 제38을 지었다.

欲詳知秦楚之事, 維周緤常從高祖, 平定諸侯. 作傅靳蒯成列傳第三十八.

○ 호족들을 관중關中으로 옮겨 도읍을 정하고, 흉노와 화약和約하였으며 조정의 예禮를 분명히 하고 종묘宗廟의 의법儀法을 질서 있게 하였다. 이에 〈유경숙·손통 열전劉敬叔孫通列傳〉 제39를 지었다.

徙彊族, 都關中, 和約匈奴; 明朝廷禮, 次宗廟儀法. 作劉敬叔孫通列傳 第三十九.

○ 계포季布는 강직한 성격을 누르고 유순함으로써 한漢나라의 대관大官이 되었다. 난공欒公은 고조高祖의 위세에 꺾이지 않고 목숨을 걸어 팽월彭越을 배반하지 않았다. 이에 〈계포·난포 열전季布欒布列傳〉 제40을 지었다.

能摧剛作柔, 卒爲列臣; 欒公不劫於執而倍死. 作季布欒布列傳第四十.

○ 감히 노여움을 무릅쓴 채 직간하고 임금이 지킬 바 의리를 관철시키며, 자신의 몸을 돌아보지 아니하고 나라를 위해 영구한 계획을 세웠다. 이에 〈원앙·조착열전袁盎鼂錯列傳〉 제41을 지었다.

敢犯顔色以達主義, 不顧其身, 爲國家樹長畫. 作袁盎朝錯列傳第四十一.

○ 법을 지켜 대의를 잃지 않았고, 옛 현인에 관해 말함으로써 임금의 총명을 더해 주었다. 이에 〈장석지·풍당 열전張釋之馮唐列傳〉 제42를 지었다.

守法不失大理, 言古賢人, 增主之明. 作張釋之馮唐列傳第四十二.

○ 성격이 너그럽고 자애로우며 효성이 지극하였다. 말이 어눌하기는 해도 행동만은 민첩하였으며, 공손한 태도로 임금을 받드는 덕 있는 군자와 장자가 되기에 힘썼다. 이에 〈만석·장숙 열전萬石張叔列傳〉 제43을 지었다.

敦厚慈孝, 訥於言, 敏於行, 務在鞠躬, 君子長者. 作萬石張叔列傳第四十三.

○ 절개를 지켜 강직하게 행동하고, 의義는 청렴을 말하기에 충분하였으며, 행실은 현인을 격려하기에 부족함이 없었다. 그리고 권세 있는 지위에 있으면서도 이치에 어긋나는 일은 하지 않았다. 이에 〈전숙 열전田叔列傳〉 제44를 지었다.

守節切直, 義足以言廉, 行足以屬賢, 任重權不可以非理撓. 作田叔列傳 第四十四.

○ 편작은 의술로써 방술자方術者들이 신봉하는 사람이 되었고, 그 의술이 정밀하고 명확하였기에 후세에 이르러서도 그의 치료법을 따랐으며 이를 바꿀 수가 없었다. 창공도 그에 가까운 명의라 말할 수 있다. 이에 〈편작·창공 열전扁鵲倉公列傳〉 제45를 지었다.

扁鵲言醫, 爲方者宗, 守數精明; 後世(修)[循]序, 弗能易也, 而倉公可謂
近之矣. 作扁鵲倉公列傳第四十五.

○ 고조高祖의 형 유중劉仲은 왕의 작록을 빼앗겼지만, 고조에게 그의
선량함을 인정받아 그 아들 비濞가 오왕吳王이 될 수 있었다. 한 황실이
처음 창업에 나섰을 때 그는 강江·회淮 사이를 평정하였다. 이에 〈오왕비
열전吳王濞列傳〉 제46을 지었다.

維仲之省, 厥濞王吳, 遭漢初定, 以塡撫江淮之. 作吳王濞列傳第四十六.

○ 오吳·초楚 7국이 반란을 일으켰을 때, 한나라 황실 종속 가운데 오직
두영竇만이 선비들을 좋아하고, 선비들도 그에게 심복하였다. 그는 군사를
이끌고 산동山東 형양滎陽에서 반란군과 항전하였다. 이에 〈위기무안후
열전魏其武安侯列傳〉 제47을 지었다.

吳楚爲亂, 宗屬唯嬰賢而喜士, 士鄕之, 率師抗山東滎陽. 作魏其武安列傳
第四十七.

○ 한장유韓長孺, 韓安國의 지혜는 근세近世의 변화에 대응하기에 충분하
였고, 관대함은 인심을 사기에 부족함이 없었다. 이에 〈한장유 열전韓長孺列傳〉
제48을 지었다.

智足以應近世之變, 寬足用得人. 作韓長孺列傳第四十八.

○ 이광李廣은 적을 만나서는 용감하였고, 사졸들에게는 인애仁愛로
대하였으며, 호령은 번잡하지 않아 병사들이 마음으로 복종하였다. 이에
〈이장군열전李將軍列傳〉 제49를 지었다.

勇於當敵, 仁愛士卒, 號令不煩, 師徒鄕之. 作李將軍列傳第四十九.

○ 하夏·은殷·주周 3대 이래로 흉노는 항상 중국의 환란과 재해가 되어 왔다. 한나라 황실은 흉노의 강하고 약한 시기를 알고 대비하여 이를 치려 하였다. 이에 〈흉노 열전匈奴列傳〉 제50을 지었다.

自三代以來, 匈奴常爲中國患害; 欲知彊弱之時, 設備征討, 作匈奴列傳第五十.

○ 변경 요새의 도로를 정비하고 하남河南을 넓혔다. 기련산祁連山의 적을 무찌르고, 서역西域의 모든 나라와 통하여 북방의 흉노를 휩쓸었다. 이에 〈위장군표기 열전衛將軍驃騎列傳〉 제51을 지었다.

直曲塞, 廣河南, 破祁連, 通西國, 靡北胡. 作衛將軍驃騎列傳第五十一.

○ 대신大臣과 황족들이 사치를 서로 시새우고 있을 때, 오직 공손홍公孫弘만이 먹고 입는 것을 절약하여 백리百吏의 모범이 되었다. 이에 〈평진후·주보 열전平津侯主父列傳〉 제52를 지었다.

大臣宗室以侈靡相高, 唯弘用節衣食爲百吏先. 作平津侯列傳第五十二.

○ 한나라가 이미 중국을 평정하였을 때, 조타趙佗는 능히 양월楊越의 땅을 평정하여 남방 번병蕃屛으로서의 실력을 지니고 한나라에 공물을 바쳤다. 이에 〈남월 열전南越列傳〉 제53을 지었다.

漢旣平中國, 而佗能集楊越以保南藩, 納貢職. 作南越列傳第五十三.

○ 오나라가 반란을 일으켰을 때, 동구東甌 사람들은 오왕吳王 비濞를 죽였다. 그 뒤 민월에게 공격을 받았으나, 봉우산封禺山을 지키며 한나라에 신복臣服하였다. 이에 〈동월 열전東越列傳〉 제54를 지었다.

吳之叛逆, 甌人斬濞, 葆守封禺爲臣. 作東越列傳第五十四.

○ 연燕나라 태자 단丹이 진나라에 패하여 요동遼東으로 달아났을 때, 위만은 그 도망온 백성들을 거두어 해동海東에 모으고, 진번眞藩을 평정하여 요새를 확보함으로써 한나라 외신外臣이 되었다. 이에 〈조선 열전朝鮮列傳〉 제55를 지었다.

燕丹散亂遼, 滿收其亡民, 厥聚海東, 以集眞藩, 葆塞爲外臣. 作朝鮮列傳第五十五.

○ 당몽唐蒙은 사자使者로서 공략해 가며 야랑국夜郎國과 통하였다. 공邛·작笮의 군장君長은 자청하여 한漢의 내신內臣이 되어, 한나라 관리의 통치를 받았다. 이에 〈서남이 열전西南夷列傳〉 제56을 지었다.

唐蒙使略通夜郎, 而邛笮之君請爲內臣受吏. 作西南夷列傳第五十六.

○ 〈자허부子虛賦〉와 〈대인부大人賦〉는 언사言辭가 너무 곱고 과장됨이 많다. 그러나 그 뜻은 풍간諷諫에 있고 무위無爲로 돌아가고자 하는 사상이 었다. 이에 〈사마상여 열전司馬相如列傳〉 제57을 지었다.

子虛之事, 大人賦說, 靡麗多, 然其指風諫, 歸於無爲. 作司馬相如列傳第五十七.

○ 경포黥布가 반란을 일으킨 다음 고조高祖의 아들 장劉長이 대신 나라를 평정하고 남방의 강江·회淮 사이를 진정하였다. 그 아들 안劉安은 초나라 백성들을 쳐서 위협하였다. 이에 〈회남·형산 열전淮南衡山列傳〉 제58을 지었다.

黥布叛逆, 子長國之, 以塡江淮之南, 安剽楚庶民. 作淮南衡山列傳第五十八.

○ 법을 받들고 이치를 따르는 관리는 공적을 자랑하거나 재능을 뽐내거나 하지 않았고, 백성들 중에도 그들을 칭찬하는 사람은 없었다. 그러나 그들 행동에 그릇됨은 없었다. 이에 〈순리 열전循吏列傳〉 제59를 지었다.

奉法循理之吏, 不伐功矜能, 百姓無稱, 亦無過行. 作循吏列傳第五十九.

○ 의관을 바르게 하고 입조入朝하면 군신君臣 중에 감히 부언浮言하는 자가 없다. 장유長孺는 그같이 처신하였다. 즐겨 인재를 추천하여 장자長者라 불린 것은 장莊의 그 같은 풍격 때문이다. 이에 〈급정 열전汲鄭列傳〉 제60을 지었다.

正衣冠立於朝廷, 而群臣莫敢言浮說, 長孺矜焉; 好薦人, 稱長者, 壯有溉. 作汲鄭列傳第六十.

○ 공자孔子가 죽은 뒤, 경사京師에서는 학교學校의 가르침을 소중히 여기는 사람이 없었으나, 오직 건원建元·원수元狩 연간에는 학문이 찬연히 빛났다. 이에 〈유림 열전儒林列傳〉 제61을 지었다.

自孔子卒, 京師莫崇庠序, 唯建元元狩之間, 文辭粲如也. 作儒林列傳第六十一.

○ 백성들은 근본을 등지고 거짓이 많으며 규칙을 어기고 법을 희롱하니, 착한 사람은 이를 교화할 수 없었다. 오직 엄혹하고 각박하게 다루어야 능히 이를 바로잡을 수 있었다. 이에 〈혹리 열전酷吏列傳〉 제62를 지었다.

民倍本多巧, 軌弄法, 善人不能化, 唯一切嚴削爲能齊之. 作酷吏列傳第六十二.

○ 한나라는 이미 사신을 대하大夏로 통하여 서쪽으로 멀리 오랑캐 땅을 다스리니, 오랑캐들은 목을 내밀고 중국을 사모하며 구경하기를 원하였다. 이에 〈대완 열전大宛列傳〉 제63을 지었다.

漢旣通使大夏, 而西極遠蠻, 引領內鄕, 欲觀中國. 作大宛列傳第六十三.

○ 사람을 곤경에서 건져 주고, 남이 고통에 빠졌을 때 구해 주는 것은 인자仁者의 도리가 아닌가. 믿음을 잃지 않고 말을 배반하지 않는 것은 의자義者의 경우도 같다. 이에 〈유협 열전游俠列傳〉 제64를 지었다.

救人於緦振人不贍, 仁者有乎; 不旣信, 不倍言, 義者有取焉. 作游俠列傳第六十四.

○ 임금을 섬기며 능히 임금의 눈과 귀를 즐겁게 하고, 임금의 얼굴빛을 부드럽게 하여 친근한 정을 얻는 것은, 단지 용색容色으로 사랑을 받을 뿐 아니라 재능에 있어서도 뛰어난 점이 있기 때문이다. 이에 〈영행 열전侫幸列傳〉 제65를 지었다.

夫事人君能說主耳目, 和主顏色, 而獲親近, 非獨色愛, 能亦各有所長. 作佞幸列傳第六十五.

○ 세속世俗에 휩쓸려 흐르지 않고, 권세와 이익을 다투지 않으며, 상하가 함께 막힌 데가 없고, 사람들도 그것을 해로운 것으로 알지 않으니, 그러한 도道는 널리 유통되었다. 이에 〈골계 열전滑稽列傳〉 제66을 지었다.

不流世俗, 不爭埶利, 上下無所凝滯, 人莫之害, 以道之用. 作滑稽列傳第六十六.

○ 제齊・초楚・진秦・조趙의 점술가들의 점치는 방법이 그 풍습에 따라 방법이 다르다. 따라서 그 대지를 보기 위해 〈일자 열전日者列傳〉 제67을 지었다.

齊・楚・秦・趙爲日者, 各有俗所用. 欲循觀其大旨, 作日者列傳第六十七.

○ 하夏・은殷・주周 삼대의 왕은 같은 거북점龜卜을 하지 않았고, 사방의 오랑캐들 역시 점치는 법은 제각기 달랐다. 그러나 각자가 그것으로 길흉을

판단한 점은 같았다. 이에 대충 그 요지를 더듬어 〈귀책 열전龜策列傳〉 제68을 지었다.

三王不同龜, 四夷各異卜, 然各以決吉凶. 略闚其要, 作龜策列傳第六十八.

○ 아무런 관직도 없는 필부의 몸으로, 정치를 해치지도 않고 백성에게 방해되지도 않으면서, 때에 따라 팔고 사서 재산을 늘려 부자가 된 사람이 있으니 지자智者도 이들에게 갈채를 보냈다. 이에 〈화식 열전貨殖列傳〉 제69를 지었다.

布衣匹夫之人, 不害於政, 不妨百姓, 取與以時而息財富, 智者有采焉. 作貨殖列傳第六十九.

○ 우리 한나라는 오제五帝의 뒤를 잇고 삼대三代의 통업統業을 이어 계승하고 있다. 주나라가 도를 잃었고, 진秦나라는 고문古文을 없애고 시詩와 서書를 불태웠다. 그로 인해 명당明堂·석실石室·금궤金匱에 간직하였던 옥판玉版의 도적圖籍은 산산이 흩어지고 말았다. 이리하여 한나라가 일어나 소하蕭何가 율령을 제정하고, 한신이 군법을 말하고, 장창이 규장제도規章制度를 만들고 숙손통이 예의를 제정하였다.

학문은 조금씩 빛나며 진보하고, 시와 서도 가끔 세상에 나오게 되었다. 조삼이 갑공蓋公을 추천한 뒤로 황黃·노老의 학술을 말하는 사람이 많아졌다. 가의·조착은 신불해·상앙의 법가 학술을 밝게 하고, 공손홍은 유학으로 출세하였다. 이리하여 한나라 초 이래 100년 동안에 걸친 천하의 유문遺文·고사古事들은 모조리 태사공의 손에 집대성되지 않은 것이 없었고, 태사공의 관직은 또 아버지인 태사담에게서 아들인 천에게로 이어졌다.

나 태사공 사마천은 이렇게 여긴다.

"아아! 슬프다. 나로서는 우리 조상은 일찍이 이 일을 맡아 당우唐虞 시대에 알려졌고, 주대에 이르러 다시 이것을 맡았다. 이리하여 사마씨는 대대로 천관天官을 맡아 내게 이르렀도다. 삼가며 생각하지 않을 수 없도다!

삼가며 생각하지 않을 수 없도다!"

이에 천하의 흩어진 구문舊聞을 망라하여, 역대 왕조며 제왕들의 흥망성쇠를 시종일관 관찰함으로써, 사실에 입각하여 고찰 논증하니 대충 삼대를 추정하여 기술하고, 진나라와 한나라를 기록하되, 위로는 황제黃帝 헌원軒轅으로부터 시작하여 아래로 지금에 이르기까지 〈12본기本紀〉를 지었다.

이미 조리를 세워 적어 두었으나, 혹은 시대가 같은 것도 있고 다른 것도 있어서 연차年差가 확실치 못하므로 〈10표表〉를 만들었다.

또 시대에 따라 예악이 줄어들고 늘어난 것이며, 법률과 역법의 개정, 병권兵權·산천·귀신·천인天人·인사人事가 시세의 변화에 따라 폐해지는 것을 살피고, 세상의 변화에 적응해 나가는 내용으로 8서書를 만들었다.

28수宿는 북두칠성을 향해 돌고, 30개의 화살은 한 개의 바퀴축을 향하고 있어 그 운행이 무한하다. 지금 보필 고굉의 신하들을 이에 비유하여 충신忠信으로 도를 행하며 주상을 받들고 있는 상황에 대해 〈30세가世家〉를 지었다.

의를 북돋우고 재능이 높이 뛰어나 있어서 시기를 놓치지 않고 공명을 천하에 세운 사람들에 대해 〈70열전列傳〉을 지었다.

무릇 130편, 52만 6천 500자로 된 이 책을 《태사공서太史公書》라 이름 붙인다.

개략적인 것은 〈자서自序〉로 지어 빠진 것을 주워 모으고, 육경을 보충하여 일가지언一家之言을 성취하여 만든 것이다. 즉 육경에 대해 다르고 같은 것을 서로 비교하여 버릴 것은 버리고 취할 것은 취하여 백가百家의 잡다한 학설을 정리하였는데, 정본은 명산에 간직하고 부본은 경사京師에 두어 후세의 성인·군자들에게 보탬이 되게 하고자 〈태사공자서太史公自序〉 제70을 지었다.

維我漢繼五帝末流, 接三代(統)[絕]業. 周道廢, 秦撥去古文, 焚滅詩書, 故明堂石室金匱玉版圖籍散亂. 於是漢興, 蕭何次律令, 韓信申軍法, 張蒼爲章程, 叔孫通定禮儀, 則文學彬彬稍進, 詩書往往出矣. 自曹參薦蓋公言黃老, 而賈生·晁錯明申·商, 公孫弘以儒顯, 百年之, 天下遺文古事靡不畢集太史公. 太史公仍父子相續纂其職. 曰:「於戲! 余維先人嘗掌斯事, 顯於唐虞, 至于周, 復典之, 故司馬氏世主天官. 至於余乎, 欽念哉! 欽念哉!」
周羅天下放失舊聞, 王迹所興, 原始察終, 見盛觀衰, 論考之行事, 略推三代,
錄秦漢, 上記軒轅, 下至于茲, 著十二本紀, 旣科條之矣. 時異世, 年差不明,
作十表. 禮樂損益, 律改易, 兵權山川鬼神, 天人之際, 承敝通變, 作八書.
二十八宿環北辰, 三十輻共一轂, 運行無窮, 輔拂股肱之臣配焉, 忠信行道,
以奉主上, 作三十世家. 扶義俶儻, 不令己失時, 立功名於天下, 作七十列傳.
凡百三十篇, 五十二萬六千五百字, 爲太史公書. 序略, 以拾遺補闕, 成一家
之言, 厥協六經異傳, 整齊百家雜語, 藏之名山, 副在京師, 俟後世聖人君子.
第七十.

◎ 사마천의 결어

나 태사공은 이렇게 생각한다.

나는 황제黃帝로부터 태초太初에 이르기까지의 사실史實을 역술歷述하여
130편으로서 여기에서 끝을 맺는다.

太史公曰: 余述歷黃帝以來至太初而訖, 百三十篇.

임동석(茁浦 林東錫)

慶北 榮州 上茁에서 출생. 忠北 丹陽 德尙골에서 성장. 丹陽初中 졸업. 京東高 서울
教大 國際大 建國大 대학원 졸업. 雨田 辛鎬烈 선생에게 漢學 배움. 臺灣 國立臺灣師
範大學 國文硏究所(大學院) 博士班 졸업. 中華民國 國家文學博士(1983). 建國大學校
教授. 文科大學長 역임. 成均館大 延世大 高麗大 外國語大 서울대 등 大學院 강의.
韓國中國言語學會 中國語文學硏究會 韓國中語中文學會 會長 역임. 저서에 《朝鮮譯
學考》(中文) 《中國學術槪論》 《中韓對比語文論》. 편역서에 《수레를 밀기 위해 내린
사람들》 《栗谷先生詩文選》. 역서에 《漢語音韻學講義》 《廣開土王碑硏究》 《東北民族
源流》 《龍鳳文化源流》 《論語心得》 〈漢語雙聲疊韻硏究〉 등 학술 논문 50여 편.

임동석중국사상100

사기열전 史記列傳

司馬遷 著 / 林東錫 譯註
1판 1쇄 발행/2009년 12월 12일
2쇄 발행/2012년 10월 10일
발행인 고정일
발행처 동서문화사
창업 1956. 12. 12. 등록 16-3799
서울강남구신사동563-10 ☎546-0331~6 (FAX)545-0331
www.dongsuhbook.com
잘못 만들어진 책은 바꾸어 드립니다.

*

*

사업자등록번호 211-87-75330
ISBN 978-89-497-0564-4 04080
ISBN 978-89-497-0542-2 (세트)